U0480758

四川大学革命英烈丛书

四川省2020—2021年度重点图书出版规划项目

救亡之道

抗日战争时期四川大学大事辑编

（1931—1945）

谭　红　雷文景◎主　编

刘黎黎　姜小雨　贺　莉◎副主编

赵文静　毛清玉　张　楠　张　曌◎参　编

四川大學出版社
SICHUAN UNIVERSITY PRESS

图书在版编目（CIP）数据

救亡之道 ： 抗日战争时期四川大学大事辑编 ： 1931—1945 / 谭红，雷文景主编. — 成都 ： 四川大学出版社，2022.12

（四川大学革命英烈丛书）

ISBN 978-7-5690-5975-5

Ⅰ. ①救… Ⅱ. ①谭… ②雷… Ⅲ. ①四川大学一大事记一1931-1945 Ⅳ. ①G649.287.11

中国国家版本馆 CIP 数据核字（2023）第 017868 号

书　　名：救亡之道：抗日战争时期四川大学大事辑编（1931—1945）

Jiuwang zhi Dao：Kangri Zhanzheng Shiqi Sichuan Daxue Dashi Jibian（1931—1945）

主　　编：谭　红　雷文景

丛 书 名：四川大学革命英烈丛书

丛书策划：庞国伟　王　军

选题策划：段悟吾　宋彦博

责任编辑：李畅炜

责任校对：荆　菁

装帧设计：墨创文化

责任印制：王　炜

出版发行：四川大学出版社有限责任公司

地址：成都市一环路南一段 24 号（610065）

电话：（028）85408311（发行部）、85400276（总编室）

电子邮箱：scupress@vip.163.com

网址：https://press.scu.edu.cn

印前制作：四川胜翔数码印务设计有限公司

印刷装订：四川盛图彩色印刷有限公司

成品尺寸：170mm×240mm

印　　张：26.25

字　　数：444 千字

版　　次：2023 年 6 月 第 1 版

印　　次：2023 年 6 月 第 1 次印刷

定　　价：88.00 元

扫码获取数字资源

四川大学出版社
微信公众号

总 序

习近平总书记指出："知史爱党，知史爱国。"为庆祝中国共产党成立100周年，在全党开展党史学习教育和在全社会开展党史、新中国史、改革开放史、社会主义发展史宣传教育之际，四川大学组织编写了"四川大学革命英烈丛书"，并由四川大学出版社正式出版。这是四川大学认真讲好川大故事红色篇章、积极创新红色文化教育载体的重要举措之一，也是四川大学献礼中国共产党成立100周年的重要成果之一。

在中国共产党的领导下，在青春如火的锦江之滨、明远楼前，在风云激荡的望江楼畔、华西坝上，无数四川大学的革命师生坚持"与人民同甘苦，与祖国同命运，与时代同呼吸，与社会同进步"，将永恒的红色基因融入了每一个川大学人的血脉和灵魂之中。其中，"红岩精神"的代表和"中华儿女革命的典型"江竹筠烈士等80多位校友为民族独立、国家解放和人民幸福献出了自己宝贵的生命，他们是四川大学历久弥新的川大精神的力行者和见证者，是四川大学生生不息的红色基因的创造者和传播者。

四川大学是四川保路运动和辛亥革命在四川的重要发生地，是新文化运动和五四运动在四川的主要策源地，是四川乃至全国马克思主义早期传播的重要发源地，是抗日救亡和爱国民主运动在四川的坚强根据地。1920年冬，学校师生成立了四川最早以研究和宣传马克思主义为主要任务的革命群众组织——马克思读书会。1922年2月，学校师生主编的《人声》报是四川第一份公开宣传马克思主义的报纸。1922年春和1923年夏，学校师生组织成立的四川社会主义青年团和中国共产党成都独立小组是四川最早的共产主义党团组织。以学校师生为骨干的中华民族解放先锋队成都队和“成都民主青年协会”等是在中国共产党领导下四川抗日救亡和爱国民主运动的中坚力量。中共四川大学党总支是国民党统治区最大的基层党组织之一，经常活动的共产党员有120余名。在开国大典上，与毛泽东主席一起登上天安门城楼的有朱德、吴玉章、张澜和郭沫若等四位四川大学校友。

长期以来，四川大学坚持立德树人根本任务，服务人才培养首要任务，充分发挥学校特色优势，深入挖掘校园红色资源，大力弘扬以江姐精神为代表的革命先烈精神，用生动鲜活的红色文化滋养着一代又一代川大学子。近年来，特别是党的十八大以来，四川大学党委高度重视红色文化教育，将红色文化教育贯穿于学校发展各方面和人才培养全过程，重点建设了“江姐纪念馆暨四川大学革命英烈事迹陈列馆”“学习书屋”“江姐精神专题数据库”等一批红色文化宣传展示平台，率先推出了话剧《待放》、舞台剧《江姐在川大》、主题文艺晚会《江姐颂》等一批红色文化教育艺术作品，积极打造了“江姐班”“竹䇹论坛”“川大英烈一堂课”“青年红色筑梦之旅”等一批红色文化教育新品牌，产生了良好的教育成果、育人效果和社会效益。

习近平总书记指出，“中国革命历史是最好的营养剂”。站在历史的交汇点上，站在发展的交接点上，站在新时代的新起点上，在“四川大学革命英烈丛书”正式出版之际，全校师生员工要进一步厚植中华优秀传统文化，弘扬革命文化，发展社会主义先进文化，凸显四川大学人文社会科学的学科优势，积极打造“中国共产党在四川大学”等红色教育品牌，进一步深化红色文化教育的内涵，丰富红色文化教育的形式，增强红色文化教育的实效。

“四川大学革命英烈丛书”编写组

2021年6月

序

《救亡之道——抗日战争时期四川大学大事辑编（1931—1945）》是四川大学推出的“四川大学革命英烈丛书”之一册。该书尽管只是一部史料集，但也颇见编写者的独到眼光和史学功力。书稿以1931年“九一八”事变爆发到1945年抗战胜利结束为限选编史料，但在实际操作中，根据历史的实际，主要收录全面抗战时期四川大学（包括当时的国立四川大学与私立华西协合大学）全体教职工和学生参与抗日战争的史料，全面展示了四川大学在伟大民族解放战争中为抗击侵略和复兴民族而奋斗的历史进程和历史面貌。

就我视野所及，国内高校早在1980年代初期即按照教育部的要求，开始编写校史。四川大学曾编写有《四川大学史稿》，原华西医科大学出版有《华西医科大学校史》，两校合并后，于2006年又重新修订了校史，以新的五卷本《四川大学史稿》付梓，其中第一卷和第四卷分别记录了新中国成立前国立四川大学和私立华西协合大学的历史。本书稿主要以上述四本校史所提供的史事为基础编写而成。历史是已经逝去的世界，而且是人类永远不可能重返的世界。今人的历史研究实际都是在今人价值观和认知水平支配下对历史的重构。不同时代的人对相同历史的认知和解释打上了不同时代价值观和认知水平的烙印。在传统观念之下，历史是完全客观的，历史资料也是完全客观的，人们只要客观地搜集资料，客观地认识历史，就可能揭示出历史真实的全貌和规律。但是，如前所言，历史认知总是受不同时代人的价值观和认识水平的限制，因此，每个时代的人往往只能获得他那个时代限定的价值观和认知水平支配下的历史认识，每个时代的人往往也只能获得依循他自己的价值观和认知能力能看到的历史资料。正如英国历史学家、哲学家柯林武德（Robin George Collingwood）所说，“越是优秀的历史学家，资料对他的意义就越大，无比优秀的历史学就有无数无比可靠的、关于某个论点的论据，供他任意引用”。这就是说，越是优秀的历史学家越能从史料中发现重要意义，越是优秀的历史学家越能发现更多有用的资料。因为如果一个历史学家缺乏更高境界的价值观和更完整的知识结构，他就认识不到资料的意义——哪怕是面对有价值的资料，他也会“熟视无睹”。而随着人们的认知水平的不断提高，有价值的资料将会不断涌现出来。五卷本的《四川大学史稿》是15年前由当时的学者编成的，当时的认知水平和认知手段必然使那时的学者忽略了许多有价值的材料。这就在客观上给谭红、雷文景等学者留下编写新史料集的巨大空间。而谭红、雷文景等历史学者已是经过长期锻炼、拥有相当境界的史学工作者，兼以在他们生活的时代，历史研究的手段也与以往不可同日而语；因此，可以想见，他们编成的《救亡之道——抗日战争时期四川大学大事辑编（1931—1945）》所记载的相关史实已超过五卷本的《四川大学史稿》，是一部新的史料汇编。

通览全书，我以为有以下几点值得一叙。首先，该书将史料甄选的重点放在了中国共产党领导和影响的抗日救亡活动之上，很好地契合了丛书的总体要求，不过之前的校史，尤其是1985年出版的《四川大学史稿》已经对校园内的革命活动有较为丰富的叙述，今日再以辑编形式呈现似有续貂之嫌，但该书本于此却并不局囿于此。一方面，作者对原有内容努力作了溯源考订，纠正了原书存在的讹误；另一方面，又尽力扩大了史料范围，在辑录的条目下增加了大量时人的回忆文章和原始文档，比如对国民党方面控制和打击校园进步活动的史料的收录，丰富了叙事的历史厚度，有利于今后对革命史的进一步研究。其次，作者在研读众多史料之后概括出的“救亡之道”乃“御寇与革命”的主题线索也是颇为贴切。正如书稿绪论所言，此中之救亡“既是共同抗击日寇、挽国家于危难的救亡，也是探索中华民族的前途最终走向何方的救亡”。

这一历史张力不但反映在更为广阔的抗战领域，也自始至终在校园之中得到充分体现。最后，本书稿的每个条目都标明了出处，作者尽其所能对条目进行了翔实的注释，注释文字几乎占书稿内容的1/5，是对正文的有效补充。尤其可贵的是，作者对书稿中涉及的国立四川大学和私立华西协合大学的200余位人物进行了必要的注释，这些“川大人”的历史走向颇有意味，为今后扩大校史研究范围、推进研究深度提供了某些线索。比如“奔赴解放区的川大学子”“华西坝的红色洋教授”等，都是学校革命史的重要内容，值得进一步探究。更值得一提的是，本书稿是第一本将国立四川大学和私立华西协合大学两校抗战史事辑为一体的抗战大事记。众所周知，两校皆是四川近现代教育史上的重要学府，但办学宗旨与背景体制迥异，可谓“一中一洋”。然而通读全稿，在抗战的大背景下，两校的进步师生，尤其是追求共产主义理想的学生表现出了高度的一致性，他们所开展的众多救亡活动，大部分是在中共地下组织的领导和影响下展开的。其中国立四川大学是四川地区学生“救亡阵线”的最大堡垒，参加人员众多；而私立华西协合大学作为西方人创办的教会学校，更有利于隐蔽战线的斗争。凡此种种，当有更多的史料进入我们的视野，历史书写便将变得更为丰满，人们对中国共产党人“不忘初心”的理解必将变得更为深刻。

最后我想说的是，谭红、雷文景二君皆是四川大学校史办的资深工作者，他们日日浸淫故籍，实能早日拿出一本翔实的四川大学抗战史，而本书的材料仍有不足之处；好在他们告知正欲续编一本四川大学抗战时期的档案史料汇编，以补本书之不足。闻之欣然，盼早日付梓。也希望他们不断提升历史认知水平，继续发现更多有关四川大学抗战的新史料，为研究四川大学对抗日战争的历史贡献，奠定更厚实的基础。

是为序。

陈廷湘

2021年9月20日于川大

凡　例

▲本书以抗日救亡为中心，主要选编国立四川大学、私立华西协合大学两校师生及校友在中国共产党带领下进行抗日救亡活动的史事，同时涉及国民党及其领导的组织在学校活动的情况。与此主题无关但与学校关系密切的重要事件（如校长更换等）亦有收入，有关时局的重大历史事件（如西安事变、日寇轰炸成都等）作为背景史料收入。

▲本书选编事件之时间始于1931年9月18日日本入侵东三省，迄于1945年9月2日日本正式签字投降，部分内容在时间上作了适当延伸。

▲本书以时间先后为序，按年月日编排词条。日期不详者列于该月之末，月份不详者列于该年之末。同一事件或同一团体之活动跨月或跨年，以起始时间编入，并略作归并集中。同一日期下列载多项事件的，用“▲”加以标示。

▲本书对重要的词条（特别是与学校直接相关的内容）作了简要归纳并以加粗形式突出显示，同时将其编入目录。

▲本书在部分词条下列载了延伸阅读内容，主要包括当事人的回忆文章以及与之相关的报刊记载、档案文书等资料，供读者参照核查。同时，编者还为在抗战中牺牲的4位烈士校友撰写了专门的人物小传，列载于相关词条之后，并标示于目录中。

▲人物头衔仅在第一次出现时标注或说明，第二次出现时即直接用全名，如四川省政府主席刘文辉，第二次出现时即用“刘文辉”。

▲史料中的明显错字（包括人名之误），有把握的部分一般予以径

改，缺字无法补正或无法识读的字用“□”代替。

▲本书主要对学校师生和校友以及与学校活动相关的人物进行了注释，注释一般出现在大事记中人物第一次出现时。特别著名的人物未加注，如周恩来、蒋介石等。

▲本书所录史料均有来源注释，来源注释中的文献出版信息在第二次出现时均进行了简化（仅保留文献名称与页码），完整的出版信息可参见书中的“参考资料”。

▲本书参考的档案资料主要来源于四川大学档案馆，包括国立四川大学档案和私立华西协合大学档案，这两个全宗档案的题名前缀在本书注释中第二次出现时即分别简化为“国立川大”和“华大”，如将档案号“国立四川大学－2962－16”写作“国立川大－2692－16”。

▲因课题时间较仓促，本书未能对所有引用史料进行核查考证，未及核查考证的史料均详细标明了来源，以备需要时核查。

目 录

凡 例 Ⅰ

绪论 四川大学与抗日救亡 001

一九三一年 023

9月："九一八"事变爆发；华西坝学子佩戴"誓雪国耻"黑纱；四川省政府主席刘文辉指示合并国立成都大学、国立成都师范大学、公立四川大学。10月："四川省政府整理大学委员会"成立；刘文辉宣布三大学合并事宜；华大成立女生护士队，以备战时之需。11月：国立四川大学正式成立。12月：四川省教育厅向全川高中以上学校转发教育部为"立即加强高中以上学校军事训练"而拟定的《训练方案》，令各校切实遵行。

一九三二年 029

2月：国民政府任命王兆荣为国立四川大学校长。3月：川大成立"救亡请愿团"，华大印发《告同胞书》，要求川军出师抗战。5月：国立四川大学首任校长王兆荣到校就职。6月：川大中国经济研究学会成立。是年：华大共青团支部成立，徐庆坚任书记；校友余宏文担任中共成都东区区委书记。

一九三三年 039

4月：地下党员彭蜀岭到华大改组团支部。7月：校友余宏文组织上川南抗捐军。9月：刘湘决议变卖川大皇城校区土地；王兆荣致函指责刘湘；四川省教育厅转来教育部指令："私立华西大学，应准予立案。"10月：王兆荣起诉四川省官公产清理处。

一九三四年 047

8 月：国民政府公布《修正高中以上学校军事教育方案》。10 月：校友刘克谐代理中共四川省委书记。是年：川大“文艺研究会”成立。

一九三五年 053

1 月：川大学生李伏伽、何白李等创办《文艺月刊》。5 月：根据四川省政府请求，财政部指定由川南盐务稽核分所从盐税中拨付川大教育经费。6 月：蒋介石召集成都市中级以上学校教职员谈话，川大校长及院系主任计 10 人参加。是月：校友刘克谐被捕。是年夏：华大学生饶世俊、徐庆坚等 7 人被捕；川大成立西南社会科学研究处。7 月：蒋介石在川大第五次“总理纪念周”活动中发表讲话，强调“四川大学是四川的最高学府”，当日参会人员共 1200 余人，其中川大师生 850 人。8 月：教育部令准王兆荣辞去川大校长职；教育部任命任鸿隽为川大校长。9 月：任鸿隽在演说中要求川大人担负起民族复兴的责任。是月：华大举办“九一八”国耻 4 周年特别纪念大会。10 月：川大举行首次升国旗仪式。11 月：蔡继伦到川大讲演防空问题；华大教职员以一月薪金作为抗战捐赠款，学生也以缩食所积支援绥远抗战。12 月：川大学子发出通电，声援“一二·九”运动；川大举行声援“一二·九”运动的全校会议。

一九三六年 073

2 月：国民政府为校友张培爵举行公葬仪式。是月：任鸿隽为国难时期特种教育建言。5 月：“国立四川大学国难教育委员会”和“国立四川大学学生生活委员会”成立。7 月：校友徐庆坚参与创建“力文社”。9 月：校友杨振华、罗盛昭、黄岛晴等参与培训防空及战地救护人才；校友饶世俊支持成都进步青年成立“海燕社”。10 月：川大学生韩天石、王广义建立“中华民族解放先锋队成都队”。11 月：川大教授刘大杰、谢文炳等创办《前进》半月刊；《活路》在川大法学院学生宿舍创刊；川大为“慰问绥东将士大会”踊跃捐款；川大学生康乃尔参与声讨国民党制造“七君子事件”；《活路》发表《为绥东抗战告同胞书》等文章；华大教职员和学生支援绥远军抗日；《活路》被迫停刊；华大教授魏璐诗创办《成都新闻》；“川大学生援助绥远抗战会”成立。12 月：西安事变后，川大“民先”开展形式多样的抗日救亡活动；成都学联成立；川大“民先”联合成都学联及时宣传西安事变；川大教授任鸿隽、谢文柄、黄宪章等组织成立“四川省国难教育委员会”和“成都市国难教育委员会”。是年：川大学生救亡活动蓬勃发展。

一九三七年 099

1月：川大“民先”协助车耀先创办《大声》。3月：川大学生参与创立“成都各界救国联合会”；韩天石、胡绩伟等6名川大学生被当局归入“人民阵线”。是月：校友饶世俊建立中共成都特别支部。5月：华美女中学生甘佩文因在校内组织读书会被学校开除，引发社会关注；川大学生彭文龙主持召开“五卅”12周年纪念大会。6月：任鸿隽被迫辞职，张颐代理川大校长；川大望江新校舍破土动工，由代校长张颐主持开工典礼。是月：海燕社并入成都“民先”。7月：卢沟桥事变爆发，抗日战争全面爆发；“天明歌咏团”成立；成都“各救会”发布《为日军进攻平津宣言》；“四川省各界抗敌后援会”成立，四川抗日救亡运动由秘密、半公开向公开合法过渡；“国立四川大学学生抗战后援会”成立。8月：“国立四川大学抗敌后援会”成立；川大学生陈思苓主编《金箭》；“川大抗敌后援会”委员会举行第一次执行委员会；“川大战时常识编译委员会”成立。是月：华大准备迎接战区大学迁入华西坝。9月：“川大抗敌后援会”将印有“努力杀敌”字样的毛巾赠送给出川将士；“川大抗敌后援会”函请“省抗”领导参加本校即将举行的“九一八纪念大会”；川大联合成都各学校欢送出川将领；川大学生胡绩伟主编《星芒周报》；校友朱德的家乡仪陇县掀起从军热。是年秋：平、津、沪学生入蓉借读于川大。10月：川大学生熊复主编《救亡周刊》；校友张澜、张秀熟创办《抗战星期刊》；中大医学院迁入成都华西坝，抗战期间华西坝“五大学”共同办学的序幕由此拉开；华大学生组织歌咏队；华大学生艾尔达主编抗日宣传壁报。是月：川大学生韩天石传达全国“民先”总队的指示；川大“民先”内部建立四人特别党小组。11月：川大学生慰问修建成都凤凰山军用机场的民工。12月：校友乐以琴在南京保卫战中壮烈殉国；当局制造“凤凰山飞机场事件”，逮捕川大教授黄宪章；当局释放黄宪章，川大师生召开欢迎大会。是月：川大成立第一个正式的党小组；校友陈文贵任国民政府第一防疫大队队长。是年冬：川大和华大学生为前方将士募集棉衣；校友张秀熟为四川学生编写《抗战必读》。是年：齐大迁入华西坝，金大、金女大于本年底至翌年秋期间相继迁入华西坝。

附： 乐以琴烈士小传/130

一九三八年 163

1月：校友张秀熟、饶世俊等任成都大、中学生寒假战训团教官；“民先”成员在成都大、中学生寒假战训团中宣传抗日救亡；川大学生陈毅乔与华大学生周曼如组织“战训女同学会”，成立党支部；校友罗盛昭被称赞为“模范医生”。是

月：校友饶世俊筹建“群力社”。2月：“战训女同学会寒假乡村宣传团”成立；川大党支部正式成立。3月：川大学生胡朝芝、华大学生周曼如随成都学生代表团出席全国学联第二次代表大会；川大师生马宗融、陈思苓、张宣等参与组织“成都文艺界抗敌工作团”；校友缪嘉文在滕县保卫战中捐躯殉国。是月：川大CC派孟寿椿等人炮制“川大稻草案”。是年春：川大学生郭治澄等组织成立“成都学生抗敌救亡宣传团”。4月：川大学生胡绩伟主编《星芒报》；“群力社”组织宣传队深入成都周边场镇演出救亡剧；“群力社”成员在郫县被扣押，经斗争后获释；为了便于组织，发展壮大的“成都学生抗敌救亡宣传团”决议成立三个分团。是月：成都庆祝台儿庄大捷，康乃尔等川大学生抬棺游行。5月：川大召开“五四”纪念会；“川大抗敌后援会”开办战时民众常识讲习班；川大学生康乃尔、刘炎等创办《战时学生旬刊》社；“川大抗敌后援会”邀请空军将士出席“总理纪念周”。是月：韩天石接任中共成都市委书记。6月：西安13个抗日救亡团体被当局解散，成都12个抗日救亡团体联合发出声援；世界学联代表团访蓉，华大学生周曼如任翻译。7月：华大、中大、齐大三大学联合医院成立；“抗宣团”开办民众识字班，宣传抗战；川大教职员于抗战建国周年纪念大会为国献金；川大教授刘盛亚等创编《文艺后防》；华西坝“五大学”组织“乡村服务团”。8月：当局追查“人民阵线”分子，川大进步师生上了“黑名单”。是月：校友张宣任中共成都市委书记。9月：川大成立党总支。10月：川大代理校长张颐主张给战区学生转学借读提供方便；“五大学学生战时服务团”成立。11月：日寇首次轰炸成都；国立四川大学博物馆筹委会成立，由邓胥功负责。12月：成都学生“一二·九”3周年纪念大会在川大举行；教育部任命程天放接替张颐为川大校长，引发历时3个多月的“驱程运动”。是月：川大应用化学研究处成立，为抗日军工生产、研究做出积极贡献；校友侯方岳、饶世俊等人在四川各地担任党组织负责人。是年底：体育名师宋君复到川大任教。

附：缪嘉文烈士小传/174

一九三九年 221

1月：“五大学学生战时服务团”组织义卖小组宣传抗日；冯玉祥到华西坝作抗战演说；“文协”成都分会成立，川大教授罗念生、李劼人等任理事。2月：《笔阵》创刊，川大教授李劼人等参与编辑。是月：华大校长张凌高为白崇禧介绍“五大学”办学情况。3月：校友吴玉章回到家乡荣县作抗日宣传。是月：“五大学”学生举行义演为抗战募捐。4月：华大校长张凌高赴香港参加全国基督教教会大学会议；

川大师生编辑出版《半月文艺》。4月中下旬：校友韩天石参与组织“五月革命行动委员会”。5月：“五月革命行动委员会”发起“反汪大会”，“抗宣团”参与组织“火炬大游行”；航空委员会主任钱大钧到川大演讲；教育部令川大等校筹建防空设备。是月：华大教授陈志潜组建四川省公立医疗系统，开展战时医疗救援；“五大学学生战时服务团”成立空袭救护大队。是月底：川大准备迁往峨眉山，直到7月，“川大学生暑期农村服务团”沿着岷江开展宣传工作和农村服务工作。6月：“川大抗敌后援会”宣布停止活动；日寇第4次轰炸成都，华大校园中弹4枚；华大学生黄孝逵牺牲于防空救护中。是月：邓颖超在成都召开中共川康特委妇委扩大会，会见川大学生胡朝芝和华大学生周曼如。暑假：“五大学”学生组织乡村服务团为农民治病。8月：中共中央南方局在工作报告中称“四川大学学生部在我党影响之下”。9月：川大文、理、法三学院于峨眉山正式复课。12月：川大的党员因时局变化陆续撤离成都；川大党总支改组；川大校内的壁报《文艺》刊载张宣文章《张宣伏虎寺的一日》，引起校内反动势力注意。是年：沦陷区学生纷纷转入川大就读，学校人数有较大增长；迁往峨眉山后，川大的党组织实行隐蔽方针；“五大学”基督教学生唱诗班为前方将士募捐。

附：黄孝逵烈士小传/240

一九四〇年 265

3月：国民党在成都制造“抢米事件”并嫁祸给共产党，成都地区党组织的工作遭遇挫折；“抢米事件”后，川大党总支书记邓照明同郭先泽撤离川大，奔赴延安，尹智祺继任川大党总支书记。是月：程天放扩大校内国民党、三青团组织，推行党化教育。6月：国民党特务以校长约见为名诱捕华大学生曾俊修；国民党特务逮捕川大、华大学生10余人。是月：中共川康特委重建成都市委，校友侯方岳任书记。暑假：蒲继霄接替尹志祺任川大党总支书记。8月：地下党员李相符受聘为川大森林系教授，以此身份作掩护进行革命工作。是年秋：程天放推行训导制度，严密监视学生。10月：日寇第14次轰炸成都，川大皇城校区中弹2枚；日寇第17次轰炸成都，川大南较场校区原理学院大楼被炸。11月：教育部令华大密查校内共产党之行动。12月：教育部部长陈立夫到峨眉山视察川大，在文、法学院作讲演。

一九四一年 291

2月：四川通过渝鄂交通线向中原解放区输送党员和知识青年；校友顾民元

在一次军事行动中牺牲。3 月：冯玉祥在川大文、法学院讲演，鼓励师生“将日本鬼子赶出去，创造富强的新中国”；川大发生“二何事件”，造成校内党组织内部关系紧张，川大党总支书记蒲继霄撤离。是月：川大教授李相符参与组建“唯民社”。是年春：四川党组织团结一些进步教师、学生成立“成都科学技术青年协进会”，以开展科技活动来团结、联系群众，齐大教授薛愚、川大教授李相符分别任正、副会长。6 月：当局查禁进步书籍，川大和华大师生的阅读自由受到钳制。7 月：川大党总支书记邵松乔毕业离校，将川大党组织关系交给中共乐山中心县委；“川大旅延同学会”在延安成立；日寇第 24 次轰炸成都，川大皇城校区与南较场校区中弹。8 月：教育部令川大增设师范学院一所，于暑假后开学。是年秋：按照上级党组织部署，“五大学”党总支撤离转移。10 月：教育部通令“整顿学风”，并强调“凡有越轨，执法以绳”。12 月：华大外籍教授徐维理（William G. Sewell）被日军逮捕关进集中营。

一九四二年　313

1 月：教育部令华大注意外籍教师宣传“赤化”。是月：川大教授李相符领导的“唯民社”出版发行《大学》月刊，宣传抗战和民主政治。3 月：教育部拨款 70 万元救济迁川的大、中学校教师。5 月：四川省政府密令各校严格管控进步学生。是年夏：华大、金大、金女大、齐大四所教会大学商议确定定期举行协商会议的工作机制。10 月：燕大正式在成都华西坝复课，华西坝再现五大学联合办学的盛景。是月：威尔基在华大发表演讲。11 月：华大文学院院长罗忠恕发起成立国际文化交流协会“东西文化学社”；英国议会访华团在华大发表演讲。是年：华西医院部分建成；华大、金大、燕大等校学生组建“蓉社”。

一九四三年　329

1 月：黄季陆接替程天放担任川大校长；黄季陆决议将学校迁回成都。3 月：川大从峨眉返迁成都，在望江校区开学行课；燕大学生 21 人赴印远征，主要承担翻译工作。是年春：“蓉社”更名为“马克思主义小组”。9 月：校友张澜发表《中国需要真正民主政治》一文，指出中国必须结束党治和一党专政。是月：国立四川大学经济系签发《战时经济教材纲要》。是年秋：华大学生党员贾唯英竞选为华大三二级级会主席和女生院自治会主席，为今后开展革命活动取得有利平台。11 月：川大校友李璜、张澜受邀在《新新新闻》报社作学术讲演，题目为《研究实施党政问题》。12 月：校友张培爵烈士纪念碑在重庆沧白纪念堂外举行奠基典礼，于右任负责主持并报告烈士生平事迹。是年：川大教授李相符组织“青年园地社”。

4 月：华大学生组织时事研究会。9 月：华大、燕大等教会学校的地下党员用“团契”组织形式联络进步青年得到中共中央南方局肯定；江竹筠（江姐）化名江志炜考入川大。是年秋：川大第一届学生自治会成立；川大学生吴祖型、赵锡骅创办时论剪贴社。10 月：华西坝“五大学”联合举行“国事座谈会”。是月：“成都民主青年协会”成立；四川省会警察局武装镇压学生，酿成“市中事件”；中国共产党抵制国民党发动的“十万知识青年从军运动”。11 月：中国民主同盟四川支部在成都成立，川大教授李相符、杨伯恺等被选为委员；川大师生声援市中学生；川大、华大等校学生因“市中事件”上书蒋介石；成都数千学生举行游行声援市中学生；方叔轩、梅贻宝、陈寅恪、向楚、钱穆、魏时珍、张铨等川大与华西坝“五大学”的知名教授 112 人联名在《新新新闻》上发表告学生书；教育部电令川大、华西坝“五大学”校（院）长，试图阻挠成都学生运动；国民党重庆宪兵司令部密报成都学潮情况。12 月：延安《解放日报》登载了对“市中事件”的报道和评论；华大远征军同学会在印度汀江军营成立，丁崇甫任主席，会员 29 名；“五大学战时学生讲演会”举行第一次讲演，顾颉刚教授主讲“青年应有的自觉”。是月：华西坝“五大学”联合举行座谈会，揭露国民党假抗日、真反共的阴谋，说服受影响的青年不去参加青年军。是年：川大举办夜大部和先修班，接纳沦陷区失业、失学青年；川大学生创立文学笔会。

1 月：校友张澜在川北旅蓉同乡会上发表谈话，强调团结互助，保川卫国，实行民主。是月：周恩来在曾家岩 50 号会见加拿大友好人士、华大外籍教师文幼章。2 月：“四川大学慰劳征属募捐团”在郫县公演募捐。是年春：川大学生创立“自然科学研究社”；川大学生成立“女声社”和“自由读书会”；校际进步组织“朝明学术研究社”成立。5 月：华西坝举行纪念“五四”营火晚会；延安《解放日报》发表《燕京大学全体同学为主张民主团结宣言》。6 月：《解放日报》长篇报道成都学生纪念“五四”大游行；金大、金女大、齐大、燕大四校为感谢东道主华大、纪念“五大学”联合办学而撰写纪念碑文。是年夏：川大地下党员黄寿

绪论　四川大学与抗日救亡

引　言

晚清 1896 年创办的四川中西学堂是四川大学的肇端，四川大学在 120 余年的办学历程中兼容合并过众多高校，譬如为四川地区马克思主义的早期传播做出过巨大贡献的国立成都高等师范学校（简称“成都高师”），为推进成都党组织进一步发展而发挥积极作用的国立成都大学（简称“成大”）和国立成都师范大学（简称“师大”），培养过诸多专业人才的四川公立法政、农业、外国语、工业、国学专门学校，等等。这些学校创建之初正值中华大地酝酿翻天覆地的变革之时，国内外矛盾日益加重，社会处于极度动荡之中，他们在灾难深重中的艰难前行，为后来之国立四川大学（简称“川大”）探索救亡图存打下了坚实的基底。而私立华西协合大学（简称“华大”）则因其教会学校之性质在抗战时期开辟了更为隐蔽的抗日救亡阵线，是学校救亡图存史中与国立四川大学同肩并行的一条战线。

本书重点关注学校发展史上至关重要的川大和华大时期。通览川大和华大两校抗战时期的办学历史，川大频繁更换校长，在起伏跌宕中走过抗战历程，最终发展壮大了学校规模，向着“万人大学”和“国立化”的目标迈进；华大则相对稳定，只是在抗战初期经历了向政府申请立案的重要事件，并于 1933 年获得教育部“准予立案”的批复，实现了中国人参与主持校政的目标。两校同在西蜀成都，一为国立的本土大学，一为西人创办的私立教会大学，办学气质迥异。然而，抗日战争期间，在实施国难教育与救亡图存的过程中，两所大学却表现出较高的一致性：作为地处大后方的高校，全面抗战爆发后，最大限度地接受了沦陷区师生并开展与战时相关的学科教育和学术研究。川大广开黉门，通过大量异地招生，接受转学、旁听等方式，竭力接纳了许多因日寇侵略而失学、无处容身的沦陷区学子；华大于此之外还承担了在国难的困苦之中大规模联合办学的重担，先后接纳了国立中央大学医学院（简称“中大医学院”）、私立齐鲁大学（简称“齐大”）、私立金陵大学（简称“金大”）、私立金陵女子文理学院（简称“金女大”[①]）、私立燕京大学（简称“燕大”），大有“天将降大任于斯校”的意味，成为大后方重要的文化教育中心。抗战胜利后，两校的教育地位和社会影响显著提升。

同时，本书侧重记录中国共产党所领导的校园内外的抗日救亡活动。以此点考察，两校的先进青年在中国共产党领导下传播马克思主义的活动有着高度的同一性。追求进步思潮和信仰共产主义的学生由分散而聚集，有组织有目的地逐渐结为一个整体。在国民党一党专制的严厉管控和血腥镇压下，这些先进知识分子不屈不挠，与腐败无能的政府斗智斗勇，坚定而勇敢地进行公开与秘密相结合的顽强斗争，成为国统区著名的抗日救亡学生群体，在中国青年运动史和抗战教育史中都有重要地位。

一、历史回溯：在灾难深重的民族危机中探索救亡之道

翻开四川大学校史，最初的五十年几乎就是一部中国近代史的缩影。

1900年前后，清王朝统治下的中国，饱受西方割地、赔款之迫，经济上背负着沉重枷锁，封建王朝处于风雨飘摇之中。无论是洋务运动还是戊戌变法，都挽回不了清王朝日落西山的命运。艰难时局下创办的“中学为体，西学为用”的新式学堂，短时间内在学术上难有建树，不仅没有培养出勤王之师，反而激生出大量的王朝掘墓人。四川大学办学的早期阶段，启蒙了辛亥革命在四川的先驱，造就了共产主义在四川的传播，培养了大量新民主主义革命先锋——其中不少人后来成长为新中国党和国家的领导人——为四川及西南各地的现代化人文和科技发展留

① 私立金陵女子文理学院原为私立金陵女子大学，简称“金女大”，更名后，时人仍习用旧称。

下了宝贵的物质和精神遗产，惠泽至今。

回望历史，辛亥革命的成功并没有从根本上改变中国人民被压迫的命运，国家也没有实现真正统一，很快陷入军阀混战中。各路军阀割据一方，他们肆意搜刮民脂民膏，任意征兵，中国人民仍生活在水深火热之中。直到全面抗战爆发，近代中国军阀割据的局面才以意想不到的方式暂时中止。

当新文化运动蔓延至四川，四川公立法政专门学校的教师吴虞当即在川内竖起一面宣扬新思想的旗帜。他在《新青年》等杂志上发表了一系列反对封建礼教、提倡解放思想的犀利文章。五四运动前后，中国知识界的先进分子开始接触、接受马克思主义，四川地区最早的新文化运动和马克思主义思想的传播者大都出自成都高师，如王右木、恽代英、杨闇公、吴玉章等，他们无疑是中国革命的先行者。

1920年左右，王右木创立“马克思读书会”，1922年组建“四川社会主义青年团”，还创建了四川第一家宣传马列主义的《人声》报，1923年在中共中央同意下秘密组建中国共产党成都支部（中共成都独立小组），这是四川地区第一个共产党组织，从此四川地区的革命之路和全中国以及全世界联系在一起。

1922年，吴玉章出任成都高师校长。其间，他不仅有力保护进步学生组织，还把成都高师变成了培养马列主义者的摇篮，积极地推动了四川地区进步思想的传播。1924年，吴玉章、杨闇公等20余人在成都娘娘庙街24号成立中国青年共产党（其后多数成员转入中国共产党），创办《赤心评论》月刊，宣扬共产主义，并派学生前往工厂组织工人运动，发动罢工，还深入农村，组织农会。

从1931年起，日本帝国主义的侵略让中国陷入了近代以来最黑暗的时期。“九一八”事变后，日军侵占东北全境，建立伪满洲国。随后，日本相继发动华北事变（1935）、卢沟桥事变（1937），先后侵入北平、天津、上海、南京，数年间占领我国大部分领土，致使大江南北悉为焦土，生灵涂炭。

地处西南边陲的四川向来就是中华民族反抗封建制度和外来侵略的

中坚力量，而四川大学历来便是“四川进步势力的大本营”和“西南一带传播革命种子的重要园地”。发生在成都的“保路运动”是辛亥革命的先兆和导火线，其中奋勇当先的“保路同志会”、勇敢无畏的学生军、充满传奇色彩的“水电报”，无不闪现着川大人的身影，如张培爵、龙鸣剑等“捐躯赴国难，视死忽如归”的“辛亥革命真正英雄”。

抗战期间，作为全中国的大后方，四川人民展现出大无畏的牺牲精神。“无川不成军”——由巴蜀儿女组成的300万川军出川抗日，“一寸山河一寸血”，累计伤亡60余万将士。与此同时，巴蜀大地也是支持抗战出粮最多的省份，全国无出其右，充分体现了抗日战争的胜利是以爱国主义为核心的民族精神的伟大胜利。

硝烟弥漫，血雨腥风，在“偌大的中国放不下一张安静书桌”的危急时刻，作为大后方的成都，川大人从抗战第一天就投身于民族解放斗争之中。“九一八”事变后，华大学生自发带上印有“誓雪国耻”的黑纱，四个醒目的白字昭示着不忘国耻、誓死维护国家尊严的决心。

抗战伊始，经过之前辛亥革命和大革命的洗礼，四川大学的重要源流——国立四川大学在多次分分合合中成型，拥有文学院、理学院、法学院、教育学院4个学院，共11个系、2个专修科，学生3000余人，成为当时国内颇具影响力的综合性大学。在学校变迁的20多年里，贯穿教育体系里的新文化、新思想逐渐融入了川大人的血脉，新一代的青年学子在先进分子的领导下扛起了“科学”和“民主”两面大旗，从根本上改变了斗争的进程。另一源流华大也初具规模，办学主权尘埃落定，建成了中国西部地区最早的现代化医学专业和东亚地区顶尖的牙科专业，虽然学生人数较少，但真正实现了精英教育。

和全国其他地区一样，成都党组织也经历了不断被破坏、不断重建的螺旋式的发展过程。到抗战爆发前夕，四川大学诸前身都建立了党的基层组织，仅成大有确切记录的党员、团员人数均达到30余名。党领导下的学生进步社团如“野火烧不尽，春风吹又生”，他们组织形式多样的爱国活动，宣传抗日，与国民党和地方军阀斗智斗勇，面对迫害不屈不挠，经历了一次又一次血与火的洗礼和考验。

四川大学诞生在中国近代历史的凄风苦雨中，注定从一开始就要踏上一条荆棘丛生之路，同处于苦难中的国家和民族共命运、同呼吸。在校园中各种新思潮的激荡之下，共产主义最终成为最为强劲的力量，在救亡图存的民族危机之中始终奋斗不息。

二、国立四川大学：烽火岁月中五任校长的跌宕起伏

在长达 14 年的艰苦卓绝的抗战历程中，川大先后有五位校长执掌校印。在国将不国的历史背景下，这些校长的升迁去留也诠释了一所大学在军阀混战、战时教育、救亡图存之下的命运起伏。

1931 年，国立成都大学、国立成都师范大学、公立四川大学“三水汇流”，完成了四川大学发展史上的一次重要组合，国立四川大学正式成立。王兆荣作为国立四川大学第一任校长，本该一展宏图，大有作为，然而王兆荣上任之时的处境颇不乐观。彼时，正值敌寇压境，国难当头，生存是全国所有学校的首要问题。一方面，他面临教学设施十分短缺，教育经费捉襟见肘，学校发展举步维艰的困境，可谓“巧妇难为无米之炊”。另一方面，四川军阀内战频繁，严重影响教学秩序。在此内忧外患的多重危机下，川大国难教育乏善可陈，但王兆荣奠定学校发展基础之贡献却是不容忽视的。

1932 年下半年，四川军阀刘湘和刘文辉在成都城内武力相争，川大皇城校区前门与后门皆为军队攻守据点，师生 300 人一度被困校内，迫使学校提前放假。其间刘文辉、田颂尧两军在城区展开了大规模巷战，为争夺城内的制高点皇城煤山（此地点旧时在川大校园内，今属东华门考古遗址公园），双方均组织敢死队进行反复争夺，战斗尤为激烈，煤山几经易手，双方死伤逾千。当战火稍息，学校赔偿还未得到支付之时，军阀刘湘在“剿赤”会议上决定变卖皇城地基，将所得经费 150 万元作“剿共”之用。面对军阀强制变卖校产的无耻之举，川大师生强烈反对，校长王兆荣致函成都地方法院，控告刘湘越权变卖川大校产实属非法，指责刘湘侵犯川大权利，危害四川教育，并向报界散发声明，呼

吁社会舆论支持。校园不存，何谈教学，遑论发展。时局之混乱、办学之艰辛是今天身处和平稳定的社会环境中的我们难以想象的。

王兆荣掌校时期，每年办学经费 60 万元，但因各方拖欠、赖账，实际到账仅有 40 万元，不到预算之七成，大部分款项，如从盐税中拨付的教育经费，还得由学校自行向川南盐务稽核分所讨要。1933 年 3 月 9 日，成都市教职员联合会派代表到重庆向刘湘提出解决教育经费困难的问题，未获结果；4 月，成都市内的省立中级以上学校的校长到省教育厅索薪；4 月 27 日，成都市内的省立学校各校长联名陈述经费之艰窘，呈请省教育厅转请 24 军军部拨现款 1 万元，以济燃眉之急。

1935 年，王兆荣在举步维艰中三请辞职，最后得以离任脱身，继任者任鸿隽走马上任，此时四川取消防区制，军阀独霸四川的局面被打破，《川报》当即发表社论《任鸿隽抵蓉后吾人对川大的希望》，称任鸿隽出掌川大“乃四川教育界的福音，是与旧时代军阀制度之打破、防区制之毁灭、新省政府之成立，具有同等意义的事情”。

任鸿隽一俟就职，就宣布他改造和建设川大的宏图大略，欲在民族教育与传播新文化两方面树立新风。1935 年 10 月 18 日，川大理学院举行了学校历史上首次颇具象征意义的升国旗仪式。翌年 5 月，又成立了以任鸿隽为主任的“国立四川大学国难教育委员会”，此举旨在促使学校师生在国难当头的情形下，肩负起民族复兴的责任。而要肩此重任，任鸿隽认为：第一，要输入世界的智识，要拿智识开通来补偿四川的地形闭塞；第二，要建设西南的文化中心，建设一个能成为文化策源地的综合大学。任鸿隽强力推行改革，学校由“本土大学”向真正意义上的“国立大学”大步迈进，包括马克思主义在内的各种新思潮、新思想随之在校园中传播，学校风气焕然一新。

任鸿隽抱着忧国忧民之心入川，他认为四川是“中华民族复兴的策源地和根据地”，在他的支持和号召之下，各学院结合抗战需要调整课程，编制“国难”教育计划，如理学院组织盐化工、燃料化工以及机械动力等课题研究，得到了社会上的积极支持并取得了显著成果。1935 年夏，川大成立西南社会科学研究处，它的目标是结合四川地方特色研究战时国家需要。学校还与迁川的国防工业厂矿研究部门合作，实施与抗战有关的军事课题的研究；与军政部兵工署第五十工厂、川康铜业管理局合作进行枪炮原料的采冶、制造研究；与中央水利委员会在四川地区进行水电资源调查、勘测研究，努力为抗战提供后援服务。

1936 年 4 月 19 日，川大举办首届运动会，在运动会开幕式上，校长任鸿隽及四个学院的院长亲自率领运动员举行入场式，任鸿隽说："今日这运动有三点意义：一、读书不忘运动，运动不忘读书，一洗文弱之耻；二、养成合作互助的道德；三、养成公平正直之习尚。……这次运动会虽为创举，但希望下季即能影响于全市全省，明年活动于全国，他日更于世界纪录中占一席位。"

从任鸿隽开头，国内名流学者在二十世纪三四十年代大量涌入川大，使学校办得很有生气，一时蔚为大观，受到海内外的瞩目。以 1935 年到 1936 年为例，川大高层职员中川籍人士占比由 80%下降到 39%，教员中川籍人士占比由 72%下降为 59%，总体而言，教职员中的外省人超过了本省人。从教职员的留学背景看，高层职员留学日本者，由 53%下降为 20%，教员留学日本者，由 54%下降为 31%，高层职员、教员留学欧美者则分别由 47%、46%上升为 80%、69%，留学欧美者中，留学美国的又超过留学欧洲的。

1935 年"一二·九"运动后，平、津、沪、宁大批学生辗转入蜀，川大作为四川唯一的国立大学，自然成了诸生向往的目标。"一二·九"运动发生时，任鸿隽正在北平开会，耳闻目睹了爱国学生英勇斗争的悲壮场面。返校后，他立即在全校师生大会上报告了亲身见闻，痛斥日伪暴行，在他的影响下，全校师生纷纷集会，以全体教职员和学生名义通电全国，强烈要求国民党最高当局停止内战，一致抗日，维护主权，严惩汉奸。在给北平学生的电报中，川大人表示了同仇敌忾、誓作后盾的决心。从 1936 年暑假开始，任鸿隽用登广告的方式进行宣传，在平、津、沪、宁及两广等地招生，任鸿隽办学的开明态度和爱国热情闻名于各地学生中，次年投考川大者甚众。同时，任鸿隽因势利导，不仅大量接纳外省籍学生，而且大幅度减少学费，并在学生贷款和奖学金方面对学生予以照顾和优待，解除穷苦学生的后顾之忧。此后外省籍入学者（包括沦陷区转学来的学生）逐年大幅度增加，一度达全校学生的 45% 以上。

从各地来的学生，大多是抗日救亡运动的骨干分子或学有所长的青年才俊，他们的到来给古老的川大平添了许多活力，吹进了民主自由的新风，带来了近代科学的讯息。他们和川籍同学融洽相处，共同吹响抗日救亡的号角。1936 年考（转）入川大的学生中，有受党组织和中华民族解放先锋队（简称“民先”）总队部派遣的韩天石、王潞宾等一大批进步学生；有从上海辗转入蜀的上海进步学生康乃尔等。这些优秀学生与川籍进步学生王怀安、胡绩伟、熊复、缪海稜、陶然、邓照明、周海文、张宣、郭琦、丁洪、于北辰等联合起来，在成都掀起了轰轰烈烈的抗日救亡运动。在任鸿隽掌校期间，这些学生发起组织了中华民族解放先锋队成都队，并在省、市抗日救亡组织中担任负责工作，他们率领进步学生走上街头、深入农村，宣传抗日救亡。其中许多人后来或成为四川地区党组织的负责人，或奔向革命圣地延安。

任鸿隽在任职期间还有一个“大手笔”：他通过交涉，将皇城校区的土地置换为锦江河畔望江楼侧的大片土地，占地 2000 多亩的望江校区在抗战后期投入使用，对川大的发展有不可估量的作用。

然而一场意想不到的风波①导致了任鸿隽的离任。此后张颐代理校长，他基本按照前任校长任鸿隽的办学方针实施校务。经过张颐的悉心经营，加上处于大后方的地利之故，川大的教育水准在全国高校中持续名列前茅。据《新四川月刊》统计，川大 1938 年 10 月在校学生人数为 1200 人，教授 124 人，经费 72 万，图书仪器费 120 万，仅次于国立中央大学（学生 1940 人，教授 160 人，经费 72 万，图书仪器费 215 万），整体实力远高于其他国立、公立、私立大学。

---

① 任鸿隽夫人陈衡哲为川大历史学教授，1936 年春夏之际，刚到成都不久的陈衡哲以《川行琐记》为题在《独立评论》上连续发表了三篇叙述她在成都的经历与观察的文章，这些文章在四川社会中引起轩然大波，最后导致了任鸿隽的辞职。详见王东杰：《国家与学术的地方互动——四川大学国立化进程（1925—1939）》，生活·读书·新知三联书店，2005 年，第 200—223 页。

1938 年起，成都和重庆成为日寇实施“战略轰炸”的重要目标。整个抗战期间，成都遭受的敌机空袭次数仅次于重庆，频繁的轰炸致使川大不得不考虑迁离成都。彼时，教育部委派程天放来校接替张颐执掌川大。学校当即爆发了一场“拒程运动”，但一番波折后程天放仍成功掌握校印。程天放上任后，立即决定将学校迁至峨眉山中，以躲避日寇轰炸，保护学校安全，避免无谓牺牲。同时，身为国民党中央执行委员的程天放在迁校峨眉的计划中还暗藏祸心——使川大进步势力远离成都这一西南地区的抗日救亡中心和学术文化中心，以便钳制师生的思想和学术自由。川大由此经历了抗战教育最艰难的时日。在距离成都 160 公里的穷乡僻壤，交通不便，与外界交流困难，水电全无保障，物资极度匮乏，师生困守山中，学校运作之难可想而知。在峨眉山的数年间，程天放大力压制进步势力，在政治上大搞党派活动，竟然把峨眉山的几十名和尚都拉入三青团。在这样的思想管控和“党化教育”下，学校教育难有进展，学校名师相继流失，仅剩专任教授 100 余人，党组织及学生运动的发展陷入停顿，可谓万马齐喑。

1943 年，世界反法西斯同盟军进入反攻阶段，法西斯德国败局已定，日本也受挫于太平洋战场。这一年，黄季陆接替程天放掌校川大。黄季陆上任即提出回迁计划，声言“西南最高学府的川大，当时竟在神秘的山谷中残喘着，这的确与时代相背驰”。他审时度势，运筹帷幄，很快就将庞大的机构和数千名师生及家属迁回成都，“一时嘉蓉道上飙轮竞驰，青衣江头舳舫相接”，学校回迁后在成都望江楼附近的新校址开学行课。黄季陆利用兼任国民党四川省党部主任的身份，调动各种关系和社会力量，在学校回迁、维修重建、经费筹集方面起了积极的作用，学校有了一个较为安定的环境，“不仅招生数大增，而且院系设置、办学规模不断扩大，教师阵容日益强大”，延聘有向楚、钱穆、朱光潜、冯友兰、萧公权、谢文炳、徐中舒、彭迪先等一批耆宿大贤，学校再一次出现名师荟萃、学者如云的盛况，专任教授保持在 200 人左右，学生人数超过国立中央大学跃居全国第一。在战时中国的高等教育中，川大以完善的教学体系雄踞四川，带着“全国独善”的美誉，迎来了抗战的最后胜利，为后来新中国的建设培养了大批青年才俊，实现了建校初期“仰副国家，造就通才”的宏伟目标。

三、私立华西协合大学：“五大学”联合办学的时代华章

辛亥革命前夕，伴随着西学东渐，清廷废八股、除科举，改书院、兴学堂，新式学堂由此大量兴起，四川大学的源头学校四川中西学堂即开办于1896年。与此同时，教会学校也大量增长，四川各地外国教会所办中小学数量达数百所，学生人数众多，兴办大学以培养“未来中国教会领袖”也就顺理成章成为教会迫切的愿望。而戊戌变法之后，中国社会对革新抱有强烈要求，人们对教会之活动也从过去的怀疑、敌视，渐渐改变为许可和支持。在这样的历史背景下，1910年由美、英、加拿大三国的五个基督教差会联合创立的私立华西协合大学在成都正式开学。

近代中国社会几无宁日，在此历史阶段创办大学殊非易事，华大首任校长美国人毕启（Joseph Beech）博士从1913—1946年的30多年间，不辞辛苦往返中美多达15次。要知道，在百年前兵荒马乱的年代，从成都经乐山、上海到美国一般需耗时数月，途中必须穿过时常发生翻船的三峡险滩，旅途之艰辛是今人难以想象的。抗战结束后，当在中国经历数十年荣辱的七旬老人毕启离开成都荣归故里时，国民政府授予他采玉勋章，以表彰他“将自己的一生奉献给这个国家的教育事业”。

从1920年代开始，中国兴起收回教育主权运动。1930年代，华大办学权也被收回，这所由西方人创办的教会学校的办学宗旨得到修改，张凌高由此掌校华大，开启了中国人主持校政的新阶段。

当抗战全面爆发后，我国大片领土相继沦陷，不甘为敌奴役的文化界和教育界的人士，为了保存我国文化教育命脉，延续中华文明，战区高校纷纷内迁。成都地处西南边陲的“天府之国”，远离战区，而华西坝草色如茵，花光似锦，被誉为抗战时期教育的“天堂”。其时，先后有5所大学迁徙而来，集中在华西坝办学。1937年10月，中大医学院

率先迁入华西坝。其后的近一年间，齐大、金大、金女大师生也都迁至坝上。备受磨难的燕大最晚来到成都，其时已是1942年秋。人们将华大的这段特殊历史称为“五大学时期”①。据《五大学联合办学纪念碑文》所记：“抗战军兴，全国移动，华西协合大学张校长凌高博士，虑敌摧残我教育，奴化我青年，因驰书基督教各友校迁蓉，毋使弦歌中缀。其卓识宏谋固已超出寻常，使人感激而景仰之矣。既而金陵女子文理学院，金陵、齐鲁两大学均先后莅止，而燕京大学亦于太平洋战起被迫解散，旋即复校成都，于是有华西坝五大学之称。”这是华大办学历史上独具殊荣也最为辉煌的时期。

“众志成城天回玉垒，一心问道铁扣珠门”（吴宓教授语）。其时诸校汇聚华西坝，东道主华大校长张凌高与迁入华西坝的各校负责人每周召开一次联席会，各校教务长每月召开一次教务联席会，训导长也有例行的联席会，还召开不定期的教授联席会。各校教师可以跨校讲学，高年级的学生可以自由选课并能获得各校互相承认的学分。除了内迁学校的学生，华大还接收了另外30所战区大学的借读生，以及来自中国香港、澳门和朝鲜等地的学生。华大紧缩本校师生用房，租用和新建简易校舍，竭尽全力挖潜资源，可以说，为了迎接和安顿远方的“客人”，华西坝的人力和物力被发挥到了极致。彼时，坝上的师生骤然增至四五千人，拥有文、法、理、医、农等五个学院，六七十个学系。面对战时的困境，纷扰的局面，各校齐心协力，弦歌不辍，表现出同舟共济、精诚团结的高尚精神。是以，在国破家亡、民族岌岌可危之时，华西坝上的高等教育不仅没有萎缩，反而得到了良好发展。除了医学教育力量强劲，其他科系也名师云集，迎来了一大批国内顶级的学术大师，如陈寅恪、钱穆、顾颉刚、吕叔湘、吴宓、李方桂等，呈现出前所未有的教育盛景。金大师生在离开华西坝时曾总结：“八年在川，虽在艰难困苦之中，所设科系与学生人数，仍岁有增，是为本大学播迁时期。”

① 在不同时期，“五大学”的含义稍有变化。其初指华大、齐大、金大、金女大、中大（医学院），1941年中大医学院迁出华西坝后，时人谓之“四大学”，至1942年秋燕大复校华西坝，复有“五大学”之称。

当时教会在成都办有医院 4 所，即仁济男医院、仁济女医院、仁济牙症医院和存仁眼耳鼻喉专科医院。这几所医院原只提供给华大师生进行临床教学，而中大和齐大医学院迁来华西坝后，都需要利用这几所医院进行临床教学。经过协商，各校及各医院进行了财务、行政方面的调整工作，于 1938 年 7 月组建华大、中大、齐大三大学联合医院，由中大医学院院长戚寿南任总院长，统一领导各医院，为各校提供共同使用的病床计 380 张。这个联合医院使众多中国名医聚集华大，使华西坝成为战时大后方医学与医学教育的重镇。

另外，华大还建立了麻风病院、结核病疗养院、精神病院和数个学生实习处与附属工厂。中国文化研究所、华大边疆研究所、农业研究所和历史研究部等 9 个学术机构也于此时相继成立，学校在全国的地位得到了极大的提高，办学质量也在国际上获得了认可。

华大医、牙科及制药系学生在毕业前，按规定需服从政府征调去军队中服务一年。1936 年“西安事变”后，华大医牙学院本科四年级和制药系三年级学生 32 人，根据当时的抗日形势和教育部的规定，由学校安排赴南京受军事训练。在抗战全面爆发的 1937 年，华大医科毕业生陈文贵担任国民政府第一防疫大队队长，负责包括延安在内的华北战区的防疫工作。在 1939 年 6 月 11 日的大轰炸中，27 架日寇飞机轰炸成都，投弹百余枚，市民死伤严重，华大及附属学校也中弹 4 枚。华西坝“五大学”学生战时服务团组织的救护队在这场轰炸中挺身而出，逆行奔赴现场救护伤员。他们不负平时的辛苦演练，在此时“火线”上阵，救死扶伤，赢得市民交口称赞。华大药学系一年级女生、救护队队员黄孝逴不幸牺牲。从 1942 年起，连续 3 年，华大医、牙科及制药系有应届毕业生 100 多人，先后应征去军队或军事机关服务。

在抗日战争中，华大师生的爱国革命活动还得到了一些外籍人士的同情和帮助，这些国际友人积极支持抗日民族统一战线，参加世界反法西斯的斗争。美籍教授解难（J. Spencer Kennard）和德语教授魏璐诗（Ruth F. Weiss）的住处就是地下党员和进步群众活动的据点，常常提供给地下党员、成都“民先”的负责人韩天石、胡绩伟、张文澄等举行座谈会。解难在得知为抗日募捐的音乐会遭到当局压制时，向求援的学生周曼如（华大地下党支部委员）等说："别怕，他们不会把你们怎么样，我明天去找校长力争。"魏璐诗同情中国人民的抗日救亡活动，她创办了英文刊物《成都新闻》。西安事变后，为了加强对外宣传，"民先"派邓照明、尹智祺两人每周与魏璐诗联系一次。邓照明撰写了关于中国学生运动的报道，经魏璐诗推荐在国外青年刊物上发表，向全世界介绍中国学生英勇参加抗日救亡运动的事迹。

出生于四川的著名国际友人文幼章（James Gareth Endicott）更是自始至终支持中国革命。他在抗战时任教于华大，曾担任过蒋介石的"新生活运动"政治顾问。但经过一年多的观察，他看清了"'新生活运动'不过是在搞法西斯主义，毫无价值可言"，便毅然辞去了这一职务。通过与周恩来等中共领导人的接触，他逐渐理解和支持中国革命。文幼章曾亲手打倒过前来监视的特务，让进步学生领袖安全离开。他在1945年参加华西坝学生组织的"五四"营火晚会上发表公开演说："现在国民党当局奉行的是假三民主义，特务横行霸道。我亲眼看见特务打散了一个纪念'五四'的集会，听说他们还要来冲今晚华西坝的营火会。我们几千人还怕他几个特务！我的力气大，他们来了，我帮助你们打。"他一生致力于世界和平友好事业，是世界著名的和平战士。文幼章去世后，其后人遵照他的遗愿将他的骨灰撒在了他的出生地乐山的大渡河中。中国人民对外友好协会授予他"人民友好使者"的称号。

全面抗战中期，国内战事频繁、交通阻塞，加上国际反法西斯战争也正处在紧张阶段，中国各基层单位与国外的交往大量减少，甚或濒于断绝，但华西坝聚集着几所教会大学，华大因其特殊条件，开展了一些与各国学术界或国际友好人士的交往活动。其中，1942年由华大文学院院长罗忠恕发起成立的"东西文化学社"在抗战时期做出了特殊的贡献。牛津大学教授为此在致中国各大学教授的信函中说："贵国人士，在严重的抗战期中，犹力求高等教育之推进及人文科学之继续探讨，吾人对此不胜景仰之至。""吾人所处之时代，有空前之机会能使人类互相发生影响，利用各民族之文化优点，以造人类之幸福。"五大学校长在联名给牛津、剑桥大学教授的回信中说："中英两国在战时为击败公敌应密切提携，战后应谋更深之谅解，以加强对科学文化的合作。"这些信函充分表达了中英两国学者对中西文化交流的愿望和追求。中国许多著名的学者、科学家踊跃加入学社，五大学的校（院）长张凌高、梅贻宝、陈裕光、汤吉禾、吴贻芳及四川省建设厅厅长何北衡、教育厅厅长郭有守均为名誉社员。英、美、德、印等国的许多学者也纷纷加入，其中包括哲学家罗素、量子力学的开山鼻祖普朗克、物理学家爱因斯坦和印度文豪泰戈尔等名流大师。1942 年 11 月，英国议会访华团一行 4 人来成都访问，在华大广场向大学生作题为《战后的问题》的演讲，听众逾三千。一时之间，华西坝成为中国抗战时期东西方文化交流的一个中心。

四、救亡图存：抗战旗帜下的矢志不渝

1928 年，四川军阀以"二一六"惨案为投名状投靠蒋介石，镇压进步师生，其后四川党组织被破坏殆尽，校园进步力量随之遭受重创。之后几年里，四川长期处于白色恐怖之中。1933 年冬，中共四川省委代理书记苟永芳被捕，地下党员郑万禄叛变。1934 年 10 月，中共四川省委书记刘道生慑于白色恐怖而潜逃。1935 年 6 月，继任的中共四川省委书记刘克谐被捕。四川地区及川大的革命运动在很长一段时间内都处于低潮中。

风雨如晦，黑夜如磐，但校园中仍有星光闪烁。1932 年，因参加荣县农民起义而入狱的地下党员饶世俊在获释后进入华大就读，失去组织关系的他与华大学生秘密组建了华大团支部。1935 年，宣扬进步思潮的刊物《文艺月刊》在川大校内出刊，这是后来如雨后春笋般生发于校内外的进步刊物的肇端，在四川进步刊物发展史上具有非凡的意义。

1935 年爆发的"一二·九"运动是川大历史上党领导的青年救亡运动发展的分水岭。此后，川大的学生运动逐渐活跃，党组织也得到了恢复。随着西安事变的和平解决，抗日民族统一战线正式形成，延安成

为抗日战争敌后战场的中心，中国的政治格局由此发生新的改变。国统区政治腐败，经济乏力，人民生活艰辛，而陕北“解放区的天是明朗的天”，为全国青年一心向往之圣地。譬如，仅是 1941 年的 7 月，延安一地就汇集了川大校友 30 余人，他们在延安成立了“川大旅延同学会”。

1936 年，同盟会元老、四川抗日民族统一战线主要奠基人张曙时被上级派到四川。他和韩天石、饶世俊在成都发展了一批新的党员，为后来成都地区党组织的恢复打下了基础。到全面抗战爆发、邹风平奉命入川重建中共四川省工委后，四川党组织便如不能烧尽的野草，随延安之春风而复生。1937 年底，川大校内成立了第一个党小组。其后，“战训女同学会”党支部、《大声》周刊党支部、“五大学”党支部等遍地开花，四处结果。此时，中国共产党已经摆脱了大革命失败后艰难困苦的状况，形成立足延安、辐射全国的良好态势。各地党组织及党员贯彻执行党中央确定的公开和秘密相结合以及时机成熟则积极进行革命活动、一旦暴露就及时撤退的斗争策略。在抗日救亡旗帜的号召下，成都各大、中学内的党组织及受党领导的进步组织数量出现爆发性增长，进步学生尤其是川大、华大的进步学生成为成都救亡运动的主力军。资料显示，1940 年初，成都有党员约 250 名，而据川大老党员郭治澄回忆，同一时期川大有党员 123 名，占成都地区党员的一半，川大党总支是当时四川各大、中学中最大的一个党的基层组织，也是当时党在成都的重要活动据点。中共川康特委在一份给中共中央南方局的报告中提道：“在青年工作方面，没有大的青年组织，但各大学都有组织，四川大学学生部在我党影响之下。”

在国统区，进步学生组织是传播、实施党的路线、方针、政策的先锋与干将。各地党组织发展、影响了许多倾向进步的学生组织。在成都地区，最具影响力的就是成都“民先”、海燕社和民主青年协会（简称“民协”）。

1936 年，北平进步学生韩天石、王广义按照党组织指示南下转入川大，他们在校内联络各路进步学生积极展开救亡组织工作。他们不仅有在沦陷区斗争的经验，还曾直接参与了“一二·九”运动的组织工作。由他们发起和领导的成都“民先”，一开始就具备清晰的斗争思路、成熟的斗争经验和完整的组织形式。成都“民先”在党组织的直接领导下迅速发展，除吸收川大、华大学生加入之外，华西协合中学、华美女中、四川省立师范学校等成都大、中学都有学生加入。成都“民先”后来和海燕社合并，成为成都青年运动的中坚力量。成都“民先”还参与创办了《活路》《星芒报》等抗日救亡刊物，其发行量在当时四川报界中位居前列。此外，成都“民先”还进行了组织学生进行街头宣传，为抗日将士募捐，举行声援上海“七君子”大会，发起成立“成都各界救国联合会”，组织全市“五卅”纪念大会等活动，是川大乃至成都抗日救亡过程中不可或缺的存在，为四川抗日救亡和反对国民党专制积蓄了重要力量。

抗战后期，在地下党员、川大教授李相符的指导下，华西坝“五大学”和川大学生创立了“民协”。该组织以“团结学校青年，争取新民主主义在中国的实现”为宗旨，从成立一直到成都解放，始终是成都青年运动的主力军。青年学子们有着黄金般的纯洁之心，怀着满腔热血投身革命事业，他们恪守党的秘密工作原则，形成严密的组织系统、组织纪律以及严格的思想教育方法，影响并团结了一大批进步教授和青年，与国民党展开有勇有谋的较量，将中国共产党的抗日救亡主张渗透到校园及成都社会各阶层。“民协”接续了“民先”的斗争，在成都抗日救亡及解放过程中发挥了不可替代的作用。

抗战胜利后，一些“民协”成员随迁出华西坝的四个教会大学离开，但这并未影响“民协”的进一步发展。他们在之后的斗争中对国民党政权的最后灭亡起到了催化作用，为解放区输送了一大批先进的俊彦学子。为建立新中国献出生命的川大学子江竹筠（江姐）、何懋金、马秀英、郝跃青、黄琪（黄辉蓉）等英烈都是“民协”成员，由此可见“民协”在爱国民主斗争阵线上参与的深度和广度。

全面抗战爆发前后，川大校园中涌现了数十个学生社团，1945 年川大 3000 余名学生中参加了进步社团的就有 400 余人。1946 年，迁入华西坝的学校回迁原地前，“民协”直接领导的社团有 40 多个，会员

300余人，受“民协”影响的社团另有二三十个。这里面有的社团成立时间短，成员不多，影响力有局限，但都是中国革命史上的星星之火，他们对推翻腐朽黑暗的旧制度起到了添砖加瓦的作用。

知识分子斗争的首要工具当然是纸和笔。伴随抗战烽火，学生们化笔为刀，在国民党舆情管控下兴办进步报刊，虽屡遭查禁，却矢志不渝，通过各种灵活而顽强的方式与当局周旋。才华横溢的川大学子当仁不让在其中扮演了主要角色，是名副其实的时代先锋。

进步报刊大量涌现的时间开始于“一二·九”运动爆发之后，此时一致对外的呼声业已高涨。川大师生参与编撰几十种刊物，还灵活应用壁报、剪报等更为便捷的出刊形式。川大的“时事研导社”的前身就是“时论剪贴社”。华大的“时事研究会”也主要采用这两种宣传形式。

然而办刊之路并不平坦，即便是国共合作之后，国民党对共产党仍一直抱有高度的警惕，对舆论宣传的管控并未松懈。以《大声》周刊为例，它曲折的办刊历史足以说明一切。

《大声》周刊由著名共产党员车耀先主办，成都“民先”的川大学生张文澄、彭为果、胡绩伟是刊物的主要撰稿人，刊物遵循“假话宁可不说，真话总要说点”的原则，发行遍及省内73县，南京、上海、北平等地均有其读者和代销点。出刊不久，即被查封，20天后，刊物更名《大生》，仅出5期又被封杀。“七七事变”爆发后的第三天，刊物再次更名为《图存》与读者见面，只出3期再次被禁。然而编者不屈不挠，再次将刊物出版，并且恢复旧名“大声”。一年半之间，11次查封，11次更名，在阻碍重重、举步维艰的办刊环境下，撰稿人无稿费可得，工作人员无津贴可领，同人还得自掏腰包维持出刊。可以说，《大声》之命运浓缩了共产党领导的进步组织在国民党专制统治下的顽强抗争，也展示了中国新民主主义革命进程中共产党员百折不挠的斗争精神。

抗战期间，成都“民先”和“民协”成员是成都党组织开展救亡活动的主力军，川大学子中的先进分子在成都许多重大政治事件中扮演了重要角色。

在抗日民族统一战线形成后，国民党表面上做出一致对外的团结形象，暗中却不择手段地阻碍压制共产党主导的抗日救亡运动。譬如，在大后方的成都，国民党当局伙同其在川大的爪牙，制造了震惊全国的“凤凰山机场案”“稻草案”等事件。

1937年底，川大教授黄宪章和学生康乃尔、王玉琳率“川大抗敌后援会”的部分同学去凤凰山机场工地慰问民工，黄宪章即席发表了两次演说，其内容被国民党视为“煽动宣传”“内容多含挑拨性质”，被加上“破坏国防重要工程”的莫须有罪名。其后，川康绥靖公署将黄宪章逮捕。此举激起校内外文化界、教育界和新闻界的一致愤慨和联名抗议，时任川大代理校长张颐亲自致电教育部和省府要求无条件放人，黄宪章在狱中坚定表示：救亡无罪，政府如果继续压制民众运动，这“将是抗战前途的一个莫大危机”。虽然黄宪章不久即被无罪释放，但当局并未就此罢休，他们将参与机场慰问的37名师生列入黑名单并暗中监视，谋划进一步打击。

果然，几个月之后，国民党在学校的爪牙又制造了一起冤案，他们居然伪造假证，诬蔑学生康乃尔、王玉琳在采购慰问机场劳工的稻草时贪污经费。此举意在污化康、王，将其挤出“川大抗敌后援会”，剥夺两人的领导权。然而在地下党的安排下，康、王在法庭上慷慨陈词，并出具有利证据将这一阴谋公之于世，终于真相大白，康、王被当庭宣告无罪，当局作茧自缚，顿失人心。两起事件都发生于国共合作之后不久，提醒共产党人在合作中保持警惕，后来的历史事实也证明了国民党包藏祸心。

回顾历史，前文所述“拒程运动”其实并非偶然，一个大学校长的任命却能引发86名教授联名致电国家最高领袖进行抵制，当局之信誉可以想见。当时距蒋介石政府逃离大陆也就短短十年。程天放来校导致诸教授集体罢教。朱光潜受众教授公推，草拟了《罢教宣言》：“本校校长问题，同人前为维持学术尊严，陈述意见，公诸社会。顷由张校长转到教部来电，谓为出位干政，败坏学风，并谓校长有导正之责。披览之余，不胜骇异。窃同人以学术界之人谈学术界之事，何为出位干政？同人在校并未制造派系，利诱生徒，何为败坏学风？院长、教授皆由学校礼聘而来，与校长不过暂时宾主，迥非主管僚属之比，何得言受其导正?！教部之电，实属不明体制，蔑视教授人格，同人认为此学术界莫大耻辱。自本日起，不再到校上课。特此声明，伏维公鉴。”该宣言光明磊落，给国民党官僚政府一记响亮的耳光。声势浩大的“拒程运动”在地下党和地方势力的调解下，以CC派[①]川大秘书长孟寿椿“下课”告终，学生策略性地打出“欢迎程天放、建设新川大”的旗帜，前者自是虚辞，后者才是鹄的。该事件中的川大人表现的“独立之精神，自由之思想”，给后人留下了值得骄傲的精神财富。

抗战后期的豫湘桂战役中国民党军队大溃退，丢失上百座城池。全国一片哗然，人民无不哀愤。国民党军队一如冯玉祥所描述：“壮丁变瘦丁变病丁变死丁，幸而不死放下枪杆，脱去军装形同乞丐一般”。悲乎！这样的队伍何以保家卫国，何以解救人民于水火，这样的政党何以能领导国民，建设强大的国家。社会各界将矛头直指蒋介石和国民党中央政府，要求结束专制、实行宪政、组建联合政府。为此川大和华大师生发起了一场声势浩大的“国事座谈会”，其名为座谈会，实际上是盛况空前的对国民党政府的声讨大会，会上，以校友张澜为首的参政员分别发表演讲，揭露时弊、痛斥贪腐，与会者多达2000余人，人数之多，气氛之隆重，为成都高校多年来所未有，打破了几年来由于国民党高压政策导致的学生运动较为沉寂的局面。这场半数四川大学青年学生都积极参与的盛会，体现了民意，体现了作为国家未来的青年一代从思想上、行动上已经和旧社会一刀两断，也预示着中国人民已经做好了准备，迎接新的中国的诞生。

结　语

检索四川大学抗日救亡大事记，时间之轴上变奏出“御寇与革命”

---

① 中央俱乐部英译名“Central Club”的缩写，是国民党内部派系之一，以陈立夫、陈果夫为核心。或说“CC”亦为时人对二陈（即陈立夫、陈果夫）的代称。

的双重音符。抗战期间，虽然共同面对外敌，但国共两党由于意识形态隔若云泥，致使校园之中始终充满着专制与自由之间的斗争、控制与反控制的较量，杀伐与血腥从未间断。本书冠以“救亡”一词，包含了双重涵义：既是共同抗击日寇、挽国家于危难的救亡，也是探索中华民族的前途最终走向何方的救亡。在救亡过程中，有像乐以琴、黄孝逴、缪嘉文这样的川大学子挺身而出，牺牲在抗击日寇的斗争之中，但更多的先进青年却牺牲在国民党统治的屠刀之下，他们的名字在本书中都被一一提及，我们希望借此专书的编纂，让一代热血青年和时代精英的光荣事迹成为后来者的精神财富，激励今日向往自由和光明的莘莘学子和青年才俊，“以史为鉴”，铭记过去的民族苦难，以热血之躯捍卫国家和民族大义，继续谱写不负时代的青春之歌。

一九三一年

9 月 18 日

“九一八”事变爆发。18 日夜间，日本侵略军袭击沈阳，进而大举进攻东北，由于蒋介石坚持执行对日不抵抗、对内加紧“剿共”的政策，日本帝国主义不久即占领东北全境，史称“九一八”事变。①

9 月 20 日

中共中央发表宣言“反对日本帝国主义强占东三省”。②

9 月 22 日

中共中央通过《关于日本帝国主义强占满洲事变的决议》，提出：党在这次事变中的中心任务是加紧组织领导发展群众的反帝国主义运动，给日本帝国主义以严重的打击。③

9 月中下旬

▲华西坝学子佩戴“誓雪国耻”黑纱。“九一八”事变消息传来后，悲愤之情笼罩成都，学生尤为激愤，华西坝的学生自发戴上有“誓雪国耻”四个白字的黑纱，表示不忘国耻。④

▲成都各界成立“成都市民反日会”并召开“反日救国市民大会”。学校罢课，商人罢市，工人罢工，并停止一切娱乐，下半旗以示悲愤。300 余团体、5 万余人参加了大会和示威游行。大会决议：电请国民政府立即颁发全国动员令，对日宣战。⑤

---

① 《中国近现代史大事记：1840—1980》，知识出版社，1982 年，第 109—110 页。

② 中共中央党史研究室：《中国共产党的 90 年》，中共党史出版社，2016 年，第 114 页。

③ 四川省文史研究馆、四川省人民政府参事室：《第二次国内革命战争时期四川大事记》，四川人民出版社，1993 年，第 207 页。

④ 华西校史编委会：《华西医科大学校史》，四川教育出版社，1990 年，第 59 页。

⑤ 《第二次国内革命战争时期四川大事记》，第 209 页。

▲四川省政府主席刘文辉[①]**指示合并国立成都大学**[②]**、国成立成都师范大学**[③]**、公立四川大学**[④]。刘文辉训令教育厅，针对国立成都大学、国立成都师范大学、公立四川大学现状，指出“三大学成立以来，数载于兹，别门分户，叠床架屋……师儒既苦不给，经费亦复不充。枝梧到今，教学交困……本府参酌旧案，体察现情……决于本期将三大学重复各系一律归并，指定校址，划一名称……所有合并事宜，头绪纷繁，特由本府聘请专员，共同讨论，立即着手施行”。[⑤]

10 月 1 日

“四川省政府整理大学委员会”成立。刘文辉设立四川省政府整理大学委员会，自任委员长，令教育厅厅长张铮[⑥]任副委员长，邓锡侯[⑦]、田颂尧[⑧]、向传义[⑨]、尹朝桢、赵椿煦、熊晓岩[⑩]、宋绍曾[⑪]、向楚[⑫]、

---

① 刘文辉（1895—1976），四川大邑人，军阀，民盟盟员。1949 年 12 月率部发起彭县起义。

② 1926 年从国立成都高等师范学校分出，挂牌国立成都大学，迁入南较场办学，此地为原四川省城高等学堂校址。

③ 1927 年秋由国立成都高等师范学校师范部分改办而成，仍在皇城原址办学。

④ 1927 年由五大专门学校合并组建而成。合并后，五大专门学校虽然降为学院，但仍分散在各地独立办学。五大专门学校包括：四川公立法政专门学校，校址在五世同堂街；四川公立国学专门学校，校址在外南黉门街国学巷；四川公立农业专门学校，校址在外东白塔寺侧；四川公立工业专门学校，校址在学道街；四川公立外国语专门学校，校址在东马棚街。

⑤ 《国家与学术的地方互动：四川大学国立化进程（1925—1939）》，第 84—85 页。

⑥ 张铮（1883—1936），字重民，四川华阳（今属成都市）人。曾任成大教授、四川省教育厅厅长，任上力促三大学合并。川大有“重民路”（今听荷西路）和“铮园”纪其功。

⑦ 邓锡侯（1889—1964），四川营山人，军阀，1949 年 12 月率部发起彭县起义。

⑧ 田颂尧（1899—1975），四川简阳人，军阀，1949 年 12 月随刘文辉等在彭县起义。

⑨ 向传义（1886—1955），四川仁寿人，国民革命军陆军中将。

⑩ 熊晓岩（1882—1934），原名熊峥，四川万县（今重庆市万州区）人。曾任四川公立法政专门学校校长，国立成都大学教授、文学院院长，三校合一后任法学院院长。

⑪ 宋绍曾，山东泰安人，与杨沧白、张列五、黄复生、谢慧生等为至交。曾担任师大最后一任校长。

⑫ 向楚（1877—1961），字仙乔（亦作仙樵），四川巴县（今重庆市巴南区）人，清光绪举人，内阁中书。民国时曾任四川政务厅、教育厅厅长，后弃政从教，长期任教于川大，曾代理川大校长。

叶秉诚[①]为委员，着手进行三大学合并事宜。[②]

10月7日

刘文辉宣布三大学合并事宜。刘文辉召集成大、师大、公立川大的校（院）长和教授代表宣布合并三大学的安排：除原公立川大工、农两院独立建校外（暂定名为"四川省立工学院""四川省立农学院"，蔡家骥、余耀彤分任工、农两院院长），三大学其他院系合并；所有原各校教职员，大部留用，小部裁撤。[③]

10月16日

四川省政府接收、合并成都三大学的工作告成，刘文辉正式聘任吴君毅[④]为合并后的国立四川大学秘书长，聘任向楚、熊晓岩、魏时珍[⑤]、邓胥功[⑥]分任文学院、法学院、理学院、教育学院院长。[⑦]

是月

华大成立女生护士队，以备战时之需。华大组织学生成立女生护士队，利用课余时间练习救护，还组织义勇队，于每日晨间进行训练，以备将来战争所需。[⑧]

11月9日

国立四川大学正式成立。国立成都大学、国立成都师范大学和公立

---

① 叶秉诚（1877—1937），名茂林，以字行，四川罗江人。先后任教于成大、川大，教授"中国通史"和"世界史"。

② 《第二次国内革命战争时期四川大事记》，第210页。

③ 《第二次国内革命战争时期四川大事记》，第210—211页。

④ 吴君毅（1886—1961），名永权，以字行，四川新繁（今属成都市）人。曾执教于成大，三大学合并后曾代理法学院院长，后赴北平执教，全面抗战爆发后回川任川大法学院院长。

⑤ 魏时珍（1895—1992），名嗣銮，以字行，四川蓬安人。曾留学德国，获哥廷根大学理学博士学位。曾任成大教授、川大理学院院长。

⑥ 邓胥功（1886—1976），四川巴县（今重庆市巴南区）人。曾任川大教育学院院长。

⑦ 《第二次国内革命战争时期四川大事记》，第212页。

⑧ 中共成都市委党史工作委员会办公室：《民主革命时期成都革命斗争史大事年表（讨论稿）》，内部编印，1983年，第30页。

四川大学三大学合并仪式暨国立四川大学开学典礼在皇城[①]至公堂举行。三大学合并后的国立四川大学，设有文学院（下设中国文学系、外国语文学系、史学系）、理学院（下设数学系、化学系、物理学系、生物学系）、法学院（下设法律系、政治系、经济系）、教育学院（下设教育学系及体育和艺术两个专修科），专任教师 178 人，本科学生 1337 人。[②]

12 月 11 日

中华苏维埃共和国临时中央政府发表《为国民党反动政府出卖中华民族利益告全国民众书》。15 日，在全国人民抗日的呼声中，在广东"国民政府"汪精卫、孙科等要挟下，蒋介石不得不采用以退为进的手段，宣布下野。17 日，全国各地学生在南京举行联合大示威，要求抗日。[③]

12 月 29 日

四川省教育厅向全川高中以上学校转发教育部为"立即加强高中以上学校军事训练"而拟订的《训练方案》，令各校切实遵行。[④]

---

① 皇城即明蜀王府旧址，20 世纪 20 年代为国立成都高等师范学校校址，20 世纪 30 年代为国立四川大学校本部所在地，其时川大文学院、教育学院设在皇城，理学院、法学院设在南较场。

② 王庭科、陈光复：《四川大学史稿・第一卷・四川大学（1896—1949）》，四川大学出版社，2006 年，第 142 页，第 149 页。

③ 《中国近现代史大事记：1840—1980》，第 110 页。

④ 《第二次国内革命战争时期四川大事记》，第 218 页。

一九三二年

1月28日

日本侵略军对上海的闸北、江湾、吴淞等处发动大举进攻，史称“一·二八”事变。[①]

2月4日

上海“一·二八”事变发生后，四川人民掀起抗日救亡运动热潮，反对四川军阀混战，要求川军出川抗战。2月4日，“成都国民救国会议四川各界民众促进会”成立。[②]

2月16日

日本帝国主义伙同汉奸成立所谓之“东北最高行政委员会”，发表宣言，妄称东北“独立”，决定建立傀儡政权“满洲国”。[③]

2月20日

国民政府任命王兆荣[④]为国立四川大学校长。[⑤]

2月下旬

成都“四川各界民众反日救国会”发出通电，反对淞沪停战，呼吁四川各军出兵抗日。[⑥]

3月1日

在日本策划下，溥仪在长春建立伪满洲国，称“执政”，定“年号”

---

① 《中国近现代大事记：1840—1980》，第110—111页。

② 中共四川省委党史研究室：《中国共产党四川历史大事记（民主革命时期）》，四川大学出版社，1997年，第145页。

③ 《中国近现代史大事记：1840—1980》，第111页。

④ 王兆荣（1887—1968），字宏实，四川秀山（今属重庆市）人。1918年毕业于东京帝国大学政治科。1932—1935年任川大校长。1950年以后任四川省参事室副主任、四川省科协副秘书长、民革中央委员等职。

⑤ 《本大学大事纪》（1931—1935年），载国立四川大学：《国立四川大学一览》，国立四川大学出版、成都彬明印刷社代印，1935年。参见四川大学档案馆馆藏档案国立四川大学—3168。

⑥ 《第二次国内革命战争时期四川大事记》，第226页。

为大同。

3月6日

川大成立“救亡请愿团”，华大印发《告同胞书》，要求川军出师抗战。“四川省抗日救国会”组织“请愿出兵代表团”和“请愿指挥团”。川大成立“救亡请愿团”，号召同学踊跃参加，敦促政府克日出兵。华大也于同日印发《告同胞书》，要求川军出师抗战。[①]

3月7日

成都数万群众抗议声讨国民党不抵抗政策，并停止娱乐一日。国民党阻挠上海军民抗日，消息传至四川后，“四川省抗日救国会”在成都举行100余个团体、近8万群众参加的示威游行，配合全市性的罢工、罢课、罢市，反对日军侵犯淞沪，声援上海抗日将士。大会还推派代表分别到省政府及军部，强烈要求川军限期出兵抗日。[②]

3月19日

校友郭鸿銮[③]、文澄[④]受国民政府令就职四川省教育厅。[⑤]

是月

中共成华县委员会改为中共成华区委员会，下设中区、东区、南区三个委员会，由中共四川省委直接领导。华大党支部属成华南区，川大党支部属成华东区。[⑥]

---

① 成都市政协文史学习委员会：《成都文史资料选编·抗日战争卷·上·救亡图存》，四川人民出版社，2007年，第216页。

② 《第二次国内革命战争时期四川大事记》，第227页。

③ 郭鸿銮（1882—1957），四川德阳人，曾任北京大学教授、汉阳兵工专门学校校长，五四运动前即到国立成都高等师范学校任教，并担任物理学科的科主任。

④ 文澄（1885—1958），四川华阳（今属成都市）人，日本东京高等工业学校电气机械科毕业，电气和机械工程技术专家，曾任四川公立工业专门学校校长。

⑤ 《第二次国内革命战争时期四川大事记》，第228页。

⑥ 中共成都市委党史研究室：《中国共产党成都历史（第1卷）：1923—1949》，中共党史出版社，2006年，第153页。

4月26日

中华苏维埃共和国临时中央政府正式发表《对日宣战通电》。[①]

5月2日

国立四川大学首任校长王兆荣到校就职。[②]

5月5日

国民党政府代表与日本签订了《淞沪停战协定》（又称《上海停战协定》)。9日，中华苏维埃共和国临时中央政府发出反对《淞沪停战协定》的通知。[③]

5月9日

校友吴芳吉[④]在江津德感坝寓所逝世，年仅36岁。遗体于19日由其家人及江津县县长谷醒华护送至白沙镇黑石山，20日安葬。[⑤]

6月5日

校友廖平[⑥]病逝，终年81岁。[⑦]

6月11日

川大中国经济研究学会成立。

---

① 《中国近现代史大事记1840—1980》，第111页。

② 《本大学大事纪（1931—1935年)》，载国立四川大学：《国立四川大学一览》，见国立川大－3168。

③ 《中国近现代史大事记1840—1980》，第111页。

④ 吴芳吉（1896—1932），字碧柳，自号白屋吴生，世称白屋诗人，四川江津（今重庆江津区）人。1927年任成大文学院教授，中文系主任，教授"古今诗歌"。后又任川大教授，也曾在华大兼课。吴芳吉为民国时期著名诗人，"一·二八"事变后，创作长篇抗战叙事诗《巴人歌》，云"三千子弟令如山，征衣未浣血斑斑"等，鼓舞民众抗日，传诵一时。(参见王峰：《吴芳吉年谱》，中国社会科学出版社，2016年，第279页。)

⑤ 《第二次国内革命战争时期四川大事记》，第234页。

⑥ 廖平（1852—1932），字季平，四川井研人。中国近代著名今文经学大师，曾长期任教于四川尊经书院（川大前身），也曾任教于华大。

⑦ 《第二次国内革命战争时期四川大事记》，第236页。

1932年7月川大战后经济调查团赴沪考察申请[1]

呈为成立上海战后经济调查团请予备案存查事。窃属会成立，曾经呈奉钧校核准在案。查我国经济情形，至为复杂，彻底研究，首重纲领。上海为我国第一商埠，握全国经济枢纽，有调查之必要。尤兹中日战后，商业停滞，工厂倒闭，工人失业，百业萧条，兵燹之余，疮痍满目，愈觉调查之不可缓，以便知上海经济之实在现象及目前之恢复方针、将来发展之计划；更以此为根据，然后分查各省之经济状况，以定全国经济之政策，用备当道之采纳。属会特选江漫天、杨宗序、邓思尧、邓克笃等组织国立四川大学战后经济调查团，前往实地调查，经费由属会自行筹措，于暑假中启程赴沪。所有成立调查团之处，是否有当，理合具文，呈请指令祇遵。

谨呈

国立四川大学校长王【兆荣】公鉴

国立四川大学中国经济研究会执行委员

龚浔　熊兴读　李思道　万淑贞　詹声

中华民国二十一年七月

7月—12月

四川军阀内战不休，省内各界民众纷起抵制。四川军阀刘湘[2]和刘文辉在成都开战，川大皇城校区前门与后门皆为军队攻守据点，师生300人一度被困校内。9月30日，“四川省抗日救国会”通电反对四川军阀内战。略谓：近吾川战云弥漫，巷议街谈，已成风声鹤唳之境；调兵遣将，大有盘马弯弓之势。当兹国难迫切，若再同室操戈，是甘为国民公敌。其有甘为戎首、自侪于亡国残民之败类者，誓与全川民众共弃之。[3] 11月16日，刘文辉、田颂尧两军战斗由成都郊区扩展到城内。

① 摘编自国立川大-15，卷内5。

② 刘湘（1888—1938），字甫澄，四川大邑人，军阀。早年间在川内迫害进步势力，全面抗战爆发后，率军出川抗战，1938年1月病逝于抗战前线，被追赠国民革命军陆军一级上将。

③ 《第二次国内革命战争时期四川大事记》，第244页。

午后一时半，双方在后子门及东、西御河沿街一带展开了大规模巷战。为争夺城内的制高点皇城煤山，双方均组织敢死队进行反复争夺，战斗尤为激烈。迄22日，煤山几经易手，双方死伤逾千。[①] 12月，学校被迫放假。[②] 12月3日，为联合全川民众，反对四川军阀内战，阻止成都巷战再度发生，成都工、农、商、学百余民众团体代表开会成立“四川民众反战大同盟”并制定纲领：一、号召各军士兵拒绝作战，驱逐军阀，实行武装与民众相结合；二、由民众组织自卫军，实行武装自卫；三、积极支持工人举行同盟罢工，不替军阀制造一切和运输一切军用品等。成都各街、各工厂、各行业组织反战同盟分会及民众自卫军、宣传队，呼吁民众制止军阀混战。[③]

8月1日

中共四川省委作出《关于“九一八”纪念工作的决议》，要求把广大工农兵学群团结在我党“拥护苏联”“拥护中华苏维埃和红军”“用革命的民族战争打倒日本帝国主义和一切帝国主义”等基本口号的周围，为这些口号的实现而斗争。[④]

9月9日

校友刘咸炘[⑤]病逝于成都，时年36岁。

9月18日

成都市各界群众在少城公园公共体育场举行纪念“九一八”周年大会。大会通过四项提案和一项动议案：一、通电全国一致反日；二、反对不抵抗的军阀，实行对日宣战；三、反对镇压反日运动的军队；四、拥护真正对日宣战的军队；五、交涉释放反日大会宣传队员，反对逮捕反日群众。会后举行示威游行，同时组织宣传队20多个，深入群众进

---

① 《第二次国内革命战争时期四川大事记》，第254页。

② 《国家与学术的地方互动：四川大学国立化进程（1925—1939）》，第108—109页。

③ 《民主革命时期成都革命斗争史大事年表（讨论稿）》，第33—34页。

④ 《中国共产党四川历史大事件（民主革命时期）》，第151页。

⑤ 刘咸炘（1896—1932），字鉴泉，别号宥斋，四川双流（今成都市双流区）人。著述甚丰，望重士林，曾任教于成大、公立川大。

行宣传。[①]

9月20日

《国立四川大学周刊》出版。[②]

是年

▲华大共青团支部成立，徐庆坚[③]任书记。地下党员饶世俊[④]进入华大制药系学习，与文学院的共青团员徐庆坚、华西协合中学学生朱进诚共同组建华大共青团支部，由徐庆坚任支部书记。[⑤]

▲校友余宏文[⑥]担任中共成都东区区委书记。余宏文曾在反对军阀混战的秘密活动中被捕，经营救获释。[⑦]

唐开正[⑧]：革命学生先驱饶世俊[⑨]

饶世俊，又名孟文，我院前身华西协合大学药学系第一班学生。此前，他又是华大附属协合高中的学生。他在大革命失败后的白色恐怖中，于1928年加入共青团，随即转入共产党。在极其艰苦的环境下为党工作，积劳成疾，于1946年逝世，为共产主义献出了他的

① 《民主革命时期成都革命斗争史大事年表（讨论稿）》，第33页；《第二次国内革命战争时期四川大事记》，第243页。

② 《四川大学史稿·第一卷·四川大学1896—1949)》，第148页。

③ 徐庆坚，又名徐华，华大学生，学运骨干，后入党。

④ 饶世俊（1910—1946），又名饶孟文，四川荣县人。早年间就读于华西协合中学，1928年加入共青团，后入党，在荣县地区从事革命工作，曾因组织农民暴动而入狱。1932年获释后，进入华大制药系学习，1935年因受国民党迫害而肄业离校。离校后，继续在成都、自贡等地进行革命工作。成都“抢米事件”后，赴延安创办药科学校，1946年12月病逝于工作中。

⑤ 《华西医科大学校史》，第60页。

⑥ 余宏文（1904—1935），曾化名陈伯南（一说陈伯峦）、余三弟、余福生，四川宜宾人。1923年考入华大文科预科班，1927年加入中国共产党。先后担任邛崃和大邑工农红军游击队大队长和区委书记。1934年因叛徒告密被捕，1935年在邛崃县监狱牺牲。在狱中写有小说《清泓》。

⑦ 党跃武、陈光复：《川大记忆：校史文献选辑（第四辑）——川大英烈》，四川大学出版社，2010年，第183—188页；《华西医科大学校史》，第60页。

⑧ 唐开正（1926—1993），四川宝兴人，华大制药系学生，华大“民协”成员，后入党，1949年任华大党支部书记。

⑨ 摘编自中共四川医学院委员会：《华西大学学生运动史资料（一）》，内部编印，1984年。标题为编者所拟。

一生。

饶入团入党后，先是利用学校假期在其家乡荣县农村搞农民运动。由于荣县党组织遭受破坏，于1931年被捕，后经多方面营救出狱。1932年进入华大药学系。党组织对饶在狱中的表现及出狱后的情况作了全面审查，恢复了他的组织关系，并指示他要努力学习，广交朋友，注意隐蔽。

1934—1935年，四川地下党组织遭到破坏，饶世俊又一次失掉了组织关系。在那血雨腥风的艰苦岁月中，他没有退却，而是深入隐蔽，扎实工作，团结教育群众，积蓄革命力量。1935年，“一二·九”学生爱国运动兴起，饶又满怀激情，积极开展活动。1936年9月，他协助侯方岳①等人组成进步青年组织“海燕社”。“西安事变”后，“海燕社”与成都其他进步团体“抗日民族先锋队”等共同组成“成都各界救亡联合会”进行公开活动。以后，“海燕社”与“业余青年读书会”“星芒读书会”等组成“救亡联合会”的宣传队，奔赴郊区附近各县进行抗日救亡宣传活动。

饶世俊还和熊唯知、犹凤歧等人在知识分子中开展工作，以较年长的知识分子为主要对象，组织了“群力社”。同时，领导祝康龙等同志在一些工厂中组织“工人抗敌宣传队”，后来发展成为全市性的“成都工人抗敌宣传团”。在组织这些进步社团开展爱国活动时，他又着手重建党的地下组织。他根据自己的革命经验和学习心得编印了《党的建设》《共产国际史》《秘密工作技术》和《反特斗争》等小册子，发给“海燕社”的核心成员学习；联络一些已经失去组织关系的老同志组成中共成都特支；在知识分子和工人中建立党支部；在荣县、屏山、永川、大足等地建立党的地方支部。1937年11月，党中央从延安派邹风平②和廖志高③来成都恢复党的组织。饶同邹风平接上关系后，将成都特支成员逐个地向党组织作了介绍。经组织审查后，

① 侯方岳（1915—2006），四川广安人，进步团体海燕社骨干，曾任中共成都市委书记。

② 邹风平（1905—1943），原名邹扬翮，化名周文华、周子和，四川三台人，时任中共四川省工委书记。

③ 廖志高（1913—2000），四川冕宁人，时任中共四川省工委副书记。

把特支成员和党在其他方面的组织统一起来，于 1938 年 3 月成立了中共成都市委，饶任市委组织部长。1938 年 10 月到 1940 年 5 月，饶世俊先后被调任自贡市委书记、阆中中心县委书记和三台中心县委书记。“皖南事变”后，撤回延安。饶世俊到达延安以后，赓即接受了创办制药厂的任务。虽然他已多年未从事制药业务，而且当时根据地的条件十分困难，但他凭着对党的事业的一颗忠心和牢固的业务知识，很快地办起了一个制药厂，为我党制药工业的建设作出了重要贡献。但是，在长期艰苦的革命斗争中，他已积劳成疾。1946 年，他接受了党的任务，回四川开展新的工作。在飞往重庆的飞机上，因心脏病发作而猝然逝世。

一九三三年

1月12日

校友黄复生[①]和黄季陆[②]受命为国民政府立法院立法委员。[③]

3月4日

国民党对日不抵抗，官兵南逃，日本侵略军占领热河省省会承德。[④]

3月9日

“成都市教职员联合会”派代表到重庆向刘湘提出解决教育经费困难问题，未果。[⑤]

4月10日

成都成立“清共委员会”。当月中旬，国民党四川省党部特派员办事处制订《消灭“共匪”方案》，以加紧进攻共产党、清剿革命力量。[⑥]

4月22日

成都省立中学以上学校校长到省教育厅索薪。[⑦]

4月27日

成都省立学校校长联名陈诉目前经费艰窘，呈请四川省教育厅转请24军军部拨现款1万元，以济眉急。[⑧]

---

① 黄复生为早期同盟会会员，曾任四川法政学堂教员。

② 黄季陆（1899—1985），原名黄学典，四川叙永人。曾参加保路运动，后加入同盟会。1927年任成大教授，1931年被选为国民党候补中央执行委员，1939年任国民党四川省党部主任委员，1943年1月任川大校长。

③ 《第二次国内革命战争时期四川大事记》，第265页。

④ 《中国近现代史大事记：1840—1980》，第112页。

⑤ 《第二次国内革命战争时期四川大事记》，第271页。

⑥ 《第二次国内革命战争时期四川大事记》，第273页。

⑦ 《第二次国内革命战争时期四川大事记》，第274页。

⑧ 《第二次国内革命战争时期四川大事记》，第274页。

是月

地下党员彭蜀岭到华大改组华大团支部。中共四川省委派彭蜀岭来华大，改华大团支部为领导成都文化活动的中心支部，由省委代理书记方明直接领导。华大团支部主要在校外活动，每周一个晚上在华大附近的东巷子一带，用木炭或红土刷写革命标语，宣传共产主义思想。在组织工作方面，华大团支部在校内发展了制药系张文杰[①]和华西协合中学学生许锡诚、林文聪、杨直贤等人入团。后来由于中共四川省委执行“左”倾路线，解散了华大团支部，徐庆坚、饶世俊等都失去了团组织关系。但是，他们仍然继续秘密宣传党的抗日主张，并团结一批进步师生同校内反动势力作斗争。[②]

5 月 4 日

校友徐炯[③]、曾鉴[④]联合川内耆宿 21 人通电劝告川军将领息争。原电略谓：大约辛亥以来，吾蜀战争一次，军队必扩大一次，征敛必增加一次，秩序必败坏一次，田园必荒芜一次，商业必萧条一次，学校必停课一次，生命必损失一次。诸公清夜拊膺，当亦有爽然自失者也。诚能彻底觉悟，痛念前车，以圣贤克己之心，谋人民生存之福，善之善矣。否则互相残杀，彼此并吞，唯有同归于尽耳。[⑤]

5 月 31 日

国民党政府同日本签订卖国协议《塘沽协定》，承认日本占领东北三省和热河的“合法性”，助长了日本帝国主义的侵略野心。[⑥]

---

① 张文杰，四川荣县人，华大理学院制药系 1936 年第 22 届毕业生。

② 《华西医科大学校史》，第 60 页。

③ 徐炯（1861—1936），字子休，四川成都人。清光绪年间举人，成都“五老七贤”之一。四川通省师范学堂第一任监督。后任教于成大、川大。

④ 曾鉴，字奂如，成都“五老七贤”之一。

⑤ 《第二次国内革命战争时期四川大事记》，第 276 页。

⑥ 《中国近现代史大事记：1840—1980》，第 112 页。

6月初

中华苏维埃共和国临时中央政府发表宣言，反对卖国的《塘沽协定》。[①]

7月初

校友余宏文组织上川南抗捐军。余宏文奉中共四川省委命令，化名陈伯峦前往邛崃任起义部队上川南抗捐军政委。余宏文协同上川南抗捐军领导人孟光远将队伍改为川康工农红军游击队，发展到2000余人。游击队先后转战于邛崃、大邑、蒲江、名山、洪雅等地，广泛建立游击区，领导群众开展抗捐斗争。到1934年，由于敌人多次进攻和叛徒出卖，余宏文、曾海云等领导人先后被捕牺牲，游击队失败。[②]

9月20日

刘湘决议变卖川大皇城校区土地。刘湘召开"剿赤"会议，决定变卖皇城地基，将所得经费150万元作"剿共"之用，引起川大师生强烈反对。[③]

9月22日

王兆荣致函指责刘湘。王兆荣致函刘湘，指责其变卖皇城地基的决定侵犯川大权利，危害四川教育。川大学生旋又组织"反对变卖皇城校址大会"，并致电行政院、军委会、教育部，要求制止刘湘变卖川大校产、摧残教育的行为，均未获果。[④]

9月23日

四川省教育厅转来教育部指令："私立华西大学，应准予立案。"同

① 《中国近现代史大事记：1840—1980》，第112页。

② 《第二次国内革命战争时期四川大事记》，第286页。

③ 《第二次国内革命战争时期四川大事记》，第303—304页。

④ 《第二次国内革命战争时期四川大事记》，第303—304页。

月，代校长张凌高[①]获得正式任命，就任华西协合大学校长。[②]

华大立案翻开历史新篇章[③]

迫于学校师生和成都民众收回教育主权的反帝爱国斗争，华大为了适时图存，1927 年即向中国政府申请立案。1931 年 5 月还成立了华西协合大学临时校董会。立案工作全部完成后，这所教会大学的历史翻开新篇章。

第一，修改了办学宗旨。1908 年华大筹建时确定的办学宗旨是："于基督教主办之下，以高等教育为手段促进天国的发展"。1927 年大学向省府申请立案时，确定"本大学以教授高深学术，养成高尚品格，增进人类幸福为目的"。1933 年大学向中国政府立案后，依据中华民国教育宗旨，修改办学目的为"以博爱牺牲服务之精神，培养高尚品格，教授高深学术，造就专门人才，适用社会需要"。随着日本帝国主义步步侵入中国，民族危机加深，1936 年又在办学目的中增加了"创造将来文化，复兴中华民族"的内容。

第二，中国人参加主持校政。华大原设校长一人，副校长二人，皆为外籍教授担任。1927 年，大学向省政府申请立案时，校长仍由美国人毕启（Joseph Beech）担任，副校长一名先后由加籍宋道明（George Wilbert Sparling）、英籍苏道璞（C. M. Stubbs）担任，另一名副校长经华大毕业同学会推荐，由学校从四川资中县调回的中国人张凌高担任。大学在向中国政府教育部申请立案过程中，遵照教育部关于私人办学条例的规定，原校长毕启、原副校长宋道明于 1931 年分别改任校务长和副校务长，张凌高被推举为校长。

---

① 张凌高（1890—1955），四川璧山（今重庆市璧山区）人，华大 1919 年第 5 届文科毕业生，美国西北大学文学硕士、耶鲁大学哲学博士。1927—1930 年任华大副校长，后以代校长之职执掌校务，1932—1933 年赴美完成博士学业，1933—1947 年任华大校长。

② 《四川大学史稿》编审委员会：《四川大学史稿・第四卷・华西协合大学（1910—1949）》，四川大学出版社，2006 年，第 88 页。

③ 摘编自《华西医科大学校史》，第 35—42 页。标题为编者所拟。

9月27日

校友张澜[①]、李璜[②]、邵从恩[③]、赵熙[④]、徐炯联合其他川省绅士28人电告蒋介石、林森、汪精卫等，略谓：川省兵多赋重，各军自筹给养，纯用压力榨取，有一年而征粮十余次者，民力早已不胜。况复迭次内战，地方残破，血竭脂枯，如尚欲令其完全负担“剿赤”经费，实已榨无可榨。切恳为四川拨“剿赤”经费1000万元，以策军事之进行，以减人民之负担，以抚垂毙之难民。[⑤]

10月18日

王兆荣起诉四川省官公产清理处。王兆荣致函成都地方法院，控告四川省官公产清理处越权变卖川大校产皇城校区土地，实属非法；并向报界散发声明，呼吁社会舆论支持。[⑥] 11月24日，四川旅北平教育名流傅增湘、任鸿隽[⑦]、张颐[⑧]、陈启修等18人，以刘湘决定变卖川大皇城校址以充军费，摧残教育，联合电请教育部迅予制止，并电促刘湘立即停止变卖计划。[⑨]

---

① 张澜（1872—1955），字表方，四川南充人。1902年入尊经书院，后赴日留学。1911年参与领导四川保路运动，后任四川军政府川北宣慰使。1917—1920年任四川省省长。1925—1931年任成大校长。1941参与组建中国民主政团同盟（1944年改为中国民主同盟），被选为中央执行委员，后被推选为主席。新中国成立后，任中华人民共和国中央人民政府副主席、全国人大常委会副委员长、全国政协副主席。

② 李璜（1895—1991），字幼椿，四川成都人。曾任教于成大，发起组织中国青年党，是国家主义派的代表人物，曾作反共反革命宣传，后赴台湾。

③ 邵从恩（1871—1949），四川青神人，四川通省法政学堂（川大前身之一）第一任监督。

④ 赵熙（1867—1948），四川荣县人，成都“五老七贤”之一，世称“晚清第一词人”。徐炯任四川通省师范学堂监督时，赵熙担任教务长。

⑤ 《第二次国内革命战争时期四川大事记》，第300页。

⑥ 《第二次国内革命战争时期四川大事记》，第303—304页。

⑦ 任鸿隽（1886—1961），字叔永，四川垫江（今属重庆市）人，教育家、化学家。1935年8月至1937年6月担任川大校长。

⑧ 张颐（1887—1969），字真如，四川叙永人。四川省城高等学堂毕业生，后公费赴美进修。回国后任教于北京大学哲学系，后受川大校长任鸿隽之邀，入川任川大文学院教授兼院长。1937年6月任鸿隽去职后，张颐受教育部委派，代理川大校长，至1938年12月止。

⑨ 《第二次国内革命战争时期四川大事记》，第308页。

11 月

华大校务会议决定举行立案完成庆祝大会，放假二日，白天演出话剧和歌舞，晚上放映电影，以欢迎各界名流、同学、亲友，以及邻近居民；同时，开放全校楼馆，引导来者参观各学科教学楼、仪器室、实验室、图书馆以及男女生宿舍等。[①]

---

① 《华西医科大学校史》，第 35 页。

一九三四年

3 月 1 日

溥仪改所谓的“满洲国”为“满洲帝国”（后又改为“大满洲帝国”），由“执政”改称“皇帝”，改“年号”为康德。[①]

4 月 20 日

中国共产党提出《中国人民对日作战的基本纲领》，呼吁中华民族武装自卫。经宋庆龄、何香凝等 1700 余人签名，该纲领于 5 月正式发表。[②]

是月

日本外务省天羽英二发表企图独占中国的狂妄声明，是为“天羽声明”。其后，毛泽东针对“天羽声明”发表谈话，严正声明中华苏维埃共和国临时中央政府坚决抗日。[③]

8 月

国民政府公布《修正高中以上学校军事教育方案》。[④]

10 月

校友刘克谐[⑤]**代理中共四川省委书记。**中共四川省委书记刘道生慑于白色恐怖，弃职逃离，刘克谐代理中共四川省委书记。[⑥]

---

① 《第二次国内革命战争时期四川大事记》，第 321 页。

② 《中国近现代史大事记：1840—1980》，第 113 页。

③ 《中国近现代史大事记：1840—1980》，第 113 页。

④ 国立川大－1608－1。

⑤ 刘克谐（1897—1935），原名刘永孝，四川三台人，毕业于成都高师。1934 年 10 月代理四川省委书记。1935 年 6 月，因叛徒出卖被捕，在狱中受尽酷刑，仍坚贞不屈，当年底“因愤极吐血病逝”。

⑥ 《第二次国内革命战争时期四川大事记》，第 343 页。

12 月

蒋介石召开国民党四届五中全会，发表宣言，声称“攘外必先安内”。[①]

是年

▲川大“文艺研究会”（简称“文研会”）成立。

文研会是川大有影响的学术团体[②]

宣扬新思想的文研会是川大历史上有重要影响的学术团体，该会成立于 1934 年，其基本方针是团结群众，发展对象是文艺爱好者，从中发现积极分子，提高其觉悟，为发展党组织打基础。

文研会是川大较老的学术团体，最早的负责人是李伏伽[③]、张宣[④]，首批会员有方敬[⑤]、蔡天心[⑥]、张宣、缪光钦[⑦]、蒲孝荣[⑧]、张国佐、黄绍鑫、柴让、林丰、李永和、刘利模、禚仲明、陈思苓[⑨]、倪

---

① 《中国近现代史大事记：1840—1980》，第 113 页。

② 本文系编者根据四川大学馆藏档案及有关史料编写而成。参见国立川大－1494－12 及《四川大学史稿·第一卷·四川大学（1896—1949）》，第 171 页，第 196 页，第 248 页。

③ 李伏伽，或为川大文学院英文系 1931 级学生李国伏，待考。见国立川大 1938－33－5。

④ 张宣，又名羊角，川大中文系学生，中共党员，川大学生进步社团文研会骨干。1937 年任“成都各界救国联合会”常委。1938 年 3 月，韩天石出任中共成都市委书记，张宣负责市委宣传工作，康乃尔负责市委青运工作；同年 8 月张宣接替韩天石任市委书记。张宣 1937 年休学，1938 年赴延安，1939 年回川大复学。据洪沛然回忆：张宣是很得力的，他是一个闯将。我们和救亡团体联系，主要是靠张宣。（参见洪沛然：《抗战初期成都文化界救亡协会》，载《成都文史资料选编·抗日战争卷·上·救亡图存》，第 464—468 页。）

⑤ 方敬（1914—1996），四川万县（今重庆市万州区）人，作家。原为国立北京大学学生，抗战全面爆发后借读于川大，曾担任中共川大文学院支部书记。

⑥ 蔡天心（1915—1983），原名蔡国政，辽宁辽阳人，作家。原为国立山东大学学生，抗战全面爆发后借读于川大，1940 年赴延安。

⑦ 缪光钦（1915—1996），又名海稜，四川西昌人，川大外文系学生，1938 年赴延安。

⑧ 蒲孝荣，川大史学系学生，方志学家。抗战时曾用蒲菲于、菲于等笔名，主编《火星》等刊物。

⑨ 陈思苓，又名陈照藜，川大中文系学生。

受禧[1]、袁圣时[2]、徐中玉[3]、何结等人。发展对象是文艺爱好者。后来这个研究会在文法学院影响最大，会员最多时达到100余人。

抗日战争后期和解放战争时期，一批共产党员、民协会员、民盟盟员陆续加入，并在其中成立了民协小组、民盟小组，工作日渐活跃起来。李明梁、李远山、吕启光、万琴轩、魏凌冰等民协会员先后担任过该会负责人。经常指导它的教师有刘大杰[4]、朱光潜、谢文炳[5]、罗念生[6]、熊佛西[7]、卞之琳[8]、叶石荪[9]、顾绶昌[10]、饶孟侃、周煦良[11]、刘盛亚等。还有不少作家应邀到校讲演或与文研成员座谈，他们中有老舍、孙伏园[12]、李劼人[13]、叶圣陶、曹葆华[14]、陈白尘[15]、萧军、沙汀[16]、何其芳[17]、陈翔鹤[18]、黄药眠等。

---

① 倪受禧，又名倪明。1948年2月，上级党组织决定将川大的党支部扩大为党总支，倪受禧任总支书记。

② 袁圣时（1916—2001），笔名袁珂，四川新繁（今属成都市）人，神话学家。于川大迁校峨眉山时入学，在校期间是文研会骨干成员。后转入华大中文系，1941年毕业。

③ 徐中玉（1915—2019），江苏江阴人，文艺理论家。原为国立山东大学学生，抗战全面爆发后转入重庆国立中央大学。参加川大文研会事待考。

④ 刘大杰（1904—1977），湖南岳阳人，现代文学家。1935年受聘为川大中文系主任。

⑤ 谢文炳（1900—1989），湖北汉川人，时为川大外文系主任，抗战期间曾与李劼人等创办《抗战文艺》等杂志。新中国成立后曾任川大校务委员会主任委员。

⑥ 罗念生（1904—1990），四川威远人，外国文学家。1930年代任川大教授，曾与朱光潜等在成都创办抗日救亡刊物《工作》。

⑦ 熊佛西（1900—1965），江西丰城人，戏剧家、教育家。1939年在成都创办四川省立戏剧教育实验学校。

⑧ 卞之琳（1910—2000），江苏海门人，诗人。抗战时曾任教于川大。

⑨ 叶石荪（1893—1977），名麐，以字行，今四川兴文人，心理学家。早年加入同盟会，曾任川大教育系主任、教务长（代行校长职务）。

⑩ 顾绶昌（1904—2002），江苏江阴人，外国文学家。抗战全面爆发后从伦敦大学返回祖国，1938年夏至1946年夏任教于川大。

⑪ 周煦良（1905—1984），安徽东至人，作家、翻译家。曾任教于川大。

⑫ 孙伏园（1894—1966），浙江绍兴人，作家。抗战胜利后曾在华大、川大任教。

⑬ 李劼人（1891—1962），四川成都人，文学家。早年就读于四川省城高等学堂分设中学堂，后执教于成大，担任过文科主任兼预科主任。抗战期间曾任《笔阵》主编。

⑭ 曹葆华（1906—1978），四川乐山人，诗人、翻译家，1939年赴延安。

⑮ 陈白尘（1908—1994），江苏淮阴人，作家。1937年入川从事革命文化活动。

⑯ 沙汀（1904—1992），四川安县（今绵阳市安州区）人，现代作家。

⑰ 何其芳（1912—1977），四川万县（今重庆市万州区）人，作家。

⑱ 陈翔鹤（1901—1969），重庆人，作家。新中国成立后曾任川大教授。

文研会还同校外的抗战文协、抗宣团、战时学生出版社等有密切联系，有些会员就是这些组织的成员。文研会通过开展多方面的活动，不仅培养了一批文艺工作者，还培养了一批共产主义革命战士。

该会活动时间长，一直坚持到成都解放前夕。

一九三五年

1月3日

华大的中国教职员为反对中西教职员待遇不平等，向当局提出抗议，一致退聘，停止期终考试。[①]

是月

▲国立四川大学创办第一份学术刊物《国立四川大学季刊》（学报）。[②]

▲川大学生李伏伽、何白李[③]等创办《文艺月刊》。[④]

张宣回忆《文艺月刊》活动情况[⑤]

我于1934年进入川大中文系。1936年以前，川大的学生运动不是很活跃，政治性比较弱，主要是李伏伽、何白李等主持创办的一个《文艺月刊》有些活动。此刊介绍西方民主思想，主张学术自由。

任鸿隽是一个讲科学、讲民主的学者，他掌川大后，聘请了刘大杰作中文系系主任，在中文系里，民主爱国思想、学习西方的思潮均较明显。当时川大那股老气横秋的劲头足极了：男同学都穿长袍；大多数嘴里都拗一根很长的叶子烟杆，长到自己伸手无法点火，必须把火柴擦燃放在桌子边上，然后退后一步，将烟头对准火柴，方能点着；而头上戴的是瓜皮帽或者博士帽，有的还套一件青色马褂；书一

---

① 《民主革命时期成都革命斗争史大事年表（讨论稿）》，第35页。或说为1月1日事，见何一民：《成都通史（卷七）：民国时期》，四川人民出版社，2011年，第596页。

② 《四川大学史稿·第一卷·四川大学（1896—1949）》，第148页。

③ 何白李，四川泸县人，川大文学院英文系1931级学生，在校用名何仁，与李国伏为同届同学。有档案显示，何白李的毕业证书是张宣签字代领的。见国立川大1938—33—5。

④ 国立川大—109—5。

⑤ 摘编自《张宣同志回忆录》，四川大学校史办公室根据1984年11月在北京召开的“四川大学校史座谈会”录音整理（整理人：张明），标题为编者所拟。另，本书所引川大校友系列回忆录文章皆本于此次会议，后文不再注明。

般是提在藤包里面，而有相当多的人非要仿古不可，拿一片四四方方的土蓝布包袱皮，书往中间一放，再将每只角拉拢来一扎，夹在腋下，拂袖而去，这就是当时我周围那些同学们的形象。当然，我自己除了长叶子烟杆外，也与他们差不多。

而老师呢，都是些极端古板的人。我是冬季高中毕业，而川大是秋季招生，我就利用这半年时间参加了一些社会活动，与新闻界、文艺界的一些朋友交往甚密，并深受其影响，写了点新式的小说、诗歌、杂文等。所以到川大以后看到这种情形感到非常气闷。我与李伏伽、何白李一起办《文艺月刊》，稍可排遣。刘大杰做中文系主任后，开始系统地介绍西方文学，同时也使学校兴起了一些西方资产阶级民主风气。但这时还仅仅是五四时代精神的继续，还未直接受到共产主义思想的指导。“一二·九”运动以后，党的影响才逐渐进入川大。

大概“一二·九”运动以后，成都市民在大川饭店打死了两个日本人，原因是日本人强行在成都设领事馆，而群众坚决反对。这本来是一件危险的事情，但当时虽还没有党组织，可是有一些零散的党员在活动；加之刘湘在“双十二事件”① 以后接近共产党，他的下属情报人员也同情和支持这些暴动者，因而给蒋介石摆了一个无着落的“烂摊子”。这件事对于青年们的爱国思想是一个鼓励。但从组织上讲，真正在成都撒下广泛的革命种子的，却是韩天石②和他的战友们。

---

① 指西安事变。

② 韩天石（1914—2010），辽宁沈阳人。早年间就读于北京大学物理系，曾参与领导“一二·九”运动。1936 年入党，为北平市学联党团委员，后在“三三一”反对国民党迫害爱国学生的抬棺游行中暴露身份，被北京大学开除。于是党组织派遣他前往四川开展抗日救亡工作，任平津学生南下宣传团第一团团长。1936 年，韩天石转入川大理学院物理系，后在校内组建了中华民族解放先锋队成都队。1938 年 3 月，韩天石出任中共成都市委书记。1938 年底，韩天石参加中共川西特委（中共川康特委），担任特委委员兼青委书记，直接领导川大党总支。1940 年前后赴延安。

韩天石、康乃尔[①]、王潞宾[②]等是“一二·九”运动以后从北平、上海转学来川大的，他们带来了党所倡导的救亡精神和统战政策。当时他们思想还不是很成熟，我也较幼稚。韩天石、王潞宾、邓照明[③]均是理学院的，初来乍到，即欲在文学院发展势力，第一步是直接找我们《文艺月刊》谈判。此时李伏伽、何白李等已毕业离校，《文艺月刊》由我和陈思苓主办，他们找我们谈判的目的，是准备以《文艺月刊》作为他们的阵地，宣传政治，鼓吹爱国。对于这一点，我与陈思苓的思想准备都不够，尽管如此，谈判仍然成功，我们愿意与他们合作。第二次谈判他们来了很多人，超过了我们原有会员的数目，他们欲用表决的方式通过新提案，改变刊物的性质，这一点，我们是有保留意见的，会场上争论不休，久而未决，一边多数，一边少数，而少数又不愿服从多数，因为这个刊物是我们这些“少数”一手一足操办起来的啊！于是这件事只好拉倒，这是在“双十二”以前。

西安事变对我们产生了很大的促进，此后思想（觉悟）有所提高，对时局的认识有所加深。在此之前，即10月19日，鲁迅先生逝世；10月下旬（20—21日），在川大至公堂组织召开了一个成都各界鲁迅追悼大会。之所以能够召开这样的大会，是因为我和陈思苓以及我们《文艺月刊》影响的其他系的同学，已经逐渐接受了抗日救亡的思想，而成都市各界中零散的共产党员又积极地开始了活动，并且中文系系主任[④]又给了我们大力的支持。这次大会开得很成功，收到了预期的效果。会上，请共产党员丁玲做了激昂慷慨、鼓动性很大的演

---

① 康乃尔（1910—1980），四川南充人。1936年入读川大历史系，学运骨干，曾任川大抗敌后援会副主席，后入党。1938年，在“川大稻草案”中遭国民党诬陷，经诉讼后证明清白，本书“1938年3月”条载有具体经过。1939年毕业于川大，1940年前后赴延安。后于1978—1980年任四川大学校长。

② 王潞宾，又名王广义，出生于1913年，原籍山东聊城。原系国立山东大学文理学院生物系学生，1930年由共青团转党。因组织国立山东大学同学参加“一二·九”运动，被山东省政府“押解出境”。1936年随韩天石转入川大就读，后赴延安。参见《四川大学史稿·第一卷·四川大学（1896—1949）》，第184页。

③ 邓照明（1919—1990），四川宜宾人，时为川大学生，1937年在学校入党，曾任川大党总支书记、中共川康特委委员。后赴延安。

④ 指刘大杰教授。

讲，会场气氛浓烈，与会者情绪高昂。这次大会影响颇大，进一步推动了川大的学生运动。此后，《文艺月刊》也就成为一个鼓吹抗日、政治性强的刊物了。

2月1日

蒋介石发表“中日亲善”谈话，附和日本外相广田弘毅的演说，声称“制裁一时冲动及反日行为，以示信谊”。[①]

3月23日

川大特聘史学家陈衡哲[②]到校演讲，题目为《国难期间青年应有之修养》，师生千余人到会。[③]

是月

华大接四川省政府训令，要求查禁“拉丁化新中国译本”，称“‘赤匪’假此项拉丁化文字宣传赤化”。[④]

4月10日

张季鸾[⑤]应邀到川大至公堂讲演，题目为《四川与国防》。[⑥]

4月11日

川大以红军围攻江油、时局紧张为由，规定学生取具连环保，并严禁学生集会。[⑦]

4月15日

马寅初应邀在纯化街国民党四川省党部讲演，题目为《中国战后应

---

① 《中国近现代史大事记：1840—1980》，第114页。

② 陈衡哲（1890—1976），笔名莎菲，祖籍湖南衡山，生于江苏常州，是中国第一位女硕士、女教授。1920年与任鸿隽结婚。1935年任鸿隽任川大校长，陈衡哲随夫任教于川大，讲授西洋史课程。

③ 国立川大－20－2。

④ 私立华西协合大学档案C－ZH－10－65。

⑤ 张季鸾（1888—1941），名炽章，以字行，陕西榆林人。著名报人，《大公报》主笔。

⑥ 国立川大－576－6。

⑦ 《第二次国内革命战争时期四川大事记》，第373—374页。

采之经济政策》，川大教职员参加听讲。[①]

5 月 10 日

根据四川省政府请求，财政部指定由川南盐务稽核分所从盐税中拨付川大教育经费。[②]

5 月 24 日

刘湘赴广汉与邓锡侯等举行会议，就四川军政局势商讨对策。此前，张澜曾针对蒋介石势力入川控制四川军政问题，提出“川人治川”的口号，主张川军各部举行“汉州会议”，促进川军联合，以抵制蒋介石势力。[③]

6 月 1 日

校友徐炯撰写《异哉所谓川人治川也》，被省内多家报纸登载。该传单指出：“川军自民国元年以来，内战达 480 余次，显然是川人乱川。今日时局，只问其能治川与不能治川，不必问其是川人与非川人。如以南北各省的人来治川，只要贤能，我都欢迎。”[④]

6 月 9 日

▲蒋介石召集成都市中级以上学校教职员谈话，川大校长及院系主任计 10 人参加。[⑤]

▲国民政府和日本侵略者签订了《何梅协定》。日本华北驻屯军司令官梅津美治郎因 1935 年的河北事件致函何应钦，提出取消国民党河北省党部，撤走驻河北的军队，撤换河北省政府主席和北平、天津两市市长，取缔反日团体等无理要求。国民政府就此召开紧急会议，指示何应钦接受日方条件。其间梅津美治郎与何应钦就此事沟通而形成的文书，构成了被称为“何梅协定”的卖国条约。[⑥] 根据这一条约，国民政

---

① 国立川大－2033－16。

② 《第二次国内革命战争时期四川大事记》，第 379 页。

③ 《第二次国内革命战争时期四川大事记》，第 383 页。

④ 《第二次国内革命战争时期四川大事记》，第 385 页。

⑤ 《国家与学术的地方互动：四川大学国立化进程（1925—1939）》，第 142—143 页。

⑥ 《中国近现代史大事记：1840—1980》，第 115 页。

府丧失了在河北省的大部分主权，使华北继东北沦陷之后，又成了日本的天下，中华民族的危机更加严重了，青年学生们深深感到“华北之大，已经安放不下一张平静的书桌了”！①

6月10日

国民政府颁布《敦睦邻邦令》，明文规定：“凡以文字、图书或者演说为反日宣传者，均处以妨碍邦交罪。”此后，报纸刊物上都不准提“抗日”“日本帝国主义”等字样，只能写“抗×”“××帝国主义”。②

6月15日

中华苏维埃共和国中央政府发布《为反对日本并吞华北和蒋介石卖国的宣言》，号召全中国海陆空军与红军携手，共同北上抗日。号召全国民众统统行动起来，共同参加反日神圣战争。③

6月24日

蒋介石携夫人宋美龄到华西坝参加华大毕业典礼，作了题为“劳动即生活，服务即人生”的演讲。④

是月

校友刘克谐被捕。中共四川省委书记刘克谐因叛徒出卖被捕，四川党组织遭到严重破坏。刘克谐被捕入狱后，受尽酷刑，仍坚贞不屈，于当年底牺牲。⑤

是年夏

▲华大学生饶世俊、徐庆坚等7人被捕。在国民党势力密谋下，华

---

① 共青团中央青运史研究室：《中国青年运动史》，中国青年出版社，1984年，第139页。

② 《中国青年运动史》，第137—138页。

③ 《第二次国内革命战争时期四川大事记》，第388页。

④ 张丽萍：《中西合冶：华西协合大学》，巴蜀书社，2013年，第423页。

⑤ 中共四川省委党史研究室：《理想信念之光、伟业成就之源——记为新中国诞生献出生命的十位中共四川省级党组织负责人》，https://www.scjgdx.gov.cn/llzg/8983.jhtml。

大饶世俊、徐庆坚、伍玉和[①]、艾西由[②]、李宋[③]、程毓才、李景扬等7位学生被当局逮捕入狱。由于华大进步力量、广大师生和社会人士的积极援救，7天后，国民党当局被迫释放了这7位进步学生。[④]

▲川大成立西南社会科学研究处。川大成立西南社会科学研究处，旨在研究西南地区的社会科学，下设社会经济组和人文组。社会经济组调查经济发展状况、调价指数等。人文组研究边区民族，搜罗蜀中文献，考察蜀中金石古物等。第一任处长为徐敦璋[⑤]，冯汉骥[⑥]、赵人隽[⑦]等为研究指导员。[⑧]

结合四川地方特色研究战时国家需要的课题[⑨]

国立四川大学历来有结合西南、四川地区实际开展科学研究的传统，在任鸿隽掌校时期结合抗日需要有所加强。1943年以后，又有进一步发展。

学校常结合成都、四川、西南地区的特点，研究对国家颇有现实意义的课题，得到社会上的积极支持并取得显著成果。

理工学院继续结合四川盛产井盐和天然气的特点，开展盐化工和天然气化工综合利用的研究。周厚复教授在电化学方面的研究，刘为涛教授在水盐络合物方面的研究，方文培教授对峨眉山植物的研究，都取得了一定的成绩，学校还与迁川的国防工业厂矿研究部门合作，

---

① 伍玉和系华大1936年第22届文学院社会学系毕业生。

② 艾西由是华大社会学系学生，后为华大讲师，教授伦理、社会运动、人口问题等课程，见华大C.2H—288—1。

③ 李宋为华大1940年第26届医学院毕业生。

④ 《华西医科大学校史》，第61页。同时参见艾西由、李宋、徐庆坚：《1935年华大反逮捕斗争》，载《成都文史资料选编·防区时期卷》，四川人民出版社，2007年，第595页。

⑤ 徐敦璋时为川大教授，法学院院长。

⑥ 冯汉骥（1899—1977），字伯良，湖北宜昌人，人类学、历史学、民族学家。1937年被聘为川大教授。

⑦ 赵人隽，字守愚，浙江兰溪人，美国哈佛大学经济学博士，时为川大经济系教授。

⑧ 《四川大学史稿·第一卷·四川大学（1896—1949）》，第238页。

⑨ 摘编自《四川大学史稿·第一卷·四川大学（1896—1949）》，第238—240页。标题为编者所拟。

发展与抗战有关的军事课题的研究。

工学院先后与航空研究院、航空委员会、行政院液体燃料管理委员会合作进行飞行器、汽车、轮船动力机械、燃料、仪器维修、制造方面的研究和生产，与军政部五十工厂、川康铜业管理局合作进行枪炮原料的采冶、制造的研究和生产，与中央水利委员会进行四川地区水电资源调查、勘测研究，努力为抗战后援服务。

中国文学院除了继续发扬由国学大师向楚、李植、林山腴[①]均有作品展出。[②] 赵少咸等领衔的在国学研究方面的优势外，还着重向几个方向拓展。徐中舒、蒙文通[③]、缪钺对巴蜀文化和蜀学的研究，冯汉骥对西南地区民族学、人类学和考古发掘的研究，对发现三星堆遗址做了许多前期性的工作。中文系张怡荪教授领衔的藏学研究和汉藏大词典[④]的编纂，都逐步启动并取得了许多成果。

法学院和外国文学院结合当时国民政府迁川后，法制亟待完善，许多国民经济中的现实问题迫切需要解决的状况，选择课题，开展为政治、经济、军事服务的研究，并翻译介绍了一些外国名著或启蒙读物。农经系曹茂良的《经济学大纲》，朱剑农的《土地经济学原理》，曹锡光的《农业合作原理与实务》，李天福的《农场布置之研究》《农场管理学》，李景清的《统计学大纲》，法学院余群宗的《中国地法论》，法律系胡元义的《破产法》《民法总则》，政治系杨东踔的《中国政治史》，张国安的《美国政府与政治》，萧公权的《中国思想政治史》，外文系李梦雄的《世界文学史年表》，刘盛亚[⑤]改编的法国雨果名著《钟楼怪人》剧本，谢文炳的小说《诗亡》，杨白苹译的托尔斯泰著作《人生论》等相继出版。不少著作畅销国内外。

---

① 林山腴（1873—1953），名思进，以字行，四川华阳（今属成都市）人，清光绪举人，曾东渡日本，回国后授内阁中书，望重士林，成都“五老七贤”之一。1924 年以后长期任教于华大，新中国成立后曾短暂任教于川大。

② 《第二次国内革命战争时期四川大事记》，第 419 页。

③ 蒙文通（1894—1968），四川盐亭人，历史学家。先后任教于成大、师大、川大、华大等校。

④ 后定名为《藏汉大辞典》，由民族出版社于 1985 年正式出版发行。

⑤ 刘盛亚（1915—1960），重庆人，民盟成员，作家。1938 年受聘为川大教授。

作为天府之国和抗战大后方的四川，农业的发展不仅关系到国计民生，也关系到抗战胜利和民族存亡，国立四川大学对于农学的研究特别重视。

农学院农化系曾组织土壤调查团前往新繁、金堂、新都三县，调查土壤性质、作物栽种、施肥情况，帮助农民改良耕作技术。园艺系与四川农科所合作，研究“优良柑橘之育苗”。农经系与农业部合作，研究“成都华阳两县农场经营”“成都蔬菜经营”。森林系研究“木材抗腐试验”。该系还组织调查队调查岷江上游云杉林的分布及木材储量，写出《岷江上游理番河流域之森林》；组织川西森林考察团，采集标本200多种，由植物分类学家方文培教授鉴定分类。农艺学系教授杨开渠在水稻栽培等方面成绩卓著。川大1946年校庆时，农场培育了15个优良稻种向校庆献礼，计有川大洋尖、川大白脚粘、川大白节子、川大长须谷、川大红嘴燕、川大大盖花、川大野大红、川大轧十石、川大银糯、川大岩糯、川大杭州糯、川大早糯，亩产在490斤至740斤之间。川大农场培育的“川大一号”，是一种中熟稻种，从播种至成熟，只需134天，杆不高，施肥不多，每亩收谷650斤至750斤，壳薄，米质优良，胀性大，在川西很有推广价值。王善佺教授在棉花种植方面，杨允奎[①]教授在小麦种植研究方面，都取得了显著成绩，对于保证农业收成，提供百姓衣食、抗战军需，作出了巨大的贡献。此外，农学院研究员刘君鄂取得昆虫学上的重要研究成果。所著《中国木蛀虫之研究》，经教育部学术审定委员会鉴定获奖。农学院园艺系张文湘教授从美国引进适合于四川风土的夏橙、血橙、脐橙苗木，先种于川大农场，后嫁接于各地果园，取得成功。其果实色彩鲜艳，味道香甜，是国内园艺界的新贡献。

整理川大旧藏书版，也是一项有价值的学术成果。学校所藏蜀刻书版，遐迩闻名，是极为重要的国学珍品。由于迁校峨眉，所藏尊经书院、锦江书院的书版100多种、4万余块，保管不善，年久失察，有的被蛀虫咬坏，字迹模糊；有的木质腐朽，不断脱落，缺字短句。

① 杨允奎（1902—1970），四川安岳人，农学家，时为川大农艺系教授。

抢救这一文化遗产，至关重要。在程天放[①]掌校时，曾整理书版 25 种，1 万余块，印出发行。黄季陆掌校时，争得省政府拨款 10 万元，再加整理：字迹模糊而质尚坚硬者，逐一填明；缺字少句者，用枣木或梨木镶补；整块腐朽不能印刷者，制作新版，重刻重印。重新整理的旧书版有 8 种，7000 多块，连同川大历来整理的共达 40 种，集 152 册，重新印刷发行。

7 月 1 日

蒋介石在川大第五次“总理纪念周”活动中发表讲话，强调“四川大学是四川的最高学府”，当日参会人员共 1200 余人，其中川大师生 850 人。[②]

是月

四川省立农学院并入川大。[③]

8 月 1 日

中共中央发表《为抗日救国告全体同胞书》。该宣言呼吁全国人民团结起来，停止内战，一致抗日，组织统一的国防政府和抗日联军。同时号召建立抗日民族统一战线。[④]

是月

▲教育部令准王兆荣辞去川大校长职。王兆荣担任校长期间，正是三大学合并为国立四川大学后的多事之秋，他面临着经费困难、军阀压迫的深重危机和刘湘蛮横决定变卖皇城校产的威胁，接连不断的打击使他陷入绝望之中。王兆荣三次请辞校长，均为各方人士挽留。1935 年 7 月 25 日，他亲赴教育部，再次提出辞呈。8 月，教育部终于同意王兆

---

① 程天放（1899—1967），江西南昌人。任川大校长前，曾任安徽省政府代主席、安徽大学校长、浙江大学校长、中国驻德国大使、四川省国民党党务培训班主任等职务，为国民党中央委员。执掌川大期间，严密管控学校，阻挠学生参加进步运动。

② 《国家与学术的地方互动：四川大学国立化进程（1925—1939）》，第 143 页。

③ 四川农大校史编写组：《四川农业大学史稿（1906—1990）》，内部编印，1991 年，第 14 页。

④ 《中国青年运动史》，第 139 页；《中国近现代史大事记：1840—1980》，第 115 页。

荣辞去川大校长职务。[①]

▲教育部任命任鸿隽为川大校长。南京国民政府教育部指令任鸿隽继任川大校长。任鸿隽在校长任期内对学校进行了大刀阔斧的改革，提出“国立化”与“现代化”两个目标，致力于使川大成为“国家的大学，而不单是四川人的大学”，学校与学生之精神为之一变。其间，他与四川省政府交涉，将学校皇城校区土地置换为望江楼附近土地2000余亩，并由中央拨款263万元作为建筑新校舍专款，由此解决了皇城校产争端。[②]

9月18日

任鸿隽在演说中要求川大人担负起民族复兴的责任。任鸿隽在题为《四川大学的使命》的演说中，进一步阐明主张，强调实现川大的现代化和国立化，必须完成三个使命。第一，要输入世界的智识，使我们睁开眼睛，晓得世界进步到了什么程度，人类的大势，是个什么情形，那么，我们从前所有的野蛮战争，部落思想，都可以不攻自破，我们要拿智识开通来补偿四川的地形闭塞。第二，要建设西南的文化中心。要在黄河、扬子江两水的上游广大地方，建设一个能成为文化策源地的综合大学。第三，在当今国难严重的情况下，要担负起民族复兴的责任。[③]

是月

华大举办“九一八”国耻4周年特别纪念大会。华大学生会在学校事务所大礼堂举办“九一八”国耻4周年特别纪念大会。国民党省政府负责人王元辉演讲，“语多沉痛悲壮，听者大受感动”。演讲毕，大会主席恭读誓词，全体举手静聆。誓词为：“九一八！这时代鸿沟的九一八！它直接地破坏了我们领土的完整，间接地威胁了世界的公理与和平。它是我们民族生命线上一个重大打击，却也是这垂死民族的一颗兴奋针。我们为了不甘坐视东北三百多万里（指平方华里——原书注）的国土拱

---

① 《四川大学史稿·第一卷·四川大学（1896—1949）》，第152页。

② 《川大十四年大事纪（1931—1945年）》，参见川大—638—13。

③ 《四川大学的使命》，《国立四川大学周刊》，1935年第4卷第2期。

手让与敌人，为了不使东北三千万同胞作异族的奴隶，我们要挣脱枷锁，要获得自由和平。我们要万众一心，团结一致，要为祖国的自由而斗争，为民族的独立而斗争！”大会还提出要严格遵守各项条件，如完成学业、完成国民革命、接受国民军训……如违誓言，愿受严厉处分，等等。最后高唱校歌散会。[①]

10月18日

▲川大举行首次升国旗仪式。川大理学院举行首次升旗仪式，由院长周太玄[②]主持。周太玄讲解了国旗的象征意义后对学生说：“此后每日升降旗时，吾人宜善体斯意，多少可促起吾人为国家服务之精神与努力也。”[③]

▲“成都各界救亡联合会”筹备大会在成都青年会礼堂召开。参加大会的有成都工、商、学、文化、戏剧、新闻各界50多个组织。[④]

11月13日

中共中央发表《为日本帝国主义并吞华北及蒋介石出卖中国宣言》。[⑤]

11月18日

蔡继伦到川大讲演防空问题。川大举行“总理纪念周”活动，邀请军事委员会防空展览会会长蔡继伦到本校南较场理学院讲演防空问题。[⑥]

11月28日

中华苏维埃共和国中央政府和中国工农红军革命军事委员会发布

---

① 《华西医科大学校史》，第61页。

② 周太玄（1895—1968），原名周焯，号太玄，四川新繁（今属成都市）人。毕业于四川省城高等学堂分设中学堂，与郭沫若、李劼人是同学。1919年，在北京与王光祈、李大钊、李劼人等创立少年中国学会，是五四运动的积极宣传者。后留学法国，获理学博士学位。回国后先后任成大、师大教授。

③ 罗中枢：《四川大学：历史·精神·使命》，四川大学出版社，2009年，第90页。

④ 《成都文史资料选编·抗日战争卷·上·救亡图存》，第111页。

⑤ 《中国近现代史大事记：1840—1980》，第116页。

⑥ 国立川大－576－12。

《抗日救国宣言》，号召全国人民团结起来，反蒋抗日。[①]

是月

华大教职员以一月薪金作为抗战捐赠款，学生也以缩食所积支援绥远抗战。[②]

12 月 9 日

▲“一二·九”运动爆发，北平大、中学校学生六千余人，在中国共产党的领导下，举行抗日爱国示威游行，喊出了“反对华北自治运动”“打倒日本帝国主义”“停止内战一致对外”等口号，掀起了全国抗日救国的新高潮。[③]

▲**川大学子发出通电，声援“一二·九”运动**。川大全体学生响应北平学生反对汉奸制造伪政权的正义行动，分别通电全国同胞和北平学生，这两封电报是四川地区最早发出的声援“一二·九”运动的电报。[④]

川大学子声援“一二·九”[⑤]

“一二·九”运动之前，川大已有零星的抗日救亡活动，1935 年“华北事变”发生后，亡国灭种之祸迫在眉睫，川大师生仰望北方，忧心如焚。校长任鸿隽在北平参加中华文化教育基金会董事会时，亲睹“一二·九”运动的浩大场面。返校后，在全校大会上介绍了北平学生爱国运动的情况。他指出，此次“华北事变”，是日本“变吾国为彼之附属国”的阴谋。任鸿隽的演说，激起了师生的爱国热情，全校集会声援。当月 18 日，全体教职员致电国民政府主席林森、军事委员会委员长蒋介石以及冀察绥靖主任宋哲元、河北省主席商震，要求“明令讨伐殷汝耕，以彰国法、以卫疆土”。全体同学响应北平学

① 《中国近现代史大事记：1840—1980》，第 116 页。

② 《华西医科大学校史》，第 61 页。

③ 《中国近现代史大事记：1840—1980》，第 116 页。

④ 《四川大学史稿·第一卷·四川大学（1896—1949）》，第 183 页。

⑤ 摘编自《四川大学史稿·第一卷·四川大学（1896—1949）》，第 182—183 页。标题为编者所拟。

生反对汉奸制造伪政权的正义行动，分别通电全国同胞和北平学生：

“河北少数汉奸，为虎作伥，假自治之名，企图分离国土，破坏统一，本市教界，反对于前，学生继起于后，华北教育，为我中原要域，河北尤为故都所在，国家存亡，实所利赖，愿我举国同胞，一致声援，作北平学生后盾，誓死反对一切脱离中枢之非法叛国组织，力争领土完整。生等引领北望，不胜怀慄危惧，临电神驰，诸维亮察。国立四川大学全体学生同叩。”

“清华大学学生会，转平市各大学学生会钧鉴：殷逆叛变，举国痛心。北望故都，惄焉如捣，我同学处此艰危环境，倡导爱国运动，颠扑相继，不稍屈挠，奋斗精神，至堪钦感，敝校同学，誓作后援，共争领土完整，谨此电慰，诸维鉴察。”

这两封电报，是四川地区最早发出的声援“一二·九”运动的电报。四川大、中城市的学生热烈响应，以此为起点，四川的抗日运动渐次兴起，一些分散隐蔽的共产党员在运动中团结积极分子、开展抗日活动，为四川各级党组织的恢复和重建打下了基础。

韩天石回忆“一二·九”对川大革命活动的影响和推动①

川大1930年代这一段历史，如果从“一二·九”说起的话，无疑，“一二·九”对川大的革命活动有很大的影响和推动。从这以后，川大的同学和成都市的青年学生逐渐开展了抗日救亡活动。当时，党的宣传、社会上抗日浪潮的冲击，使四川青年在思想上又有了很大的进步和提高。1936年上半年，日本人在成都设领事馆，激起成都人民，特别是青年学生的愤慨，整个成都震动了。日本在蓉设领事馆是毫无理由的，四川没有日本的任何机构，没有侨民，与日本没有经济交往，他们这样做，很显然是进行政治渗透，（要将领事馆）作为侵占大西南的前哨阵地。成都群众出于民愤，打烂了大川饭店，打死了两个日本人，砸烂了销售日货的店，我们几个同志昨天回忆了一下，都记得参加此次活动的大多数是青年，究竟川大有多少人参加，我们

① 摘编自《韩天石同志回忆录（1936—1939）》。标题为编者所拟。

也说不清楚了。当时，邓照明、陶然、丁洪等同志都参加了（其时他们还不是川大学生）。这次行动，我姑且暂不给予全面的评价，但有一点是应给予肯定的，是有积极意义的，即人民群众对日本侵略者的仇恨，对民族权益民族尊严的维护。这一抗日爱国行动对群众是个教育，对成都的抗日救亡活动是一个有力的推动。对于它的全面评价要由历史来完成，我们是从革命的意义上来谈论这个问题的。

在此以后，川大出现了很多小的组织，三个一群、五个一组在一起开展各种各样的救亡活动。我、王潞宾、王维章、万骥等于1936年到了成都。我由北大转学川大三年级，他们考入低年级。我们当时在北京已经参加了“民先”。我们到成都是党和全国“民先”总队给我们的任务，要求我们到成都首先建立“民先”，待党的关系转到后，在党的领导下进行活动。初到成都，因当时四川还没有统一地和延安发生联系的党组织，所以我们的关系迟迟没有转去，我是1936年“九一八”到的成都，当时我们就发觉成都情况和外地有所不同。在国统区（一般）是不纪念“九一八”的，当局怕群众借此闹事，而四川却下了半旗；其次街上有“剿共”的宣传画，污蔑徐向前等共产党军人拿着小孩往嘴里塞等，虽然反日，但反共宣传也很厉害。

不久，我们与周海文①、涂万鹏②、胡绩伟③等取得联系。因为我们有共同语言、共同志向，一拍即合，所以在短时间内就熟悉了。我们把情况一介绍，“民先”的牌子又很响，大家都同意我们建立地方性“民先”组织的建议。开成立会时，据李澄说是16人，当时邓照明等同志和理学院很多人参加了，成立了总队部，全称叫中华民族解放先锋队成都队部。

那时的活动（组织）不仅是民先，还有许多小的组织，不过影响不大，都是零散的。这样的组织在理学院、文学院、法学院都有。当

① 周海文，四川乐山人，1936年考入川大法学院政经学系，见国立川大－2650－8。

② 涂万鹏（1916—1949），又名涂孝文，四川人，1938年入党，曾参加过中共七大，后叛变。

③ 胡绩伟（1916—2012），四川威远人。1935年入读华大数学系，后转入川大经济系。1937年入党，成都学运骨干，本书多有其事迹。1939年赴延安后从事新闻工作。

时的形势发展是很快的。如果说当时有一个革命组织在党的直接领导下活动的话，那就是“民先”。其他活动是分散的，虽然都是进步的、革命的，但都还没有党的领导。而这些组织联合起来就形成了革命力量。如果要（搜集）反映四川大学的历史事件，这也是其中之一，即在党的领导下的革命青年的进步组织（的成立）。

1936 年底，绥远抗敌后援会成立，这是一个大的事件。它的范围广，参加者众多，开展的活动多，如川大、华大的学生上街开展过募捐（通过卖花、卖艺等募集资金）、讲演、戏剧等多项活动。

1936 年底到 1937 年初，成都学联和成都各界救国联合会成立，川大参加的人很多，“各救会”领导成员，川大有我、康乃尔、周海文、张宣，社会上有甘道生，再以后有叶雨苍等。学联的领导成员中，川大（人）占了很大一部分，在成都市的救亡活动中，川大起了积极带头和骨干的作用。随着抗日救亡形势的发展，社会上的救亡团体、救亡活动不断出现，救亡报刊也层出不穷，如熊复①等同志办的《救亡周刊》等。

胡绩伟回忆“一二·九”运动在川大与华大的影响②

1935 年底，日寇步步侵占华北，国民党一味妥协退让。为了挽救民族危亡，唤醒民众，我党在北平发动了主要由青年学生参加的“一二·九”运动。此运动在四川青年中影响很大。我在华西大学时，（学校）虽然还没有什么固定的组织，但已有了许多读书会，这些读书会尚停留在传递进步书刊之类的活动上。其时，生活书店出版的刊物、书籍等，我们都购齐了的，且在同仁中互相交换、传阅，我们也常在一起谈论时事，评点政治是非，但没有固定的、统一的组织和活动。有时我与省师的同学交往，有时与华大的同学相聚，在川大也有我们的关系，如现在复旦大学外文系教授杨力等就常与我们接头，当

① 熊复（1915—1995），四川邻水人，川大教育系学生，成都学运骨干，1939 年前后赴延安。

② 摘编自《胡绩伟同志回忆录（1936—1938）》。标题为编者所拟。

时的活动就仅仅停留于此。

王潞宾回忆川大同学声援“一二·九”[1]

我是山东人，1933年进入山东大学，这以前曾上过一段师范学校。在山东大学时，我就接上了党的关系，后因参加革命活动而被校方开除。离开山东大学，我到了北平，又投身北平的学生运动中，并且通过以前的老同学找到了党的关系。不久进入北大，一方面是参加“民先”的活动，另一方面是我直属北大党组织的领导。当时北大有一个沙滩，我就住在沙滩附近的公寓里。那时沙滩附近有一批失学学生，他们是参加了“一二·九”运动后被开除的。这批人中有一些党员，于是成立了一个支部，叫做沙滩街道支部，我做支部书记。这个支部直接受北大党组织的领导。后来这批人开始转学，而投考四川大学的人最多，我和韩天石就是这次考入四川大学的。入学时我和韩天石还不熟悉，我只知道他是参加了“一二·九”运动的，但无交往。后我经北大党组织了解到他的情况，组织上又安排我们相互认识了一下。认识后，我们就商量入川的问题。我们认为，为了在四川更好地开展工作，有必要统一行动。于是我们在报纸上登了一个小广告，内容是：凡在北平考取了四川大学并且愿意一块入学的同学，到××（口述者故意模糊了地点）处联系。这样我们和考入川大的大部分同学就有了联系。我们的目的是，利用这次机会，了解每个人的政治态度是怎么样的，哪些人参加过“一二·九”运动，我们可以一路做些工作，把这些人团结起来，以此作为在四川开展工作的基础。我们从北京到上海，从上海坐船经武汉到重庆，再坐汽车到成都。离开北大前，我们请北大党组织尽快将我们的组织关系转到川大去。当时组织表示同意，说是一定尽快办这件事。由于当时白色恐怖严重，当地组织关系并不是容易转的。到川大后，我们积极地进行抗日救亡宣传，开展了一些群众活动，如举办故事会、办刊物等，尽量联系群众、组织群众。在这些活动中，我们认识了胡绩伟，并和他办了一个小报，

① 摘编自《王潞宾同志回忆录（1936—1939）》。标题为编者所拟。

他任总编辑，报名叫《活路》。后车耀先[①]资助（我们）在祠堂街办了《星芒周刊》。当时的形势较好，因为地方军阀刘湘与蒋介石的矛盾是比较大的，我们就利用这种局势来开展工作。

12 月 13 日

川大举行声援“一二·九”运动的全校会议。川大师生举行全校大会，任鸿隽在会上就“一二·九”运动发表了热烈的演说，声援北平学生。[②]

12 月 20 日

根据党中央决定，共青团中央发表《为抗日救国告全国各校学生和各界青年同胞宣言》，宣布改造自己的组织为抗日救国的青年团体，欢迎一切爱国青年加入。[③]

12 月 23 日

据《华西日报》报道，川大举行“总理纪念周”，南开大学校长张伯苓应邀到川大作题为《应付国难应有之修养》的讲演，到会教职员千余人。[④]

是月

中共中央政治局会议在陕北瓦窑堡召开。会议通过了《关于目前政治形势与党的任务决议》，确定了抗日民族统一战线的策略方针。[⑤]

---

① 车耀先（1894—1946），四川大邑人，革命烈士，曾任中共川康特委委员，长期在川内从事革命工作，1940 年被国民党逮捕，在狱中坚持斗争，1946 年被杀害于重庆。本书有其事迹。

② 《第二次国内革命战争时期四川大事记》，第 416 页。

③ 《中国青年运动史》，第 143 页。

④ 国立川大－18－0001。

⑤ 《中国近现代史大事记：1840—1980》，第 116 页。

一九三六年

1月1日

成都市书画名家组织的“蓉社”在中山公园举行书画助赈展览，川大教授向楚、华大教授林山腴均有作品展出。[①]

1月12日

校友王光祈[②]在德国波恩逝世，时年44岁。[③]

1月13日

为恢复成都领事馆，日本驻重庆领事糟谷廉二一行两人抵蓉，于次日分别拜会四川省政府秘书长邓汉祥[④]及成都市市长钟体乾。[⑤]

2月17日

中华苏维埃共和国中央政府和中国工农红军革命军事委员会，组织中国人民红军抗日先锋军，发表《东征宣言》。[⑥]

---

① 《第二次国内革命战争时期四川大事记》，第419页。

② 王光祈（1892—1936），字润玙，笔名若愚，四川温江（今成都市温江区）人，音乐家、社会活动家。1908年就读于四川省城高等学堂分设中学堂，与郭沫若、李劼人、周太玄、魏时珍为同学。后出川游学，就读于中国公学。1919年，与李大钊等在北京创办少年中国学会，同年底创设工读互助团。1920年赴德国留学，获波恩大学博士学位。

③ 《第二次国内革命战争时期四川大事记》，第420页。

④ 邓汉祥（1888—1979），字鸣阶，贵州盘县（今盘州市）人。曾任第七战区司令长官，代理四川省主席，与中共地下党有联系。1949年12月通电起义。

⑤ 《第二次国内革命战争时期四川大事记》，第423-424页。原书按：1918年日本未经当时北洋政府同意，擅自在成都金河街44号开设过领事馆。“九一八”事变后，因成都人民的强烈反对，自动收摊。

⑥ 《中国近现代史大事记：1840—1980》，第116页。

2月28日

国民政府为校友张培爵[①]举行公葬仪式。国民政府电令四川省政府为先烈彭家珍建祠立碑，为先烈张培爵举行公葬。[②]

是月

▲**任鸿隽为国难时期特种教育建言**。教育部征集国难时期特种教育意见，川大校长任鸿隽提出了两条意见。第一，应改变“目下大学教育多偏于空虚无用之理论”。他认为：“国难期中，一物一器之有无，动关民族之存亡，故非极力提倡实用精神不可。鄙意除文法各科应多授本国历史及国际知识，以唤起民族意识外，理工各科应责成各校就地域所宜研究平时或战时必须之制造工程一种，其工作之种类则由各校报告于教育部，为之统筹而分配之。”第二，“应付国难最有力有效之一点在造成强健的国民”。应把仅在一年级学生中推行的军事训练普及于大学全体学生；“减少教室功课时间至三分之一，以其时为户外作业及锻炼身体之用”。[③]

▲“民先”在北平召开第一次全国代表大会，正式成立了“中华民族解放先锋队总队部”。[④]

3月16日

晏阳初应川大校长任鸿隽之邀在川大文学院礼堂讲演，题目为《培养民力与解除国难》。[⑤]

---

① 张培爵（1876—1915），字列五，四川荣昌（今重庆市荣昌区）人，辛亥革命元勋。1903年考入四川省城高等学堂优级师范科理科。1906年加入同盟会。1911年11月，与同盟会成员杨庶堪、夏之时发动重庆起义，成立蜀军政府，张培爵任都督。次年春，成渝两地军政府合并，成立四川军政府，张培爵任副都督。后与邹杰密谋讨袁被捕，1915年被袁世凯杀害。1934年，国民政府追赠其为烈士，1935年为其举行国葬。1940年代，川大建有“列五馆”以彰其人，今已不存。

② 《第二次国内革命战争时期四川大事记》，第427页。

③ 《四川大学史稿·第一卷·四川大学（1896—1949）》，第173页。

④ 《中国青年运动史》，第157页。

⑤ 国立川大－16－1。

是年春

▲韩天石率“平津学生南下宣传团”出发。是年秋，韩天石、王广义等转学入川大。①

▲中共上海中央局派共产党员张曙时②到四川领导革命武装工作，张曙时抵达万县时，万县起义已先行爆发并遭失败，张曙时根据时局决定前往成都做刘湘的统战工作。③

4 月 19 日

▲川大举行首届运动会，任鸿隽及四个学院的院长在开幕式上亲自率领运动员举行入场式。任鸿隽在开幕式上发言：“今日这运动有三点意义：一、读书不忘运动，运动不忘读书，一洗文弱之耻；二、养成合作互助的道德；三、养成公平正直之习尚。……这次运动会虽为创举，但希望下季即能影响于全市全省，明年活动于全国，他日更于世界纪录中占一席位。”④

▲成都文化界人士李劼人、周太玄、李璜、魏时珍、何鲁之⑤等，在成公中学举行王光祈追悼会。⑥

5 月 6 日

“冀察政务委员会”与日本秘密订立《华北防共协定》。⑦

---

① 邵鹏文、郝英达：《中国学生运动简史：1919—1949》，河北人民出版社，1985 年，第 187 页。

② 张曙时（1884—1971），江苏睢宁人，1909 年加入同盟会，袁世凯窃取革命果实后，追随孙中山发起“二次革命”，1919 年加入国民党，是当时著名的国民党左派人物。后投身南昌起义，1932 年加入中国共产党，1935 年奉命入川，曾任中共川康特委统战部部长，是四川抗日民族统一战线工作的主要奠基人。1937 年初曾离开成都赴延安，后又奉命返川。1940 年成都“抢米事件”后，按照上级党组织指示转移到延安。

③ 《四川大学史稿·第一卷·四川大学（1896—1949）》，第 200—201 页。同时参见中共四川省委党史研究室：《四川党史人物传》（第 1 卷），四川人民出版社，2016 年，第 192—202 页。

④ 《四川大学史稿·第一卷·四川大学（1896—1949）》，第 172 页。

⑤ 何鲁之（1891—1968），原名何鲁，四川华阳（今属成都市）人，史学家。曾发起组织中国青年党。1926 年后历任成大教授、川大文学院史学系主任，教授西洋古代史。后曾从事反共宣传，1949 年前后赴香港。

⑥ 《第二次国内革命战争时期四川大事记》，第 432—433 页。

⑦ 《中国近现代史大事记：1840—1980》，第 117 页。

是月

“国立四川大学国难教育委员会”和“国立四川大学学生生活委员会”成立。任鸿隽大力推行国难教育，主持成立“国立四川大学国难教育委员会”和“国立四川大学学生生活委员会”，每周请知名教授开展抗日救亡讲座。

任鸿隽在川大开展国难教育[①]

1936年5月，学校成立了以任鸿隽为主任的“国立四川大学国难教育委员会”和“国立四川大学学生生活委员会”。每周请知名教授开展抗日救亡讲座。来自北京大学的朱光潜教授，于1936年5月向学生作了题为《国难期中我们应有的自信和自省》的报告[②]，鼓励学生在国家生死存亡关头坚持抗战。来自中央大学的农学院院长王善佺和教育学院院长邓胥功，也作了题为《抗战的前途》的报告，鼓励学生在国难中奋起。西安事变后，由任鸿隽、朱光潜、黄宪章[③]、谢文炳、邓胥功、张敷荣[④]、程复新[⑤]、杨允奎等著名教授组成四川省和成都市“国难教育委员会”，开展战时常识编译，发出《请施国难教育告全国同胞书》，把国难教育推向全国，为抗战教育推波助澜。

国难教育本着既维持正常教育，保存文化基础，又实施特种训练

---

① 摘编自《四川大学史稿·第一卷·四川大学（1896—1949）》，第172—175页。标题为编者所拟。

② 据国立川大−137−1记载，朱光潜于1937年9月始受聘为川大文学院院长，此处记录或有误。该演讲经整理发表于《国立四川大学周刊》第6卷第12期。参见宛小平：《朱光潜年谱长编》，北京师范大学出版社，2019年；王攸欣：《朱光潜传》，人民文学出版社，2011年。

③ 黄宪章为川大经济系教授，他是当时公开支持学生救亡运动最积极的教授，早在“西安事变”和平解决时就公开在课堂赞扬共产党为了团结抗日、避免内战，不念旧恶，劝说张学良、杨虎城释放蒋介石的行动，真是以国家民族为重；平时在讲授经济学时，也大讲“剩余价值论”和“动的逻辑”（唯物辩证法），深受进步学生的爱戴（参见《四川大学史稿·第一卷·四川大学（1896—1949）》，第189—192页）。

④ 张敷荣为川大文学院教育系主任，川大迁入峨眉山办学时，张敷荣主动创办报国小学，并以之作为教育系学生的实习基地。报国小学于1940年春开课，有学生100余人。1940年，该小学并入川大，成为师范学院附属小学。

⑤ 程复新为川大农学院森林系主任。

适应战时需要的理念，注重“精神训练”“体格训练”和“与国防有关的科学技术的研习”的内容，与任鸿隽的国立化、现代化精神是一致的。除了前面讲到的注意实用一方面外，任鸿隽特别注意加强体育锻炼，主要是“鉴于同学体格之虚弱，与夫蜀中体育兴趣之淡薄，虽青年亦均萎靡不振，殊忤复兴民族之旨”。蒋介石（1935 年）7 月 1 日在国立四川大学至公堂的报告对四川青年体魄的评论，可能是任鸿隽在川大加强体育的一个重要背景。除此之外，他曾谈到，我们参观过美国教育，第一个印象，就是他们养成学生的活泼精神和健全身体。所谓“第一个印象”，可知感触之深。事实上，任鸿隽来校不久，就有人评论说，“吾人尤感兴趣者，亦为最可爱、最可珍贵者，即四五年来之川大学生，都是沉沉暮气，鲜有蹈厉发扬的精神”，近来则“求进之心曲，饱满之精神，真有如雨后春笋，活气一团，欣欣向荣。此为川大复活的新机，亦是新四川建设各项专才之深远保育也”。中国近代思想的表现之一便是“尚武”，反过来就是要“一洗文弱”。这主要出自国人对日本和西方强盛原因的认知。即使抛开“国难”的历史大背景，任鸿隽重视体育也是教育“现代化”理念的一个组成部分，是有积极意义的。

在任鸿隽的主持下，各院都订出了“国难”教育计划，课程方面也相应作了调整。文学院的特殊教学科目为史学系的“东北史”，主要宗旨是：“一、阐明东北数省在历史上之重要；二、加深学生对于东北数省之认识；三、增强学生收复失地之观念。”教育系“为应付国难时期中小学教育之需要起见，特设置国难教材研究会”。编写新的中小学教材，供全省进行国难教育使用……

在科学研究方面，亦同时开展和加强了有关国难项目的专题研究：理学院对与军事工业有关的无线电、光学原理及设备、军用化学工程的研究，法学院对国难时期国际公法、国际贸易、工商组织管理、地方行政、社会问题、土地问题、日本现状、统制经济问题 、战时政府、国际关系等 10 个方面的研究。这些研究成为抗战期间富有特色的国立四川大学科学研究主要方向。

当国内沦陷区的其他大学都在忙于搬迁，历尽颠沛流离之苦的时候，国立四川大学却在从任鸿隽开始的国立化、现代化的情势下，按中国高等教育自己的规律发展壮大，与其他大学流亡到四川的知名学者进行着融汇交流。在1938年国民政府迁川后，国难教育改称战时教育，并充分利用国立四川大学的实践，发布了《战时各级教育实施方案纲要》。国难教育是国立四川大学在抗战前期适应时代发展的从学术方面采取的一项重要措施，并与师生的抗日救亡活动融为一体，贯穿在抗战中，对于推进学校以抗战为切入点的观念更新、人员更新、课程更新、知识更新、科研更新，激励学生的抗日爱国热情，具有重要意义。这也是抗战时期地处大后方的国立四川大学保持中国传统教育，"全国独善"的重要标志之一。

6月11日

四川省学生集中训练总队以总字第4号公函通知各校学生参训时间及应带训练物品。该次训练结束于当年9月10日。[①]

6月26日

任鸿隽、张凌高联合省内各高校校长发出通电，表示拥护对内和平统一政策，请陈济棠、李宗仁、白崇禧停战并撤回原防。[②]

是月

任鸿隽在学生毕业典礼上，又一次把他的"国立化""现代化"治校方略说得更明确：首先，"四川不能说是四川大学的四川，四川大学不能说是四川的大学"，而是"中国的大学"。因此，"我们要以全国为我们的目标。无论人才的造就，学术上的探讨，应与全国要有关系"。其次，"四川大学要在世界上生存竞争，使他成为现代化的大学。我们要把眼光放大，看看世界上的学术进步到什么地方，我们应急起直追才对"。国立化是任鸿隽关注的重心，现代化则是与国立化相辅相成的一个题目。这是任鸿隽针对长期军阀混战割据造成的四川文化、四川大学

① 华大C−CB−4−1。

② 《第二次国内革命战争时期四川大事记》，第443页。

落后于时代而提出的主张，目的是使四川大学与国内文化发达的中心地带、与世界科学技术潮流并驾齐驱，这是符合当时国内舆论、四川青年的普遍愿望和要求的。①

抗战期间川大外省籍学生大幅上升②

在任鸿隽的“国立化”“现代化”办学思想指导下，国立四川大学招收学生大幅度转向全国。学生构成发生了重大变化。

国立四川大学虽有国立之名，但学生96%以上是本省人，只兼收4%左右的四川周边地区的云、贵、康、藏和陕、甘、青少量学生，也有极少数外国留学生。任鸿隽掌校后，认为学校既云“国立”，就应该培养“国士”，学生应来自全国各地。而且，其他地区特别是文化发达的沿海地区，生源素质较好，思想活跃，与川籍学生交汇，有助于取长补短，开阔内地学生视野，增长现代意识，促进观念革新。因此，他从1936年暑假开始，即派人用登广告的方式，在平、津、沪、宁、两广等地招生，当年新生中即有15%以上是外省籍人。同时，1935年“一二·九”运动后，平、津、沪、宁大批学生辗转入蜀，国立四川大学作为四川唯一的一所国立大学，自然成了诸生向往的目标。任鸿隽因势利导，不仅大量接纳，而且大幅度减少学费，并在学生贷金和奖学金方面对学生予以照顾，解除后顾之忧。任鸿隽夫人陈衡哲教授还用其每年著作版税作学生奖学金。此后，外省籍（包括沦陷区转学来的）学生逐年大幅度上升，一度达全校学生的45%以上。

从各地来的学生，大多是抗日救亡运动的骨干分子或学有特长的人才。他们考入或转入后，给古老的四川大学平添了许多活力，吹进了民主自由的新风，带来了近代科学的讯息。他们和川籍同学融洽相处，白天到教室上课，晚上在一起评时议政，冲破沉闷空气，吹响抗

① 《川大五届毕业典礼昨天隆重举行》，《华西日报》，1936年6月25日。转引自《国家与学术的地方互动——四川大学国立化进程（1925—1939）》，第163页。

② 摘编自《四川大学史稿·第一卷·四川大学（1896—1949）》，第159—160页。标题为编者所拟。

日救亡的号角，从另一角度推动了学校国立化、现代化的进程。

……

1936年考（转）入国立四川大学的学生中，有受中共北方局和北平中华民族解放先锋队总部派遣的韩天石（总部负责人之一，南下宣传团第一团团长，物理系）、王潞宾（生物系）等一大批北平学生，有康乃尔（救国会骨干，史学系）等上海学生。这些优秀学生的涌入，与川籍进步学生王怀安[①]、胡绩伟、熊复、缪海稜、陶然、邓照明、周海文、张宣、郭琦、丁洪、于北辰等结合起来，掀起了轰轰烈烈的抗日救亡运动。在任鸿隽掌校期间，这些学生发起组织了中华民族解放先锋队成都队部，并在省、市抗敌救亡组织中担任负责人，走上街头，深入农村，宣传抗日。许多人后来是四川地区党组织的负责人，或奔向革命圣地延安。新中国成立后，这些人都成为党和国家重要岗位的领导人或许多领域的学术带头人。

任鸿隽这一举措使学校在“属于整个国家的大学”方向上，迈出了重要的一步。四川大学面向全国招生、分配，从任鸿隽开始，“国立化”一直延续到了今天。

7月5日

校友徐庆坚参与创建“力文社”。在张曙时的影响下，于渊[②]联系进步知识分子甘树人、徐庆坚等成立力文社，创办进步刊物《力文》（半月刊），号召抗日救亡，影响颇大，后遭当局查禁。[③]

8月10日

川大校友、成都耆宿曾鉴在蓉病逝。[④]

---

① 王怀安（1915—2015），四川自贡人，川大法律系学生，在校化名王玉琳，1938年入党，1939年赴延安。

② 于渊（1895—1949），又名光藻，四川射洪人，成都“十二桥烈士”，1926年入党，在四川军阀部队中从事地下革命活动，后随刘湘出川抗日。1947年被国民党当局逮捕，1949年12月被杀害于成都。

③ 《第二次国内革命战争时期四川大事记》，第206页；《成都文史资料选编·抗日战争卷·上·救亡图存》，第329—330页。

④ 《第二次国内革命战争时期四川大事记》，第452页。

8月16日

中华职业教育会[1]在川大至公堂召开会议，讨论工作计划，18日结束。[2]

8月24日

成都发生“大川饭店事件”，轰动全国。日本派到成都设领事馆的岩井英一到达重庆后，不顾全川人民的强烈反对和重庆当局的劝阻，派遣田中武夫、深川经二、赖户尚、渡边洸三郎等4人，以游历为名，作为设领先遣队来蓉窥探虚实。田中武夫等4人23日由渝抵蓉后，由公安局派人护送至骡马市大川饭店住宿，当即引起市民的关注。24日，成都民众2000余人举行示威游行，包围大川饭店，将经理室和餐厅捣毁后，又拥到楼上追打田中武夫等4人。渡边洸三郎和深川经二被打死，其余两人被打伤。接着，示威群众又游行到春熙路、东大街，捣毁了一些贩卖日货的商店。日本在成都设领的企图，由是未能得逞。[3]吴玉章[4]在巴黎创办的《救国时报》上登载了成都人民反对日本设领的消息。[5]

8月25日

中共中央根据形势的变化，决定放弃“反蒋”口号，采取逼蒋抗日的政策，并发表《中国共产党致中国国民党书》，申明中国共产党关于建立抗日民族统一战线和准备重新建立国共合作的政策。[6]

---

① 由黄炎培创办。

② 《第二次国内革命战争时期四川大事记》，第453页。

③ 《第二次国内革命战争时期四川大事记》，第454页。

④ 吴玉章（1878—1966），名永珊，玉章是其号，四川荣县人。1892年入尊经书院，后加入同盟会，在四川辛亥革命中首举义旗，成立了第一个脱离清朝统治的县级政权——荣县军政府。曾任孙中山秘书，参加二次革命。1925年加入中国共产党，是我国杰出的无产阶级革命家、教育家、历史学家和语言文字学家。先后任国立成都高等师范学校、华北大学、中国人民大学校长。

⑤ 中共成都市委党史研究室《抗战风云录》编委会：《抗战风云录：成都八年抗战史料简编》，成都时代出版社，2005年，第256页。

⑥ 《中国近现代史大事记：1840—1980》，第117页。

9月1日

中共中央书记处向党内发出《中央关于逼蒋抗日问题的指示》。[①]

是月

▲毛泽东代表中国工农红军、张学良代表东北军签署《抗日救国协定》。中共中央政治局通过《关于抗日救亡运动与民主共和国决议》。[②]

▲校友杨振华[③]、罗盛昭[④]、黄岛晴[⑤]等参与培训防空及战地救护人才。基督教成都青年会开办“救护班”培训防空及战地救护人才，所聘教师大多数为华大医科毕业生，如杜顺德[⑥]、杨振华、吴和光[⑦]、黄岛晴等。罗盛昭为教务主任。该班每周日到华大医学院和四圣祠仁济医院实习。[⑧]

▲校友饶世俊支持成都进步青年成立“海燕社”。在饶世俊的支持下，成都的进步青年侯方岳（侯泰阶）、张显仪等[⑨]组织同人成立海燕社，该社成立大会在牛市口建设厅下属的一个苗圃中秘密举行[⑩]，参加的有青年学生和职员数十人。饶世俊在海燕社内进行党的基本知识教

---

① 《中国近现代史大事记：1840—1980》，第117页。

② 《中国近现代史大事记：1840—1980》，第117页。

③ 杨振华（1911—2007），重庆人，外科学家。1938年毕业于华大医学院。曾连续五次参加国际医师防止核战争大会。

④ 罗盛昭（1906—1971），四川涪陵（今重庆市涪陵区）人。1937年毕业于华大，最初在成都培养防空及战地救护人才，后组织救护队奔赴前线，驰骋数万里，救治受伤军民10余万人，被国民政府授予光华甲种一等奖章（参见《华西协合大学校刊》复刊第1卷第13、14期合刊）。

⑤ 华大医科1922年第八届毕业生。

⑥ 杜顺德（1900—1985），四川遂宁人，儿科学家。1926年毕业于华大医科。

⑦ 吴和光（1910—1994），四川巴县（今重庆市巴南区）人，外科学家。1936年毕业于华大，1950—1968年担任四川医学院（华西协合大学于1951年更名为华西大学，又于1953年更名为四川医学院）附属医院院长。

⑧ 张元佑：《忆成都抗日救护班的活动及其遭受破坏的经过》，载中国人民政治协商会议四川省成都市委员会文史资料委员会：《成都文史资料选辑》（总第9辑），内部编印，1985年，第269页。

⑨ 一说有饶世俊、侯泰阶、叶兆麒、陈伯林，见何一民：《成都通史・卷七・民国时期》，四川人民出版社，第597页。

⑩ 据侯方岳回忆：饶世俊的大姐夫是四川省建设厅厅长，饶当天在会场外为海燕社放哨。见中共成都市委现代史编审组：《成都现代革命史资料》第7期（总第9期），内部编印，1982年，第6页。

育，并把该社中的骨干作为党的发展对象。[①]

饶世俊与海燕社的建立[②]

共产党员饶孟文（饶世俊），在党组织遭到破坏[③]，失掉组织关系的困难条件下，一方面联络一些隐蔽下来的党团员，组织比较秘密的“进社”，开展马克思主义理论学习活动；一方面帮助在“大川饭店事件”中结识的天府中学进步职员侯泰阶（侯方岳）、省师进步学生张显仪等学习政治，提高觉悟，引导他们积极投入救亡活动。1936年在饶孟文的指导下，侯泰阶、张显仪、江度、张德铨等筹划建立一个进步的核心组织。同年的暑假，在上海读书、因参加进步活动而暴露的川籍学生黎储力（张黎群）在全国学联的帮助下到四川大学借读。黎储力返回成都后，立即邀约原来熟悉的一些同乡同学，按照全国学联章程，建立了“成都学生救国联合会”（简称“学联”），主要在中学生中发展组织，开展活动。学联建立后，饶孟文指导侯泰阶等及时联合黎储力以及蒋桂锐[④]，叶兆麒、戴碧湘[⑤]等各自领导的申之社、业余读书会等九个小团体的30余人，于1936年9月在牛市口外塔子山新新农场的一个僻静的苗圃里，召开了以高尔基笔下的“海燕”命名的海燕社成立大会。这是成都地区较早且较大的一个进步救亡团体，它由侯泰阶、蒋桂锐等负责日常工作，由于饶孟文和党组织的联系中断，不了解党中央关于改造共青团的指示精神，仍然按照原来共青团的组织原则和工作方式来指导海燕社的活动，因此海燕社成立之后，发展社员比较严格，开展群众工作不够放手，但他的成员多是原来各种小组织、小团体的领导骨干，有一定群众工作的基础，加之随着形势的发展，其工作方向也逐渐明确，所以它逐渐成为成都地区一支很

① 《民主革命时期成都革命斗争史大事年表（讨论稿）》，第38页；《中国共产党四川历史大事件（民主革命时期）》，第207页。

② 摘编自中共成都市委党史工作委员会：《救亡先锋》，成都科技大学出版社，1988年，第5—6页。标题为编者所拟。

③ 原文编者注：指四川党组织1935年被国民党严重破坏，1937年底才恢复重建。

④ 蒋桂锐（1915—2012），又名江牧岳，四川蓬安人，成都青运骨干。

⑤ 戴碧湘（1918—2014），四川安岳人，曾任中共四川工委戏剧支部书记。

有影响的救亡力量。

10月13日

四川省立各校校长晋谒四川省政府秘书长邓汉祥，请筹发积欠各校的教育经费。①

10月16日

川大教授谢盛堂②被国民政府聘为四川省普通考试典试委员长，刘绍禹③被聘为四川省普通考试典试委员。④

10月18日

“成都各界救亡联合会发起大会”在春熙路青年会礼堂召开，车耀先主持会议，成都工、商、文化、戏剧、新闻和军政各界50余位团体代表出席会议。会议成立了“成都各界救亡联合会筹备组”，并决定在一周内召开各界救亡联合会成立大会。但10月24日国民党四川省党部以该会未经立案为由，予以强迫取缔。⑤

10月21日

为追悼伟大的文学家鲁迅，在川大中文系主任刘大杰的大力支持下，川大师生在文学院至公堂召开成都各界追悼大会。⑥

---

① 《第二次国内革命战争时期四川大事记》，第460页。

② 谢盛堂（1879—1940），四川开县（今重庆市开州区）人，法学家。辛亥革命后，历任四川公立法政学堂教务长，国立成都大学、国立四川大学教授。

③ 刘绍禹（1900—1981），四川新津（今成都市新津区）人，教育家、心理学家。毕业于清华大学，后赴美国留学，获博士学位。回国后历任成大心理学教授、川大教育系主任，1930年代在川大建立心理学实验室。新中国成立后曾任川大副校长。

④ 《第二次国内革命战争时期四川大事记》，第461页。

⑤ 《民主革命时期成都革命斗争史大事年表（讨论稿）》，第38—39页；《第二次国内革命战争时期四川大事记》，第461页。

⑥ 《第二次国内革命战争时期四川大事记》，第461页。鲁迅逝世于当年10月19日。

是月

川大学生韩天石、王广义建立“中华民族解放先锋队成都队”[①]。韩天石原为国立北京大学学生，王广义原为国立山东大学学生，两人均因参加“一二·九”运动被学校开除。此次运动中，平津学生受波及者颇多。嗣逢任鸿隽改革校政，扩大川大在省外的招生面。北平党组织便指示韩天石、王广义报考川大，在西南地区组建“民先”组织，开展抗日救亡工作。韩天石于是发起组建了“平津学生南下扩大宣传团”第一团，同行到成都的还有万骥、王维章等 10 余人。

彼时，中共川西特委委员车耀先周围聚集了一大批进步青年，他们大多是川大学生，如川大法学院经济学系学生周海文、胡绩伟，文学院教育系学生彭文龙等，他们在平津救亡运动的鼓舞下，经常在一起讨论时事、阅读进步书刊。车耀先有意识地宣传党中央关于团结对外、挽救民族危亡的方针政策，以启发他们的觉悟，由此形成了一个革命活动中心。韩天石、王广义到达川大后，通过同班同学结识了周海文等。由于彼此思想接近、目标相同，经过多次讨论酝酿，大家一致认为，必须学习北平爱国学生的斗争经验，建立组织，形成核心，开展宣传工作和组织工作。于是他们约集川大等校的进步学生在川大文学院秘密成立“中华民族解放先锋队成都队”，由韩天石、王广义、胡绩伟、周海文、涂万鹏 5 人组成领导机构。成都“民先”受北平“民先”总部领导，同时受到川内地下党员车耀先、张曙时的影响。他们还出版了内部刊物《M·S》[②]。成都“民先”的成立对于推动川大乃至成都地区的抗日救亡活动起了骨干作用。[③]

---

① 《邓照明同志回忆录（1937—1939）》载：（成都）“民先”不是以川大名义成立的，是全市性的秘密组织，但其中川大学生占多数，其领导人大多是川大学生，如韩天石、王广义、胡绩伟、涂万鹏、周海文等。它的活动方式类似共青团，同样过组织生活。成都“民先”与北平“民先”总部联系，而北平“民先”总部与中共北方局是有联系的。

② “M·S”系拉丁文“民先”的缩写。

③ 《民主革命时期成都革命斗争史大事年表（讨论稿）》，第 38 页；《中国共产党四川历史大事件（民主革命时期）》，第 207—208 页；《第二次国内革命战争时期四川大事记》，第 462—463 页。

11月1日

川大教授刘大杰、谢文炳等创办《前进》半月刊。川大中文系刘大杰教授和外文系主任谢文炳教授等创办了以教师为主要撰稿人的《前进》半月刊，这是一个倡导民主、反对专制、主张抗日救亡的刊物。不过，教授们的阅历毕竟和青年学生不同，他们并不是锋芒毕露，而是在谈古喻今中揭露蒋介石政府禁锢思想、取消民主和言论自由、实行“攘外必先安内”等政策的行径。从目前仅能找到的《前进》第一、四期看，其中重要的诗文有石璞[①]的《前进曲》，刘大杰的《中国新文化运动与浪漫主义》《清代的文字狱》《日本民族的健康》，谢文炳的《谈尊严》《谈城墙》。这些文章的中心内容是对专制主义严厉谴责，一致要求开放言论、严惩汉奸等。[②]

11月2日

国立北京大学教授马叙伦到川大讲演，题目为《从古代大学教育宗旨说到近代大学生的地位和责任》。[③]

11月上旬

《活路》在川大法学院学生宿舍创刊。“民先”继创办内部刊物《M·S》后，决定出版公开刊物《活路》旬刊，积极宣传抗日救亡，由韩天石、胡绩伟、周海文等人负责。该刊得到共产党员车耀先的支持，他从自己在祠堂街开设的“努力餐”餐馆腾出一间房子供编辑部使用，并经常对编辑予以指导。在《活路》上撰稿的主要是参加“民先”的川大学生。[④]

11月18日

川大为“慰问绥东将士大会”踊跃捐款。“四川省新生活运动会”

---

① 石璞（1907—2008），外国文学家，1936年到川大任教，任外文系教授，后为外文系主任。

② 《四川大学史稿·第一卷·四川大学（1896—1949）》，第196页。

③ 国立川大—20—19。

④ 《民主革命时期成都革命斗争史大事年表（讨论稿）》，第39页。同时参见《胡绩伟回忆录（1936—1938）》。

发起“慰问绥东将士大会”，得到省市各界的纷纷响应，川大教职员及学生踊跃捐款，情绪尤见激昂。①

11 月 23 日

川大学生康乃尔参与声讨国民党制造“七君子事件”。国民党军警在上海逮捕“全国各界救国会”领袖沈钧儒、邹韬奋、李公朴、章乃器、王造时、沙千里、史良等 7 人，时称“七君子事件”。消息传来，包括川大康乃尔在内的成都各救亡团体人士，在春熙路青年会礼堂召开大会，声讨国民党反动派逮捕沈钧儒等七君子、镇压抗日救亡运动的罪行。②

学生是成都救亡运动的主力军③

在 1936—1937 年，成都救亡运动的主力应当说是以学生为主体，其次是店员、教职员。在学生中，运动的骨干在川大；在中学中最活跃的是协进中学、华西协高、蜀华中学、省立第一师范学校、建国中学，天府中学也有少数同学参加。此外工商界人士如彭邵农、开明士绅夏正寅、退伍军官于渊等也有一些支持救亡运动的活动。大学教授叶雨苍、叶云阶（兄弟二人）、黄宪章等也大力支持救亡运动。四川地方实力派刘湘的高级幕僚、顾问黄慕颜和张秀熟④等老同志也暗中支持运动的开展。

随着救亡运动的蓬勃发展，各方面出现了多种形式的群众救亡组织，如读书会、演剧队等。特别是吴雪、戴碧湘、汤幼言⑤、肖守朴

---

① 《第二次国内革命战争时期四川大事记》，第 464 页。

② 《第二次国内革命战争时期四川大事记》，第 465 页；《中国近现代史大事记：1840—1980》，第 117 页。

③ 摘编自《成都文史资料选编·抗日战争卷·上·救亡图存》，第 56—57 页。标题为编者所拟。

④ 张秀熟（1895—1994），四川平武人。1916 年考入成都高师，在校用名张从西，五四时期为四川省学联理事长。1926 年加入中国共产党，先后任中共成都市委书记、川西特委书记、四川省委代理书记。曾受王右木之托，在南充地区发行《人声》报。

⑤ 汤幼言（1918—2002），又名丁洪，笔名蓉人，四川成都人。1936 年考入川大化学系，曾在校组织歌咏团，1938 年入党，参加过四川旅外剧队。1939 年赴延安。

等人组织的四川旅外剧队[①]，在成都街头或郊区或远赴外地搞抗日文艺宣传，他们演出的街头剧《放下你的鞭子》等，在群众中影响很大。

11 月 26 日

▲**《活路》发表《为绥东抗战告同胞书》等文章**。[②]

▲**华大教职员和学生支援绥远军抗日**。华西协合大学、华美女中教职员以一日薪资作为捐款，学生以缩食所积，支援绥远军民抗日。[③]

▲**《活路》被迫停刊**。因当局不予立案，《活路》被迫于 11 月 26 日第 3 期出版后停刊。[④]

▲**华大教授魏璐诗**[⑤]**创办《成都新闻》**。华大外语教授魏璐诗同情中国人民的抗日救亡活动，创办了英文刊物《成都新闻》。西安事变后，为了加强对外宣传，"民先"派邓照明[⑥]、尹智祺两人每周与魏璐诗联系一次。邓照明撰写了关于中国学生运动的报道，经魏璐诗的推荐在国外青年刊物上发表，向全世界介绍中国学生英勇参加抗日救亡运动的情况。[⑦]

胡绩伟回忆：《活路》只活了 3 期[⑧]

我们首先创办了《M·S》，此刊是只给少数"民先"队员看的，不久此刊改成《抗日先锋》；被查封后，我们又办了《活路》旬刊，

---

① 全称为"四川旅外抗敌演剧队"。

② 《民主革命时期成都革命斗争史大事年表（讨论稿）》，第 39 页；《中国共产党四川历史大事件（民主革命时期）》，第 209 页。

③ 《民主革命时期成都革命斗争史大事年表（讨论稿）》，第 39 页；《中国共产党四川历史大事件（民主革命时期）》，第 209 页。

④ 参见《胡绩伟回忆录（1936—1938）》。

⑤ 魏璐诗（1908—2006），原名 Ruth F. Weiss，犹太人，出生于奥地利，1936 年到达成都，1937—1939 年任华大教授。1955 年加入中国国籍。

⑥ 1936 年，邓照明和彭文龙被选为"成都学生救亡联合会"领导组织成员。1945 年，时任中共川东特委副书记的邓照明还代表白区党员到延安出席了中国共产党第七次全国代表大会。

⑦ 《四川大学史稿·第一卷·四川大学（1896—1949）》，第 196 页。

⑧ 摘编自《胡绩伟回忆录（1936—1938）》。标题为编者所拟。

这是与车耀先合作创办的，他出钱，我们负责编辑出版。后当局以我们没有登记编号为由，不许我们邮寄、出售，派特务殴打报童，撕毁我们的报纸，凡是发现有人手里拿着《活路》，就将其当作“人民阵线”分子抓起来。因此，我们只出了3期就被迫停刊。

11月28日

“川大学生援助绥远抗战会”成立。川大学生康乃尔、王怀安发起召开全校学生声援绥远抗战大会，为绥远抗日将士募捐。

“川大学生援助绥远抗战会”成立①

1936年11月，傅作义部在全国抗日热潮的推动下，奋起打退日军进攻，收复了百灵庙。这个胜利对全国人民是很大的鼓舞，全国救国联合会号召援助绥远抗战。11月28日，川大文学院史学系学生康乃尔、法学院法律系学生王玉琳（王怀安）等在学校发起召开了全校学生声援绥远抗战大会。会上成立了“川大学生援助绥远抗战会”，并致电慰问傅作义部，电文指出：“伪匪犯境，溥天共愤。将军身先士卒，摧坚陷阵，为国保土，履冰卧雪，捷音频闻，钦佩曷极，更望将军及我前线忠勇将士奋坚毅之精神，力挞丑虏，保卫北疆。同人虽偏处西陲，敌忾同仇，愿为驽钝，以为后盾。”

“援绥会”是一个半合法的组织，学校并未批准，但可以公开活动，它成立后的第一件事是号召教师、学生为绥远抗日将士募捐。虽然随着绥远抗战的夭折，“援绥会”也就停止了活动，但是它在国立四川大学学生中造成了相当浓烈的抗日救亡气氛，为成立统一的全校性的抗日救亡组织做了准备。

是月

中共中央发布《关于青年工作的决定》。为了适应党建立抗日民族统一战线的要求，团结各界青年抗日，党中央发布了《关于青年工作的

① 摘编自《四川大学史稿·第一卷·四川大学（1896—1949）》，第187页。标题为编者所拟。

决定》，决定改造共青团，把这个先进青年的共产主义组织，改造成为广大青年群众的抗日救国组织。[①]

12 月 7 日

张学良到华清池向蒋“哭谏”，请求“停止内战，一致抗日”，遭蒋拒绝。[②]

12 月 12 日

“西安事变”发生，震惊中外。张学良、杨虎城武装扣留蒋介石，囚禁陈诚等 10 余人；宣布取消“西北剿匪总部”，成立“抗日联军西北临时军事委员会”，张、杨分别任正、副委员长，并通电全国，提出八项主张。[③]

12 月 24 日

蒋介石被迫接受停战议和、联共抗日、释放政治犯等条件。[④]

12 月 25 日

蒋介石获释，由张学良陪返南京，西安事变到此和平解决，从而为建立第二次国共合作的抗日民族统一战线奠定了基础，成为国内形势的转折点。蒋飞回南京后，立即把张拘禁起来。刘湘得悉西安事变和平解决，立即致电表示慰问。[⑤]

是月

▲西安事变后，川大“民先”开展形式多样的抗日救亡活动。西安事变后，刘湘在中国共产党统一战线政策的影响和感召下，经过共产党员张曙时的积极工作，拥护共产党和平解决西安事变的方针。于是，四川地区的抗日救亡运动取得有利的发展条件。在新形势下，川大“民

---

① 《中国青年运动史》，第 141 页。

② 《中国近现代史大事记：1840—1980》，第 118 页。

③ 《中国近现代史大事记：1840—1980》，第 118 页。

④ 《中国近现代史大事记：1840—1980》，第 118 页。

⑤ 《第二次国内革命战争时期四川大事记》，第 469 页；《中国近现代史大事记：1840—1980》，第 118 页。

先”更广泛地在学校开展抗日救亡活动，采取读书会、歌咏团、墙报社、联欢、郊游、座谈会等形式，发动和团结同学，发现和培养积极分子，扩大自己的队伍。彭文龙、熊复、汤幼言等在法学院组织寒假读书会，组织同学阅读《大众哲学》《政治经济学》《社会科学概论》和邹韬奋主办的《生活周刊》、茅盾的《子夜》等，团结了一批进步同学，发展了一批“民先”队员。胡绩伟组织的读书会，还走出校门进行社会调查。[①]

▲成都学联成立。成都“民先”与海燕社共同筹组了“成都学生救国联合会”（简称“成都学联”）。12 月 12 日，西安事变发生后，成都学联立即发表宣言，支持张学良、杨虎城逼蒋抗日的爱国行动，在成都产生了强烈的反响，也引起了国民党当局的很大震动。[②]

▲川大“民先”联合成都学联及时宣传西安事变。消息传至川大后，川大“民先”经会议讨论，决定以学联的名义发布对时局的宣言，并在学校、市内各处散发传单、作讲演，帮助广大师生、市民了解西安事变的真相和张学良、杨虎城的八项主张以及中共和平解决西安事变的方针，使各界人士十分振奋，认为抗战有了希望。[③]

▲韩天石、邓照明、汤幼言等十几人在理学院成立歌咏团，这是成都地区最早的歌咏组织。经常唱的歌曲有《毕业歌》《义勇军进行曲》《牺牲已到最后关头》《枪口对外》《松花江上》《救亡进行曲》等。[④]

▲川大教授任鸿隽、谢文炳、黄宪章等组织成立“四川省国难教育委员会”和“成都市国难教育委员会”。西安事变后，由任鸿隽、黄宪章、谢文炳、邓胥功、张敷荣、程复新、杨允奎等著名教授组成“四川省国难教育委员会”和“成都市国难教育委员会”，开展战时常识编译，发出《请施国难教育告全国同胞书》，把国难教育推向全国。[⑤]

---

① 《四川大学史稿·第一卷·四川大学（1896—1949）》，第 185 页。

② 《民主革命时期成都革命斗争史大事年表（讨论稿）》，第 39 页。成都科技大学出版社 1988 年版《救亡先锋》第 5—6 页称学联成立于海燕社之前，与此处记录相忤，待考。

③ 四川大学校史编写组：《四川大学史稿》，四川大学出版社，1985 年，第 220 页。

④ 《四川大学史稿·第一卷·四川大学（1896—1949）》，第 185 页。

⑤ 《四川大学史稿·第一卷·四川大学（1896—1949）》，第 173 页。

▲西安事变后，华大医牙学院本科四年级和制药系三年级学生32人，根据当时的抗日形势和教育部的规定，由学校安排赴南京接受战备卫生勤务军事训练。[①]

韩天石回忆：西安事变消息传到川大[②]

1936年12月12日，张学良发动兵谏，扣押了蒋介石，迫使其联合各党各派抗战。我们借川大理学院唯一的一部收音机，知道了这一大事。对于这件事，我们很高兴。这一点在青年学生中是共同的，在全国爱国人民中是共同的，但对于如何处理蒋介石却是有分歧的。有人主张杀掉蒋，持这种观点的人甚多，其中国民党右派及汉奸分子多持此观点。他们妄图通过捕蒋杀蒋一事发动反共反张学良的军事行动，以此消灭张学良势力，剿灭共产党。有人主张放掉蒋介石，这大多数是以共产党为代表的具有远见卓识的仁人志士。可喜的是，西安事变得到了和平解决，共产党如愿以偿，心怀叵测的人却大失所望。蒋介石答应抗战后被释放，对此，国人议论纷纷，有人认为蒋介石消极抗日、积极反共，对中国人民犯下了罪行，而放掉蒋介石就是不义，是一个错误。有人认为，在此民族生死存亡的关键时刻，如果纠缠于国内纷争，势必给侵略者可乘之机；而蒋答应抗战后放掉他，是明智的、正确的。西安事变后，“民先”曾发表过宣言（一说是学联，我记不大清楚了），拥护张学良主张，要求实现国内和平统一，一致对外。这个宣言在群众中有很大的影响。

邓照明回忆：第一次走上街头散发传单[③]

“民先”的组织原则很严格，要求每个队员学政治经济学、哲学，学统一战线、救亡运动的方针政策等；入队须有人介绍，入队后须保守秘密。12月，西安事变爆发，“民先”以成都学生救国联合会的名

① 《华西医科大学校史》，第62页。

② 摘编自《韩天石同志回忆录（1936—1939）》。标题为编者所拟。

③ 摘编自《邓照明同志回忆录（1937—1939）》。标题为编者所拟。

义发了传单，支持张、杨的正义行动。我们是从理学院物理实验室的收音机里得知这准确消息的。当时我很年轻，活动范围小，知道的东西不多，而康乃尔、韩天石等同志在上层活动，传单是他们负责编写的。我们身带传单到祠堂街少城公园、书店、茶馆里作短暂讲演，然后散发传单。回到学校后，趁天未黑把宣言传单贴在学校的布告栏及教室里，特别是理学院范围内，到处飞扬着传单。第二天军事教官谭宝林看见了，马上召集学生训话，说是共产党、“人民阵线”搞了这些宣传。但他们查不到，也奈何我们不得，这是我第一次公开参加街头活动，故记忆深刻。

胡绩伟回忆：西安事变后在“努力餐”餐馆的革命活动[①]

1936年暑期，我们即认识车耀先。随着我们力量的扩大，渐渐在他那里形成了一个革命活动的重要据点。从这时开始，经“双十二事变”后，我们的活动逐渐正规，这个时期我们的主要工作是扩大联系，交换意见，酝酿成立一个正式的革命组织。其时，车耀先、张曙时、杜桴生[②]、饶世俊等同志尚无组织关系[③]，但他们以党员身份结合起来了，并开始同四川地方势力和国民党内的抗战派接触。当时有一批原是中共党员，脱党后进入国民党军政机关工作而又同情我们党的人，如甘道生、李中仪、郭秉仪等。同时他们又团结了一批社会名流，如黄宪章、高兴亚[④]、叶雨苍等。另外，就是我们这一批热血青年，如周海文、涂万鹏、江牧岳、彭文龙、侯泰阶等。常在车耀先那聚会的就是这三部分人，这些人大都比较有钱，大家经常凑股子在车耀先的努力餐馆聚餐，并以此为名研究工作，讨论时事。当时车耀先的公开身份是努力餐馆的老板，又是中苏友好协会会长、注音字母学

---

① 摘编自《胡绩伟同志回忆录（1936—1938）》。标题为编者所拟。

② 杜桴生（1905—1970），四川岳池人。1938年任中共成都市委书记，曾办理《四川日报》等进步刊物。

③ 此处指上述人员暂时与组织失去了联系。

④ 高兴亚（1902—1981），四川涪陵（今重庆市涪陵区）人，曾任川大教授，参与策动王缵绪起义。

会会长，实际上，他又是成都当时革命活动的中心人物。人们称他的努力餐馆为“人民阵线总部”，称他为“人民阵线线长”。但他毫不惧怕（国民党的迫害），因为他曾经是国民党的军官，经常与他往来的又有许多国民党的军政要员和成都地方有名绅士。因此，在国民党和四川地方军阀之间的矛盾日益尖锐激烈的情况下，却兴起了这样一个革命活动中心。

是年

▲张曙时在四川发展共产党员，恢复了一些党员的组织关系，开展以刘湘为首的四川地方实力派的统战工作，使刘湘在全国抗日潮流高涨及其与蒋介石矛盾日益尖锐的形势下，逐步转变态度，表示愿意与共产党合作，因而四川的抗日民族统一战线得到了进一步发展。[①]

▲从任鸿隽开头，国内名流学者在二十世纪三四十年代大量涌入川大，使学校办得很有生气，一时蔚为壮观，受到海内外的瞩目。以1935年到1936年为例，高层职员中川籍人士占比由80%大幅下降到39%，外省人超过了本省人。教员中川籍人士占比由72%下降为59%。从教职员的留学背景看，高层职员留学日本者由53%下降为20%，教员留学日本者由54%下降为31%；高层职员留学欧美者则由47%上升为80%，教员留学欧美者由46%上升为69%。留学欧美者中，留学美国的又超过留学欧洲的。教职员的留学结构变化，标志着国立四川大学由“学日本”到“学欧美”的过渡，为抗战时期四川与国内外学者的大交流开了一个好头。[②]

▲**川大学生救亡活动蓬勃发展**。川大学生救亡活动逐渐兴起，其力量来源有三：一是以韩天石为首的从北平转学来川大的学生，他们都参加过北平“一二·九”运动；二是以康乃尔为首的从上海转学来川大的学生，他们都参加过沈钧儒组织的救国会，并深受其进步思想的影响；三是四川地方上的进步力量。三股力量合而为一，在西安事变之前即以

① 《第二次国内革命战争时期四川大事记》，第470页。

② 《四川大学史稿·第一卷·四川大学（1896—1949）》，第158页。

读书会、同学会等形式开展救亡活动。[①]

▲华西协合中学的张文澄[②]、肖道履等被吸收为成都"民先"成员。他们在成都"民先"的领导下，在校内外积极进行抗日救国的宣传活动，并逐步发展组织。[③]

---

① 参见《陶然同志回忆录（1936—1939）》。陶然，原名王学陶，1936 年考入川大法学院政治经济系，去延安前更名为王大民，到延安后因发觉有人与其名字发音相近，又更名为陶然。

② 张文澄（1915—1998），四川仁寿人。曾任中共成都市委组织部部长、中共川康特委秘书长、中共四川省委书记。

③ 《华西医科大学校史》，第 61 页。

一九三七年

1月5日

华大附属学校成都私立仁济高级护士学校的备案申请获得教育部批准。[①]

1月17日

川大"民先"协助车耀先创办《大声》。鉴于西安事变后的复杂局势，加之《活路》旬刊已遭查封，车耀先决定创办一份旨在唤醒人民大众、宣传抗日救亡的公开刊物。1月17日，在川大"民先"的协助下，《大声》周刊诞生了，该刊先后登载了《双十二张、杨对时局主张之通电》《和平解决陕事》《这就是中日亲善》《以血肉的抗战答复敌人底侵略》《抗日游击战争的战略问题》《陕北学校有什么神秘》《延安近况》等文章，在帮助群众了解时局、揭露汉奸、宣传全面抗战等方面起到了极其重要的作用。[②] 4月，该刊被迫停刊。5月，更名《大生》继续出刊。6月，复遭查禁。7月，卢沟桥事变发生后，更名《图存》出刊。至1938年8月，又一次被查封。[③] 该刊发行量高达7000多份，发行面甚广，省内读者遍及73县，南京、上海、北平、西安、杭州、贵阳、长沙、宜昌均有其读者和代销点。[④]

川大学生在《大声》周刊发挥了核心骨干作用[⑤]

经常给《大声》周刊撰稿的有周海文、彭文龙、胡绩伟、张宣、

---

① 《第二次国内革命战争时期四川大事记》，第474页。

② 《四川大学史稿·第一卷·四川大学（1896—1949）》，第197页；《成都文史资料选编·抗日战争卷·上·救亡图存》，第300页。

③ 《四川大学史稿·第一卷·四川大学（1896—1949）》，第197页；《成都文史资料选编·抗日战争卷·上·救亡图存》，第300页。

④ 《中国共产党四川历史大事件（民主革命时期）》，第210页。《大声》后经多次查封、多次易名，但在其存续期间，知情人士往往仍以其旧名《大声》指称该刊。

⑤ 摘编自《四川大学史稿·第一卷·四川大学（1896—1949）》，第197页；《救亡先锋》，第16页。标题为编者所拟。

涂万鹏、熊复等。他们以饱满的热情和敏锐的观察力，发表对世界、对人生、对社会的见解，宣传抗日救亡的道理，揭露蒋介石不抵抗政策给中华民族带来的灾难，使《大声》周刊成为四川地区影响很大的名副其实的旗帜鲜明的救亡刊物。唤起了民众，也锻炼了年轻的革命家、宣传家和理论家，他们在战斗中迅速地成长起来。

在安排《大声》周刊的栏目时，车耀先、韩天石、周海文、胡绩伟等一致认为应当开辟一个“通俗哲学”专栏，向广大读者灌输辩证唯物主义世界观和方法论，给群众一个认识抗日战争复杂形势的科学方法，特别是从世界观上给青年学生以正确的指导。彭文龙在《大声》周刊上的一个特殊贡献是：他一个人主持和撰写了“通俗哲学”专栏的全部文章。

胡绩伟回忆：《大声》屡遭查封①

车耀先觉得以我们青年的名义公开出版发行很难得以登记，便亲自出面，与我们合办了《大声》周刊。其正式出刊在“双十二事变”以后，大约于1937年1月间开始发行。其后，我们创办的刊物几起几伏，历经周折：《大声》被封，出《大生》；《大生》被封，出《图存》；《图存》被封，出《星芒》周报；《星芒》被封，出《星芒救亡联合周报》；1938年初《联合周报》被封，出《星芒报》；继后是《蜀华报》《新民三日刊》《通俗文艺》五日刊。

《大声》在艰难困苦中的一年半②

《大声》周刊只存在了一年半时间，却遭受极大的磨难。它不仅遭到了国民党当局的刁难和迫害，而且也经受了来自其他各方面的巨大困难。

《大声》初创时，首先遇到的是消息来源的困难。国民党中央通

---

① 摘编自《胡绩伟回忆录（1936—1938）》。标题为编者所拟。

② 摘编自肖志康：《〈大声〉周刊的前前后后》，载《成都文史资料选编·抗日战争卷·上·救亡图存》，第357—368页。标题为编者所拟。

讯社垄断了国内的新闻发布权。但它发布的都是一些肆意歪曲消息。而《大声》却是以“假话宁可不说，真话总要说点”为宗旨的，若以国民党中央通讯社的消息来评论国事，无疑是帮助国民党去欺骗、蒙蔽群众。但是，中共在四川党组织遭到严重破坏，车耀先本人脱离了组织联系的情况下，又到哪里去得到真实可靠的消息呢？车耀先等一方面凭着一个无产阶级战士对革命事业无限忠诚和高度的政治觉悟，从国民党发布的新闻中获取某些有用的材料加以评论；另一方面他们利用三个渠道得到一些较为可靠、翔实的消息：一是用车耀先一台半旧的老式收音机收听西安等方面的广播；二是从外电报道中获取一些可信的材料；三是通过车耀先在四川地方实力派中的老关系得到一些消息。这个消息来源的困难，一直到抗日战争（全面）爆发后才有所解决。

其次是经费来源极端困难。《大声》创办时，是靠黄光辉先生预交的40元订刊费开办的。但只出刊两期，这40元钱就用空了。《大声》的写稿人，无稿费可得；《大声》的工作人员，无津贴可领。在困难的时候，《大声》的同人们还要自己掏腰包来维持出刊。《大声》复刊后，在纸张（价格）急剧上涨、印刷费不断增加的情况下，前三期就赔本百余元，但《大声》为了不增加读者负担，“未敢加价”。所以《大声》曾呼吁社会上“大慈大悲无条件帮助我们的善人”，能伸出援助之手，给以捐款。

《大声》还存在发行工作的困难。《大声》的发行，主要通过两条途径：一是由报贩沿街叫卖，二是外地订户由邮局寄送。但这两条途径都遭到国民党阻挠。在成都叫卖的报贩，一般只能在四川地方实力派控制的区域内活动；如到国民党顽固势力控制的北门一带叫卖，轻则刊物被抢、人挨打，重则报贩无故遭抓。寄往外地的《大声》，也多次被西川邮务管理局无故扣压，致使外地订户因经常收不到刊物而来信询问，迫使《大声》不得不发动一些跑长途的汽车司机把刊物带到外县去邮寄。

《大声》经常收到一些署名的或不署名的来信，有善意劝告的，也有恶意毁谤、谩骂的。有的说《大声》是“共产党的喉舌”，有的说《大声》“得到毛泽东的津贴”，有的则直截了当地问车耀先是不是共产党员。有的更是明目张胆地进行威胁和恫吓。根据中共地下工作的原则，车耀先为了不暴露自己的身份，在《大声》复刊三十号上发表了《公开答友人书》，对上述问题作了否定的答复，并且为了掩护自己，《大声》在转载中共领袖一些讲话、论著的同时，也不得不刊登国民党的一些头面人物的文章，如陈诚、孙科、冯玉祥、张学良、李宗仁、白崇禧、胡宗南、张西曼等人的讲话、通电和文章。

然而，《大声》以其“消息可靠，言论正确”博得了广大群众的赞誉。它不断地收到一些热心的爱国青年的热情洋溢的来信，有的称誉《大声》是“代表大众意志的大声”，有的说《大声》“震醒了四川青年的耳目”，有的认为《大声》“指导我们团结起来，去打倒我们共同的敌人——日本帝国主义”，有的则表示“我们拥护《大声》，并愿参加《大声》举办的时事座谈会”。确实，《大声》之所以能在极端艰难的环境中维持了一年半的时间，是与广大人民群众的信赖、爱戴、支持和拥护分不开的。

2月15日—22日

▲国民党五届三中全会在南京召开，确认了与共产党重新合作的方针。会议宣言承认“和平统一”“为全国共守之信条”，但同时又诬蔑共产党“破坏国民革命”“危害民国”。全会还通过了《关于根绝赤祸之决议案》。①

▲宋庆龄、何香凝、冯玉祥等13人，在国民党五届三中全会上提出恢复孙中山“联俄、联共、扶助农工”三大政策。②

3月14日

川大学生参与创立“成都各界救国联合会”。由成都学生救国联合会、文化界救国会、《大声》周刊社等36个团体联合组成的“成都各界救国联合会”（简称“各救会”），在北门的一个古庙“十方堂”召开成

① 《第二次国内革命战争时期四川大事记》，第482页。
② 《中国近现代史大事记：1840—1980》，第118页。

立大会，通过联合会纲领和简章，并决定：一、电请中央政府立即出兵抗日；二、电在上海参加中日贸易协会的中国代表，立即停止与日本的一切交涉；三、要求对四川灾情新闻解禁；四、召开抗日救国市民大会；五、开放学生救国运动，恢复因参加救国运动而被开除的学生学籍。大会选出 20 多人组成执委会。[①]“各救会”是在党的抗日民族统一战线政策的影响和推动下成立的，实质上是以“民先”队伍为核心的具有统一战线性质的救亡组织，推动了成都地区抗日救亡运动的深入发展。[②]

康乃尔回忆：“各救会”组织情况[③]

成都各救会由当时成都 30 多个救亡团体联合组成，其中就有学生救国联合会，简称学联。救国会的领导机关叫常委会，由 9 人组成，计有：韩天石、甘道生、张宣、蒋桂锐、周海文、张文澄、侯泰阶、贺敬耀（女）、康乃尔等。常委会下设三个部，一是总务部，由韩天石负责，甘道生、周海文参加；组织部由我（康乃尔）负责，蒋桂锐、贺敬耀参加；宣传部由张宣负责，张文澄、侯泰阶参加。救国会虽说是统一战线的群众组织，但各种组织中特别是基层组织是没有接受国民党方面的人参加的。救国会的政治方面是按照党的抗日统一战线政策行事的。后来知道，当时救国会常委中就有党员，所以救国会在组织上也是有党领导的。救国会当时利用地方军阀刘湘和国民党反动派蒋介石的矛盾，因此上层统战工作与刘湘方面有联系，好像还接受了刘湘方面经济上的援助。

川大学子在城郊场镇进行救亡宣传活动[④]

1937 年 3 月中旬，成都各界救国联合会正式成立之前，各方面的

① 《民主革命时期成都革命斗争史大事年表（讨论稿）》，第 40 页；《中国共产党四川历史大事件（民主革命时期）》，第 211 页。或说 3 月 15 日成立。

② 《四川大学史稿·第一卷·四川大学（1896—1949）》，第 186 页。

③ 摘编自《康乃尔同志回忆录（1936—1940）》（此乃康乃尔遗稿，未经本人审核）。标题为编者所拟。

④ 摘编自《康乃尔同志回忆录（1936—1940）》。标题为编者所拟。

救亡组织都采取了分散发动与组织群众、集中汇合出城搞宣传活动的办法。这种活动发起和号召的中心人物，主要是经常在大学教授叶雨苍家秘密聚会的韩天石、康乃尔、周海文、张宣、周源江、蒋桂锐、甘道生、侯泰阶等，一切行动均由这个秘密碰头会决定，然后由他们分头带领各自的群众去成都北门外天回镇或三合场，趁两个场镇的农民赶场之际，把宣传队员分散在赶场农民之中宣传抗日道理。川大学生熊复在“民先”的组织安排下，还准备了许多（绘有）“东北沦亡地图”的宣传张贴画和传单、标语等。这些宣传队伍组织性强，情绪激昂，以救亡歌曲开路，鲜艳的宣传小旗飘扬于队列之中，一路歌声嘹亮，浩浩荡荡，无论出发还是回归，都是列队进行，队伍回到城门外即行解散。这种宣传活动，有时也去成都东门外的场镇开展。在抗日救亡运动蓬勃发展初期，还没有出现过被镇压的事。

3 月 15 日

韩天石、胡绩伟等 6 名川大学生被当局归入“人民阵线”。四川省会警察局侦缉队调查川大进步学生胡绩伟、周海文、涂万鹏、康乃尔、韩天石、彭文龙 6 人，他们被当局归为“人民阵线”成员。[①]

四川省会警察局侦缉队调查胡绩伟及《力文》《大声》等刊情形呈[②]

（1937 年 3 月 15 日）

窃职顷奉发下邮电检查所交来川大法学院胡绩伟致自流井陈劲秋函一件，饬查具报。等因。遵查《大声》刊物即《力文》刊物化身，过去当西安变起，《力文》刊文上载有《关于巩固抗日力量问题》论一篇，言论反动，经省府明令停刊后，即改名《大声》，继续出版，其编辑、发下、住址等，除已于该刊物上著名外，胡绩伟等实与然。查胡绩伟系川大法一年级生，与周海文、涂万鹏三人同寝室。更有史学系二年级之康乃尔（住留青园）、韩天石（农一年级，住理学院）、彭文龙（教一年级，住文院西院）等，与胡绩伟均同声气，大约均属

① 摘编自《抗战时期的四川——档案史料汇编（上）》，第 386—387 页。
② 摘编自《抗战时期的四川——档案史料汇编（上）》，第 386—387 页。

于“人民阵线”者。该项刊物，据查其印制完整后，即由各个人分散介售，其祠堂街努力餐挂牌发行所亦留有一部，不久曾有人向彭文龙处购得少数。更查去岁陕变中，此间发出学生会传单者，亦该刊物中人所为。第彼辈此日仅做文字工作，尚未见有若何反动行为。仅将查得情形具报鉴核。谨呈代局长周。

是月

校友饶世俊建立中共成都特别支部①。饶世俊联系失掉了组织关系的共产党员 10 余人，建立中共成都特别支部，饶世俊任书记，秘密开展各项抗日救亡活动。②

5 月 3 日

毛泽东作了题为《中国共产党在抗日时期的任务》的报告，全国抗日民族统一战线开始形成。③

5 月 5 日

由重庆文化界人士创办的《四川日报》由渝迁蓉，在华兴正街 4 号开展工作。该报与《大声》周刊相配合，积极宣传中共的抗日主张。该报编辑为杜桴生。④

5 月 7 日

华美女中学生甘佩文因在校内组织读书会被学校开除，引发社会关注。华美女中学生甘佩文在校内组织读书会，从事抗日救亡工作。华美女中的美籍校长和训育主任经四川省教育厅授意，开除甘佩文，同时禁止其他参加救亡活动的“民先”成员出校门、会客、对外联系，甚至勒令她们期末转学。在她们被软禁期间，“民先”派人秘密送去进步书刊，支持她们的斗争，并在《新时代》刊物上发表文章揭露华美女中及当局的反动行径。在“民先”的发动下，成都学联及社会各界人士对此进行

① 正式名称或为“中共成华特别支部”，参见“1937 年 12 月”条。

② 《救亡先锋》，第 143 页。

③ 《中国近现代史大事记：1840—1980》，第 119 页。

④ 《第二次国内革命战争时期四川大事记》，第 495 页。

了公开谴责。经过坚决而持续的斗争，华美女中无奈取消禁令。[①]

5月30日

川大学生彭文龙主持召开“五卅”12周年纪念大会。“成都市各界救国联合会”在成都中山公园召开“五卅”12周年纪念大会，号召学生和市民继承“五卅”死难烈士精神，反对日本帝国主义，打倒汉奸，挽救祖国危亡。该会由成都学联主要负责人、“民先”成员彭文龙主持。[②]

6月7日

任鸿隽被迫辞职，张颐代理川大校长。川大校长任鸿隽辞职获准，国民政府行政院指派川大文学院长张颐代理川大校长。[③]

6月10日

川大望江新校舍破土动工，由代校长张颐主持开工典礼。川大望江新校舍占地面积2270亩，计划先行建设图书馆、数理馆、化学馆，后因成都遭到日军持续轰炸，川大迁校峨眉，三馆建设工程直到1943年夏天才竣工。[④]

是月

▲川大学生韩天石、王广义以毕业实习为由前往上海，准备通过全国学联的蒋南翔、段君毅接上党组织关系。到上海不久，正逢“七七事变”爆发，全国学联准备在保定召开学联代表大会，王广义受全国学联委托去山东转达消息（王广义原为国立山东大学学生），韩天石只身前往保定。韩天石在途中被国民党逮捕，经八路军山西太原办事处营救后获释，由此在太原找到了党组织和全国“民先”总队。在于光远陪同下，韩天石向彭真汇报了四川的情况和成都“民先”的工作，并且见到

---

① 《民主革命时期成都革命斗争史大事年表（讨论稿）》，第41页。同时参见本书“1937年7月8日”条附文。

② 《中国共产党四川历史大事件（民主革命时期）》，第212页。

③ 国立川大—37—1。

④ 国立川大—20—26。

了从延安来的周恩来、彭德怀同志，听了周恩来的报告。9 月，韩天石、王广义先后回到成都，并于 10 月召开成都“民先”代表大会，由韩天石传达了彭真和全国“民先”总队的指示。①

▲海燕社并入成都“民先”。成都“民先”和饶世俊领导的海燕社在成都市文庙后街桂花小学正式召开合并大会，会后选举出新的领导机构。②

是年夏

新上任的高琦中学校长杨立之加强学校抗日民主宣传教育，利用周会邀请车耀先、文幼章等来校演讲，受到当局的监视和警告。③

7 月 7 日

▲卢沟桥事变爆发，抗日战争全面爆发。日军借口一名士兵失踪，向北平郊区宛平县卢沟桥的中国驻军发动进攻，中国守军第 29 军一部奋起抵抗，史称“七七事变”。④

▲“天明歌咏团”成立。以“民先”队员为骨干的“天明歌咏团”在东丁字街正式成立，会上选举共产党员陈伯林、陈克琴为歌咏指导，彭为果为总务。其宗旨是“用歌唱唤醒睡梦中的人们”“要从黑夜一直唱到天明”，其主要活动是演唱和教唱革命歌曲、宣传抗日救亡，从 10 多人发展到后来的 300 人以上，是当时影响较大的抗日救亡团体。汤幼言（丁洪）、郭先泽（郭琦）⑤、曾明、胡述英、卢吉英、邓照明、张启钰、张万禄等成为第一批团员。会后，与会全体成员打着“天明歌咏

---

① 《救亡先锋》，第 32 页。

② 《救亡先锋》，第 22 页。《八年抗战在蓉城》第 237－238 页所载《成都民先简史及工作总结（1945 年 7 月）》一文记录了合并经过：“海燕方面经过选择后参加民先的约 50 人。民先队部改组，新队部由韩天石（不在）、周海文、胡绩伟、康乃尔、彭文龙、蒋慕岳（蒋桂锐）、饶孟文（饶世俊）、肖玲（吴一铿）、涂万鹏 9 人（也可能 11 人）组成，这时民先队员总数达 160 人左右，外县也有少数队员和组织（如罗江）。与民先合并时，（海燕社）共有社员八九十人。”

③ 易铁夫：《记高琦中学的课外活动》，载《四川文史资料选辑》（第 38 辑），第 158 页。高琦中学与弟维小学、华西协合中学同为华大附属学校。

④ 《中国近现代史大事记 1840—1980》，第 119 页。

⑤ 郭先泽（1917—1990），又名郭琦，四川乐山人，曾就读于川大。1936 年入党，1938 年春赴延安，后返回川大从事地下革命活动。

团”的横幅，高唱《义勇军进行曲》《救亡进行曲》《枪口对外》《毕业歌》《五月的鲜花》等革命救亡歌曲上街游行，并到成都电台教唱救亡歌曲[①]，受到市民热烈欢迎，激起了高涨的抗日爱国热情。[②]

7月8日

▲中共中央发出通电：“平津危急！华北危急！中华民族危急！只有全民族实行抗战，才是我们的出路。”[③]

▲**成都“各救会”发布《为日军进攻平津宣言》**。“七七事变”后，成都“民先”负责人韩天石等以“各救会”名义发起召开“援助平津抗战将士市民大会”，发布《为日军进攻平津宣言》，指出“民族解放的战争已经发动，四万万五千万人生死存亡，要在这一次抗战中决定”。会后，“各救会”改名为“四川民众华北抗战后援会”[④]，简称“华抗”。

邓照明回忆：“各救会”和学联在川大的活动[⑤]

1937年上半年，成都“各救会”成立。它的成立，也有斗争。“各救会”不限于学生，但川大的学生却起了很大作用。当时学校开展的一应活动都不用川大的名义，而是用社会上救亡团体的名义，因但凡用川大的名义则会受到干涉、压制。那时川大的反动势力亦不小，最大的是以孟寿椿[⑥]为首的CC派，孟寿椿是国民党教育部所器重的人物，师生职员中有许多人是CC分子。其次是以军事教官为首的复兴社，当时校内有一个军事总教官，各学院又各有一个教官，他

① 据邓照明回忆，当时唱的歌曲还有《我们战斗在太行山上》《大刀进行曲》《游击队歌》等激昂雄壮的爱国歌曲（见《邓照明同志回忆录（1937—1939）》）。

② 《民主革命时期成都革命斗争史大事年表（讨论稿）》，第42页；《四川大学史稿·第一卷·四川大学（1896—1949）》，第186页。

③ 《中国近现代史大事记：1840—1980》，第119页。

④ 据林蒙口述：“七七事变后，成都各界救国联合会召开了紧急会议，同时宣布成立成都各界华北抗敌后援会。后援会与救国会是一套人马、两块牌子，只是新增选了朱君华、邓云芳、贺敬辉等人为执委会常委。以后我们开展活动就用‘抗敌后援会’的牌子，很少用‘救国会’的名称了。”（见《成都文史资料选编·抗日战争卷·上·救亡图存》，第55—66页。）

⑤ 摘编自《邓照明同志回忆录（1937—1939）》。标题为编者所拟。

⑥ 孟寿椿（1896—?），四川涪陵（今重庆市涪陵区）人，1935年任川大秘书长，在校内经常阻碍学生参加进步运动，抗战胜利后赴美国。

们利用腐蚀、拉拢等手段，扩充复兴社的势力。1938年以后学校有了三青团，它是CC派的盟友。再就是青年党，即国家主义派，这也是反革命的一股力量，理学院特别多。鉴于这种情况，我们多以公开合法的学联名义开展活动，如到市内、郊区演讲、唱歌、演剧等。学联领导机构有三个人：总务（相当于主席）彭文龙，他是老大哥，我们很尊重他；宣传涂万鹏；组织叶兆麒，叶兆麒是天府中学学生，那时中学纪律很严，学生不得随意出入，因此叶兆麒的行动受到限制。后经老韩（韩天石）和民先队部商量，决定叫我参加学联的组织工作。我的活动比较自由，哪儿都可以去，学校管不着，如省师、华美女中、成公中学等我都亲自去开展过工作。

在此期间，华美女中发生了学校开除甘佩文、黄本淮、张本红、吕守连、胡述英等同志的事件。我曾以学联的名义去联系过。

学联的四个负责人中，川大占了三个。虽然当时许多活动没有用川大的名义，但成都的救亡运动实际上是川大学生在起重要作用。

陶然回忆："四川省华北抗战后援会"在川大成立①

川大当时抗战救亡活动的发起人，有胡绩伟、周海文、王怀安、韩天石、陶然、康乃尔等。韩天石主要从事建立"民先"的准备工作。"民先"初建时，我与王怀安均参加，与起领导和骨干作用的这些朋友们很接近，对其中的组织活动亦很感兴趣。"七七事变"之前，冯玉祥旧部苏根源、傅作义在绥东奋起抗敌。川大响应全国救国联合会的号召，发起了一次募鞋运动，援助前方抗日战士。"七七事变"之后，在我党宣言鼓舞下，首先在川大成立了"四川省华北抗战后援会"。其时康乃尔、王怀安、张宣、彭文龙等均是发起者和积极分子，且大都担任了委员会的执行委员。当时川大派系复杂，除了党领导下的左派学生外，还有国民党、CC派、复兴社、青年党等反动团体，当然最多的还是中间势力。"后援会"刚成立时，是左派占绝对优势。见此情形，右翼们慌了，欲取而代之。

① 摘编自《陶然同志回忆录（1936—1939）》。标题为编者所拟。

7月15日

中共中央将《中共中央为公布国共合作宣言》交付国民党。是日，国共双方代表在庐山开会，蒋介石允许公布、承认陕甘宁边区。[①]

7月16日—20日

国民党举行庐山谈话会。何应钦等宣扬亡国、投降论调；亲日派头子张群为蒋提出“和必乱，战必败，败而后和，和而后安”的十四字“国策”。17日，中共代表周恩来、博古、林伯渠同国民党代表蒋介石、邵力子、张冲在庐山举行关于两党合作抗日问题的谈判。同日，蒋介石在庐山发表谈话，提出解决卢沟桥事件的四个条件。[②]

7月17日

“四川省各界抗敌后援会”成立，四川抗日救亡运动由秘密、半公开向公开合法过渡。国民党省党部为了控制迅猛发展的抗日民主活动，成立了“四川省各界抗敌后援会”（简称“省抗”），并派员同“华抗”谈判，要求将“华抗”并入“省抗”。为了取得合法地位，“华抗”在同意“华抗”的领导成员参加“省抗”领导机构、“华抗”下属组织作为“省抗”的下属组织、领导机构基本不变的条件下，结束“华抗”，组成统一的“省抗”。双方达成协议后，原“各救会”及“华抗”领导机构中的一些共产党员、“民先”领导和骨干均进入“省抗”领导机构，如康乃尔、甘道生、彭为果、肖敬若、饶世俊、犹凤岐[③]、侯方岳、陈伯林等。所以“省抗”名义上由国民党省党部领导，实际上共产党和“民先”队员在很大程度上取得了领导权。由“各救会”到“华抗”，再由“华抗”到“省抗”，标志着抗日救亡运动由秘密、半公开向公开合法过渡。为了斗争需要，以后“各救会”和“华抗”在某些场合仍用原来

---

① 《中国近现代史大事记：1840—1980》，第119页。

② 《中国近现代史大事记：1840—1980》，第119页。

③ 犹凤岐（1910—1997），四川綦江（今重庆市綦江区）人。1933年在上海入党，后失去组织联系，1937年经饶孟文联系恢复组织关系，后与饶孟文一起组建群力社，吸收了多名川大学生参加。1940年赴延安。

名称。[①]

7月23日

中国共产党发表《为日本帝国主义进攻华北第二次宣言》，提出实行抗日战争的八项具体办法。[②]

7月28日

北平陷落。同月30日，天津陷落。[③]

7月31日

▲**"国立四川大学学生抗战后援会"成立**。康乃尔、王玉琳等人在川大文学院至公堂召开学生声援华北抗战大会，决定成立"国立四川大学学生抗战后援会"。王玉琳和康乃尔分别担任了该会的正、副主席，推动成都各校相继成立了学生抗战后援会。[④]

▲蒋介石在《告抗战全体将士书》中说："既然和平绝望，只有抗战到底。"[⑤]

8月2日

"省抗"发出通电，要求蒋介石立即对日宣战，恢复失地；要求刘湘率川军出川抗日；要求各省市一致对日经济绝交，抵制日货。8月7日，组织全市十万人大会，再一次发出通电，申明上述主张。

8月13日

日本侵略军进攻上海，上海军民英勇迎战，史称"八一三事变"。[⑥]

8月14日

▲国民党政府发表《国民政府自卫抗战声明书》，称"中国为日本

---

① 《民主革命时期成都革命斗争史大事年表（讨论稿）》，第42—43页。
② 《中国近现代史大事记：1840—1980》，第119页。
③ 《中国近现代史大事记：1840—1980》，第119页。
④ 《四川大学史稿·第一卷·四川大学（1896—1949）》，187页。
⑤ 《中国近现代史大事记：1840—1980》，第119页。
⑥ 《中国近现代史大事记：1840—1980》，第119页。

无止境之侵略所逼迫，兹已不得不实行自卫，抵抗暴力”。[①]

▲**“国立四川大学抗敌后援会”成立**。上午九时，“国立四川大学抗敌后援会”（简称“川大抗敌后援会”）在文学院大礼堂成立。张颐校长和孟寿椿秘书长在成立大会上作报告。[②]

国立四川大学抗敌后援会成立大会纪闻[③]

（1937年8月14日）

此间，国立四川大学全体教职员及学生等，鉴于暴日节节进逼，强占我平津，轰炸我上海，大有鲸吞我国之势，乃遵四川省各界抗敌后援会简章第十五条之规定组织国立四川大学抗敌后援会。于今日（十四日）上午九时在该校文学院大礼堂开成立大会。到会员生约数百余人，行礼如仪后，一致推定张真如校长为主席，报告开会宗旨。略谓：

国上下应本蒋委员、汪院长庐山谈话之宗旨，集中力量，一致抗敌。现四川各界已有抗敌后援会之组织，更来函促本校组织分会。并指示注意之点：一、学校不能有两个抗敌后援会之组织；二、须依分会组织简章组织之；三、应由本校员生共同组织；四、应在学校当局指导之下活动云云。

次由孟寿椿秘书长报告筹备经过。略谓：

本会经过数日筹备后，于今日宣告成立，甚属幸事。本人起草本会简章，纯系根据抗敌后援会分会章程所拟，实以员生共同组织，员生平等为原则。又本会成立前学生早有“四川大学学生抗敌后援会”之组织，于宣传方面工作，不遗余力，甚堪嘉许。但今后本校既有全体师生所组织之正式抗敌后援会，则以前学生方面所组织之抗敌后援会即应告一结束，俾能集中精力为整个团体，做全体一致的爱国工作。

① 《中国近现代史大事记：1840—1980》，第119页。

② 四川省人民政府参事室、四川省文史研究馆：《抗日战争时期四川大事记》，华夏出版社，1987年，第6页。

③ 摘编自丁成明、胡金玉：《抗战时期的四川——档案史料汇编（上）》，重庆出版社，2014年，第319页。

随即通过章程、推选职员。计选出执行委员二十七人。内中除校长、秘书长、各院院长、学生生活指导委员会主任为当然执行委员外，当场票选傅养恬、张雨耕、谭其蓁、熊子骏、黄宪章、李炳英、龚曼华七人为教职员代表。文学院学生代表为卢良弼①、郭伯均、张伯齐、康乃尔四人。理学院学生代表为黄昌运、邓照明、顾葆良三人。农学院学生代表为刘成璧、陈天鉴、罗耀武三人。法学院学生代表为王玉琳、张越武、杨昭伦三人。旋复选出李炳英、熊子骏、黄宪章三人为教职员代表中之常务委员。康乃尔、王玉琳、顾葆良、刘成璧为学生代表中之常务委员。闻该会组织既经完备立即积极进行一切爱国工作云。

陶然回忆："四川大学抗敌后援会"幕后②

原川大分为三块：文法学院在皇城，理学院在南较场，农学院在东门外。但任鸿隽认为这样对学校的发展不利，决定集中一处而建之。当初曾有过建校乐山的设想，后经酝酿决定建校于望江楼侧。任鸿隽日日忙于这些外务，因而主持全校日常工作的是秘书长孟寿椿。孟寿椿是一个CC派骨干分子，曾任暨南大学文学院院长。他看到左派学生组织起来了，十分着慌，于是打着"抗日救国，人人有责"的旗子，联合右翼学生和老师成立了"四川大学抗敌后援会"。他本来是不愿谈抗日的，但局面一打开，为了装潢门面，他就抢下了这面旗帜。"后援会"的主任委员是孟寿椿，副主任委员是黄宪章，常委有康乃尔、王怀安等。后援会的主要活动是宣传抗日救国，如搞歌咏队、演街头剧等。

王怀安回忆："川大学生抗战后援会"与"川大抗敌后援会"③

卢沟桥事变一爆发，川大爱国进步力量又成立了"川大学生抗战

① 卢良弼，川大文学院教育系学生。曾到资中县从事地下革命工作。

② 摘编自《陶然同志回忆录（1936—1939）》。标题为编者所拟。

③ 摘编自《王怀安同志回忆录（1936—1940）》，标题为编者所拟。

后援会”，我是主席，康乃尔是副主席。其后，成都各校均相继成立了“抗战会”。革命学生等进步力量都站出来支援前线抗战。我们这个“抗战会”成立不久，国民党就感到了威胁，觉得这些群众组织都在进步势力手头，又在共产党的影响下，是很危险的。所以国民党为了和我们争权，也出来成立了一个“四川省各界抗敌后援会”。这是国民党省党部搞起来的。根据国民党的统一部署，CC派头子孟寿椿在川大搞突然袭击，成立了“川大抗敌后援会”，想以此代替“川大学生抗战后援会”，其借口是“你们学生要抗战，我们老师也要抗战”。他们在学生中力量小，在老师中他们力量大，于是把“学生”二字去掉了，把“战”字改成了“敌”字，组织名称成了“川大抗敌后援会”，想以此限制进步救亡力量。

8月15日

川大学生陈思苓主编《金箭》。成都“文艺工作者协会”创办《金箭》，川大文学院学生陈思苓任主编，羊角（即张宣）、田家英[①]、戴碧湘、孟引等参与编辑。该刊旗帜鲜明地提出抗战到底和为抗战而努力的文艺工作方向主张，致力于“以文学之工作唤醒同胞，共匡大局”。创刊号发刊词《我们的意见》写道：“本来一个文艺刊物是不便直接对时局发表意见的，不过民族的生命已达到最后的关头，全国民众谁都要说他们应说的话，我们当然是不能例外的。”“我们认定是为了集中抗日力量及增强抗日胜利的原因，是应该采取真正的民主政治，各党派联合成巩固抗日阵线。最后是请求政府接受民众意见，即刻发动全民对日抗战。”创刊号的《编后记》说：“被现实环境的鞭子抽得喘不过气的人，不平则鸣，那都是生命的欲求激起的交响。只要他不是‘迷穷’的狂徒，不是‘昧心’的恶汉，看见在我们的国土里，出现了日帝的罪恶的黑手，谁个不爱自己的家园呢？都希望联合大家的力量，给敌人以‘铁’与‘血’的答复。我们这群文艺工作者也武装了我们的笔尖，要

---

① 田家英（1922—1966），原名曾正昌，田家英为其笔名，四川双流（今成都市双流区）人。进步团体海燕社成员。1937年赴延安，曾长期担任毛泽东秘书。

尽我们应尽的责任。”[①]

8 月 21 日

“川大抗敌后援会”委员会举行第一次执行委员会。“川大抗敌后援会”委员会举行执行委员会，提出 10 个重要议案，包括组织防空队、救护队、民众国难教育研究会、战时常识讲习会等。[②]

8 月 22 日—25 日

中共中央在陕北洛川召开政治局扩大会议。会议通过了《抗日救国十大纲领》和《关于目前形势和党的任务的决定》，阐明了党在抗日时期的基本任务和政策。[③]

8 月 25 日

“川大战时常识编译委员会”成立。川大设立“战时常识编译委员会”，推定朱光潜、叶石荪、金尤史[④]、谢文炳、钟作猷[⑤]、张敷荣、黄宪章、徐敦璋、朱文、杨佑之[⑥]、朱显祯[⑦]、曹四勿[⑧]、杨秀夫[⑨]、顾葆常[⑩]、程复新、沈嗣庄[⑪]、杨允奎、孟寿椿、王玉琳、康乃尔等 20 人为委员。[⑫]

---

① 《民主革命时期成都革命斗争史大事年表（讨论稿）》，第 41 页。

② 国立川大－54－13。

③ 《中国青年运动史》，第 164 页；《中国近现代史大事记：1840—1980》，第 119 页。

④ 金尤史（1881—1950），又名金奎植，韩国抗日独立运动的代表人物之一，曾任韩国临时政府首任外务总长、宣传部部长。1913 年流亡中国。1935—1945 年在川大文学院外文系任教，时为川大外文系主任，1946 年回国。

⑤ 钟作猷（1902—1988），四川双流（今成都市双流区）人，川大外国文学系教授。

⑥ 杨佑之（1893—1971），湖南长沙人，会计学家，川大经济系教授，后为华大经济系主任。

⑦ 朱显祯，时任教于川大法律系。

⑧ 曹四勿（1893—1991），四川自贡人，先后任教于成大、川大，曾组织反蒋的“新国民党”。

⑨ 杨秀夫（1896—1987），河北海兴人，化学家，先后任教于成大、川大。

⑩ 顾葆常（1908—1984），江苏无锡人，化工学家，川大化学系教授。

⑪ 沈嗣庄（1895—1973），浙江湖州人，先后任教于川大、华大。

⑫ 《四川大学史稿·第一卷·四川大学（1896—1949）》，第 188 页。

8月31日

“川大抗敌后援会”调查组呈交工作大纲，内容包括调查仇货[①]、汉奸以及各团体之抗敌工作，经常务委员会张颐、孟寿椿、康乃尔签字核定后准予实施。[②]

是月

▲**华大准备迎接战区大学迁入华西坝**。“八一三”淞沪会战后，金陵大学、金陵女子文理学院、齐鲁大学、东吴大学等教会大学先后来电来函咨询迁入华大办学事宜。国立中央大学医学院亦派蔡翘、郑集两位教授来华大面商。华大虽然感到要在短时间内解决五六百人的食宿问题并非易事，但认为在此非常时期有责任为兄弟学校解决困难，使广大青年学生不致辍学，友校不致停办。经校务会议决定，华大决定竭尽一切努力扩建校舍，迎接远方“客人”。初期采取的措施主要有：一方面紧缩本校师生用房，腾出女生院部分宿舍和一幢男生宿舍（贾会督宿舍）供内迁学校学生使用，把明德中学宿舍全部让给中大教职工住宿，把体育馆暂时作为金大的学生食堂，把附属医院新建的洗衣房隔为几间教室；另一方面又在华大附近租用小天竺街东方补习学校校舍作宿舍，在浆洗街附近购地新建简易房舍，供友校使用。[③]

▲《四川月报》报载：平津大学生入川借读，川大可容700名，华大可容400名。

平津大学生到川中大学借读[④]

（1937年8月）

教厅顷奉教部电，略谓：华北变起，我方决计抗战。所有战区各学校教务，自无法照常进行。为补救起见，拟将战区各校，西移四川、湖南两省。教厅奉令，特分电本省四川大学、华西大学、重庆大

---

① 来自敌对国家的商品，此处主要指日本商品。

② 国立川大—54—34。

③ 《华西医科大学校史》，第64页。

④ 《抗战时期的四川——档案史料汇编（下）》，第1589页。

学、四川教育学院等学校，饬将各该校宿舍、教室等，除原有学生使用外，尚可增加借读最大容量若干，估定数目，查明电复，以凭核办。估计方法：教室以每日行课十二小时为准，宿舍以两层卧铺为准。

现据各校复电，川大可供借读七百名；重大可容八百名；华大可容四百名。

9月1日

川大杨开渠教授将八月薪水266.60元全数捐出，请“川大抗敌后援会”转呈，称“国难当头，忧愤莫名，谨以一月所得奉献政府，聊表微忱”。①

9月2日

“川大抗敌后缓会”组织学生上街下乡向民众宣传抗日。按照“省抗”指示，“川大抗敌后援会”负责在少城公园、中山公园、提督街、西御街、东御街、祠堂街、外东九眼桥、南较场、文庙西街等处宣传抗日。进步学生每日走上街头进行演说、演唱、张贴标语、散发传单、为抗日将士募捐等活动，受到广大群众热烈欢迎。除了在市内宣传外，又组织了两个宣传队，到温江、郫县、新都、新繁、德阳等县进行宣传。每至一处，即唱救亡歌曲，讲救亡故事，让民众对亡国灭种之危机有切肤之痛。②

9月3日

交通部成都广播电台来函邀请“川大抗敌后援会”每周派员莅台播讲，宣传抗日，激励人心。③

9月5日

▲“川大抗敌后援会”将印有“努力杀敌”字样的毛巾赠送给出川

---

① 国立川大—54—26。

② 《四川大学史稿·第一卷·四川大学（1896—1949）》，第188页。

③ 国立川大—54—37。

将士。“省抗”在少城公园大光明电影院举行川军出川抗战大会，到会的川军将士与各界民众，各大、中学学生万余人。川大以“抗敌后援会”名义向出川将士赠送毛巾1200条，毛巾上印有“努力杀敌”四字；赠献锦旗16面，旗上分别绣着“为民族解放而抗战”“保卫中华争取我们的生存”“把我们的血肉筑成我们新的长城”等。为扩大宣传，造成舆论，专门组织了20多人的献旗团，他们冒雨持旗前往会场，庄重地捧献给了川军将士。[①]

▲随着日寇侵华战争的扩大，一些爱好文艺的进步学生，立志拿起文艺武器投入民族解放斗争，他们在文研会成员方敬、张宣、蔡天心、缪光钦、倪受禧、陈思苓等人的吸引下，大量加入文研会。文研会继续出版《文艺月刊》，开展墙报、座谈会、讲座等多种形式的宣传活动，为培养进步力量起了较大作用。[②]

9月6日

“省抗”话剧宣传周自9月1日开幕后，先后演出《保卫卢沟桥》等抗日话剧。该会动员成都各学校学生，组织430余个宣传队，宣传抗日。[③]

9月10日

“川大抗敌后援会”函请“省抗”领导参加本校即将举行的“九一八纪念大会”。[④]

9月12日

川大联合成都各学校欢送出川将领。由川大校长张颐发起，包括华

---

① 《四川大学史稿》，第228页。

② 《文艺月刊》原由外文系学生李伏伽、何仁等创办，1936年由中文系张宣、陈思苓接手主办，他们在系主任刘大杰教授的积极支持下，思想倾向性越来越明显，变成了一个政治性较强的进步刊物。同时，还与校外文艺界人士主办过一个刊物——《春天》，该刊在同一时期倾向进步，曾刊登过悼念鲁迅和宣传抗日的文章。参见《四川大学史稿·第一卷·四川大学（1896—1949）》，第188页、第196页。

③ 《抗日战争时期四川大事记》，第9页。

④ 国立川大－54－33。

大校长在内的成都的十所大、中学校长，在川大南校场理学院大礼堂为川康出川抗敌各部旅长以上将领践行，并请各界人士作陪。①

9月18日

▲成都各界民众5万人在少城公园体育场举行“九一八”6周年纪念大会。“各救会”在大会上提出4项提案，要求政府：一、立刻武装全国民众；二、彻底开放学生爱国运动；三、彻底清查私货与仇货；四、严厉惩办卖国汉奸。会后举行了声势浩大的游行。②

▲川大学生胡绩伟主编《星芒周报》。“民先”领导的《星芒通讯》社在成都创办《星芒周报》，由川大学生胡绩伟任主编，它以劳动群众为主要对象，以通俗的形式宣传抗敌救亡。该刊共出8期，至当年11月6日停刊。③

9月19日

川大顾葆常教授在理学院大礼堂公开讲演，题目为《民众对于毒气应尽之认识》。④

9月22日

国民党公布是年7月15日中共中央交付的《中共中央为公布国共合作宣言》。⑤

9月23日

蒋介石被迫对国共再度合作发表声明，承认了中国共产党的合法地位，接受了共同抗日的主张。⑥

9月24日

▲“川大抗敌后援会”宣传组提出在本校举行“总理纪念周”时，

---

① 国立川大－21－1。

② 《民主革命时期成都革命斗争史大事年表（讨论稿）》，第44页。

③ 《成都文史资料选编·抗日战争卷·上·救亡图存》，第471页。

④ 国立川大－54－36。

⑤ 《中国近现代史大事记：1840—1980》，第120页。

⑥ 《中国近现代史大事记：1840—1980》，第120页。

齐唱《义勇军进行曲》，并为抗日阵亡将士默哀三分钟，获得代理校长张颐批复。[①]

▲罗世文[②]持毛泽东手函和由刘湘派驻延安代表王干青[③]的介绍信由西安到达成都。罗世文在成都以罗绍堂的化名公开活动，与刘湘指定的张斯可[④]、高兴亚、蔡军帜等刘部官员接头，并担任川康绥靖公署顾问，主要做上层联络工作。3个月后，罗世文回延安向中央汇报请示工作，带去刘湘给延安抗日军政大学的1万元捐款。[⑤]

9月26日

川大农学院教授朱文受川大抗敌后援会之邀作题为《战时财政问题》的讲演。[⑥]

9月27日

校友朱德[⑦]的家乡仪陇县掀起从军热。校友朱德在抗日前线写信给在四川的家人，希望送亲友子弟上前线抗日。朱德在信中说，“能吃劳苦之人无妨多来”“至于那些望升官发财之人决不宜来我处”“除了能作战报国的人外均不宜来”。消息传出后，朱德的家乡仪陇县掀起了从军热，一批先进青年奔赴太行山抗日根据地参加八路军，投身抗日战争。仪陇从军热波及西充县，仅月余即有800多名青壮年奔赴抗日前线。以后，该县从军人数多达6万多人。[⑧]

---

① 国立川大—54—3。

② 罗世文（1904—1946），四川威远人，1925年入党，后赴莫斯科学习，归国后被党中央派往四川从事统一战线工作，1940年在成都被捕，1946年牺牲于重庆歌乐山。

③ 王干青（1890—1949），原名王世祯，四川绵竹人。1909年入读四川省城高等学堂国文部。1927年入党，1928年因组织绵竹农民暴动失败而化名王潜夫潜伏于成都。后经友人介绍结识刘湘，1937—1938年，作为川军刘湘部驻节延安。1949年11月在成都被捕，牺牲在成都十二桥。

④ 张斯可（1882—1961），四川资中人，国民党陆军中将，1949年12月在彭县起义。

⑤《中国共产党四川历史大事件（民主革命时期）》，第220页。

⑥ 国立川大—54—44。

⑦ 朱德于1906—1908年就读于四川省城高等学堂体育科甲班，在校用名朱建德，有关档案现存于川大档案馆。朱德在校内除学习规定课程外，还秘密阅读同盟会的机关刊物《民报》，接受民主革命思想影响，他后来在回忆中称，这一段时期的经历对于他后来走向革命起了很大作用。

⑧《中国共产党四川历史大事件（民主革命时期）》，第220页。抗战期间，四川应征赴前线的壮丁共达300万人以上，占全国应征数的20%。

是年秋

▲**平、津、沪学生入蓉借读于川大**。川大大批新生入校，北平、天津、上海等地的转学生和借读生也相继进校，他们中有一批共产党员，增强了川大的进步力量。①

▲在党组织的影响下，日新印刷厂工人祝康龙、巫文质、王志明等在成都市印刷工人内部的一个读书会的基础上，成立了“成都市工人抗敌工作团”。其后，祝康龙、巫文质、王志明等人先后入党，成立党小组，王志明任书记。②

10月2日

川大农学院教授沈嗣庄受川大抗敌后援会邀请作题为《战时四川农产品产销问题》的演讲。③

10月5日

“川大抗敌后援会”委员会敦促学校从速修筑避难室。④

10月8日

“川大抗敌后援会”话剧团在文学院正式成立。⑤

10月9日

川大学生熊复主编《救亡周刊》。“四川青年救国联合会”设立《救亡周刊》社，出版《救亡周刊》，川大文学院学生熊复任主编（熊复离任后，继由王世焕、余明任主编），创刊号载有宋庆龄的《国共合作感言》、杜重远的《太原通信》等文章。当年11月，与《星芒周报》社联合出刊，定名为《星芒救亡联合周报》，共出3期。⑥

---

① 《四川大学史稿》，第222页。

② 《民主革命时期成都革命斗争史大事年表（讨论稿）》，第43页。同时参见成都市总工会工人运动史研究组：《成都工人运动史资料（第5辑）：民主革命时期成都工人运动简史》，内部编印，1987年，第85—86页。

③ 国立川大—54—45。

④ 国立川大—54—47。

⑤ 国立川大—54—51。

⑥ 《成都文史资料选编·抗日战争卷·上·救亡图存》，第471页。

10月10日

▲成都文化界人士在党的领导下，成立了“成都文化界救亡协会”，主要成员有车耀先、张秀熟、李嘉仲[①]、杜桴生、王白与、张宣、李劼人等。25日，“成都文化界救亡协会”吁请政府释放政治犯。12月20日，被“成都市人民团体临时指导委员会”勒令解散。翌年3月27日，该会原有成员在少城公园召开大会，宣布恢复工作。[②]

▲校友张澜、张秀熟创办《抗战星期刊》。[③]

洪沛然回忆：与国民党争夺“成都文协”领导权[④]

在成都文化界救亡协会成立之前，国民党是什么态度呢？复兴社是既不参加，也不公开反对。这主要是因为“七七事变”已经发生了，它怎么好公开反对？省党部口头表示支持，但采取消极态度。国民党CC派开始是消极的，但到了我们签名运动之后、成立大会即将召开时，CC派突然积极了起来。这个时候的CC派是在孟寿椿（川大秘书长）的领导下，孟虽然签了名，但开始时一点也不积极。后来看见我们签了300多人的名，他一下子就积极起来。他的目的是想夺取救亡协会的领导权，以便由CC派来控制这个团体。临到开成立大会的前两天，他突然开了一张200多人的名单，这200多人都是川大学生，是CC派的。由于邓初民那时已是老头子了，干实际工作的还是我们这些年轻人。孟寿椿突然积极起来以后，我和张老（秀熟）、车耀先、张宣就研究怎么办，因为我们不能让CC分子控制救亡协会的领导权。那时有一个好条件，就是成都的抗日救亡团体很多，我们很有基础，于是就动员所有的革命团体在开成立大会那天都参加。我想，既然是我在负责文化界救亡协会的组织工作，就要很好利用这一

① 李嘉仲（1900—1981），重庆人，曾就读于成大，1925年入党，参加过南昌起义，全面抗战爆发后返回成都进行地下革命工作。

② 《成都文史资料选编·抗日战争卷·上·救亡图存》，第471页。

③ 《抗日战争时期四川大事记》，第12页。

④ 摘编自洪沛然：《抗战初期成都文化界救亡协会》，载《成都文史资料选编·抗日战争卷·上·救亡图存》，第464—468页。标题为编者所拟。

点——凡是我们的人，都要发票。另外，在选举执行委员的选票上，我们把研究好的所有执行委员名单都按梯子形排好以后，就通知各个进步团体按这个梯子形画圈圈。开成立大会时，有800多人参加，大会在纯化街国民党省党部礼堂举行，我负责大会的组织工作，选票由我发，不时我还要去向我们的人交代一点事情。孟寿椿心中有他的算盘，想把我卡在主席台上，对我说："你坐下来呀！不要老是跑！"我说："有些情况他们不了解，我必须去。"孟寿椿却通过川大一个姓陈的CC分子和他联系，这个姓陈的在会上也很活跃。但选举结果，完全是按我们安排的名单产生了40多个执行委员。这当中，我们的人占了三分之二以上，中间分子占了将近三分之一，而孟寿椿等右派人物只有很少几个。为了照顾统一战线，川大的校长张真如被选上了，川大和朝阳大学的几个进步教授都被选上了。李嘉仲、熊子骏、帅昌书、车耀先、张宣和我都是执行委员，而且占绝对多数。在执行委员会选举常委之前，我们也进行了研究。最后，一共选出9个常委，有张真如、张秀熟、邓初民、孟寿椿、熊子骏、黄宪章、甘典夔和我。甘典夔是刘湘的财政厅长，为什么他也参加了呢？他是作为"武德学友会"的代表参加的。执委会的一切议案，都是由我们提。我们立的议案首先是扩大宣传，组织宣传队，包括学校宣传、农村宣传。当时我们是想借用宣传队的组织冲破国民党的统治，把成都的救亡运动推向高潮。这一段时间，我们主要依靠当时比较有基础的救亡团体，比如"群力社""星芒社"等等，而CC分子则采取消极态度，不参加任何救亡活动。

10月下旬

▲中大医学院[①]迁入成都华西坝，抗战期间华西坝"五大学"[②]共

---

① 中大其他学院在重庆办学。

② 全面抗战爆发后，中大医学院、齐大、金女大、金大先后迁入华西坝与华大联合办学，时人称之为"华西坝五大学"或"五大学"。1941年，中大医学院迁出华西坝后，时人称之"华西坝四大学"或"四大学"，至1942年秋，燕京大学于成都复校，复有"五大学"之称。

同办学的序幕由此拉开。[①] 同时来到的还有中大的牙医专科学校和畜牧兽医系。中大的学生宿舍设在华西坝小天竺街浙江会馆内，教职员则住在华西坝明德学舍。农学院的畜牧兽医系则借住成都四川省农业改进所的血清厂。迁移之前，中大医学院蔡翘和郑集专程前往华西坝与华大接洽，得到东道主的支持。全面抗战期间，中大医学院一直是在成都度过的。当时中大医学院只有三个年级的学生，一年级新生留在重庆校本部读医学前期课程，二、三年级在华西大学读基础医学课程。中大医学院有一部分课程与华大、齐大的医学院共同施教。[②]

▲“川大抗敌后援会”歌咏团应交通部成都电台之邀，多次到电台播唱，向全市、全川、全国人民抒发对祖国的热爱之情和对日寇的刻骨仇恨。又组织文、理、法、农各院教授到电台演说，每周一人，轮流前往。教授们深入浅出、情理交融的演说，在社会上收到了良好的反响。此外，四川大学话剧团也经常走出校门，演出抗敌话剧。[③]

▲华大学生组织歌咏队。华大学生组织歌咏队，甘佩萱任队长，许锦生任指挥，1938 年上半年增加金大的杨畏之，钢琴伴奏是罗光斌。除在校内活动外，还去街头、公园、乡镇宣传演出。他们还曾去成都市广播电台演唱抗战歌曲。张凌高收听了广播，认为给学校争得了荣誉，特别举行茶会招待全体队员以资鼓励，还给了一架风琴，指定教育学院小礼堂作练唱地点。[④]

▲华大学生艾尔达[⑤]主编抗日宣传壁报。华大学生艾尔达主编抗日

---

① 《抗日战争时期四川大事记》，第 14 页。

② 南京大学校史编写组：《南京大学史》，南京大学出版社，第 156 页。王德滋：《南京大学百年史》，南京大学出版社，2012 年，第 195 页。

③ 《四川大学史稿·第一卷·四川大学（1896—1949）》，第 186 页。

④ 摘编自中共川大宣传部、华西坝风云录编辑组：《华西坝风云录》，内部编印、2005 年，第 27 页。

⑤ 艾尔达（1918—2002），原名艾裔嘉，化名艾雪如、艾力生，四川内江人，华大历史社会学系学生。曾任华大党支部书记、华西坝五大学党总支书记等职。

宣传壁报，参与编辑的主要成员有曾俊修[①]、郭成圩（郭号）[②]、沈荫家[③]、周曼如[④]等人。壁报每期张贴在事务所和图书馆门口，重大节日出专刊，反响很好。[⑤]

是月

▲川大学生韩天石传达全国“民先”总队的指示。成都“民先”代表大会召开，由韩天石传达彭真及全国“民先”总队部的指示。大会选举韩天石、周海文、胡绩伟、涂万鹏、康乃尔、江牧岳、肖玲（后由周曼如继任）7人组成新的领导机构。仍由韩天石任总队长。[⑥]

▲川大“民先”内部建立四人特别党小组。川大“民先”内部建立一个由韩天石、王广义、陈毅乔、刘忠渊组成的四人特别党小组。这个党小组为成都地区党组织的恢复、培养发展新党员创造了条件。[⑦]

▲中共中央青年工作委员会书记冯文彬指派张黎群、肖泽宽[⑧]带着西北青年救国会的政治纲领和组织章程，从延安回到四川，联络包括川大王世焕、杨汇川、洪方、吴琪（吴德让）[⑨] 等在内的进步青年30人，在成都秘密成立“四川青年救国联合会”。当月底，该会整体并入成都

---

① 曾俊修，四川金堂人，华大文学院经济学系1941年第27届毕业生（参见华大GJX. SXMC—BY—36—8）。

② 郭成圩（1915—2007），又名郭号，四川隆昌人，抗战期间随齐鲁大学迁蓉，后转入华大就读。

③ 沈荫家（1916—2003），又名沈伯谋，华大文学院经济学系1943年第29届毕业生。曾任中共成都南区委员会书记。

④ 周曼如，四川合江人，原为金女大学生，1937年10月借读于川大文学院外文学系二年级，学号借26068；同年转入华大文学院社会学系二年级就读，1938年休学（参见国立川大－2620－30；华大－C. ZH－93－36，华大－C. JX. CJD－146－4）。

⑤ 《华西坝风云录》，第28页。

⑥ 《救亡先锋》，第90页。

⑦ 《四川大学史稿·第一卷·四川大学（1896—1949）》，第201页。

⑧ 肖泽宽，川大学生。

⑨ 王世焕、杨汇川和吴德让于1937年9月从私立大夏大学转入国立四川大学借读，3人借读学号相连，分别为借26080、借26081、借26082，王世焕和吴德让就读于文学院史学系四年级，杨汇川就读法学院政经学系三年级。当时借读生的成绩单和毕业论文均会按规定寄回原就读大学教务处审核保存（参见国立川大－2601－14；国立川大2650－28）。

"民先"，但仍保持原有组织结构进行活动，直到1938年初止。[①]

11月12日

四川省政府颁布《救济战区来川借读大学生办法》，规定来川借读学生除免除学费外，还可领取救济费（每人每月不超过10元）。军事委员会委任刘湘兼任四川学生军训总队长。[②]

11月13日

"川大抗敌后援会"发起援战反奸运动，组织"汉奸理论检讨委员会"，由本日到20日举行"汉奸理论讨论周"，对各种投降论予以批驳。[③]

11月28日

川大学生慰问修建成都凤凰山军用机场的民工。1937年冬，国民党政府征集数万民工扩建凤凰山军用机场。11月28日，在黄宪章教授和学生康乃尔、王玉琳等率领下，"省抗"下属的由川大进步学生喻厚高[④]担任大队长的宣传二大队和"川大抗敌后援会"的100多人，到机场工地向民工分发慰问品，并发表演说，宣传抗日救亡道理。当时，川大学生目睹民工的住所极其简陋：晚上睡在潮湿的地上，上面仅铺着极薄的稻草，难以御寒。大家都十分同情。根据同学们的提议，由康乃尔、王玉琳出面，临时用"川大抗敌后援会"的款项买了3万斤稻草，捐赠给民工垫铺御寒。[⑤] 接着，康乃尔等人又组织了成都各大、中学的学生代表，前往省政府请愿，要求政府改善民工待遇。[⑥]

---

① 《民主革命时期成都革命斗争史大事年表（讨论稿）》，第44页；《中国共产党四川历史大事件（民主革命时期）》，第218—219页。

② 《抗日战争时期四川大事记》，第15页。

③ 《抗日战争时期四川大事记》，第15页。

④ 喻厚高，字丰城，又名于北辰，四川大足（今重庆市大足区）人，1937年9月考入川大文学院教育学系，学号26018（参见国立川大—2612—3）。

⑤ 《四川大学史稿·第一卷·四川大学（1896—1949）》，第189—190页。此事即"凤凰山飞机场事件"和"稻草案"起因，参见本书"1937年12月6日"条。

⑥ 《四川大学史稿》，第231页。据《华西坝风云录》第28页记载，参加慰问的还有华大学生和车耀先。车耀先是否参加存疑。

曾参加十一月廿八日慰劳某项工程工人川大学生名单[①]

文学院：张嵦、王世焕、程天赋、卢良弼、赵德勋、车荫宗、张伯齐、江序丰、吴德让、佘涧南[②]、杨曙曦、胡朝芝[③]、刘念和、李光荣、李树芳、杨镜如、李思敬、刘成治、孙琪华、熊复、胡道南、缪光钦、彭寿章、郭先泽、胡家和、邱觉心、晏东英、王文芳、常蓁。

法学院：王彦立[④]、任崇实、张越武、王大民、张希钦、李侠平、徐天语[⑤]、刘纯嘏、晏凤麟、韩则民、黄亚时、陈天碧、杨汇川、张宇高、尹志麒、黄天杰、蒋汇泽、陈光炜、夏德功、严铣、万骥、周禧、王肇烈、林文聪、李子俊、范道淮、龙腾霄、谢贻谋、陈立群、李增煌。

是月

川大文学院各系战区借读生共有 78 名，分别来自各地 25 所高校。上海的私立大夏大学学生最多，有 16 名。借读专业最多的是教育学系学生，有 31 名。其中一名四川南充籍借读生王文鹏来自日本法政学院。[⑥]

12 月 3 日

校友乐以琴在南京保卫战中壮烈殉国。

---

① 摘编自《抗战时期的四川——档案史料汇编（上）》，第 474—475 页。

② 佘涧南（1918—2008），四川平昌人，1938 年入党，后赴延安。

③ 胡朝芝，川大文学院女生，1938 年入党。

④ 王彦立（1913—1993），四川酉阳（今属重庆市）人，土家族，曾任川大地下党支部书记。

⑤ 徐天语，川大法学院经济系学生。

⑥ 国立川大－2935－2。

乐以琴烈士小传[①]

一、乐家六弟热血刚毅

乐以琴，原名乐以忠，1914 年 11 月 11 日出生在四川芦山县的一个富裕的商人家庭。其父乐伯英曾是清朝的武举人，是一位重国重家的绅士，也十分重视孩子的教育，竭力为子女提供良好的教育环境，所以乐家儿女不乏俊彦英杰。乐以忠的二姐乐以成是四川的第一位医学女博士，三哥乐以钧深受鲁迅赏识，是我国新兴版画的先驱。乐家祖上亦出了好几位武将，保家卫国的家风浓厚。乐家流传着这样的传说：乐氏是岳飞的一支后裔，他们的祖先因逃避追捕而辗转来到四川芦山并隐姓埋名。

乐家是一个大家庭，乐伯英有两个弟弟，兄弟三人没有分家。三兄弟共有 17 个子女，男孩 10 位，乐以忠在男孩中排第六。乐以忠和众多兄弟姊妹生活在一个大家庭里，一众孩子每人每天都会被分配固定的家务活，若完成不了，等待他们的将是严厉的体罚和严肃的思想教育。在这样的家庭环境下，乐以忠养成了勤劳、好学、简朴的生活习惯。

乐以忠自幼好学上进，寡言而刚毅，富有正义感。他 7 岁到雅安小学接受现代教育，后考入雅安明德中学，初中毕业之后到成都上学，就读于华西协合中学。

乐以忠有四分之一的藏族血统，高大魁梧，仪表堂堂。在华西协合中学学习期间，他品学兼优，是学校有名的田径运动员，擅长短跑，被同学称为“飞毛腿”。1931 年 8 月，读高二的他曾代表四川省到南京参加全国中学生运动会，途经重庆时，“九一八事变”发生，运动会停开。受到极大震撼的乐以琴并没有返回故乡，而是辗转到了上海。当时，上海工人的反日大罢工和学生的反日大罢课激发了他的

① 本文由张楠、毛清玉参考相关资料撰写而成，主要参考的资料有《“空中赵子龙”乐以琴：抗战时曾一天打下 4 架日机》（《成都商报》记者张漫著）、《乐以琴小传》（丘小庆著）、《四川近现代人物传》（任一民主编，四川人民出版社 1988 年版）等。

爱国热情，遂主动参加上海大、中学生赴南京请愿抗日团。此时，在齐鲁大学任教的大哥来信催促乐以忠来济南读大学。但此时乐以忠尚未高中毕业，只好借用四哥乐以琴的中学毕业证书考入齐鲁大学医学预科学习——乐以忠由此就以乐以琴为名了。

后来，当真正的乐以琴考入空军时，名字被“外借”的他又只好“借用”六妹乐以纯的中学毕业证书和名字，以至于当时空军中流传着“乐以琴不是乐以琴，乐以纯不是乐以纯”的笑谈。乐以纯于1936年考入笕桥中央航校第八期，毕业后被分配到昆明分校任教官。他后来正式改名为“乐以忠”，乐以忠与乐以琴两兄弟由此彻底换了名字。

1931年，乐以琴进入齐鲁大学理学院读医学预科。他本立志学习生物学，但父亲却让他学医。如果没有日寇的侵略，乐以琴极可能与毕业于齐鲁大学医学院的大哥乐以勋、毕业于华西协合大学的姐姐乐以成一样，遵照父亲的愿望，成为一位济世救人的医生。然而，混乱的时代没有给乐以琴提供这样的机会。1932年底恰逢笕桥中央航空学校在北平招生，因日寇入侵而愤恨已久的乐以琴在看到报纸上刊登的招生启事后，决意报考航校，投笔从戎。1933年春天，乐以琴收到笕桥中央航空学校的复试通知，这所航校被称为中国现代航空部队的摇篮。乐以琴积极准备，最终如愿被录取。入学时，他的队长是人称“独臂飞将军”的石邦潘。石邦潘是一位鼎鼎有名的抗日英雄，他曾在1932年的“一·二八”淞沪事变中击落日军舰载歼击机一架，后被日机击伤，失去一臂。

在笕桥中央航空学校，乐以琴被分在第10组，他的教官高志航是“中国空军四大金刚”之一。航校的生活不同于一般大学，学员们从早到晚没有一点空闲的时间，上午飞行，下午上课，晚上自习。学员的学习和训练是艰难且枯燥的，在6个月的基础训练之后，紧接着的是初、中、高三个阶段的飞行训练。同期学员回忆，乐以琴在学习中从不敷衍，严格要求自己，力求每一个飞行动作都精准到位。他刻苦钻研，一丝不苟，熟练掌握操作动作，积极探究空中作战理论和新战法，被航校的教官和同学公认为是驾驶驱逐机的天才，是那一期学员中的佼佼者。

经过近两年的刻苦学习，1934 年 12 月，乐以琴以优异的成绩从笕桥中央航校第 3 期毕业，加入中国空军第 8 大队，后又被调回笕桥中央航校任教官。1936 年 10 月，中国空军为适应对日空战的需要，在南昌进行整编。乐以琴于同年 10 月 16 日调任由高志航任大队长的空军第 4 大队，任第 22 分队队长，驻防西安，驾驶美国产霍克Ⅲ鹰式双翼单座战斗机，座机编号 2204。这期间，乐以琴在带领队员进行飞行训练时总是把攻击目标假想为真正的日寇加以痛击，使他领导的第 22 分队养成了一种克敌制胜的战斗作风。面对日寇日益显露的狼子野心，乐以琴更加坚定了抗击日寇的决心。他自知前路艰险，于是在 1935 年的一次省亲中，特地前往景德镇为兄弟姊妹烧制了一套细瓷餐具，这套烈火淬炼出的瓷器扣之铿然，奏出乐以琴的拳拳心声："父母亲大人有兄姊照顾，弟妹生活有靠，以琴没有什么可挂念的了，以琴身为军人，今已抱定必死的信念，唯有精忠报国，为国捐躯是以琴今生的追求……"不承想，这毅然决然的话语竟成为父母及兄弟姐妹对乐以琴永远的追忆。

二、淞沪会战创空军奇功

我国空军诞生于 20 世纪初，在时间上与日本空军的诞生相差不远，但发展进度却判若云泥。到全面抗日战争爆发前，日寇已拥有一千多架能够作战的飞机，而我国却仅有三百多架。这场仗怎么打？

1937 年 8 月 13 日，日寇进攻上海，淞沪会战爆发。乐以琴所在的空军第 4 大队奉命调往浙江笕桥机场，担负战斗任务。日军原计划要在 14 日空袭我国杭州、南昌、上海的几个重要军事机场，一举歼灭我国的空军主力。而国民政府则在 14 日凌晨两点发布了作战指令，命令空军各大队对日寇在上海及附近水域的重要目标据点实施连续轰炸。中日空军的作战计划针锋相对，但奇怪的是，到了 8 月 14 日这天，中国空军奉命出动，日寇却不见任何动静，也没有任何防范的措施，中国空军轻而易举地突破了其防空网。原来，8 月 14 日，华东一带正值台风过境，恶劣的天气使得日军不得不改变作战计划，下令暂停空袭。但令日寇没想到的是，我国空军在暴风雨中踏上了征途，轰炸了日寇“出云号”。

随后，我国空军在杭州上空首次与日寇展开了大规模激战。第4大队冒雨从华北飞返杭州，刚在笕桥机场落地，“木更津”轰炸机联队即自台湾来袭，各战机来不及加油便升空迎战。中国空军在双方战机数量为1比12的巨大差距下，以无一损伤的战绩击落多架敌机，打破了日本空军不可战胜的神话。乐以琴的分队飞在最后，未及赶上此役。8月14日的晚上，乐以琴向战友发誓要“打掉它龟儿子的日本飞机”。

日寇在8月14日空战受挫后，于8月15日出动了79架飞机，分别前往杭州、南京和南昌进行轰炸，其中有45架战斗机直指笕桥机场。此时我国空军早就做好了准备，当45架敌机快要飞临杭州上空时，高志航已经率领第4大队的21架战斗机躲在云层上面伺机待发了。当“木更津”轰炸机联队进入伏击区，乐以琴驾驶着2204号战机钻出云端，以迅雷不及掩耳之势向敌机发起攻击，率先击落日寇2架轰炸机，越战越勇的他，对四散而逃的敌机紧追不舍，追到曹娥江上空时，他抓住机会进行猛烈射击，又击落了2架敌机。其中，一架敌机栽在庵东镇西北的浅滩上，另一架坠落在山腰上，被撞得粉碎。乐以琴首战告捷，他落地后兴奋地绕着机场跑道跑了一圈。他曾向同期同学王倬描述首次空战经过：“我把它打下一架后，怒火未熄，摸摸自己的脑袋还在，身上也没有出血，反正已经够本了，于是向第二架、第三架不断追去开火，直打到第四架往下掉的时候，可惜我两挺机枪里的子弹已用完，汽油也用完了，只好放他们逃生!”

这次空战中，空军第4大队无一损失，共击落敌机6架，乐以琴一个人就击落了4架，成为中国空军自建立以来最大的奇功，“空中赵子龙”的名号由此传开。乐以琴仿佛是天生属于天空的人，他似乎到了空中才更觉自由，不管在空中转了多少圈，照样能把东西南北指个明白。据说，他有个特点，如果没击落敌机，他便跟大家一块儿回宿舍。如果他击落了敌机，落地后不待战友向他祝贺，一定先绕着机场跑圈。所以人们在战斗后看到乐以琴绕着机场跑步，便知道他又击落日本飞机了！

在这两场空战中，年轻的中国空军不负众望，大挫日军的锐气。他们的胜利不仅阻挡了日寇侵略我国的进程，也极大地鼓舞了我国军民抗战的士气。霎时间，我国的空军成了全民偶像。国内外各大报纸、各国驻华通讯社都发出号外，报道中国空军首战告捷，高志航首建奇功，乐以琴勇创顽敌的重大新闻。为了纪念“八一四空战”的胜利，国民政府将8月14日定为空军节。

短短两日间，中国空军将日寇“木更津”“鹿屋”两个闻名于世的空军联队装备的新式战机消灭过半，震惊日本上下。日寇终于意识到了一个问题，中国空军非常不好对付，像高志航、乐以琴、周庭芳这样的飞行员战斗水平十分高超，远远超过了他们的预想。

其实，乐以琴驾驶的飞机远不如日机精良。当时中国工业落后，飞机都要从国外进口。飞机厂商五花八门，飞机型号各式各样。停机坪上犹如万国飞机博览会，“万国牌”飞机的戏称也由此得来。而就是这样一群驾驶着“万国牌”飞机的飞行员，训练素质良好，在战场上犹如一支穿云箭，直插敌人心脏。抗日战争爆发之前，我国飞行员的伤亡率就很高，原因就是飞行员今天用意大利飞机，明天用美国飞机，很多标准都不一样，导致很多飞行员还未上战场便在训练中牺牲了。可想而知，能活下来的飞行员都是经历过九死一生的精英。他们对各种飞机的性能烂熟于心，作战时能够把飞机的性能发挥到极致。

中国空军的战绩，让蒋介石大喜过望，他下令中国空军第4大队乘胜追击，一举将日本人赶出黄浦江。乐以琴率第22分队担负对日本舰队的袭击任务，还对日寇在上海占领区的补给基地、军火仓库进行毁灭性的轰炸，从而削弱了日寇的后勤供给能力，有力支援了我方浴血奋战中的陆军部队。

8月21日，日寇的两个增援师团登陆吴淞口、张家浜一带企图突破防线，占领全上海。接着，日寇又派出大量战机轰炸我方守军阵地。乐以琴再次奉命率队前往增援，途中见日寇增调的十多架战机正疯狂扫射我军地面部队。乐以琴见状，当即操纵战机向敌猛烈开火，连续击落敌机2架，再次立下赫赫战功。非凡的战绩让乐以琴威名远播，他的2204号战机更是让敌人闻之色变。当时，知名期刊《中国的空军》上有一篇署名为“丁布夫”的文章，用“江南大地之钢盔”“触目惊心的2204”等来形容乐以琴。

1937年9月1日，日寇再度从吴淞口登陆。9月中旬，日寇在上海修建了机场。自此，大批日机进驻上海，对南京构成巨大威胁。然而，中国空军第4大队在上海抗日战场上的表现仍是亮眼的。飞行员人人奋勇杀敌，7天之内击落日机60余架，乐以琴一人打掉敌机8架，创下辉煌战绩。他所驾驶的2204号座机成为日军的克星。曾有战友劝乐以琴变更机号麻痹敌人，他却答：“以身许国，本是男儿分内事，岂能希图保全自己而变更机号，向敌人示弱呢！”

三、南京保卫战血染长空

然而，空军的胜利挽救不了整个战局的颓势，淞沪会战失利后，国民党军队渐次败退到南京。

到1937年底，南京失守前夕，中国能上天作战的飞机，东拼西凑也才不到20架。而此时，日寇军部下令对南京城实施无差别轰炸。1937年12月3日，日军调来30多架战斗机，大举进犯南京，这是南京沦陷前的最后一次空战。

“我们没有援兵了。”

“飞机只剩两架了。”

“加油，装弹！”

这是一部讲述南京保卫战的影视剧中乐以琴与董明德面对日机进犯决心殊死一搏时的台词。

在最后的战斗中，与乐以琴并肩作战的是第21分队队长董明德。这天，乐以琴所驾驶的是一架水冷式意大利战斗机“菲亚特”，与乐以琴出生入死的战斗伙伴2204号早已损坏。这是一场力量悬殊的悲壮比拼，敌机的数量超出我方战机不止一倍，火力极强。但我军并未胆怯，仍努力拼杀。乐以琴被8架敌机团团围住，他利用娴熟灵巧的驾驶技术使夹击他的2架敌机相撞坠毁。但最终，乐以琴寡不敌众，战机的水箱、油箱均中弹起火，冒出浓烟，战机不停下坠。不得已之时，他跳出机舱。为了避免给敌军当活靶，他冒险推迟打开降落伞，以缩短在空中降落的时间。但情势险恶，敌机猛烈的射击迫使乐以琴错过了开伞的最佳时机。他落地后受到重创，不久便牺牲了，用年仅23岁的生命践行了自己在入伍时写下的诺言：“为争取民族生存，宁可让我的身和心，永远战斗，战斗，直到最后一息，我爱我的父母，更爱我的国家，我们的民族。”

乐以琴殉国后，国民政府追认他为空军少校、抗日烈士。他的遗体留在南京，现安葬于南京航空烈士公墓之中。他的遗物及抚恤金由兄长代领。此时，乐以琴的父亲已经辞世，家中只剩母亲。兄长不敢将此事告知母亲，用抚恤金偷偷购置了百余亩上等水田。后来，乐以琴的母亲得知爱子殉国的噩耗后，痛哭一场，将水田变卖，又另从家中拿出一大笔钱，捐建了芦山第一所中学，用乐父的名字命名为“伯英中学”，并将剩余的抚恤金充作助学基金，供当地学生免费就读。

乐以琴牺牲后，国民政府将他的事迹编入小学国文课本。上海联华影业公司则以乐以琴和其他两位空军烈士阎海文、沈崇海的事迹为题材，拍摄了影片《万里长空》。按国际惯例，凡在空战中击落敌机5架以上的飞行员被称作“王牌飞行员”。1937年8月15日，乐以琴击落敌机4架；1937年8月21日，乐以琴在上海西郊又击落2架敌机。从1937年8月15日到21日，仅仅7天时间，乐以琴就打下日寇6架战机。乐以琴是我国空军史上第一位王牌飞行员，他与刘粹刚、高志航、李桂丹无愧为中国空军的“四大金刚”。

在抗日战争中，中国空军牺牲人数高达4000多人，没有一人被俘，更没有一人投降，他们之中年龄最大的也不过而立之年，最小的才16岁。这就是抗日战争时期的中国空军。23岁以身殉国的乐以琴便是这4000多名忠烈中的一个。

在和平美好的时代，忠肝义胆的乐以琴在西湖旁的誓言仍然在时空中回荡：“我决以鲜血洒出一道长城，放在祖国江南的天野!”

12月6日

当局制造“凤凰山飞机场事件”，逮捕川大教授黄宪章。国民党川康绥靖公署军法处将支持学生运动的川大教授黄宪章逮捕，这激起川大师生的极大愤慨。川大学生和成都“民先”，在中共领导下开展了救援黄宪章和揭露顽固派罪行的斗争。他们首先造成强大的社会舆论，要求释放黄宪章。有刊物高度赞扬黄先生是“成都的章乃器”，指出逮捕黄宪章是制造第二个“七君子”案件。打听到黄宪章关押的地方后，川大每日都有几批学生轮流前往探望慰问，使顽固派不敢轻举妄动。黄宪章在狱中接受记者采访时坚定地表示：救亡无罪，政府如果继续压制民众运动，这“将是抗战前途的一个莫大危机，中国对日抗战有无胜利的把握，唯一的要看我们发动民众而定”。[①]

康乃尔回忆：1937年“凤凰山飞机场事件”[②]

1937年12月，成都发生了暂时的政治逆流，首先从川大开刀，原来“川大抗敌后援会”在11月曾组织100多人到凤凰山飞机场去慰问修飞机场的几万民工，川大教授黄宪章和我都去了，发现民工生活很苦，御寒是大问题，黄教授就在飞机场和工程管理处发生过冲突。我回来后又组织成都各大、中学生代表到四川省政府去请过愿，要求改善对民工的待遇和民工的管理，因此和当时省政府的秘书长兼代表主席邓汉祥直接顶撞，可能触怒了他，结下了仇恨，当然这次政治逆流主要不是这个原因，这不过是国民党反动派串通地方势力企图打击成都进步势力的一个借口罢了。在这种形势下，川大的CC派、复兴社和青年党同他们勾结在一起向我们反攻，要求改造“川大抗敌后援会”，并且在开大会之前的某天深夜，CC派等秘密地向每一间宿舍散发了所谓“长期抗战锄奸特刊”，指名攻击、污蔑成都地下党和进步方面一些露了面的人物以及川大的救亡积极分子。这种内外突然紧张的形势就吓跑了中间群众，我们的改造失败了。同时在社会上，政府宣布戒严令，并在报上发布诬赖我和黄宪章的新闻，说什么“川大教授黄宪章和学生康乃尔等煽动工人逃跑，破坏国防工程建设，显系汉奸行为云云”（大意），在新闻发布之后，省政府先把黄宪章逮捕

① 参见《四川大学史稿》，第231—232页。

② 摘编自《康乃尔同志回忆录（1936—1940）》。标题为编者所拟。

了，本也要逮捕我的，却因我当天在外面开了一天会，天刚黑才回学校，还没有走到宿舍就有人告诉我这个消息[①]，我便溜出学校，跑到熟人家躲起来了，没有被捉去。就在这段时间，“四川省抗敌后援会”也被迫奉命停止工作了。

12 月 10 日

四川省政府公布《大中学生寒假在校进行战备训练教育大纲》，召集学生成立战训团。[②] 党组织通过成都“民先”和“各救会”等进步组织，派张秀熟、杜桴生、刘披云、饶世俊、犹凤岐、朱挹清[③]、赵世兰[④]等进入战训团工作，向学生宣传党的抗日救国纲领，进行爱国主义教育，并在学生中发展党员。[⑤]

12 月 13 日

国民党政府弃守南京。此后一个月内，南京居民 30 余万惨遭日寇杀害。[⑥]

12 月 14 日

北平成立日伪临时政府。[⑦]

12 月 22 日

▲四川省政府通令：学生参加校外集会、学校延聘校外人士演讲者，在省会应报省府核准，在外地应报当地市、县政府核准。[⑧]

---

① 据洪沛然回忆：康乃尔那时有一个朋友，是王惠安的女儿，给康送了消息，康就跑了。参见洪沛然：《抗战初期成都文化界救亡协会》，载《成都文史资料选编・抗日战争卷・上・救亡图存》，第 464—468 页 。

② 《抗日战争时期四川大事记》，第 17 页。

③ 朱挹清（1909—1993），四川丰都（今属重庆市）人，曾介绍军阀杨森侄女杨汉秀去延安。

④ 赵世兰（1896—1969），四川酉阳（今属重庆市）人，中共早期领导人赵世炎之姐。1933 年到蓉从事地下工作，1938 年任中共成都市委委员。

⑤ 《成都文史资料选编・抗日战争卷・上・救亡图存》，第 176 页。

⑥ 《中国近现代史大事记：1840—1980》，第 120 页。

⑦ 《中国近现代史大事记：1840—1980》，第 120 页。

⑧ 《抗日战争时期四川大事记》，第 17 页。

▲当局释放黄宪章，川大师生召开欢迎大会。参加慰问凤凰山飞机场民工活动的川大学生59人，由张晓岩[①]领衔，联名致函校长张颐，强烈要求学校出面请求立即释放黄教授。教员76人也联名致函校长张颐，阐明事实真相，要求“黄先生早复自由，用彰公道”。在社会舆论的强大压力下，当局不得不释放了黄宪章。[②] 黄宪章返校当天，师生鸣放鞭炮，在文学院礼堂召开盛大的欢迎大会。[③]

四川大学孟寿椿等七十六人为请释黄宪章致校长函[④]

（1937年12月15日）

真如先生道鉴：本大学教授黄宪章先生近被绥署逮捕，据报章所载，谓有煽惑民工之嫌疑。究竟因何获咎，自难臆测。惟黄先生自二十四年下期即任本校教授，两年以来勤慎奉职，言论行动尚无逾越轨范之处。今秋日寇进犯，本校在省抗敌后援会指导之下组织抗敌后援会，黄先生被推选为常务委员，以职责关系，常参加救国工作。前月十六日，省立成都女子中学校抗敌后援支会致函本校抗敌后援会称：外北飞机场为抗敌后方重要工作之一，动员工人多至二万数千，辛勤操作，劳苦异常，而衣不暖体，食不果腹，疾病死亡频有所闻。似此情形，殊堪悯恻，请一致设法慰劳，并转请大会建议省府改良工人待遇，俾得增进效率等语。旋即由成都各大、中学校发起慰劳修筑飞机场工人，参加者达三十余校，定于十一月二十八日组队前往慰劳。黄先生受省抗敌后援会所辖干部宣传队第二大队之请求，同往指导工作。当日在场所作两次演说，黄先生及其队员均有明白之纪录，并有

---

① 张晓岩在校用名张嵎，籍贯四川南充，张澜之子。1937年9月考入川大文学院外国文学系，学号26038。为川大进步学生。见国立川大1937－18－3。

② 当局将黄宪章、黄中孚教授及学生康乃尔、韩天石、王玉琳、张宣、周海文、王广义、汤幼言、王大民等37人列入“凤凰山飞机场事件”的黑名单，加以严密监视。据洪沛然回忆：黄宪章被抓了以后，是党组织通过上层统一战线联系邓汉祥把他保出来的。（见洪沛然：《抗战初期成都文化界救亡协会》，载《成都文史资料选编·抗日战争卷·上·救亡图存》，第464—468页。）

③ 《四川大学史稿·第一卷·四川大学（1896—1949）》，第190页。该书将黄宪章被释时间记为12月16日，应有误。欢迎黄宪章的大会召开于年底（除夕前一日），会后学生集资编写了《黄案始末记》一书，详叙事件经过。参见《黄案始末记》，书林书局影印本，第16、20页。

④ 摘编自《抗战时期的四川——档案史料汇编（上）》，第473—474页。

当日在场之学生王彦立等五十余人，负责证明决（绝）无煽动工人之言论。倘黄先生果以此事见疑，实至屈抑。现强敌压境，正应激励民众共起救国之时，今忽以爱国之言动被鼓煽之罪名，观听骤摇，滋人疑畏，应即设法申明真象（相），俾黄先生早复自由，用彰公道。先生高瞻远瞩，谅早鉴及，是用敷陈情，实切望转，请当局迅将黄先生礼释，以安黉舍，无任企盼。专此。敬颂时祺。

12月31日

截至本日，“川大抗敌后援会”总人数计有120人，设组织、宣传、总务、调查4个组，另有一个出版委员会，由朱光潜担任主任。

国立四川大学抗敌后援会各组人员表[①]

（1937年12月31日）

组织组：

正组长龚曼华，副组长门启昌、贺运森。干事：樊锡芳、赵城、罗终、杨枢荣、周镜之、李应潜、陈星炳、杨长福、甘贞信[②]、苟世□、文学淑、孙相敬、秦承先、刘献镁、王彦立、张邦永、龚畯先、张问之、王大明、吉基祥。

宣传组：

正组长吕平章，副组长周畅富、周述贤。干事：王企澄、吴鼎南、傅养恬、蔺大常、陈□飞、刘询、李家英、李锦华、郭伯鸫、任敏华、陈伯生、邱正爵、曾庆龄、李培荣、陈嘉会、唐步祺、谭俊明、宋仲堪、鲜于善、沈文英、周韵松、王国华、夏宏端、罗玉阶、朱文虎、邓翰臣、刘人西、梁荣璧、陈立群、余如南、邱光姜、叶玉荃、邵泽民、张文廉、喻厚高。

总务组：

正组长熊子骏，副组长李健行、李懋昭。干事：朱育万、谢子

① 《抗战时期的四川——档案史料汇编（上）》，第335—336页。

② 甘贞信，四川富顺人。1937年考入川大文学院教育学系，在校学号W26061（见国立川大—2609—3）。

和、唐仲侯、向文侯、张笃周、曹增荣、钟佩镕、周远鹄、李光荣、蓝为霖、刘默容、刘观涟、李发第、许廷星①、喻厚高。

调查组：

正组长黄学慎，副组长邱汉生、胡达文。干事：张慕渠、刁星耀、张锡久、陈贞繁、王文芳、周声鸣、余守先、张文廉、陈光祖、何叔度、陈育生、阙思常、曹金和、陈昌志、陈册贤、李蘅劳、曾懋修、张大仁。

出版委员会：

主任朱院长光潜，副主任张惠昌、廖春圃。委员：刘成壁、吴天墀、郑异材、邱觉心、孙琪华、陈嘉会、陈怀容、王成德、徐竞存、喻季姜、陈亨如、张垂诚、赵启先、徐鹤群、池文华、魏辅南、李耀星。

是月

▲邹风平按照中共中央的指示，在成都恢复了中共四川省工委，并着手审查成都地区失去联系的党组织。全面抗战爆发前，成都党组织遭到严重破坏，大量党员与党组织失去联系。这一时期，成都党组织主要形成三个系统：一是1935年受中共上海中央局派遣入川的张曙时在联系老党员、发展新党员的基础上成立的党小组；二是失去组织联系的饶孟文组建的中共成华特支；三是成都“民先”内部成立的以韩天石为代表的党小组。中共四川省工委根据实际情况对各个系统的党员进行了相应的审查，承认了其中的合格者。于是成都地区分属于三个系统的党员统一了起来。②

▲川大成立第一个正式的党小组。1937年底，在中共四川省工委的领导下，川大校内成立了第一个正式的党小组，由徐坚（徐恩贤）任

① 许廷星（1913—1997），四川乐山人，财政学家。1941年毕业于川大法学院经济学系。

② 中共四川省委党史研究室：《四川党史人物传》（第2卷），四川人民出版社，2016年，第177—179页。同时参见《四川大学史稿·第一卷·四川大学（1896—1949）》，第201页。编者按：上述两书有关中共四川省工委的重建时间有出入，前书称中共四川省工委重建于1937年12月，后书称中共四川省工委重建于当年10月；本书参照多种文献，采用了前书的说法。

组长，党员约 10 人。这个党小组并不包括当时川大的全部党员。其时，韩天石主要在市内活动。[①]

▲**校友陈文贵[②]任国民政府第一防疫大队队长**。陈文贵担任国民政府第一防疫大队队长，负责包括延安在内的华北战区的防疫工作。接受工作后，他曾由德国人兰度雅秘密引荐，会见了八路军驻南京办事处负责人廖承志，并获知老首长叶挺将军在延安（陈文贵曾参加八一南昌起义）。1937 年岁末，陈文贵率 10 多个队员乘卡车北上到了延安，为敌后抗日根据地创立了防疫第四分队。[③]

▲川大教授朱光潜在《国立四川大学周刊》第 6 卷第 12 期上发表《国难期中我们应有的自信与自省》。[④]

康乃尔回忆：入党与转移党组织关系[⑤]

约在 1937 年 10 月，住在我宿舍隔壁的川大同学熊复，来找我闲谈，说是陕北有人在这里，你可以去找，对你工作有帮助。我问，在哪里去找。他说，到《四川日报》（社）去问问。还没有等我来得及到《四川日报》（社）去问，林懋生就来找我了，他问我，听说你要找陕北方面的人？我答，是呀，就是不知道去哪里找，你能告诉我吗？他说，我帮你约一下，找陈克琴（在救亡运动中就认识）引你去。10 月的某一天，陈克琴就来引我去。在华西大学内的草坪上由陈克琴介绍我去会见了一位慈祥的老人（后来才知道就是张曙时，通称张老），陈离开后，我们就在华西坝边走边谈，我以一种很崇拜和完全信赖党的心情听他对我谈话，他向我谈抗战的形势，当时的任务要

① 《四川大学史稿·第一卷·四川大学（1896—1949）》，第 201 页。

② 陈文贵（1902—1974），四川永川（今重庆市永川区）人，微生物学家，中国科学院学部委员（院士）。早年间就读于长沙湘雅医学院，后随叶挺部参加南昌起义，1928 年转入华大就读，1940 年代率队调查日军进行细菌战的真相，撰有《湖南常德鼠疫报告书》。新中国成立后，曾赴朝鲜前线调查“联合国军”实施细菌战事件，并负责中国人民志愿军的防疫工作。曾任四川医学院副院长。

③ 雷文景：《华西坝——当年风物当年人》，四川大学出版社，2010 年，第 79 页。

④ 参见《国立四川大学周刊》第 6 卷第 12 期。

⑤ 摘编自《康乃尔同志回忆录（1936—1940）》。标题为编者所拟。

防止国民党妥协投降，完全是一个党组织的领导人向一个党员布置工作的口气。我感到很亲切，感觉在政治上有了可信赖的依靠。我在成都和地方军阀方面接触到一个刘湘的顾问郭××[①]，我对这个人没有把握，问到张老，他好像很了解似的说："这个人你不要管好了。"谈话后的有一天，熊复给我一张小条子，说是张老给我的，上面写着："任你做小组长，川指"。我看后不假思索地说，那天没谈这件事。条子我还是收了。不知道是第二天还是第三天，甘道生又来找我，问我入党是否有点问题，我说入党是没有问题的。我顺便问了一个问题，入党后家庭还能照顾吗？他说在可能情况下当然是可以的。因为我知道在当时（参加）党的事业是要牺牲个人一切的。我为什么提家庭问题呢？因为我感到我家庭供我读书搞穷了，我完全不管，心里过意不去。这以后我就直接和张老发生党的组织关系。没说有候补期，我做小组长，每次都是张老出席我们的会议，我们小组共 4 个人，熊复、陈克琴、陈思苓和我。我和熊复是川大的（陈思苓亦是川大的——编者注），陈克琴是社会上的。因为我在群众团体的活动很多，习惯于外交活动，有时放松了小组的领导，张老还批评过我一次，说就是在敌人包围的紧急情况下，也要先搞好内部，才有战斗力。我接受他的批评。到 1938 年 1 月，延安党中央派邹风平等人来川建党（指恢复与重建党组织。当时四川地区党组织破坏严重，已无省级党组织——编者注），统一四川地下党，这时我的党组织关系就由张曙时手转到邹风平手。转移关系的那天，邹风平、张曙时和我三人均在，当场交代清楚后，以后就和邹风平发生关系了。

韩天石、熊复回忆：熊复在玉米地里宣誓入党与"倒王运动"[②]

当时成都党组织有三个系统，川大党组织也有三个系统。后在省工委领导下统一起来了，党员有的派做其他工作，有的参加本单位的

① 此人可能是郭秉毅，见本书"1937 年冬"条附文《张秀熟 1937—1940 年在成都的革命活动》。

② 摘编自《韩天石同志回忆录（1936—1939）》。标题为编者所拟。

组织（熊复插言：我是在参加成都文化界救国联合会的宣传工作时由×××介绍入党的，我尚记得我入党是7月大热天，仪式在郊外的玉米地里举行，我比康乃尔入党早，我们党小组除我是川大学生外，另两个是没有职业的社会青年，这两个青年的生活费由张曙时和我供给，每个月张给他们两块补贴，不够部分由我添，后康乃尔入了党，我们4人编为一个小组，康乃尔任组长，我是1937年7月入党的，康是10月间）。王彦立做支部书记时，大家对他很有意见，认为他的领导才能不够，要求改选支部，当时戏称为“倒王运动”。省工委对此事的态度是默许，没有责备大家自由主义，乱搞民主。他（可能是指省工委的领导）考虑这的确是个问题，王彦立抓这些工作抓不起来，改选势在必行，改选后成立了总支，书记由王怀安担任，其时，党员人数已经大增。

邓照明回忆：川大党总支是国统区最大的基层党组织[①]

川大最初有党小组是1937年12月。第一任组长是徐坚（徐恩贤），成员有陈毅乔、刘国瑞[②]、刘仲渊、王世焕、邓照明。徐坚（徐恩贤）被川康特委组织部长程子键派往泸州23军一个工厂当工人后，继由李冰洁[③]做组长。在此期间，我们理学院又发展了一批党员，如汤幼言、张万禄、夏淑惠、陆文烈、张显志，于是在理学院成立了党小组。此时我已不在最初的党小组里了，韩天石同志叫我找王彦立联系。这时川大已有支部，书记即为王彦立，这是全校性的党组织，支委有蒋汇泽、刘国瑞、徐天语（康乃尔、熊复、胡绩伟、韩天石、王广义等均在校外活动）。1938年下半年，文、法学院一批党员对王彦立的领导不满意，发动了“倒阁运动”（或称“倒王运动”——编者注），要求重新改选支部。当时成都市委张文澄同志召集党员在少城

① 摘编自《邓照明同志回忆录（1937—1939）》。标题为编者所拟 。

② 刘国瑞为川大文学院中文系三年级借读生，1937年11月从私立辅仁大学转学，借读学号为借26291（参见国立川大－2962－16；国立川大2603－12）。

③ 李冰洁即陈毅乔。

公园南边小巷子的一间屋子里开会，改选支部。到会30余人，会上选出了王怀安、于北辰、尹智祺三个支委。这个活动，理、农学院无人参加。（陶然插言：此次选举前还有一个洋坟坝改选，那次选票没有开，张文澄在票上做了记号，发现其中有问题，因而搞了第二次选举。）这届总支搞不多久，国民党开办了学生军训，全是大学生，集中在新都，混合编制。这样一来，我们就不能按川大党组织的形式活动了。军训共有两个大队，每个大队我们确定了一个负责人，均单线联系。两个月后，军训结束，我们回到成都。根据工作需要，我们又成立了新总支，总支人选由川康特委确定，由王怀安、王大民（陶然）、喻厚高（于北辰）、赖自昌[①]、邓照明五人组成总支部委员会。

此间川大党组织较大，总支下设四个支部：文、法、理、农各一；后又成立了女生支部（多是文、法学院女生）。每个支部均近20名党员，因此校内共有80余人；加上离校活动的，全川共有120多名党员。1939年我偕同冯文斌到延安，其后不久他告诉我说：川大总支是国民党统治区最大的基层党组织。那时我们总支提出过一个口号，即要求每个党员要发展一个党员，团结三个群众。大家闻风而动，积极开展工作，因此在一千多学生中，我们的力量就有三百人之多，占学生总数的三分之一，党员又占学生总数的十分之一。况且，我们是有组织、有纪律的，是团结一致的，一直战斗力甚强。单就川大本身来说，我们当时是能控制局势的。

朱光潜：国难期中我们应有的自信与自省[②]

从卢沟桥战事发生以来，我们的敌人倾国大举，用重兵利器来侵略我们，到现在为时不过四个月，我们的领土几乎被他们占领五分之一了。这五分之一的领土，都是我们国防的重镇。河北、察哈尔、绥远、山西是我们的西北两方的腹背，是我们和俄国交通的大道。天津、上海是我们北部和中部的重要海口，是我们与欧美交通的要道。

① 赖自昌（1917—1968），又名赖卫民，四川内江人，1937年考入川大。或说为赖志昌。

② 摘编自朱光潜：《朱光潜全集》（第8卷），安徽教育出版社，1993年，第570—575页。

我们的长江咽喉，是紧固的江阴炮台，也只守了四天就陷落敌人的手里了。现在敌人还要从捷道包抄我们的首都南京。他们的用意是破坏我们的长江封锁线，一方面侵占南京，控制津浦路线，一方面用重兵直扑汉口，控制我们的平汉路线与粤汉路线。如果他们的计划成功，我们恐怕就要临到生死关头了。

我对于这些军事上的失利，倒不十分忧虑，因为胜败是军家的常事。从历史看，拿破仑和威廉第二①都曾经打过好多的胜仗，有在几小时之内就有征服全欧的可能，到后来终于是一败涂地。可见天下事也在人为。我个人所担忧的倒不是这种战场上一时的得失，而在我们的抗战的精神，是否能百折不挠，坚持到底。我近来观察群众心理，觉得我们大部分人，在这个生死存亡的关头，还没有真正觉悟。我们有两个可以致死的病根还没有除尽，一是缺乏真正的自信，一是缺乏彻底的自省。换句话说，还不能真正感觉到礼义廉耻的耻。

先说自信。现在有许多人一听到某某地方失守，某某地方我们打败了仗，便不免垂头丧气，仿佛自己没有把握的样子。太原失了，自己就仿佛没有把握能守住潼关；江阴失了，自己就仿佛没有把握能守住南京、汉口。这就是没有自信。打败仗不能亡中国，失土地也不能亡中国，如果中国会亡，一定要亡在这种没有自信的心理。因为没有自信心，就没有抵抗到底的勇气，没有抵抗到底的勇气，就失去了抵抗力，就不免束手无策，坐以待毙。

除了失败便垂头丧气以外，还有一种现象，也是没有自信心的表示，我们每遇困难当头，就希望旁的国家来替我们解围。在一个月以前，我们希望九国公约会议的结果能够使各国来压制日本侵略我们，后来九国公约会议无结果而散，我们感觉到失望；现在我们又指望俄国出兵，英国出兵，美国出兵，以为他们一出兵，我们就可以抬头了。这种观望心理，很像坐船遇了大风浪，自己的水手不努力救自己的命，而指望岸上的人来救一样。我们近二三十年的国策，就误在这种不相信自己而相信旁人的心理。袁世凯时代，日本突然向我们提出

① 指德意志帝国末代皇帝威廉二世。

"二十一条"，我们希望欧洲各国出来说话，结果他们没有说话，而日本人所要求的都如愿以偿。这个教训对于我们没有一点影响，到"九一八事变"时，我们还是希望国际联盟出来把东四省捧还我们，结果他们除了做些官样文章以外，一点动作也没有，日本人惬惬意意地把东四省吞下去了。不但如此，当时列席国际联盟调查团的意大利，现在已公然承认"满洲国"了。这个教训还不够使我们觉悟，到现在我们还张着呆眼睛望英国，望美国，望俄国，这种倚赖心理真是可怜亦复可耻。老实说，这个世界，是利害的世界，并非公理人道的世界。旁的国家如果没有真正切身的利害，决不起来帮我们打日本的。到了他们真正感到切肤之痛时，要起来收服日本，那也是为他们自身的利益，而不是为什么人道正义来救我们，他们现在已经很坦白地说，他们不高兴日本，因为要"保护他们在华的利益"。他们如果真正向日本宣战，也许可以把日本压下去，但是我们是否就因此能抬头，或者说，他们肯不肯就让我们抬头，也还是问题。自然，我们为外交策略起见，不能不联合一些朋友，来打倒我们的敌人，我们应该用尽方法，运动英国出兵，运动俄国出兵，但是任何其他一国家，决不能帮助我们生存，我们要生存，还要自己努力去在死里求生。自己不能生存，自己不相信自己能生存，纵然外国人有好意要帮助我们，也决无济于事。历史上从来就没有一个先例，说是一个自己不能生存的国家，像寄生物似的，仰仗邻邦的庇荫而生存的。我们如果要生存，一定要自己努力；自己努力，一定要先自信自己的努力，能够得到最后的胜利。

不过我所谓"自信"，与"自夸"不同。现在有一句最流行的口号说"最后的胜利必定是我们的"。这句话可以看作好，也可以看作坏。看作好，我们可以说，这是有"自信心"的表示。看坏一点，我们可以说，这是打官话。或者更坏一点，这是心虚口夸。我们凭什么能说"最后的胜利必定是我们的"呢？你说这句话时，是出于"自信"，还是出于"自夸"，就全看你心中对于这个问题有没有正确的答案。如果你说"最后的胜利必定是我们的"，因为英国、俄国会帮助我们，或者说中国近来命运好，遇事都逢凶化吉，这次也许不致一蹶就亡了；那末，你这句话并非真有“自信”而是依赖外人，依赖命运，与自信恰恰相反。然则真正的自信，要有什么做根据呢？真正的自信，换句话说，就是彻底的自知与自知后所下的决心，认清了达到尽这种责任的方法，然后下决心去脚踏实地，百折不挠地做下去，一直到最后的成功才甘休。这才是我所谓自信。就目前的困难说，我们有什么凭据能说“最后的胜利必定是我们的”呢？我们认清了敌人是要吞并我们，逼我们做奴隶的，我们认清了外国人是不可靠的，认清了这浩大河山，这光荣的历史，由我们的祖宗辛辛苦苦地维持起来传给我们，现在如果在我们手里丧失了，使我们子子孙孙永远受人以奴隶待遇，不但是对不起祖宗，也对不起未来的子孙。同时，我们也认清了我们的人口、我们的疆域、我们的富源就超过我们的敌人不知道若干倍，我们只要真能抗战到底，敌人是支持不住的。敌人现在比我们稍强的不过是新式军械，但是他们的军械也不是天赐的，也还是制造的，买来的；他们能制造，我们就不能制造，他们能买，我们就不能买吗？在这种认识之下，我们四万万的国民，每个人都抱定打到底只剩最后的一个人都不肯甘休的决心，有了这种认识和决心，我们才配说“最后的胜利必定是我们的”。

真正的自信必定根据真正的自知。自夸式的自信不难，真正的自知却不容易。希腊人以为人生最高的智慧是“知道你自己”。严格的（地）说，世间事物许多都容易知道，只有自己最难得知道。自己难知道，因为每个人的见解，都囿于自己的智力与经验，每个人都有抬高自己的虚荣心，而虚荣心是最易产生幻觉，蒙蔽真知的。要能自知，先要下自省的功夫。所谓自省，就是自己观察自己，自己省问自己。在这困难当头，危急存亡的时候，我以为我们第一件要务便是自省。在这个时候，每个人都要问自己，是否在尽他的抗敌救国的责任，或是在准备尽他的抗敌救国的责任。我们慢些责备旁人是汉奸，是误国者，且先问自己的行动，在实际上是否还是像汉奸，还是误国；慢些骂旁人不抗敌救国，或是向旁人宣传要抗敌救国，且先问自己是否真在抗敌救国。

姑且举一两个眼前的实例来说。我近来听到许多非难文化界与学生界的话。有人说，现在一般青年们口口声声劝旁人毁家纾难，而他们自己却穿得很漂亮，用得很阔绰，过的生活并不像国难时期所应过的卧薪尝胆的生活，他们并不像想到前方将士在这冰天雪地的地方，还有多少人连棉衣都没有穿，日夜苦战，往往歇两三天还吃不得一餐饱饭。有人说，现在教育界人所办的救亡会、抗敌会等等，真正的用意并不在救亡抗敌，而在趁国难中混乱的局面，来培植自己的党羽，扩充自己的势力，预备将来谋自己的利益。在这个危急存亡的时期，你们还有心肝在闹党派，争纵领袖之欲。又有人说，现在一般青年天天在喊口号、贴标语，其实都是打官话、出锋头，他们自己并不能照他们所喊的去做，比如说，他们口口声声要求实施国难教育，现在学校要他们在寒假中受军官教育，预备给他们一些实际战争的技能，让他们在必要时可以上前线去冲锋杀敌，他们临时一定会借故脱逃的。没有给他们国难教育时，他们喊着要，到真正给他们国难教育时，他们会喊着不要，像这种情形怎么配说抗敌救亡呢？此外社会一般人士，责备我们教育界的话还很多，诸位一定也略有所闻。我不敢说拿这些话来责备我们的人个个都是对的，他们的态度有时甚至于很恶劣，动机有时甚至于不纯正。但是处在我们的地位，我们且不必和他们争论，我们应该认定这是我们严厉自省的机会。我们应该自问，我们的言行何以引起外人的责备？他们所责备我们的话是否完全没有根由？我们是否可以问心无愧？假如他们责备我们的话不尽无因，我们就应该感觉到这是我们的羞耻。

我现在把话总束起来，我们如果要抗战到底，一定要有真正的自信，真正的自信要根据彻底的自知。要自知必须能自省。能自省才能知耻。所谓知耻，就是西文所谓“sense of honour”，从前人说“知耻近乎勇”，又说“明耻教战”。不知耻的人不会有勇气，不“明耻”也决不能教战。我们现在要确实感觉到日本人对于我们烧杀淫掳，是我们的极大的耻辱，在这种耻辱之下，我们如果不能真正的（地）觉悟，下极大的决心，去脚踏实地、同心协力地去洗清我们的国耻，这是我们的更大的耻辱。

是年冬

▲川大和华大师生为前方将士募集棉衣。川大女同学集体缝制，一部分男同学协助，在6天之内做成了1075件棉衣送往前线。同时收集破旧棉衣数百件，赠送战区难民。[①] 华大师生职工也把尽力捐献看作是自己应尽的天职。在抗战时期的寒衣捐献、慰劳捐献、军火捐献等活动中，他们表现了高昂的爱国热情。在冬季募集寒衣的活动中，华大教职员的捐献启事说："此次国战，全赖前方出力，后方输资，乃能长期抵抗以求最后胜利。本校教职员爱国表现，应为前导，务必在国难期间，节衣缩食，出其所余，以济战区。"学生自治会召集的慰劳抗敌将士的捐募会议称："前方将士为争求整个民族生存，在冰天雪地中浴血苦斗，后方民众自应努力捐输，庶不愧为中华国民，而操战争之最后胜利。"全体师生慰劳前方将士的电文说："我同胞将士，抱牺牲主义为民族竞争，与匪军往来驰骋于冰天雪地，稳扎稳打，再接再厉。战斗经浃旬，攻守无分昼夜。能殄虏搴旗，杀敌凶焰，敌忾同仇，举国交钦。敝校虽远处西陲，深愿为公等声援，使敌知支那民气，有抵死不挠之精神。现正筹集薪货、备沧海一粟之助，借表微诚，而资慰劳。"华大医预科班同学在寒衣捐献中亲自动手剪裁和缝制冬衣，全班男女同学倾注了满腔爱国激情，一针一线地为前方将士精心制作。不少学生节省零用钱，一周一角、两角地捐献。有的同学还献出自己的衣物、书籍，进行义卖献金。[②]

▲校友张秀熟为四川学生编写《抗战必读》。张秀熟为四川大、中学校编写了抗战教材《抗战必读》（甲集），宣传抗日救亡。[③]

---

① 《四川大学史稿》，第228页。

② 《华西医科大学校史》，第100—101页。

③ 张秀熟：《二声集》，巴蜀书社，1992年，第590—593页。

张秀熟1937—1940年在成都的革命活动[①]

我到了成都也找不到党组织，找到了肖华清[②]、李嘉仲等同志，他们也找不到组织。于是我就回平武老家。地方上见我回家，就要求我暂时住下，把已停办的县立中学恢复起来。我根据各方面条件，办起简易乡村师范学校，自任校长，招生上课。暑期中，就得到王干青、章璞[③]等人来信，说王干青作为刘湘的代表到延安去，见到了毛主席，四川政局将有新的变化，要我速去成都。恰恰“七七”卢沟桥事变发生，我就赶到成都。

到了成都，我首先是设法找省委组织。经过杜桴生联系，我在他办的《四川日报》社见到了张曙时。张告诉我，你在监狱10年的情况我已了解清楚，从现在起，恢复你的组织关系。此时党在成都只有川康特委，由张负责。很快，王干青、章璞和乔毅夫[④]（刘湘的高等顾问）来找我，说“七七事变”之后，四川的抗日统一战线工作进展很快，刘湘决定请你参加抗战工作，仍负一个顾问的名义。我立即向张曙时作了汇报，他同意我参加，设法打进川军中去，为国共合作抗日作准备，对于刘湘过去的罪恶，应不再管他。他还告诉我，我们已有几位同志在刘湘部队工作，如冯玉祥推荐到刘湘部任高等顾问的郭秉毅、汪道余、李荫芬等。其中的郭秉毅是党员，要我今后与郭取得联系。这样，我就全力以赴地投入了准备川军出川抗日的工作。1937年冬，利用学校寒假的机会，我们组织了全川大、中学生战时训练，以高兴亚（川大教授，也是冯玉祥推荐给刘湘的高等顾问）任战训处处长，我任副处长，负责实际工作。我聘了刘披云任四川大学政治教官，聘成都警备司令严啸虎[⑤]任四川大学军事教官，请在成都的很多

---

① 摘编自《二声集》，第590—593页。标题为编者所拟。

② 肖华清（1894—?），四川彭县（今成都市彭州市）人。抗战期间两度出任成都协进中学校长。

③ 章璞（1898—1976），又名明良，四川绵竹人。1917—1921年就读成都高师英语部，参加过王右木组织的“马克思读书会”。

④ 乔毅夫（1885—1967），四川绵竹人，国民党陆军中将，1949年12月参加彭县起义。

⑤ 严啸虎（1899—?），四川成都人，国民党陆军少将，1949年12月参加彭县起义。

党员和进步人士，如何其芳等分别到各校任教官。可是，正当我们经过很多努力之时，川军出川抗战，刘湘突然在武汉去世，我与川军的关系就此中断。此后，我就再未参加公开的军政活动。

1938年，我担任了川康特委委员，协助张曙时工作，工作重点仍是统战工作。我通过张斯可、乔毅夫等开展军政界的工作。当时我们聚头的地方是车耀先办的“努力餐”餐馆。这段时期我的公开身份仍然是教员，主要在省师教国文，也在协进、天府等中学兼课。

1940年“皖南事变”发生。成都也在3月14日发生了国民党制造的“抢米事件”。夜里，18集团军驻省代表罗世文同志与车耀先同志就被捕了。第二天一早，郑伯克通知我，说敌人要大逮捕，要我立即疏散，最好是回到平武老家去。我立即收拾了一下行装就离开了成都，回到平武。我突然回平武，又在成都“抢米事件”之后，引起不少人的怀疑，我就以回乡养病为由，在家住了一段时期，暑假满后又来到成都。先隐蔽在郊外九里堤邱翥双[①]家（他曾任平武县县长，和我私交很好），几天后转移到邓胥功（川大教育学院教授）家，他们感觉成都空气仍较紧张。于是我又到当时省政府疏散地金牛坝去访平武同乡余绍琴。他是我的老朋友，时任省主席张群的顾问，他对我分析了成都形势，认为绝非我久留之地，劝我还是回平武为好。为了在平武站住脚，可以约几个同乡一道回去。我决定先找到党组织再说。于是放胆回到上半节巷私宅。只过了一夜，第二天清晨，李文孚（即是过去彭兴道拉走的万县县委书记，他后来叛了党，加入了复兴社）就来找我。他明确告诉我，他的家就在我家附近，是雷清尘派他当钉子在此专门等我，他要我立即去见雷。我在他挟持之下，去到南门原雷神庙一个机关，见到了雷。雷这时任第三厅处长，主管文化方面的事。他对我说，他们要在暑假办一个中学生训练班，现正缺乏教“抗战建国纲领”和“民族运动史”的教师，每门课程只教8个小时。训练班设在狮子山下农政所，距圣灯寺不远，无论如何要请我担任。我

① 邱翥双（1892—1986），四川奉节（今属重庆市）人。川军将领，1949年12月参与彭县起义。

感到又遇着一个大问题，只好勉强答应说，我考虑两三天再作答复。我回家后很快找到一个熟人，知道张曙时已离开成都，成都党的工作是程子健[①]、郑伯克在负责。根据事先的联系，我到光华村附近一个农民家见到了程子健。他认为我决不能留在成都，最好是去延安，或者回平武。考虑到当时到延安的路很不安全，有好几个同志在广元被扣，所以最后他们决定我回平武，指定郑伯克和我联系。并说为了应付敌人，你可以答应雷清尘的请求。于是，我就给雷回话，说可以上他提出的两门课。同时给平武家中写信，嘱家里赶紧来信，称父亲病危，望我立刻回家。当我上完两门课程，拿着家信去向雷清尘辞别时，他也就不再挽留。我又与余绍琴作了研究，他已决心回乡养老，我们又约了同乡、老同学姚以敬（他与我是高师同学，当年在《四川学生潮》上写了不少著名文章，其中《地方间的绅士》一文中的"逢迎官兵匪，搕榨农工商"的名句曾传遍全川）回乡办教育，并找当时教育厅的科长宋大鲁任命姚任平武简易师范的校长。这样，1940 年的秋天，我就和余绍琴、姚以敬三人一道回到平武，姚任校长，我任教务主任。地方上对我们都表示欢迎，我也就得以在平武安全地住下来。

是年

▲齐大迁入华西坝，金大、金女大于本年底至翌年秋期间相继迁入华西坝。1937 年底，齐大部分师生迁至华西坝，翌年，学校在成都正式开学。[②] 齐大抵蓉不久，金大师生亦辗转而来。1938 年 1 月，金大在成都第一次招生，并在华西坝空地建造新校舍，3 月即正式复校行课。[③]金女大院长吴贻芳女士于 1938 年 1 月抵蓉了解形势，考察、商洽迁校事宜，大约在年中，金女大已决定迁校成都，其师生分批次奔赴成都。是年秋，金大于战火中恢复教学。至此，华西坝名校萃集，奏响了五大

---

① 程子健（1902—1973），四川荥经人。1930 年任中共四川临时省委书记。

② 《山东大学百年史》编委会：《山东大学百年史》，山东大学出版社，2001 年，第 444 页。

③ 《抗日战争时期四川大事记》，第 25 页。

学合鸣的弦歌。[①]

郭查理叙述齐鲁大学西迁成都[②]

尽管1937年7月战争爆发了，齐鲁9月1日仍照常开学。但只有297名学生，与上一年的567人相比，来上学的人少多了。预期有200名女生入学，但来注册的仅有80人。神学院只有13名到校的学生。不过，战争的间歇并没有持续多久。到10月间，日本人已经进犯山东的北境，占领德州后，正向济南推进。看起来还是停课为好，在铁路线被切断之前，把学生，特别是女生送走。教育部建议学校迁到陕西省西安以西大约80英里的五公县。但是，搬迁、建房和购置设备的费用之大令人不敢想象。正在此时，在答复齐鲁询问的电报中，四川成都华西协合大学发来了邀请，愿意为医学院3个高年级班和他们的教师提供方便。由于这是一所跟齐鲁在许多方面近似的非宗派学校，所以齐鲁接受了邀请，3个班级的学生和14名中国教师离开济南前往成都。在国外待了一年刚回来的女生部主任于夫人陪伴13名女生同行。其他学生分散到了四面八方，许多进了国立学校当客籍学生。到11月6日校园里的学生已经走光了。11月15日，中国军队炸毁了黄河大桥，以阻挡日本人从北面进攻，但日本人在12月23日用其他手段渡过黄河。就在中国军队撤离济南后不久，日军在27日占领了这个城市。济南并没有发生战斗。

齐鲁的学生并不是华西校园中唯一的避难者。在他们到成都几个星期后，金陵大学的学生、教师、设备和行李都搬来了。不久，金陵女子学院也来了，这是一所设在南京的女子学院。其他大专院校也迁到了成都。有一些更往西[③]迁到重庆，或者向西南到昆明，或者到自由中国的其他地方。到1939年6月时，仅有很少几所大学和学院留在沦陷区。47所大学迁到大后方，21所搬到上海和其他地区的租界。

① 《抗日战争时期四川大事记》，第23页。同时参见德本康夫人、蔡路得：《金陵女子大学》，杨天宏译，珠海出版社，1999年。

② 摘编自郭查理：《齐鲁大学》，陶飞亚、鲁娜译，珠海出版社，1999年。标题为编者所拟。

③ 此处应为“往东”，不知是原文有误还是翻译有误。

另外20多所销声匿迹了，或者是和别的学校合并，或者是停办了。

数以千计的学生、数以百计的教授卷入了这次大迁徙，构成了与日本人斗争中一个非常惊人的现象。这是由教育部指挥安排的，但实行中有无数的艰难险阻。在既不能坐车又不能乘船的地方，学生们要拖着双脚就这样走好几百英里。一些学校发现他们的第一个目的地不安全，就再搬一次，有些甚至搬了三次。可是，不管怎样的困难、危险、食宿条件的恶劣，以及他们习惯了的许多东西都很匮乏，这些搬迁的学校都保持了令人惊讶的高昂士气和坚韧不拔的精神，他们坚信中国最终将赢得胜利。

张智康回忆齐鲁大学西迁华西坝①

我四年级读完的时候，遇到了“七七事变”。学校原定九月开学，但战局逆转，华北局势紧张，学校奉命南迁。成都华西大学来电欢迎，允借部分校舍和校地，在教学方面盼与齐大合作。学校立作迁校成都之决定，大部分外籍教授不愿意去成都，拟留济南维护医院之运作，但均赞成学生去成都。绝大多数本国籍教授愿随学校撤往后方，只有少数有特殊原因不能随行者留下来。我还记得南行之日，内科美籍教授 Dr. Gault 赴车站送别的情形，那副依依不舍，眼里含着泪水，欲言又止的难过样子，久久不能忘怀。

济南沦陷之后，外籍教授曾幻想使医院继续运作，并设法招生，然珍珠港事件发生之后，太平洋战争爆发，学校和医院均被日军接管，所有美籍教授和眷属、部分本国籍教授都被关进了集中营，且有部分教授很吃了些苦头，直至战争结束才全部放出来。

我们入川的路线是由济南乘津浦车至徐州，再换乘陇海路至郑州，由郑州改乘平汉线至汉口，再由汉口乘船溯长江至重庆。途经名闻天下的三峡天险，形势险要，令人叹为观止，若非迁校途经该处，真不敢说平生能否一窥三峡真貌。然后由重庆乘汽车到达成都。是时

① 摘编自齐鲁大学校友会：《齐鲁大学八十八年（1864—1952）：齐鲁大学校友回忆录》，现代教育出版社，2010年，第227页。标题为编者所拟。

成都物价极廉，一块钱可买鸡蛋120个，做一套西装才25块，其他可以想见，虽说是逃避战乱，流亡成都，在生活上倒没感到什么困难，只是在济南时，宿舍是每人一间，睡钢丝床，到成都之后，睡6人一间的上下铺，甚觉不是滋味；尤令人难耐的是上有飞机（蚊子），下有坦克车（臭虫）的侵袭，真是入眠为艰。

当时借用华西大学校舍的并非仅有齐鲁大学，另外还有中央大学医学院。中大其他各学院均在重庆沙坪坝，只有医学院为了教学和实习的需要迁来成都，中大在成都虽有部分校舍，但缺乏设备，更甭说实习医院了。在珍珠港事变发生之后，北平的协和医学院也关闭了，部分师生历尽千辛万苦，辗转到了成都。很难得，也值得赞扬的是，华西大学医学院打开欢迎之门，竭诚地接纳这三个外来学校，大家合班上课，共用实习医院，四校的教授有机会各展所长，教授阵容之整齐、坚强，前所未见。尤为难能可贵的是真正做到了合作无间，没有摩擦，不分彼此。平时，华西大学由于交通不便，请教授十分困难，现在三校的精英都荟萃于华西坝，几乎是没有保留的，相互展长补短，胸襟之开阔是最令人佩服的。

当时，在成都我们有三个实习医院，四圣祠的仁济男医院各科都有，陕西街的存仁医院是眼耳鼻喉科的专科医院，再就是专为妇产科而设的仁济女医院。由于各科的专家都有，很自然地形成了大后方的医疗中心，各省市的疑难杂症都相继赴成都就医，名医汇集成都，的确是极一时之盛，外科泰斗董秉奇先生、内科权威戚寿南①先生都是我们的教授。

金大成都校友会回忆迁移成都②

1937年7月7日，发生卢沟桥事变，日本侵略军侵占北平后，

---

① 戚寿南（1893—1974），浙江宁波人，中国内科医学先驱。抗战时随中大医学院到蓉，曾任中大、齐大、华大三大学医院院长。

② 摘编自南京大学高教研究所校史编写组：《金陵大学史料集》，南京大学出版社，1989年，第51页。标题为编者所拟。

“八一三”又进犯上海，10月强占苏州，逼近威胁南京，日机频繁轰炸，学校已无法上课。金陵大学校长陈裕光决定迁校入川，最初打算迁到万县，已得到当地有关部门的支持和协助，并已选好文、理、农三院的校址，但因初选校址分散，当地又无其他高等院校，不利于教学和发展，校方又会同南京金陵女子文理学院、山东齐鲁大学，与成都华西协合大学联系，协商借用华大校舍和教育设备，并在师资方面互相交流充实，实行合作办学。这项联合协作办学的倡议，当即得到了华西大学的同意和支持。于是，1937年11月，金大即从南京举校西迁成都华西坝。原选定的万县部分校址则由迁川的金大附属中学和中央工业学校使用。

金大迁校是分批由指定的教授与教师率领行动的，第一批在1937年11月25日动身，这是人数最多的一批，乘长沙号江轮溯江而上，这一批由裘家奎教授和孙明经[①]老师率领，由于乘客太多，船上拥挤不堪，厨房不能按时做饭，师生和其他乘客们曾经在四天四夜中只吃到两顿饭，轮船共行驶15天才到达重庆。12月南京沦陷，航运愈加紧张，以后几批师生在船上所受艰苦，更为深重。先后几批师生到达重庆时，均由陈裕光校长和农学院王绶教授、理学院马杰教授，会同在重庆工作的校友们负责接应，并联系解决去成都的公路交通问题。当时，重庆与成都间只有一条公路，依靠少数以烧木炭为动力的汽车行驶，车速很慢，由渝到蓉需要3天或更多时间；另外还有马车和人力滑竿可以使用，一般则要走10天以上，交通非常困难，旅途食宿也很不方便。全校教职员工约500人，学生200多人，大家心向母校，虽备受艰难险阻，仍毫无怨言，终于在1938年初到达成都。是年1月在蓉第一次招生，3月即复校正式开学上课。

金陵大学和成都“金陵路”[②]

金大在华西坝开办时，除因陋就简地建筑了4幢学生宿舍和2幢

① 孙明经（1911—1992），山东掖县（今莱州市）人，长期任教于金大，中国电化教育先行者。

② 摘编自《南京大学史》，第519页。标题为编者所拟。

教室外，还借用了华大部分校舍，设置办公机构和实验室，暂时应付了开学的急需。但是华大一校之舍，供五六个大学使用，其困难程度当可想而知。金大学科多，人员多，一年后，又有增加，房屋就更为紧张。为此，金大专门成立了校舍委员会，筹划建房事宜。1939 年，金大分别在成都的红瓦寺、桓侯巷、小天竺街等地借得地皮三处（有的原为坟地寺庙），建造教职员宿舍和学生宿舍。建成的房屋均为“草顶、灰壁加上地板”的简易平房。学生宿舍每室设上下铺，供 8 个学生住宿。这虽比不上在南京时的华堂美奂，但学生们感到在这“国难时期，借地为家，得此蜗居，亦洋洋大观矣”。从新建宿舍到教室，相距有三四里路，原为田间小道，每逢雨天，道路泥泞。尤其从红瓦寺住地到华西坝教室要走 6 里路，学生中午不回住地，由炊事人员送饭到华西坝，不管严冬酷暑，刮风下雨，从不间断。为了解决行路难的问题，决定在电台铁塔下修建大路，学校举行了开路典礼，典礼后，陈校长[①]和三院院长都挥锄上阵，掘土动工。师生们在高唱“开路先锋”的歌声中挥汗劳动，筑成大路，命名“金陵路”。50 多年过去了，现在成都市的地图上还印有“金陵路”路名。铁塔依然，而金陵大学的草房早不复见，取而代之的是华西医大附属医院[②]的高楼耸立。

金大和其他大学在战火纷飞中，实现了整个学校自东向西的大迁移，并在艰苦的环境中继续奋进，这是广大师生爱国主义精神和对于捍卫民族独立的责任感和自信心的表现。这在当时西方人的眼里，是一件不可思议的壮举，并从而引起他们对中国人民正义事业的同情和支持。许多人士纷纷向中国救济董事会、远东学生服务基金会和教会大学全国紧急委员会捐款。

---

① 即陈裕光（1893—1989），浙江宁波人，化学家，教育家。1927 年任金大校长。抗战全面爆发后率金大师生迁校成都。

② 即今四川大学华西医院。

金大校长陈裕光回忆西迁成都[①]

“七七”抗战之前，美国教会一度设想调整在华的教会大学，考虑把分布在江浙两省的教会大学圣约翰、东吴、之江、沪江、金大、金陵女子文理学院等6校合并成为一所“华东大学”。后因抗战爆发，不了了之，但酝酿、研究了很长时间，也开过不少次会。

当我第二次从美国回来不久，就爆发了“八一三”抗战。由于国民党消极抗日，日军长驱直入，淞沪很快弃守，南京岌岌可危，金大和其他许多单位一样，积极作内迁打算。经与另一教会大学——成都华西大学商洽，决定迁往四川。在迁校问题上，一部分美国传教士对局势估计不足，对迁校抱无所谓态度，显然他们认为一旦南京失守，有美国大使馆保护，不怕日本人干扰。教育部开始时态度暧昧，表示公立大学都迁了，你们教会大学不迁也无所谓，还说目前需要几个大、中学校撑场面，在这种情况下，金大只得宣布开学。但20多天后，局势更趋恶化，教育部突然通知闭校停课，却又表示无法帮助解决迁校所必需的交通工具。金大行政只好发动群众，依靠师生员工的力量，四处借车辆、船只，运送行李、家具及人员。最后分三批从下关出发，经汉口抵成都，前后历时3个月，备尝艰辛，全体教工在西迁中表现得同心协力，十分团结。金大校本部迁成都华西坝，理学院迁重庆，次年3月，在四川开学。当时内迁成都的，除金大外，还有金陵女子文理学院、齐鲁大学，最后还有燕京大学，加上原来的华西大学，一共有五所教会大学集中一地，显得十分热闹融洽。

在迁校中，图书馆库藏的图书，因运输困难，未能全部装运，大约只运了总数的十分之一，共100多只箱子。由南京到成都，路途遥远，沿途押运起卸，图书馆人员均躬亲其事，十分辛苦。

① 摘编自《金陵大学史料集》，第50页。标题为编者所拟。

德本康夫人和蔡路得叙述金女大迁徙成都历史[①]

吴贻芳[②]博士于1937年12月5日到达武昌，她在当地滞留了一段时间，以便为准备动身前往成都的师生做旅行方面的安排。次年1月，她自己前往成都，了解当前的形势，以便对一些悬而未决的问题作出决定。3月23日，她从重庆飞往香港，在那里，她又改乘轮船，于3月28日到达上海，去和那里的教师以及董事会的成员商议学校的未来发展计划。指望南京似乎已经不可能了。现在面临的主要问题是，是否应该继续保留两个办学实体，一个在上海，一个在华西。或者是否应当将这些实体集中在一处，如果应当这样，又以何处为宜？比较一致的看法是，学生群体太小，不能再割裂，继续这种分离状态是不明智的。最初，许多人赞成选择上海，因为它离南京很近，提供了将学校迁回南京的希望；另外，金陵的大部分学生都来自它所在的那个地区。然而，很快人们就对此提出了异议。上海方面的成员也意识到对于必须在当地做的那种工作存在着许多反对意见。很明显，上海拥有的其他学校能够为本地需要服务。许多支持金陵的学校已经到西部去了，在那里能够获得更大的自由和更加正规的办学条件。因此，学校决定关闭上海的办学中心。所有能够走的教师和学生都准备迁往成都。

学校认真思考了在西部制定一个实验研究计划的可能性，以便让学生在国家的社会生活中发挥更为理性的、建设性的作用。一些人设想营造一种半农村似的环境，在那里，金陵人能够过一种更加亲密的群体生活，并尝试从事一种新的工作。有两个因素最终阻止了这一计划的实施。一是人们考虑选择的小镇的楼房不适用，而金陵的设备要完全独立存在又为数不够。因此，华西协合大学的诚挚邀请也就被接受，金陵最后迁到了成都。西迁使学校制定实施正常的发展计划成为理所当然之事，合作办学也更加容易了。由于教育部规定的新生课程

① 摘编自《金陵女子大学》，第114页。标题为编者所拟。

② 吴贻芳（1893—1985），江苏泰兴人，教育家，金女大院长。

正式颁布，实验计划的提议最终放弃。尽管研究计划未经审批，大学学业仍被官方承认。

校方的这一决定传到成都后，那里的金陵师生便开始协商在华西大学校园里借一块地，建一幢教师和学生居住的简易的临时宿舍。四川省政府对此表示同意，并同意另外再建一幢楼房用作体育馆。东道主学校还借出了一些教室和一个地下实验室，这样，最为急迫的房屋问题也就解决了。

上海的学生也得到了跟随学校前往四川或者转移到上海其他学校就读的机会。学校为他们作出了注册一年在上海一所大学当借读生，同时仍然算作金陵学生的决定。有 31 名学生作出了这样的选择，这要么是因为她们已经是 4 年级的学生，要么是因为她们希望在这一年年底就可以回到南京。

有 6 位教师计划长途旅行前往成都，5 名学生加入了他们的行列。在香港和武昌，又有一些其他的人加入其中。到旅行结束之时，这一行人的总数已经多达 34 人。从一开始，人们就为最佳路线的选择展开了长时间的讨论。在一个陆上路线被否定之后，第一步应该乘坐轮船从上海前往香港似乎是较为明智的。旅行第二步最近捷的路线是坐火车前往汉口，但是铁路常常被轰炸。由于大量的人企图用完全不适用的交通工具继续沿江而上，汉口成了交通上的“瓶颈”，异常拥挤。在多次改变计划之后，最终决定冒险乘坐火车前往汉口。

1938 年 7 月 15 日，这一伙人抵达香港，但是直到 7 月 23 日，他们才弄到火车座位。甚至在他们上车之后，仍然遇到了许多挫折，因为这趟火车已经两天没开了。铁路线上一座桥梁被炸坏，需要两天时间才能完全修复。后来，他们终于出发了。但是在第二天，当他们刚刚通过长沙时，由于接到空袭警报，火车停了下来，所有的乘客都离开车厢，疏散到田野里。他们没有看见任何飞机，但是此后不久，他们在岳州看见了一出悲剧。一颗炸弹直接击中目标，炸毁了车站和站台，炸死炸伤 50 余人。

到达汉口之后，他们又等了 3 个星期，方才乘船前往重庆。这时，他们的总人数已多达 34 人，但他们的座位却十分有限，只有两个船舱和甲板上的一点空间。尽管如此，他们的这次旅行还是非常值得回味。最后一个中间站是重庆，他们分成几个小组，用了两天时间乘坐长途客车前往成都。最后一组人在 9 月 14 日到达成都，时间正好是在他们离开上海两个月之后。全部行程大约 2500 英里。

当他们到达成都时，新宿舍还没有最后完成，但学校为他们在地板上铺了临时床铺。他们一直住在那里，直到宿舍最后落成。在这里，金陵人终于又成为一个独立的整体，住进了自己的楼房。四个女孩住一间寝室，每间寝室大约 10 英尺见方，摆放两张双层床。一切都尽可能简单节省，这与金陵校园美丽的楼房相比是一个很大的变化。但是女孩子们表示她们并不是娇生惯养的人，她们对这个新的金陵校园表示满意。“条件很差，但一切都是自己的”。在经过几个月的动荡迁徙之后，能产生这种意识，其意味是十分深长的。

一九三八年

1月3日—26日

▲校友张秀熟、饶世俊等任成都大、中学生寒假战训团教官。四川省政府举办成都大、中学生寒假战训团，中共四川省工委通过统战关系派地下党员和进步人士张秀熟、杜桴生、饶世俊、犹凤歧等进入战训团任教官，向学生宣传党的抗日救国纲领，进行爱国主义教育。①

▲“民先”成员在成都大、中学生寒假战训团中宣传抗日救亡。川大、华大、华西协中等校“民先”成员，在四川省政府举办的成都大、中学生寒假战训团中，利用举行周末晚会、组织读书会、送进步书籍给军训教官阅读等多种方式，同国家主义派作斗争，把战训团变成了宣传抗日救亡的阵地。②

▲川大学生陈毅乔与华大学生周曼如组织“战训女同学会”，成立党支部。在党的影响下，川大学生陈毅乔和华大学生周曼如等在集训结束之际，团结大、中学一部分骨干，成立“四川省动员委员会战时训练女生总队毕业同学会”（简称“战训女同学会”），利用合法形式，开展抗日救亡活动。该会内部还设立了党支部，由陈毅乔任书记。其后，“战训女同学会”还组织了“寒假乡村宣传团”，利用春节去德阳、罗江、绵竹、绵阳等城镇，以话剧、歌咏、讲演等形式，展开了较大规模的抗日救亡宣传活动。③

① 《抗战风云录：成都八年抗战史料简编》，第23页。同时参见《成都文史资料选编·抗日战争卷·上·救亡图存》，第176页。又参见本书“1937年是年冬”条附文《张秀熟1937—1940年在成都的革命活动》。

② 《救亡先锋》，第36页。

③ 《四川大学史稿》，第254页；《救亡先锋》，第36页；《抗战风云录：成都八年抗战史料简编》，第23页。1938年内，周曼如、卢济英、胡朝芝、屈德先、王文藻、马友贵等都先后加入了中国共产党。见李冰洁、胡朝芝：《回忆“成都战训女同学会”》（蜡纸油印稿），内部编印，第1—7页。

四川省阐发寒假战训意义通电[①]

寒假学生战时训练委员会各委员、职员，各军事、政治教官，各指导主任，各级指导员，各总队长、副总队长、大队长、中队长，各级团长、副团长钧鉴：

本府此次举办战训，在使学生增加军事、政治技能，作抗战干部之培养，同时并测验各校教育之成绩。于此之外，尚有一大前提，须先认清，即国家民族利益，高于一切是也。教、学两方，如不能认识此点，则不特失其意义，更将贻莫大之损害。

现在国家危急，已到最后关头，无论任何党派、任何阶级，均应牺牲成见，本互谅、互让、互信、互助之精神，力谋全国之团结。在中枢领导与三民主义之下，通力合作，以救国家之危亡。断不容另辟途径，分化力量，妨害抗战，自取覆灭。比以吾国疆土被敌侵略，日趋广大，川省为后防重地，动关全局。本主席为国家地方计，决定两大目标：一为对外抗战；一为对内建设。其对外者，军队开赴前线，壮丁陆续补充。所有财力、物力，尽量供给前方，事实俱在，无俟烦言。对内建设，自本府改组成立，早已于此注意，积极图维，渐有成效。虽历年用兵及天灾影响，进展迟滞，未能如所预期，而调查设计，未敢稍懈。如本省力所能举者，则设法渐次推行。惟建筑铁道、开发资源、扩充军需工业等，事关重大，非一省之资力所能胜任者，则尚有待。兹幸国民政府移渝，必能提挈进行。社会人士，已知其重要，即省外各种工厂亦愿迁移川境，以后建设，自可陆续推进。长期抗战，非从此处着手不为功。所望教、学两方，于此两大目标，深切认识。军事、政治、管理、训导，均须以此为准则。倘背道而驰，即系别有用心，必不容其流毒于青年学子也。尤希管教各员尽心诱导，为强化统一抗战，打破一切狭隘的壁垒意识，绝对禁止发生任何组织，免滋歧异，而干严谴。是为至要。

主席刘湘。委员兼秘书长邓汉祥代。□（川）省。秘。印。

---

① 摘编自《抗战时期的四川——档案史料汇编（下）》，第1584—1585页。

李冰洁、胡朝芝回忆“战训女生队”①

1937年冬，川军刘湘发起战时学生集训，举办“成都大、中学生寒假战训团”（简称“战训团”），由省动员委员会主办。省动委会的主要负责人是省府专员王伯与，他的政治态度比较开明，积极支持抗日活动，和“民先”的领导人也有联系。当时成都不少进步分子和知名人士如车耀先、罗世文、杜桴生、张秀熟、刘披云、饶世俊、犹凤歧、朱挹清、赵世兰等，通过救国会和“民先”的推荐，先后参加了战训团的工作。有的担任政治教官，有的担任政治指导员。

受训的女同学统属于“战训团女生总队”（简称“战训女生队”）。下分大、中学生两个队，大学生队设在南门外川大理学院，中学生队设在东马棚街省女中内。负责女生总队第一大队的政治指导员就是现任民革中央常委的王风。王风是中大毕业生，政治态度倾向我党。女同学们每天早上有半小时的军事操练课，由专门的教官上课。大家都认真学习。曾经有过几次野外打靶演习。军事课后，接着就是王指导员的队前训话。讲话的内容多属进步报刊社论和抗战讯息。早饭后，大中学生都一齐集中在礼堂听讲。整个上午是授课时间。课程分政治课和军事课两种。政治课讲“抗日救国纲领”“国际问题”和“抗战形势”等。军事课讲“游击战术”和“救护常识”。下午完全是课外活动时间，有小组讨论、歌咏、演剧、墙报等多方面的活动。

这次集训，从1938年元月3日开始，至元月23日结束，历时22天。女同学们每天的活动，从早到晚都安排得相当紧张，但大家无不感到非常愉快。我们从外面借来不少新书如《大众哲学》《中国怎样降为次殖民地》《萍踪寄语》《从一个人看一个新世界》以及许多进步报刊，组织大家课外学习。集训结业时不少同学反映：这次集训很有意义。大家学到不少革命道理，可惜时间过得太快了。

在集训结业前夕，上级党委指示：趁同学们要求进步，应该把大

① 摘编自《回忆“成都战训女同学会”》（蜡纸油印稿），第1—7页。标题为编者所拟。同时参见《八年抗战在蓉城》，第26页。

家组织起来，投入抗日救亡活动，并从中培养积极分子和发展党的组织。通过党员陈毅乔、“民先”队员周曼如以及群众中的积极分子的酝酿，并取得省动员委员会的同意，于1938年元月25日战训女生队行毕业典礼的当天，成立了“四川省动员委员会战时训练女生总队毕业同学会”（简称“战训女同学会”）。经过选举，选出会长周曼如，宣传屈德先、马友贵，组织陈毅乔，总务王文藻。周曼如是金陵女大同学[①]，陈毅乔是川大同学，屈德先、马友贵、王文藻是省女中同学。同学会设在东马棚街省女中院内，归省动委会管辖，经费也从那里支拨，各项工作都向王伯与汇报和联系。按章程，凡参加集训的女同学均可为会员，但实际参加活动的多属思想进步的同学，其中川大和省女中的同学居多，其次为金女大和华美女中的同学。

战训女同学会从成立到结束，活动时间不到半年。在这段时间里，我们参加了成都市学联以及各抗日团体发起的抗日救亡活动，如“三八节纪念大会”“五四纪念大会”和“慰劳修筑飞机场民工”等活动。我们单独发动的有以下三个方面的活动：一是春节乡村宣传，二是参加全国学联二次代表大会，三是声援“川大稻草案”的正义斗争。我们的活动，各次都有一定的成绩。抗日宣传有声有色，在培养女青年革命骨干方面也是有收获的。

1月26日

四川省政府转饬成都市政府调查“民先”下乡宣传情形密令。

四川省政府密令调查“民先”下乡宣传情形[②]

（1938年1月26日）

秘字第一一五〇号令 成都市政府

顷奉军事委员会委员长行营敬战奇电开：据密报，成都民先总队部本月十三日通知一部分队员下乡宣传，其通知单略称：现在我们发动了一个下乡宣传工作，意义一是教育我们自己，二是达到组织的任

① 周曼如此时应已转入华大就读。

② 摘编自《抗战时期的四川——档案史料汇编（上）》，第337页。

务，希望参加并遵守时间。集合地点盐道街四一号，交通符号手执红纸卷，集合时间十六日晨八时，工作时间九时半至十二时，等情。是日，究竟有无上项情事发生？省府有无发觉？该项队员下乡宣传情形如何？有无越轨言论及行动？地方官如何开导处理？应详查具复，以后并希随时注意为要。等因。奉此，合行令仰该府遵照，即便按照电示各节，详查明确，克日呈复，以凭转报为要。此令。

1月27日

校友罗盛昭被称赞为“模范医生”。罗盛昭自华大毕业后，任四圣祠仁济医院医生，后毅然辞去职务，上前线担任救护工作。他到中国红十字总会救护委员会救护总队后，到各地征集医务人员，组织救护队，并任救护第二大队第十一中队队长，随军转战各地。他领导的救护队驰骋数万里，救治受伤军民12万余人。他本人在前线受伤，治愈后又重返前线，直到抗战胜利才复员。《大陆晚报》1月27日发表社论，称赞其为抗战“模范医生”。①

是月

校友饶世俊筹建“群力社”。饶世俊与犹凤歧等组织的“群力抗敌宣传社”（简称“群力社”）成立，由熊唯知任总务主任，犹凤歧任组织部部长，黄琪敏任宣传部部长。其后，群力社成立了支部，由犹凤歧担任书记。该社还在《四川日报》上办《群力》副刊。1939年2月，群力社被查禁。②

2月13日

为响应2月12日国际反侵略大会在伦敦召开的援华大会，四川党组织和救亡团体开展大规模宣传活动，成都各界人士如张澜、李璜、王干青、车耀先、刘披云等发起组织中苏文化协会四川分会。③

---

① 《华西医科大学校史》，第105页；《华西协合大学校刊》1939年第3期。

② 《中国共产党四川历史大事件（民主革命时期）》，第227—228页；《八年抗战在蓉城》，第299页。或说群力社成立于2月。

③ 《中国共产党四川历史大事件（民主革命时期）》，第226—227页。

是月

▲四川旅外剧队、天明歌咏团组织一部分成员赴新都、广汉一带，深入工农群众，作抗日救亡戏剧宣传。[①]

▲“战训女同学会寒假乡村宣传团”成立。[②]

▲川大党支部正式成立。经上级党组织批准，川大正式成立了党支部，支部书记由王彦立担任，代表上级党组织和支部联系的先后是康乃尔、张文澄等。[③]

李冰洁、胡朝芝回忆春节乡村宣传[④]

1938年2月初，战训女同学会结业后不几天，正当春节临近之际。经过酌商酝酿，有54位同学热情洋溢，自愿牺牲家人春节团聚，报名自费到农村去作抗日宣传。“战训女同学会寒假乡村宣传团”很快就成立起来了。总负责人是周曼如，宣传组屈德先，后勤组王文藻。宣传组负责领导演剧、歌咏、墙报、演讲、漫画、标语和传单等活动，全团大多数人都投入其中。也有一些人自愿负责办交通、保管、财务和食宿等工作。我们从成都出发，沿川陕公路步行前进，路经新都、德阳、罗江、绵阳等地。我们走遍了各地的县城和较大乡镇，边走边宣传。全程280里，历时12天。沿途演出剧目不少，群众都很爱看。每当演出《放下你的鞭子》或《“九一八”以来》，唱出《松花江上》的时候，观众往往激动得流下眼泪。

乡村宣传团多数是一些没有经验的“大姑娘”，虽然人人都怀着一颗炽热的心，欲深入民间向广大群众大声呼喊“打日本，保家乡”，唤醒乡村人民保家卫国的觉悟，但毕竟多数人没有离开过城市，没有离开过父母，没有经受过风吹雨打的考验，途中遇到许多困难，往往是事前所未料的。最主要的困难是全团没有一个男同学，剧中的男角

① 《四川大学史稿·第一卷·四川大学（1896—1949）》，第193页。

② 李冰洁、胡朝芝：《回忆“成都战训女同学生会”》（蜡纸油印稿），第1—7页。

③ 《四川大学史稿·第一卷·四川大学（1896—1949）》，第201页。

④ 摘编自《回忆“成都战训女同学会”》（蜡纸油印稿），第1—7页。标题为编者所拟。

色由女同学扮演，因此不免缺乏真实感。尚幸刚演出几场正感困难之际，在广汉遇到“星芒宣传队”，他们正要回成都，当得知我团演剧缺男角时，立即留下来投入战斗。其中丁洪、张越茂、李增煌、赖自昌、廖作立5位川大同学，都是能演、能唱、能画、能写的宣传能手。有他们的帮助，相互配合，就“成龙”配套了，于是演剧方面的困难得以克服。此外，团里个别的人有个人主义的表现，例如演剧挑角色，睡觉挑床铺，吃饭挑好坏等等，经过同学们的帮助，一个个问题很快就解决了。

在回程中，同学们心情舒畅，志趣高昂，大家不顾疲劳，又从德阳到崇庆和灌县进行了两天的宣传。这两天虽沿途大雨，同学们冒雨步行，却没有一个叫苦的。乡村宣传工作结束后，有同学写了一篇总结检查的文章，发表在成都《大声》周刊上。文章最后一段说：“我们已被12天的艰苦工作训练出来了。我们共同享受患难，共同欣赏工作成功后的欢慰，自私的观念已动摇，一切为着团体着想。即使个人打算还有一点表现，只要是在街头、在广场上工作，空气马上转变，同学们兴奋到极点。那怕喊破喉咙，声嘶力竭，都不肯停止工作。青年学生们是多么愿意为国家出力啊！那怕一分一毫。”

这次下乡宣传。由于缺乏经验，准备仓促，工作中缺点不少。但总的说来，对我们出发前的愿望：唤醒川北农村群众的抗日觉悟，锻炼我们的革命意志和培养进步骨干的战斗力，都达到了预期的效果。

陶然回忆入党经过[①]

川大建立党支部是在1938年上半年。我和王怀安、胡朝芝3人一起入党，是市委的一个同志发展的。8月份举行入党仪式，由省工委副书记邹风平主持，介绍人是市委喻忠同志。喻忠介绍我入党的经过是这样的：当时喻忠住在新华书店（车耀先的对门），这个书店公开出售解放区的《解放报》《解放周报》、毛泽东的文章小册子等。罗世文到成都后，与喻忠经常到车耀先的“努力餐”餐馆聚会。1938年

① 摘编自《陶然同志回忆录（1936—1939）》。标题为编者所拟。

初我参加了到新都的宣传工作之后，就担任了星芒宣传团团长（吴雪、甘佩文任副团长）。这个宣传团不属于川大，而是星芒社和校外的一些社会青年和中学生组织起来的。胡绩伟任《星芒报》的编辑，江牧岳任《星芒报》的社长。而星芒社社址就在车耀先的“努力餐”餐馆里。在工作过程中，喻忠便发展了我。当时四川的白色恐怖非常严重，春熙路孙中山铜像下面进步人士的血迹斑斑，师大的一个学生杨XX就被惨杀在铜像下面。当时我年轻气盛，没有被这些血迹吓住，知道蒋介石好景不长，我根本不怕杀脑袋。入党后，组织把我的关系转到了川大，受张文澄领导。9月，党组织改选，王怀安当选为总支部书记（这以前是王彦立担任），我的关系转到法学院，在法学院支部任宣传委员，组织委员是徐天语，支部书记是杨风颜。

3月2日

川大学生胡朝芝、华大学生周曼如随成都学生代表团出席全国学联第二次代表大会。中共四川省工委派学委委员张文澄率领成都学生代表团启程去汉口，出席全国学联第二次代表大会。团员中有川大学生胡朝芝和华大学生周曼如。他们代表本市学生界向大会提出了实施抗战教育、要求政府保证学生的言论自由和结社自由等提案。会议期间，他们同大会代表一起受到周恩来、王明、郭沫若等负责人接见。周曼如、胡朝芝二人还拜望了邓颖超同志。4月16日，张文澄等回到成都。20日，成都学联为她们在少城公园召开了欢迎大会，她们向成都学生传达了会议期望“实现全国学生大团结”的主要精神以及大会对成都学运的评价：“对成都学生寄予的期望……成都是全国大学所在最多的地方……成都成为全国学生运动的中心……现在的成都正是过去的北京。”这使成都学生受到很大鼓舞，明确了斗争方向，继而推动了成都抗日救亡运动的发展。[①]

3月3日

“民先”被当局密查，川大学生韩天石和周海文被当局点名。

---

① 《救亡先锋》，第39页。

成都市督察室杜正中密查“民先队”组织情形呈[①]

（1938年3月3日）

窃职奉命密查成都民先总队部组织情形何如，有无越轨言论及行动一案，遵即前往各方探查。兹将所有得悉该队之情形条呈如次：

一、名称——中华民族解放先锋队成都总部。

二、成立时间——民国二十五年六月。

三、组织——总队部下设若干区分队，每队队员约十余人。

四、负责人——韩天石（现住川大理学院）、周海文（现赴西安）等。

五、工作地点——成都附近乡镇及附近各县乡镇。

六、宣传品——现检出有民先汇报一本，《抗日先锋》刊物第一期至第四期各一份（共出四期）呈阅。

七、查盐道街四十一号并无集合开会情事。惟查去年十二月以前，《星芒周报》社曾租该房作为社址，现该社已迁移本市祠堂街。

八、现在情形——查该队分子现已漫散，并据该队负责人云称：决于短期内宣布解散其组织。

所有奉派密查民先总队部情形理合据实呈报鉴核。谨呈督察员郑。

3月6日

川大师生马宗融[②]、陈思苓、张宣等参与组织“成都文艺界抗敌工作团”。成都文艺界组织“文艺界抗敌工作团”，召开发起人大会，由周文担任大会主席，马宗融、陈思苓、张宣、孟引、沙汀、水草平、方极

---

① 摘编自《抗战时期的四川——档案史料汇编（上）》，第337—338页。

② 马宗融（1890—1949），四川成都人，文学翻译家。1919年赴法国勤工俭学，回国后先后任教于复旦大学、广西大学、四川大学、台湾大学。

庵、任钧[①]、蔡天心、毛一波[②]等被推选为筹备人。会上决定工作原则之一就是“为巩固抗日民族统一战线而奋斗”。[③]

3月17日

▲在“四川省妇女抗敌后援会”的支持下，“民先”成员肖玲、彭濒、艾文凤、高俊等进步女青年11人组成“四川妇女抗敌后援会战地服务团”，奔赴安徽青阳县木镇抗日前线服务，于当年5月抵达目的地。[④]

▲校友缪嘉文在滕县保卫战中捐躯殉国。

缪嘉文烈士小传[⑤]

一、弃业从军

缪嘉文，字景君，1902年出生于四川广汉张华镇草木堰（今广汉市向阳镇）。1926年毕业于公立四川大学工学院。毕业后的缪嘉文回到家乡广汉，结合在校所学的专业知识，投身家乡实业建设中，办起了广汉县第一个缫丝厂和沙河桥农场。

1927年，他被任命为广汉县实业局局长，1928年被四川省实业厅委任为四川省特派员，担任京沪实业调查员，领队赴北京、上海、江苏、浙江等地进行实业考察，带回先进地区的工业发展经验。他还兼任第一平民工厂厂长，又兴办了大米加工厂、火力发电厂，大力推动了广汉县的实业发展进程。

---

① 任钧（1909—2003），广东梅县（今梅州市）人，诗人。抗战期间曾任四川省立戏剧学校教授。

② 毛一波（1901—1996），四川自贡人，现代作家、史学家。曾任《华西日报》主笔兼副刊编辑，后赴台湾。

③ 《成都文史资料选编·抗日战争卷·上·救亡图存》，第628页。

④ 《民主革命时期成都革命斗争史大事年表（讨论稿）》，第49页；《成都文史资料选编·抗日战争卷·上·救亡图存》，第166页。或说此事发生于3月27日。

⑤ 本文由张楠、姜小雨参考相关资料撰写而成，主要参考的资料有《广汉县志》（《广汉县志》编纂委员会编，四川人民出版社1993年版）、《川大记忆：校史文献选辑（第四辑）——川大英烈》（党跃武、陈光复主编，四川大学出版社2011年版）、《滕县抗日守卫战纪实》（熊顺义著）、《滕县抗日守卫战亲历》（何煜红著）等。

缪嘉文在家乡一心搞实业，引起了当时广汉驻军旅长陈离的关注。陈离是四川安岳人，青年时受辛亥革命启迪，思想进步，与中共党员和进步人士有接触，是一位爱国将领。1925年，陈离受命率4个团驻防广汉、新都（今成都市新都区）两县。他锐意改革，想在辖区做一番建设事业，这与兴办实业的缪嘉文不谋而合。两人因此结识，做了不少推进广汉发展的实事，他们的交情也在这个过程中日益深厚。陈离欣赏缪嘉文的才识和能力，对缪嘉文颇为器重，缪嘉文则在这位进步将领身上感受到军人的责任。毫无疑问。这位宿将是影响缪嘉文弃业从军的重要人物。

1931年，"九一八事变"爆发，东北三省沦陷。本是实业家的缪嘉文选择脱下西装、穿上军装，从工厂走向战场。

1934年秋，在陈离等人的介绍下，缪嘉文成为一名军人，担任45军125师团副，随后又调任团政训员和旅政训员。1936年7月，缪嘉文前往江西庐山受训。1937年2月，缪嘉文被委任为124师政训处处长。不久，"卢沟桥事变"爆发，抗日战争全面打响，负责政训工作的缪嘉文身负宣传重任，经常收到地方上的邀请，在学校与机关开展演讲，宣传抗日救亡。不仅如此，他还走入小学，教学生唱抗战歌曲。在出川抗日的前夕，他始终站在宣传的前沿阵地，他常常说，国家兴亡，匹夫有责，我们当军人的，保卫祖国是我们的天职。9月中旬，缪嘉文所在的41军124师即将出川抗日。出征前夕，缪嘉文从驻地绵阳赶回张华镇家中向母亲辞别，其时缪母久病，已气息奄奄，兄弟姐妹们劝缪嘉文推迟动身，但缪嘉文毅然表态："忠孝不能两全，古今都是一样。"次日他便随军出征，成为数十万义勇川军洪流中的一员。

二、戎马家书

1937年11月，缪嘉文从山西洪洞给妻子写信："近月余来，我们部队连续在榆次、阳泉、寿阳、娘子关一带与日寇作战，将士们士气高昂，十分骁勇，几次冲入敌军阵地用刺刀与敌人拼杀，大灭了日寇的威风……但武器装备太差，人员伤亡很大，我们每个中国军人都抱有为国牺牲的信念，就是牺牲了也是光荣的。”可见，虽然川军对日作战条件艰苦，但作战勇猛，不怕牺牲。

在“烽火连三月”的戎马生涯中，缪嘉文对家乡的牵挂从未绝断。一封封家书仍时常寄回老家，他叮嘱小弟小妹努力读书，嘱咐妻子但蓉薪善待母亲。抵得万金的家书中常能见到缪嘉文述说沿途所见以及各界同胞踊跃支持抗日救亡。1938 年春节，他辗转至山东滕县后给家人去信，告知部队已进驻滕县附近，深受老百姓爱戴。老乡们杀猪宰羊，慰问部队，给抗日将士很大鼓舞，更是增强了大家杀敌的勇气和保家卫国的信心。

1938 年 3 月 12 日，缪嘉文从滕县发出了给家人的最后一封信。这封长信是写给正在广汉中学读书的弟弟缪嘉阳的。他在信中不厌其烦地指导缪家阳如何写信、寄信，希望弟弟能多写信给他，同时勉励弟弟：“努力事业，做好正大光明的事报父母了，你我互相勉励!”信末，他敦促弟弟：“速将你的在校情形及你今后的一切计划详告我为感！附函内寄回三角板一套，爱惜使用。”此时，滕县已然是硝烟四起，缪嘉文在字里行间却透着从容镇定。然而，未等到弟弟的回信，缪嘉文即在 3 月 18 日于滕县保卫战中壮烈牺牲，为国捐躯。

三、捐躯滕县

在滕县保卫战中，作为第 122 师政训处处长，缪嘉文跟随中将师长王铭章将军经历了整个战役的全过程。

1938 年初，日寇盯上了中国南北交通枢纽徐州，组织大部队如恶狼般扑向徐州。面对来势汹汹的日寇，徐州兵力严重不足。川军临危受命增援徐州。正打算酣战一场时，驻守山东的韩复榘率十万大军不战而退，导致日寇长驱直入，跨过黄河直扑台儿庄。为了阻击南下日寇，川军在位于台儿庄北部的滕县建立防御工事，准备坚守阵地为台儿庄争取宝贵的时间。

1938 年 3 月 14 日拂晓，日寇第 10 师团以主力濑谷支队 7000 余人，配备 20 余门大炮、20 辆坦克、30 多架飞机，向滕县外围阵地发起攻击。日寇武装到了牙齿，而驻守的川军出川之后基本未能实现换装，不少士兵甚至拿的是前清时期的老枪，射程短，杀伤力弱，唯一的火炮——迫击炮的数量也很少。由于重武器和弹药严重不足，第20军团军团长汤恩伯下令，将自己部队的部分弹药运送到滕县支援川军，其中就包括数百箱手榴弹。缪嘉文跟随王铭章亦在战场上出生入死。面对力量如此悬殊的对手，王铭章毫无惧色，率部表示："决心死拼，以报国家。"

经过一天激战，除了界河镇一线的正面主阵地，香城、白山等阵地均被日寇占领。由于日寇火力空前强大，尽管川军在兵力上占据一定优势，但面对连天的炮火，驻防的第22集团军第41军第124师、第125师、第127师的川军将士还是一个接着一个倒下了。集团军司令孙震听闻战况后，立即赶到滕县视察，并向驻守官兵转达了蒋介石的命令：固守滕城，迟滞日寇3日，以待后方转运援军巩固徐州。王铭章被孙震任命为第41军代理军长，指挥第122师和第124师坚守滕县。

酷战持续到3月17日，日寇再次集结了大量炮兵和装甲车对滕城实施猛攻。20多架敌机配合地面部队向城内展开攻势，县城内外爆炸声震天撼地，城内硝烟弥漫，房塌屋倒，形成一片火海。轰炸数小时后，日寇开始向东关进攻，他们以坦克为先导，掩护步兵向东关寨墙被炸出的缺口冲锋。防守东关的守军在没有炮兵及重武器的支持下，与敌寇展开殊死战斗，凭借着顽强的斗志抵挡住了数次猛烈进攻，使其难以向前一步。

是日午后，日寇再次集结炮火力量集中轰炸滕县南城墙，此处缺少防空设施，守军坚守不久，即受到极大损失，伤亡惨重。而南城墙经过轰炸后，几乎被夷为平地，守军死伤殆尽后，敌寇蜂拥而入。与此同时，东关也再次受到轰炸，寨墙遍布缺口，守军失去凭借，兼以弹药不继，也是难以再战。随着南城墙、东关的陆续失守，滕县城内已经无险可守，而援军则迟迟不到。王铭章见敌军已突入城关且外无援军，遂向其集团军司令孙震发出了最后电报："17日晚，我援军尚未到，敌大部队冲入城，即督所留部队，与敌作最后血战。"电报发出后，王铭章下令砸掉电台，指挥各部与敌展开巷战。此时，西城楼亦被占领。王铭章率人登上西北城墙，亲自指挥警卫连的一个排进攻西城楼，缪嘉文亦在王铭章的带领下冲向一线英勇作战。在日寇密集的机枪扫射下，王铭章及其随从全部壮烈殉国。

有文献记载："随同王铭章师长殉难者有赵渭滨，124 师参谋长邹慕陶，师政训处处长缪嘉文，副官长傅哲民，中校参谋罗毅成、谢世文，少校参谋张重，同行的谢大薰和在 127 师师部工作的中共党员冯、翟、吴三人。"

滕县之战自 3 月 14 日开始，到 3 月 18 日结束。滕县守军以最大的代价为台儿庄战役赢得了宝贵的 4 天，为台儿庄大战的胜利创造了条件。川军在此战中打出了血性，打出了骨气。今天，我们已经无法还原缪嘉文在惨烈战斗中的牺牲细节，但却可以想象，他一定与他的战友一样，面对残暴日寇，毫不畏惧。缪嘉文殉国时年仅 36 岁。正如毛泽东为王铭章写下的挽联："奋战守孤城，视死如归，是革命军人本色；决心歼顽敌，以身殉国，为中华民族争光。"这也是给缪嘉文及所有抗日将士的挽歌。

1947 年，缪嘉文被列入《中华民国忠烈将士姓名录》。1988 年 6 月 10 日，四川省人民政府追认缪嘉文为革命烈士。

3 月 21 日

川大教授萧公权在文学院大礼堂参加总理纪念周并作反侵略运动讲演。[①]

3 月 25 日

▲中共四川省工委向长江局报告组织方面的几个问题。报告说，四川政情逐渐明朗化，省工委自听罗世文同志报告后，策略方法均大转变，当局亦未采取办法来限制救亡运动，成立社团开大会进行宣传鼓动工作，仍未受限制，因此组织发展较快。成都党的组织除上层同志不计外，共有 14 个支部、110 多名党员。报告在谈到思想建设情况时说，一切新旧同志均要求受训练，省工委从前曾办过五六期训练班，写了政

① 国立川大－116－22。

治提纲、党的工作、群众工作3种训练材料；现在党内无书可读，要求长江局交学联代表带一部分书籍回川，并征订《解放》《群众》及《新华日报》。在干部工作方面，报告说，工委的老干部，省县两级的除工委本身3人而外，其余才6人（川南3人、渝1人、川北2人）。新干部一则幼稚不能独立工作，二则均有职业，调动困难。在大好时机面前，可做的工作随处皆是，然而无人。省工委已毅然决然提拔新干部，看做得好与不好，把他们放在工作中去锻炼，不过能独立工作的干部还是要求上级派来。[①]

▲为完成中共中央长江局10倍发展党员的任务，中共四川省工委对其自身及各地党组织进行全面调整。首先，将其自身直接管理的成都学委、文委、工委、妇委各系统合并，成立中共成都市委。其次，派廖志高到重庆成立中共重庆市委。最后，撤销中共川北工委，建立中共南充中心县委和中共阆苍南中心县委；撤销中共川南工委，分别成立中共泸县、宜宾中心县委。此外，派侯方岳到乐山建立党组织，派饶世俊到自流井建立党组织，派游萍生到万县、达县发展党组织。

中共中央长江局指示中共成都市委大力发展地下党组织，从该年5月至10月，仅半年时间，中共成都市委的党员管辖数由百余名迅速增加到了587名。[②]

▲成都市工人抗敌工作团更名为“成都市工人抗敌宣传团”（简称“工抗团”），开始以公开形式开展大规模的活动。为加强领导，中共成都市委派梁华到工抗团建立“工抗团党团”，并由梁华任书记。该团广泛联系工人群众，是当时成都市抗日救亡活动的主力之一。它在抗敌宣传中发展壮大，先后建立了22个分团，有团员1000多人，曾数次发动全市工人举行大型集会、游行，广泛开展抗日救亡活动。1939年底，因形势恶化，主要负责人撤离去延安，活动停止。[③]

① 《中国共产党四川历史大事件（民主革命时期）》，第230—231页。

② 《中国共产党四川历史大事件（民主革命时期）》，第234页。

③ 《中国共产党四川历史大事件（民主革命时期）》，第231页。

3月29日—4月1日

国民党临时全国代表大会在武汉开幕，推蒋介石为国民党总裁、汪精卫为副总裁，决议成立“三民主义青年团”。①

是月

▲中共成都市委成立后，先后由杜桴生、韩天石、张宣任书记，张文澄曾代理书记职务，饶世俊任组织部部长。中共成都市委从5月起陆续建立东、西、北、外南区委员会。当年6月至11月积极开展组织建设工作，绝大多数“民先”成员和各救亡抗日团体的骨干先后被吸收入党。到11月，党员人数增至587人，党的队伍日益壮大。②

▲川大CC派孟寿椿等人炮制“川大稻草案”。孟寿椿等人在“川大抗敌后援会”改造前夕，乘“民先”组织学生慰问修飞机场民工并募捐稻草之机，发起突然袭击，诬蔑康乃尔以及王玉琳等贪污一万斤稻草款，并伪造证据诉至法院，企图借此打击成都的进步学生力量。4月28日，成都地区法院正式宣布康乃尔、王玉琳“无犯罪嫌疑”。5月27日，“川大稻草案”经过3个月的斗争真相大白。康乃尔、王玉琳在《大声》周刊以《川大稻草案水落石出》为题发表文章，彻底揭露了当局的罪恶和卑鄙阴谋。③

当事人康乃尔自述“稻草案”始末④

川大CC、复兴等反动党团，生怕我们夺取了“川大抗敌后援会”（下称“抗敌会”）的领导权，企图把我们赶出学校，便衣特务炮制了陷害我和王玉琳的所谓“稻草案”。原来我们在凤凰山飞机场慰问民工时，向抗敌会谢会计领款经手买过3万斤稻草，每一万斤25元，

① 《中国近现代史大事记：1840—1980》，第121页。

② 《中国共产党四川历史大事件（民主革命时期）》，第232页。《八年抗战在蓉城》记录成立时党员人数共计110余人。《中国共产党成都历史·第一卷（1923—1949）》第196页对此亦有详叙。

③ 《四川大学史稿·第一卷·四川大学（1896—1949）》，第191页。

④ 摘编自《康乃尔同志回忆录（1936—1940）》。标题为编者所拟。

共75元。但是那批CC混蛋们却无端生事，陷害好人。在抗敌会改选前的一个下午，校长张真如、秘书长孟寿椿、训育委员会主任钟行素，还有文法两院的训育员共5人，突然找我和王玉琳谈话。说是我们经手的抗敌会款项不清，同学们有反映，要我们澄清。我说抗敌会的经费是谢会计掌管的，我们没有过问，只是慰问飞机场民工，我们经手买3万斤稻草，手续是很清楚的。孟说：就是这笔账有问题。我说：毫无问题，可以查。孟说：不要查了，我们为了爱护你们，劝你们老实说了，我们给你保守秘密。我说：这是什么话，我们没有问题，向你们说什么？孟又说：嘴巴不要那样硬了，拿出证据来怎么办？我劝你们两位还是暂时离开学校一段时间，避一避，过一段时间再回来。当时我心里一落，心想你们的狐狸尾巴已经露出来了，他们这些人是可能伪造证据的。于是我横了一条心，慷慨地说：也许你们能拿出你们的所谓证据，不过任何冤案都是能弄清楚的，一年半年弄不清，十年八年总会弄个水落石出，那就不好看了，为了抗敌，前方战士流血牺牲，我们在后方，牺牲点名誉在所不惜，我们法庭上见吧。他们见我的话很硬，孟寿椿转口说：我们这是为你们好啊，你们回去好好想一想，想好了再来向我们说吧。那天下午的谈话的主要内容大概就是这些。从校长办公室出来以后，我们马上去找卖稻草的商人（在学校附近），走去一看，铺子里空无一人，问邻居才知道是学校校警叫去还没有回来，知道有了鬼。邻居又说，他们开的是两家铺子，儿子在这里，老汉①在南门口。我们马上转到南门口，找到彭寿章那个老汉。他是和我们经手做买卖的，他儿子被学校叫去一下午了，中途又喊回来拿私章，全家正着急。我们坐了不久，他儿子昏头昏脑地回来了。他母亲问他，也不说话。他母亲说，康、王二先生是好人，买我们的稻草，不欠分文，又不要回扣，连烟都不吃我们一支，你可不要去害人。在他父母的劝说下，他才吞吞吐吐地说：他们把我关在一间黑屋子里，说两先生贪污，强迫我在他们写的字据上画押盖章，学校钟主任也在那里。和下午的谈话一对照，问题全明白

① 四川方言，指父亲。

了。我们怕学校毁掉我们的证据，请彭老汉（能写字）给了我们一张收条，彭老汉照办了。过了两天，我们又到彭老汉那里去商谈，请他再给我们一张对付伪证的证据，他也照办了，大意是：康、王两先生，你们买我3万斤稻草，我收妥75元，在我们生意人来说已是水清理白了，但我那儿子年轻不懂事，不知乱说了你们一些什么，还望两先生原谅。我们有了这两个证据，就比较放心了。在孟寿椿和我们谈话的第二天，CC派以清理账项的名义，大贴布告，污蔑我们有贪污问题。我们也贴出声明，但一时哪能把问题澄清。他们怕我们先到法院，就争取主动先告，所以我们成了被告。地下党组织很重视此事，通过上层统战方面做了些工作，并关照我们，事关重大，不能打输官司。1938年4月的一天下午，成都地方法院开庭，我们的同学去了300人，他们没去几个人。因为贪污案是刑事案件，第一次开庭时作检查，法官一传讯，先问原告，二次问被告，最后问证人彭老汉父子。他们完全照实说了。这下使我们放了心。检查完毕出来，我当众宣布证人是如何说的，同学纷纷鼓掌欢呼。这时成都各报新闻记者前来采访消息，由时事新闻记者孙蕴实访问原告、被告和证人三方。先问原告陈开适，他当然说他那一套，次问被告我和王玉琳，我们如实说了以后，就访问证人彭老汉父子，问得比较详细：卖稻草多少斤？收多少款？如数收到没有？有无回扣？彭均一一回答。记者又问：那么，为什么说他们贪污公款呢？彭的儿子在同学们的鼓励下大胆地说：学校他们把我关在黑屋子里，强迫我在他们写的字据上盖章画押，诬陷康、王二先生，学校钟主任也在那里。至此访问告一段落，各报记者商量如何见报的问题，大家的意见是照访问的事实刊登。反动日报《复兴日报》和《成都快报》的记者，也不得不表示同意。第二天成都各大报都登了这则消息（1938年4月内），于是川大CC派孟寿椿、钟行素等人陷害学生的罪行就被揭露了，在社会上搞臭了。以后法院还给了我们一张“所告不实”的批文，这就是这次康王稻草案的斗争，在四川地下党领导下取得的胜利，给川大CC派在政治上以严重的打击。

是年春

▲川大学生郭治澄[①]等组织成立“成都学生抗敌救亡宣传团”。1938年春季开学后，抗宣二大队[②]的负责人郭治澄、喻厚高、孙德辅[③]等商量，准备恢复宣传队的活动。他们针对当时全国抗日救亡运动日益高涨的形势，决定把抗宣二大队改为“成都学生抗敌救亡宣传团”（简称“抗宣团”），参加者主要是川大的学生，此外还有华大及成都各中学的学生。分散在这些学校里的共产党员、“民先”队员是这个团的骨干，由于他们的积极工作，相互串连，“抗宣团”人数很快达到三四百人。这年春假，“抗宣团”去灌县进行了一次规模较大的宣传活动。当时的《新民报》曾经报道：这支队伍“秩序井然”，其演讲、话剧和歌咏“悲壮激昂”，引得“万人空巷”，观者“莫不感奋”。后来由于跨校的组织形式不便于统一领导，不适于组织精干的宣传活动，遂决定在各校成立分团。[④]

▲杜桴生、朱挹清等陆续到协进中学工作，建立了协进中学教员党支部。黄觉民[⑤]、刘披云等先后任支部书记。协进中学教员党支部直属中共四川省工委（后属中共川康特委）领导。党先后派遣党员和党的干部20多人到协进中学任课任职，进行党的秘密工作和救亡活动。4月，协进中学学生党支部建立，后又成立了党总支。1939年初，学生党员达到80人左右，是当时成都学生党员最多的学校之一，也是党在成都活动的一个据点。[⑥]

---

① 郭治澄（1918—1985），川大法学院学生，成都学运骨干。

② 即川大抗敌后援会宣传队第二大队。

③ 孙德辅，又名孙孝实，为川大法学院法律系学生，1940年10月因病退学（见国立川大－3025－7）。

④ 《四川大学史稿・第一卷・四川大学（1896—1949）》，第192页。同时参见郭治澄：《我所知道的成都学生抗敌救亡宣传团第一团（1937—1939）》，载中共成都市委党史工委：《成都抗日战争时期回忆录选编：纪念抗日战争胜利四十周年》，内部编印，1985年，第121页。

⑤ 黄觉民（1909—2003），曾用名黄文涛、黄半坡，四川岳池人。1937年入党，1938年7月至1940年1月先后任中共成都市委常委、宣传部部长，中共成都市西区委书记等。新中国成立后曾任川大副校长。

⑥ 《民主革命时期成都革命斗争史大事年表（讨论稿）》，第47—48页。

4月5日

川大学生胡绩伟主编《星芒报》。《星芒通讯》社在《星芒周报》《星芒救亡联合周刊》相继被禁后，再办《星芒报》，由江牧岳任社长兼发行人，胡绩伟任主编。《星芒报》是大众化的宣传抗日小报，它及时报道抗日战争的情况和国内外大事，动员群众参加抗战，并发表短篇小说、诗歌、木刻、漫画和说唱新篇等大众化的文艺作品，深受群众欢迎，发行上万份，影响遍及全川。其社论名曰“正经话”，它用比较简洁的语言评论当时为众人所关心的政治、军事等方面的严肃问题。川大的许多中共党员和“民先”队员都参加了《星芒报》社的活动，为《星芒报》撰写了不少稿件。《星芒报》的巨大影响引起当局的极大恐慌，他们为此采取了严厉的制裁手段，使得《星芒报》被迫数次易名，先后以《蜀话报》、《新民报》（三日增刊）、《通俗文艺》等名义出版发行。[①]

胡绩伟回忆：《星芒报》的发行量超过了《新新新闻》[②]

我虽在川大，但实在没有读多少书，多是在外面参加活动。当时上课卡得不是很严，我到教室后，把笔盒、书本打开，给旁边的人随便招呼一声，叫他下课后帮助我把书包收拾带回去一下，便扬长而去。有时为了照顾老师的情绪，等到他点名后再悄悄溜走。当时我们社的活动主要是办刊物。入党后，我先在《星芒报》社党支部，后来《星芒报》社党支部分为两个支部——星芒社群众支部和星芒社文化支部，我进入了文化支部。《星芒报》社是成都市最大的救亡群众团体，开始是发行通讯稿、组织读报会；继后办图书馆、组织读书会；再后是搞各种培训班、学习班、时事讲习班、世界语训练班、新闻学习班等；接着搞了一个星芒俱乐部，组织了篮球队、自行车比赛、游泳队等。另外，还专门成立了星芒宣传团。（陶然插言：在新都的宣

① 《成都文史资料选编·抗日战争卷·上·救亡图存》，第471页；《四川大学史稿·第一卷·四川大学（1896—1949）》，第198页。两书对《星芒报》创刊时间的记述有所不同，前者记为4月5日，后者记为3月5日，此处采用了前书的说法。

② 摘编自《胡绩伟同志回忆录（1936—1938）》。标题为编者所拟。

传活动结束后，成立了星芒宣传团，肖林提名，大家举手通过，把我推出来做宣传团的负责人。共同负责的还有吴雪、甘佩文二人。康乃尔主要是登台演戏，他有这方面特长。）那时宣传团搞如下活动。一、演戏。我记得那时常演出《放下你的鞭子》一剧。二、歌咏。我们组织歌咏队，每天早上天不亮即上街放声歌唱，把大家叫醒后，再到少城公园教渐渐聚拢的群众唱歌。三、打金钱板，唱莲花落。这种活动很受欢迎，特别是在农村。四、讲演。我们自己拖条凳子，见什么地方人多，往凳子上一站就讲演开了。《星芒报》出版后，在全川发行。发行的具体数量不清楚，据我估计，在一万五六千份左右，可以说是当时成都发行量最大的报纸。因为当时发行量很可观的《新新新闻》也不过三四千份，一般的报纸就那么几百份，像《星芒报》这样发行一万多份的报纸是没有的。那时四川各县差不多都有《星芒报》，而只要有《星芒报》的地方，就有《星芒报》的发行站和宣传员。可以说《星芒报》发行到什么地方，就有人将报上的内容用来四处宣传，而且那时许多下层人民把《星芒报》当做他们的主心骨。众所周知，当时是八字衙门向南开，有理无钱莫进来，人民有冤无处申，有苦无处诉。于是我们在报上设立了“假衙门”，告状者是真人真事，而其中的法官张公道却是我们假设的，案子即由这个假设的法官审理判决，并且出具与当时衙门所出布告形式一样的布告。这件事，使群众非常解气，他们明明知道张公道判案毫无作用，但总觉得出了一口气。所以，《星芒报》在当时全川的影响是很大的。我在梓潼被捕后，一个《星芒报》的读者经常来看我，并通过看守给我送很多好吃的东西来；我被释放后，他们又在一家院子里为我开了一个很隆重热烈的欢送会。由此可以看出《星芒报》影响的深远和巨大。

4 月 17 日—19 日

“群力社”组织宣传队深入成都周边场镇演出救亡剧。“群力社”成员黄爽英、熊梦等 10 余人组成宣传队在彭县、新繁宣传台儿庄大捷，演出救亡剧。[①]

4月18日

中华教育文化基金会董事顾临到川大文学院大礼堂进行“总理纪念周”讲演。[②]

4月22日—23日

“群力社”成员在郫县被扣押，经斗争后获释。22日，“群力社”成员到达郫县后被郫县政府无理扣押。23日，该县派军警将众人武装押回成都。中共成都市委发动各救亡团体数百人前往西门车站迎接和慰问。后经过斗争，迫使四川省政府释放全体被扣押的“群力社”成员。[③]

赴郫县作抗敌宣传　群力社宣传队被捕[④]

（1938年4月23日）

（川康社）此间前以名□□上，情□救亡，曾组织群力社从事救亡宣传，社址在锦江街三十八号，并早已呈请动委会立案，日前报载动委会审查委员会已准予立案。该社平时努力救亡工作□有成绩，颇著声誉。近以四月十七日至十九日为彭县敖家场城隍会期，因即派出宣传队前往唤醒民众，急起救亡，其内容限于宣传台儿庄之胜利及抗战建国纲领之颁布，并演救亡话剧。次又往新繁宣传，均得当地官署之指导。前日返省时复便顺道往郫县宣传，曾先访该县抗敌后援会，该会当恳切挽留。殊昨日（廿二）该队尚未及出发宣传，即为郫县县府加以扣留，据称奉到温江专署命令，查得该队有托洛斯基派嫌疑，队员十二人以不许自由行动。顷由该队派人回社报告，闻该社负责人立向政府面谒请示，并谓如该社所派宣传队员有一人是托派而有确据者，恳请政府依惩办汉奸条例，尽力严办，以利抗战救亡工作云云。

---

① 《中国共产党四川历史大事件（民主革命时期）》，第227—228页。

② 国立川大－116－27。

③ 《中国共产党四川历史大事件（民主革命时期）》，第227—228页。

④ 摘编自《抗战八年在蓉城》，第497页。

侯方岳回忆“郫县事件”后援工作[①]

关于“郫县事件”的后援工作，我和饶世俊、杜桴生的意见基本一致，一是猛烈回击，发动群众上街游行，请愿，要求立即放人；二是要省政府责令当地立即把人送回成都。商定完事后，我们先派了几个人到郫县犀浦去，找县政府、区政府闹，要他们放人，当地坚持不放。我们的代表后来要求他们把扣留的人押送回成都，这一条他们同意了，便派了些武装，把宣传队的同志押往成都处理。在成都，我们动员了大批群众上街游行示威，抗议国民党警察乱抓人，同时又包围了省政府，见到副秘书长王伯禹，要他责令下属立即放人。王慑于群众威力，答应立即放人。这次斗争取得了圆满的胜利。

4月24日

为了便于组织，发展壮大的“成都学生抗敌救亡宣传团”决议成立三个分团。川大文、法学院以“民先”和抗宣二大队成员为骨干成立“成都学生抗敌救亡宣传团第一团”，并在少城公园召开了成立大会；接着理、农两学院的学生组成了第二团。“抗宣团”第一团团长先后是共产党员喻厚高、胡朝芝，副团长先后是甘贞信、孙德辅、卢济英[②]、张文濂等。“抗宣团”第二团团长是王天徽，副团长是李常五、喻季姜[③]（后为团长）。共产党员邓照明、王维章等在二团起着领导骨干作用。与此同时，华西坝“五大学”学生以“华西学生救亡剧团”为基础，建立了“成都学生抗敌救亡宣传团第三团”；团长是当时担任华西坝“五大学”党支部书记的沈荫家。这个时期，成都以“民先”队员为骨干，先后建立了8个学生抗敌宣传团，他们利用合法组织形式，高举抗日救亡

① 摘编自侯方岳：《抗战初期成都市委组织的恢复和抗日救亡活动的一些情况》，载《八年抗战在蓉城》，第670页。标题为编者所拟。

② 卢济英，又名卢吉茵，1919年出生，四川巴县（今重庆市巴南区）人。“七七事变”后由燕京大学文学院教育学系转入川大文学院教育学系借读，学号为借W26311（见国立川大－2609－7）。1940年赴延安。

③ 喻季姜为川大农学院植物病虫害系学生。

的旗帜，发挥抗日救亡群众组织的作用，深入城乡，宣传抗日，产生了很大的影响。[①]

林霁霞回忆 1938—1939 年“抗宣团”情况[②]

1937 年秋，我考入川大农学院，一年级时全年级都在理学院读基础课，所以当时我参加了邓照明、王维章、汤幼言（丁洪）等同志在理学院开展的抗日救亡宣传活动和歌咏活动。关于“二团”的情况，这里仅就 1938 年下学期我们这个年级由南较场理学院转到望江楼农学院（校舍）以后的一些活动情况谈谈。

“抗宣二团”人员比“一团”人数少得多，最多时大约有 40 人左右，其中骨干力量多是理学院同学参加组成的，群众人数则是农学院为多，农学院（同学）又集中在我们 1937 年进校的这个年级里。我们到望江楼校舍以后，都是理学院的同学到农学院来一起到近郊乡镇开展宣传活动，和“一团”共同活动的次数不多，最大的有三次：一次是去灌县宣传，一次是 1938 年纪念“一二·九”集会，再就是 1939 年 5 月的反汪精卫火炬大游行。纪念“一二·九”那次，除部分人到皇城参加了集会外，“二团”出了纪念“一二·九”墙报专刊，农学院的生活指导委员柯育甫出面交涉，王秋成与之辩论，后来钟行素把王叫到皇城校本部，又经过一场辩论，专刊还是出了。参加反汪精卫游行，农学院全体党员及可能动员的“二团”成员都参加了。自那以后，因为形势转变，加上文、法、理三院搬到峨眉山去了，“二团”就停止了活动。

“二团”的团长是喻季姜（女）同志，副团长是王天徽，两人都不是党员，起核心作用的是理学院的邓照明、王维章等同志和农学院的几个支委。

参加“二团”的党员，除农学院的全体党员外，我现在记得的还

---

① 《四川大学史稿·第一卷·四川大学（1896—1949）》，第 192 页；《民主革命时期成都革命斗争史大事年表（讨论稿）》，第 49 页。

② 摘编自林霁霞：《关于 1937—1941 年川大农学院党组织活动和群众运动的情况》，1985 年上半年寄川大校史办稿件。标题为编者所拟。林霁霞为郭治澄夫人。

有理学院的邓照明、王维章、陆文烈、夏淑惠、张万禄、陈显志等同志。当时的积极的非党同学有喻季姜、王琴侠、欧阳香、蔡懋玫、赵一琴、余少林等女同学，还有张正侃、吕敬之、陈显钦、杨望宝、郑思贤、曹智乐、陆棫等。

郭治澄回忆1938—1939年川大党员群体[①]

现在回忆起来，曾经参加过“成都学生抗敌后援会宣传队”第二大队和“成都学生抗敌救亡宣传团”第一团以及参加1939年川大学生暑期农村服务团的进步同学中，先后参加我党的，文学院的有喻厚高、赖自昌、胡朝芝（女）、杨镜如（女）、刘利模（刘纪炜）、郭先泽（郭琦）、韩扑、翁绍旺、裴景颜、倪受禧、王樵、王岫（王云）、屈容、何德甫、胡舜华（女）、刘淑平（女）、徐昌志（女）、沈纪云（女）、蒲继霄、赵竞群（女）、卢济英（女）、孙明、李玉钿（女）等，还有赵德勋、陈毅乔（李冰洁）、李增篁、车映宗、卢良弼等也可能参加过短时期的活动。法学院的有孙德辅（孙孝实）、刘仲甫、张洪德、邵松乔[②]、杨和鼎、梁广生、林文聪、陈英（陈应）、许金成、彭兆廷、郑涛、钟崇桂（钟颖）、张启钰、黄子君、杨天华、张文濂、李侠平（女）、杨昭伦（女）、邱永淑（女）、刘志皋（曾凌）、朱锡枚、万骥、王玉琳（王怀安）、王大民（陶然）、王友愈（王野雨）[③]、胡述英（女）、郭治澄等，还有徐恩贤（徐坚）、徐天语、任崇实、陈天碧、吴星海等也可能参加过短时期的活动。也就是说，在一团的成员中，约有半数都是我们的党员，其中相当一部分是从“抗宣队”和之后的“抗宣一团”的活动中成长起来的；另一部分是参加过“川大抗敌后援会”的；而1939年入学以后参加的同学，则多是在中

① 摘编自郭治澄：《我所知道的成都学生抗敌救亡宣传团第一团（1937—1939）》。标题为编者所拟。

② 邵松乔，四川资阳人，1937年入读于川大法学院政经学系（见国立川大2654－23；国立川大2652－5）。

③ 王野雨（1913—1985），又名王友愈，四川巴县（今重庆市巴南区）人。1936年7月至1940年就读于川大。1939年入党，1940年底赴延安。

学时入了党转进来的。这三部分同志中，有不少同志是参加过“民族解放先锋队”和“学生救国联合会”和其他救亡团体的；还有几个同志，包括几个归国华侨则是归国以后先到延安学习，然后到川大读书，参加“抗宣一团”的活动，不久以后入党的。这当中，还有一些非党积极分子，如文学院的张嶍、甘贞信（女）、林莹如（女）、邓清芹（女）、孙丽华（女）、肖尊道（女）、魏绍勋（女）、刘鸿晋（女）、李碧如（女）、李光莹（女）、袁璨瑶（女）等；法学院的许廷星、杨元厚、魏绍昌、张宇高、郝警心、蒋鹏奎、张颐年（女）等。他们和其他党员同志一道，对抗日救亡宣传都做出了可贵的贡献。

是月

▲成都庆祝台儿庄大捷，康乃尔等川大学生抬棺游行。川大学生和成都群众在少城公园举行大规模集会，庆祝台儿庄大捷，会后举行了盛大游行，康乃尔、喻厚高等人抬着战死在抗日前线的川军将领王铭章的棺材游行，以示悼念。这次活动，大涨了抗日士气，加深了地方实力派与蒋介石之间的矛盾。[①]

▲沦陷区高校陆续迁川，时成都已有10所大学，教职员和学生逾4000。

迁川各大学近况[②]

（1938年4月）

自全面抗战发生后，战区内各高级学府，为使学生安心求学起见，多迁川办理。迁蓉办理者尤多，计有清华大学研究院航空研究所、中央大学医学院、齐鲁大学医学院、东吴大学、金陵大学、金陵女子大学、光华大学、西安临时大学等八所，连同川大、华大，蓉市已有大学十所，教职员学生不下四千人。兹将各校近况志次：

一、清华大学研究院航空研究所，研究员计有二十余人，已于二月底抵省，三月初正在外南一带寻觅所址。

① 《民主革命时期成都革命斗争史大事年表（讨论稿）》，第49页

② 摘编自《抗战时期的四川——档案史料汇编（下）》，第1592—1594页。

二、中央大学医学院，教职员学生共百余人。学生宿舍设外南小天竺前东方美专内，教员宿舍假华西中学明德宿舍。该院于今秋迁蓉，本期现已开学。

三、东吴大学，系本期迁蓉，假华大授课。该校因办理迁移事宜，故展期于三月一日开学。

四、金陵大学，来川学生约三百人，男生借住华大体育室，女生借住华大女生院。该校并于华大医科教室附近赶建洋房二座，短期内落成后，即作教室及男生宿舍。本月十一、十二两日在蓉招考新生一次，现已假华大开学。

五、金陵女大，学生约三百人，除一部分抵省暂假华大借读外，其余尚在武汉及下江各地，待轮西上。该校校长吴贻芳女士，曾在美国得博士学位，吾国女子充任大学校长者，吴氏为第一人。吴氏已于去冬抵省，筹备迁校事宜。

六、山东齐鲁大学，于去秋迁蓉，假华大借读。来川学生数十人，分住华大华美、明德两寄宿舍。本期该院已于上周开课。

七、上海光华大学及附属高中，于去冬迁蓉，地址设王家坝。本期在成渝两地分别招收新生多名，现已开学行课。

八、国立西安临时大学，于去冬在蓉增设分校。该分校文、法两学院设于外南武侯祠，理、工、医、农四学院设于外西青羊宫。该校学生，除已有部分抵省外，余正分别首途中。

九、川大，新校舍仍继续建筑中，其建筑方式，采星罗棋布形式，现已落成洋楼数幢。该校收容借读学生数百人，本期已开学行课。

十、华大，已于二月底开堂，因借读学生过多，正分别添修宿舍，充实设备。

此外，有东北大学移设潼川，大部学生已于四月份到达，定五一正式行课。武汉大学除四年级仍留汉上课外，其余完全移赴嘉定，并定于四月份在嘉定开学。至前已移入川黔之复旦大夏联合大学，已决定自四一起，两校恢复原有组织，大夏设贵阳，复旦设于离重庆百余里之江北黄桷镇。现复旦大学业已开课，并组织四川资料研究室，以搜集关于四川之各项资料云。

5月4日

川大召开“五四”纪念会。川大师生组织召开“五四”纪念会，会议由“抗宣团”第二团团长喻季姜主持，黄宪章教授代表教职工、胡朝芝代表学生在会上发言，大声疾呼抗日救亡。“成都战训女同学会”，“抗宣团”第一、二、三团发表纪念“五四”宣言。宣言主张抗战到底，并提出多项建议：武装起来参加前线作战和国际建设；开展新文化运动，提高人民文化水准；肃清汉奸，加强全国团结，巩固统一战线；实施战时教育、救济失学失业青年及战区学生。①

5月9日

川大教授赵人儁在“总理纪念周”发表讲演，题目为《开战及我国经济之动态》。②

5月16日

“川大抗敌后援会”开办战时民众常识讲习班。“川大抗敌后援会”在川大理学院大礼堂开办战时民众常识讲习班，为期一个月，每日讲授两小时，教员由理学院办事处职员或聘请热心公务的同学兼任。③

5月20日

川大学生康乃尔、刘炎④等创办《战时学生旬刊》社。《战时学生旬刊》社是在中共成都市委领导下，由《救亡周刊》社改组扩充而成，康乃尔任社长，刘炎任总编，蒋汇泽（蒋国锐）任副总编，社址设在祠堂街“努力餐”附近一家书店的楼上。该刊以中学生为主要宣传对象，以讨论学生读书生活和研究战时工作为中心，不仅宣传抗日救亡，还宣

---

① 《民主革命时期成都革命斗争史大事年表（讨论稿）》，第50页；《成都文史资料选编·抗日战争卷·上·救亡图存》，第177页。

② 国立川大－122－31。

③ 《抗战时期的四川——档案史料汇编（上）》，第343—344页。

④ 刘炎，四川绵阳人，1948年毕业于川大农学院农经系，在校学号为332014－35（见国立川大1946－29－4；国立川大1944－115－4）。

传马列主义基本知识和理论。该刊为16开小报，设有短评、时事、分析专题、生活园地、文艺专栏等栏目，为该刊写稿的有吴德社、李亚群、曹葆华、林咖等人。该社发展了100多名社员，发行量最高达1万份。1940年秋停刊。①

成都《战时学生旬刊》社登记申请书②

（1938年5月）

名称：成都战时学生旬刊。类别：杂志。刊期：旬刊。社务组织：本社共设社务、编辑、印行、研究及文化服务。资本数目：三百元。经济状况：资本由社员三十人负担，经费由此开支。发行所名称：《战时学生旬刊》发行所。地址：祠堂街九十六号。印刷所名称：新新印刷局。地址：玉石街。发行人：肖愉，自流井，二十五岁，上海法学院毕业，上海《群立杂志》发行人，江汉路原一百七十四号。编辑人：黄天杰，眉州，二十四岁，四川大学修业，《大夏学报》编辑，宽巷子十七号；王玉琳，富顺，二十六岁，四川大学修业，曾任自流井蜀光中学教员，四川大学法学院；刘炎，成都，二十六岁，四川大学修业，江苏农民银行月报编辑，四川大学文学院；谢庆笙，乐山，二十六岁，四川大学修业，四川大学文学院。

附注：本刊宗旨以讨论学生生活读书及研究战时工作为目的。书刊内容为短评、时事、分析专题、各科顾问、生活园地、文艺六栏。

中国国民党成都人民团体临时指导委员会，成都市政府考查意见：查表列各项属实。

5月22日

四川各界欢送第二期出川抗敌将士大会在成都少城公园举行。③

5月23日

“天明歌咏团”组织乡村歌咏队，赴郫县、灌县一带作抗敌歌咏宣

---

① 《民主革命时期成都革命斗争史大事年表（讨论稿）》，第51页；《成都文史资料选编·抗日战争卷·上·救亡图存》，第471页。

② 摘编自《抗战时期的四川——档案史料汇编（上）》，第389—390页。

③ 《抗日战争时期四川大事记》，第12页。

传，并准备演出街头剧。[①]

5 月 24 日

四川省政府制定战区来川借读学生助学办法，分为膳费全免及补助二分之一两种。[②]

5 月 26 日—6 月 3 日

毛泽东在延安抗日战争研究会上作题为《论持久战》的讲演。[③]

5 月 30 日

▲为纪念“五卅”运动 13 周年，“武德学友会”“上海业余剧人协会”“工抗团”“群力社”“抗宣团”等 20 余个团体于上午 8 时赴全市各区作扩大宣传。[④]

▲“川大抗敌后援会”邀请空军将士出席“总理纪念周”。川大文学院举办“总理纪念周”活动，“川大抗敌后援会”欢迎首次远征敌寇的空军勇士出席，并邀请川军 127 师师长陈静珊（陈离）作讲演。[⑤]

是月

▲韩天石接任中共成都市委书记。由于杜桴生调任中共四川省工委文委书记并专门负责编辑《四川日报》，中共成都市委进行了调整：韩天石任书记，张宣负责宣传，康乃尔负责青运，其他委员是张文澄（组织）、梁华（工运）、赵世兰（妇运）。[⑥]

▲天明歌咏团内建立党支部，洪希宗、陈伯林先后任支部书记。天明歌咏团的汤幼言、尹文媛等“民先”队员相继加入吴雪领导的四川旅外剧队，并在该队以戴碧湘为书记的党支部领导下，于 1938 年 5—12 月，先后到彭山、眉山、犍为、重庆等地城乡演出《渡黄河》《抓壮丁》

---

① 《民主革命时期成都革命斗争史大事年表（讨论稿）》，第 51 页

② 《抗日战争时期四川大事记》，第 31 页。

③ 《中国近现代史大事记：1840—1980》，第 121 页。

④ 《民主革命时期成都革命斗争史大事年表（讨论稿）》，第 51—52 页。

⑤ 国立川大－116－30。

⑥ 《民主革命时期成都革命斗争史大事年表（讨论稿）》，第 50 页。

等剧目，受到沿途父老乡亲的喜爱和热烈欢迎。[①]

6 月 1 日

西安 13 个抗日救亡团体被当局解散，成都 12 个抗日救亡团体联合发出声援。国民党西安当局解散 13 个抗日救亡团体，[②] 在成都引起强烈反响。成都市文化救亡协会、大声抗敌宣传社、群力抗敌宣传社、四川省妇女抗敌后援会、大众抗敌宣传团、少年抗敌宣传团等 12 个抗日救亡团体联合发出快邮代电，要求国民政府急电西安当局，令其恢复各救亡团体，释放救亡分子，加紧民众运动，以为抗战后盾。[③]

6 月 20 日—24 日

世界学联代表团访蓉，华大学生周曼如任翻译。成都各抗日救亡团体在蜀一电影院[④]举行欢迎大会。22 日，市文化界、新闻界、学生界在青年会大礼堂举行茶话座谈会，联合招待世界学联代表，由文化界刘披云主持，向世界学联代表介绍成都地区学生抗日运动情况。该团代表住在华西坝的外籍人士家里，由周曼如、张涤生（中大学生）担任翻译。代表团还约集成都学运骨干韩天石、胡绩伟、邓照明、张文澄、周曼如等在华大美籍教授解难（J. Spencer Kennard）[⑤] 的家里座谈成都学运情况。这次活动促进了成都市学生的抗日救亡运动，对欧亚两洲反法西斯的学生运动起了互相联系、互相支持的作用。24 日，代表团离蓉，经西安去延安访问。[⑥]

---

① 《民主革命时期成都革命斗争史大事年表（讨论稿）》，第 47 页。

② 1938 年 2 月 22 日，国民党陕西省党部命令解散西安文化界协会、西北青年救国会等 13 个救亡团体。2 月 27 日，中共陕西省委机关刊物《西北》发表由中共陕西省委书记贾拓夫起草的社论《关于解散西安十三救亡团体》，批驳国民党陕西当局的错误做法，要求在抗日救国的大前提下，给予各救亡团体以合法地位。

③ 《中国共产党四川历史大事件（民主革命时期）》，第 234 页。

④ 指“蜀一大戏院”，邓照明回忆文章称之为“智育电影院”，待考。

⑤ 解难（J. Spencer Kennard），美国人，1939 年到华大讲学，教授宗教学。

⑥ 《民主革命时期成都革命斗争史大事年表（讨论稿）》，第 52 页。

邓照明回忆：世界学联代表团访蓉[1]

欢迎世界学联代表团一事，亦值一叙。1938 年 6 月 20 日世界学联代表团到达成都。为了迎接他们，成都 4000 多人在机场冒雨等了三四个小时。代表团共 4 个人，团长是英共党员柯乐曼，另外三个，一个德国人，一个英国人，一个加拿大人。他们来成都前，中共南方局即有通知。我们在智育电影院组织了成都青年大会，欢迎代表团；然后在青年会楼上召开座谈会，介绍成都的抗日救亡活动情况。就国内而言，我们是抗日；就世界范围来说，则是反法西斯战争。我们的抗日与世界反法西斯运动是紧密相连的。会后，我们起草了关于成都抗日学生运动的报告（现已记不清楚是谁执笔，只记得是张宣交给我的），我找了华大德文教授魏璐诗译成英文，因为这是要送到国外的。我们虽然懂一点英文，但还不具备翻译送往国外的文章的水平。魏璐诗是一个女教授，我们男同学不便和她合作，于是让周曼如和另一个女生住到她家里，苦战整整两天，译出。此报告在世界学联的会刊上登载过，起到了将国内抗日救亡活动与世界反法西斯战争联系起来的作用。

郭号回忆在解难博士家的秘密活动[2]

党的秘密地下机关指的是党的要员驻宿地，党内重要会议地、培训地。我先后知道的有署袜北一街 68 号的沈公馆和上池正街 44 号；另外为外南五大学、（华西）协合中学党员开会和活动的秘密庇护地，即解难博士家和魏璐诗博士家。

解难博士家：这是一种类似租界式的党的地下秘密庇护地。华西坝在抗战初期仍然是加拿大、英、美等国基督会势力统治下的“独立王国”。学生们是很少有人触犯这一“王国”的尊严的。在大学部和协合中学间有一片鳞次栉比的完全是洋人住的小洋房群，其中一座是

① 摘编自《邓照明同志回忆录（1937—1939）》。标题为编者所拟。

② 摘编自《华西坝风云录》，第 232 页。标题为编者所拟。

解难博士家。大家要到解难家，要经过两面都是围墙的公行道，学生们都不愿走这个过道，并称呼小洋房一带为“租界”，意思是“禁区”，少去为是。而当时地下党正利用了这个特点，在解难家开拓了党活动的地盘。

解难作为一个坝子里的美国人却与其他外国传教士或教师不同，看不出他有宗教色彩和宗教活动，而却不遗余力地在实际行动上同情和庇护我们。当时他在华西协合中学教英语，颜瑞生①同志就是他的学生。他的政治背景我曾问过曼如、文澄、天石等同志，他们说他是英国议会工党议员，其实他是国际共产主义者，在日本办报被驱逐后才来华的。解难博士清瘦，中等个子，能说少量中国话，与人谈话和蔼、可亲，但他很少和我们交谈，也从不问我们什么。间或在他家里也可看到他的质朴、慈祥的爱人，别的什么人也没看到过。我们在他家开会时候很多，他从不厌烦；时间再长，他都等到我们走后，他才休息或继续工作，因之，从未有人给我们添加过任何麻烦。

我们开会是在他的布置整洁、宽敞的客厅里，进入客厅的人必须经过他的工作间。那里有架上的书籍和桌子上的一部英文打字机。当我们进入客厅时，他从不主动和我们讲话，只是点头示意而已，但却不停地嗒嗒地打字，打他的直接法英语教学讲义。我们揣测他在我们开会时不停地打字，是让打字的声音掩盖住我们开会时的发言声。另外，更重要的是为了我们的安全，紧紧地守住大门，不让外面的人随意进来，包括那微胖矮小的他的爱人。所以，我们认为他家是华西坝地下党活动的最安全的所在，最好的庇护所。一直到1940年春我离开坝子时，连基督教派的学生们都不知道这个租界禁区里的解难博士家有一批一批的青年共产党员经常在那里活动。

1938年有一次全市性的学运汇报会也是在解难博士家召开的。这就是成都党组织领导的学运骨干向世界学联代表团的汇报。参加那次会的有韩天石、张文澄、胡绩伟、邓照明、张涤生、曼如和我，还有一位外国女代表。当时世界学联的活动，使欧亚反法西斯斗争中的左

---

① 颜瑞生，华大文学院经济系1945年第31届毕业生。

翼青年学生联合了起来，起到了相互沟通和支持的作用，在世界学运史上有着不可磨灭的积极意义。汇报会的当晚，与会的共产党员们在解难博士家门外的草坪上手牵着手，臂膀靠着臂膀，轻声而响亮地唱起了国际歌。

6月25日

《时事新刊》在成都创刊。《时事新刊》是一种8开版小报，主要内容是介绍国际国内的政治和抗战形势，文字精练，编排紧凑，很受读者欢迎。该刊创刊5个月，发行量达9000份。该刊由张雪崖任社长，王达非任主笔。编采人员大多是共产党员或其他进步人士。1939年接办被迫停刊的《捷报》，形成日、晚刊一起编印发行的格局。1940年3月28日被国民党查封。[1]

6月26日

“成都市学生抗敌协会”（简称“学抗”）在少城公园音乐室开成立大会。这个协会是省、市党组织为统一学生救亡团体而组织的。进入这个协会的是以川大学生为主体的“成都学生抗敌宣传团”“协进乡村宣传团”“华西协中移动剧队”等。[2]

成都市警察局西区分局报告“成都市学生抗敌协会”成立大会情形呈[3]

（1938年6月27日）

六月二十五日准行政科电话：二十六日午后二时，“成都市学生抗敌协会”在少城公园音乐室开成立大会，嘱派员届时前往秘密察视。等由。准此。遵派本分局巡官皮维新前往。据回报称：该会于午后二点三十分开会，到达百余人，省府及各报馆、学校均派有代表参加。该会宗旨系组合党政机关各学校秉承最高领袖指挥，一致拥护抗战。开会时先由省府代表谈话，继由陈静珊师长及各代表等谈话，至四钟许散会，尚无异状，等情。前来。理合具文报请钧局俯赐鉴核备

① 《中国共产党四川历史大事件（民主革命时期）》，第235页。
② 《中国共产党四川历史大事件（民主革命时期）》，第235页。
③ 《抗战时期的四川——档案史料汇编（上）》，第344页。

查令遵。谨呈局长钧鉴。

是月

▲全国“民先”队员总数已达 5 万多人，鄂、豫、皖、湘、赣、川、粤、桂等地都有“民先”分队部。①

▲“川大学生指导委员会”发动学生给抗日前线战士写信，由学校统一寄给前线战士。②

7 月 1 日

华大、中大、齐大三大学联合医院成立。当时华大所属教会在成都办有医院 4 所，即仁济男医院、仁济女医院、仁济牙症医院和存仁眼耳鼻喉专科医院。这几所医院属教会管理，原只提供给华大医科学生临床教学和实习，而中大和齐大医学院的高年级学生迁来华西坝后，都需要利用这几所医院进行临床教学。经过与教会协商，进行财务、行政等相关方面的调整后，于 1938 年 7 月 1 日组成华大、中大、齐大三大学联合医院，由中大医学院院长戚寿南任总院长，对各医院统一领导，提供各校共同使用的病床计 380 张。③

7 月 4 日

“抗宣团”开办民众识字班，宣传抗战。“抗宣团”利用暑假在华大开办民众识字班，免费教附近贫民识字，并讲解有关抗战常识。这个班男女兼收，分成少年与儿童两组，课程内容有识字、抗战讲话、时事报告等。④

7 月 7 日

▲国民政府明令规定：每年 7 月 7 日为抗战建国纪念日。⑤

▲**川大教职员于抗战建国周年纪念大会为救国献金**。本市各界在少

① 《中国学生运动简史：1919—1949》，第 202 页。

② 《国家与学术的地方互动：四川大学国立化进程（1925—1939）》，第 254 页。

③ 《华西医科大学校史》，第 70 页。

④ 《民主革命时期成都革命斗争史大事年表（讨论稿）》，第 52—53 页。

⑤ 《抗日战争时期四川大事记》，第 35 页。

城公园公共体育场举行抗战建国周年纪念大会，川大师生踊跃参加，气氛悲壮热烈，前所未有，并由全体教职员献金两千元，用资救国之需。①

7月9日

四川军管区自本日起至8月18日止，分成渝两地集训学生，参加学生共18000余名。②

7月10日

川大教授刘盛亚等创编《文艺后防》。《文艺后防》在成都创刊，刘盛亚、周文、王白野负责编辑，刘盛亚负责发行。川大教授谢文炳、马宗融等常为其供稿。该刊逢十出版，是8开版小报，前后共出9期③，至10月19日终刊。④

7月16日

华西坝“五大学”组织“乡村服务团”。“五大学”基督教学生团契组织组成几十人的“乡村服务团”到温江服务，开展医疗、救亡宣传和文艺演出等活动，并请教师作指导。华大张世文教授等人参加了服务团的工作，“抗宣团”第三团为其举行了欢送大会。⑤

7月17日

“天明歌咏团”等团体在少城公园体育场举行聂耳逝世3周年纪念会，回忆聂耳生平，并演奏聂耳创作的名曲。⑥

是月

▲全国学生代表大会和全国青年救国团大会在武汉召开。这个时期，青年救国团也迅速向鄂、豫、皖、湘、赣、川、粤、桂等地区

---

① 国立川大—21—10。

② 《抗日战争时期四川大事记》，第35页。

③ 该刊自第3期起，改为文艺界联谊会会刊。见《抗日战争时期四川大事记》，第35页。

④ 《成都文史资料选编：抗日战争卷·上·救亡图存》，第476页。

⑤ 《民主革命时期成都革命斗争史大事年表（讨论稿）》，第53页。

⑥ 《民主革命时期成都革命斗争史大事年表（讨论稿）》，第53页。

发展。[①]

▲川大教授彭迪先[②]专著《战时的日本经济》由生活书店出版发行。

彭迪先回忆《战时的日本经济》一书的撰写[③]

1938年5月，我从眉山老家到成都时，大学第二学期开课已久，无法到大学教书。我就利用这段时间写了一些揭露日本帝国主义政治经济危机的文章在报刊上发表，如《日本战时经济危机》《日本军部的内幕和罪行》等。文章从不同的角度，阐明抗战必胜，日军必败，坚持抗战到底才是唯一出路。同时，我还是抓紧时间，把离日前夕搜集的报刊资料加以综合分析，写了一本《战时的日本经济》，1938年7月由生活书店出版发行。该书指出："当时相当一部人中存在着一种潜在的心理危机，他们慑于日军的强悍，对抗战必胜没有信心。当然也有人提出日本经济难以为继的看法，但多泛泛其辞，既缺乏实际材料，又很少系统分析。怎么办？这就需要占有大量的第一手资料，洞察敌方经济的长处与弱点，通过分析，论断出其强弱之点的变化和矛盾发展，有说服力地得出敌人整个国力必然由强到弱的结论。"正是在这种思想支配下，我及时写出《战时的日本经济》一书。我在书中写道："日本战时经济只有局部的、片断的统制，而无全体的综合统制。这样，某一个经济政策不能不与别个经济政策并立，而第三个政策又妨碍别的政策，使其丧失效果。"进一步详细分析了日本国内各部门各方面的矛盾所在，有力地说明了日本帝国主义者意欲通过统制来加强经济的打算，不但不能实现，反而会使经济困难越加严重，矛盾越加尖锐。本书在结论部分指出："这些困难随着日本战时经济的进展，只有增加而无减少之理；这些矛盾随日本战时经济统制的强化，只有尖锐而无缓和下去的道理。本来，我国抗战已使日本经济的

① 《中国青年运动史》，第175页。

② 彭迪先（1908—1991），四川眉山人，经济学家，曾任川大教授。

③ 摘编自彭迪先：《我的回忆与思考》，四川人民出版社，1992年，第35—38页。标题为编者所拟。

种种矛盾越加深化，此后我国如坚持抗战到底的长期抗战政策，则日本战时经济危机的爆发必将越加接近迫切，终于要使日本帝国主义者的军事冒险遭受致命打击；经济破产将使日本法西斯军阀及其一切机构毁灭无余。”这本书满足了当时全国人民急需了解日本经济内情的渴望，有助于抗战必胜信念的坚持。

8月2日

“川大抗敌后援会”在暑期组织“川大夏令服务团”，赴乐山、峨眉等地宣传服务，时间共两周。服务团团长、副团长分别由魏辅南、邓纯眉担任。[①]

8月12日

成都市政府下令查禁抗战文艺刊物28种，各报副刊亦多被取缔。[②]

8月19日

当局追查“人民阵线”分子，川大进步师生上了“黑名单”。

四川省会警察局检送四川大学慰劳飞机场工人的重要教职员学生姓名册呈[③]

（1938年8月19日）

廿七年八月十九日案奉钧府教廿七年八月十八日发第二四八五三号训令，为据国立四川大学法学院借读生陈继光呈以该院人民阵线分子时作反动宣传一案，饬即遵照严密注意，详审侦查，如果获有反动实据，应即依法究办，以消隐患。仍将遵办情形报查为要。等因。奉此，遵即派员密查，据复：遵查川大借读生陈继光检举该校人民阵线分子情形分陈如下：（1）查川大在一年以前云云，又该校学生刻均在南较场受集训，故对学生方面考查稍难。理合谨将奉查情形，连同川大参加飞机场煽惑工人之重要教职员学生姓名表一并签请钧座核转示遵等情。前来。经职复查，所称各情除由刺探得来，无甚显证，但究

① 《民主革命时期成都革命斗争史大事年表（讨论稿）》，第52—53页。

② 《抗日战争时期四川大事记》，第37页。

③ 摘编自《抗战时期的四川——档案史料汇编（上）》，第479页。

有人传说，似惟□谬，除再随时探查外，理合据情备文，呈请钧府俯赐查核，指令祇遵。谨呈四川省政府主席王。

附呈川大参加飞机场煽惑工人重要教职员姓名册一份

川大参加飞机场煽惑工人人名

×黄宪章　教授。×康乃尔　留青院（园）三号，南充左庆巷。×张宣别号羊角，家住祠堂街一五六号。黄中孚　教授。×韩天石因奉命赴陕读抗日大学，旋中止，现已返学，由沪归来，带有大批款项。阚思常，女，绰号钢丝床。

文学院学生

江序丰　余涧南　郭伯钧　杨曙曦　缪（名不详）

法学院

×杨汇生　女生院。张越武　×王玉琳，西院一三号。王大铭　杨昭伦，女生院。张大文　赖骥　张常，高西院八号。张洪德　刘仲甫　吴星海　孙德甫　周海文　林文聪，西院一六号。古基祥，东院二号。

法三年级经济组

徐天语，东院一四号，家住老古巷。任崇实，借读生。王彦立　蒋汇川　杨女士（名不详）

理学院学生

王广义　汤幼言　邓照民　黄昌运　李侠萍，女，绰号航空母舰

以上有“×”者系参加首要

是月

▲**校友张宣任中共成都市委书记**。韩天石调宜宾中心县委，梁华也另调工作，中共成都市委由张宣、张文澄、黄觉民、赵世兰组成。张宣任书记，黄觉民负责宣传。10月，张宣代替胡绩伟去延安参加全国青年大会，书记由张文澄代理。[①]

▲国民党四川省党部通令全川，禁止人民组织任何抗日救亡团体和

① 《民主革命时期成都革命斗争史大事年表（讨论稿）》，第53页。

集会游行，并宣布战时图书杂志的审查办法和标准，压制舆论。其后，当局陆续查封了《大声》周刊、《星芒报》等，并派出特务捣毁由潘文华[①]出资经营、中共地下党员参与编辑的《华西日报》社。[②]

9月

▲**川大成立党总支**。中共川大总支成立，党员发展到一百多人，是当时党在四川各大、中学中最大的基层组织，也是当时党在成都的重要活动据点。王怀安任总支书记，邓照明任副书记。川大党总支下辖5个支部，分别设在文学院、法学院、理学院、农学院、女生院。各支部下成立若干党小组，每个小组有成员三至四人。党小组是一个学习小组，也是一个战斗小组，每星期要开小组会两次，其他会议临时决定，主要是布置工作和理论学习。在小组会上要展开批评与自我批评，在学习会上要认真研读马列主义经典著作和《新华日报》等刊物的重要文章。开小组会时，多由支委或支书出席指导，有时由上级党组织派人来检查工作。[③]

▲中华女中的党组织设立教员支部和学生总支，使这个学校成为党在成都的重要活动据点之一。在此以前，党组织通过党员教师屈正中做教导主任范寓梅的工作，聘请了康乃尔、王玉琳、王志之、刘以结和王云阶等到校任课，向学生灌输进步思想，引导学生开展抗日救亡活动，为建立和发展党组织创造了有利条件。该校于1939年暑假搬到新津后，学生总支发展到六七十人，完全掌握了学生的活动。[④]

王怀安回忆川大党总支成立情况[⑤]

1938年正式成立川大支部，第一届支部书记王彦立。1938年下

---

① 潘文华（1886—1950），四川仁寿人，民国二级陆军上将，1949年12月在彭县起义。

② 《抗日战争时期四川大事记》，第37—38页。

③ 邵松乔、郭治澄：《我所知道的四川大学1937—1941年的党组织及其活动概况》；《民主革命时期成都革命斗争史大事年表（讨论稿）》，第53页。

④ 《民主革命时期成都革命斗争史大事年表（讨论稿）》，第53—54页；《成都文史资料选编：抗日战争卷·上·救亡图存》，第177页。

⑤ 摘编自《王怀安同志回忆录（1936—1940）》。标题为编者所拟。

半年，党组织得到较大的发展。我们这批党员就是经过几年的斗争，跟国民党较量过来的。我们入党后，党员人数增加，党支部已不适应发展需要了，于是成立川大总支，这是 1938 年 9 月。川大总支由我负责，支委一共 3 人，有尹智祺，另一个我记不清楚了。以后又增加了 3 人，尹智祺调离川大后，总支由 5 个人组成。邓照明、赖自昌（分管组织）、陶然（分管宣传）、于洋（分管群众工作）等人进入支委。在此基础上我们继续发展党员，我记得当时已有三四十人入党，若加上今天转进，明天转出的就远远不止于此了。总支成立后，一是领导学生救亡运动，如我们掌握的“抗宣团”就很活跃；二是发展培训党员，党内还办培训班，对党员进行基本培训。当时所开设的课程有党建、秘密工作、统战工作、群众工作 4 门。党建即怎样做党员，党员应具备的条件、标准、气节等，就是党的教育课；秘密工作即怎样进行地下斗争，怎样警惕、怎样保密、被敌人跟踪或发现怎么办、怎样接头、怎样设暗号等。这时党组织扩大了，便分院系建立支部。川大总支归川康特委直接领导，特委下设区委，当时华西坝也是一个区，亦设立了中共华西坝区委。

邵松乔回忆 1938 年川大党总支成立情况①

1938 年 9 月，川大党员人数激增，经党员选举和上级批准，四川大学党支部扩大为总支。这次总支成立会议是在成都华西后坝洋坟召开的，到会党员约 30 人，市委张文澄出席了这次会议。我参加了这次总支成立会议。王玉琳（王怀安）是总支书记，邓照明是总支副书记，赖志昌（赖卫民）是组织委员，王大民（陶然）是宣传委员，喻厚高（于北辰）是群工委员，郭治澄是青年小组组长。在总支下成立 5 个支部，支部下设立几个小组。①文学院支部：支书先后是方敬、蔡天心、郭先泽（郭琦）、蒲继霄。②法学院支部：支书先后是杨天华、徐天语、王大民（兼）、郭治澄、孙德甫（孙孝实）、邵松乔、张

① 摘编自邵松乔、郭治澄：《我所知道的四川大学 1937—1941 年的党组织及其活动概况》。标题为编者所拟。

洪德（支委分管宣传）。③理学院支部：支书先后是陈显志、张万禄（支委分管组织）、郭卓甫（支委分管宣传）、王维章、陆文烈、杨禄增。④农学院支部：支书先后是罗贤举、王秋成。⑤女生院支部：支书先后是胡朝芝、李侠萍、胡述英、卢季英。川大总支在校内的党员流动性大，经常保持七八十人的常数，是全省甚至是全国学校中最大的一个基层党组织。川大总支由川康特委直接领导，在总支成立后，因为在洋坟进行民主选举的关系，打通了党员之间横的关系。

这一时期参加省、市党组织领导班子的川大学生党员有韩天石、康乃尔、张宣等，他们都曾任成都市委书记。

10月10日—11月21日

西北青救会在延安召开第二次代表大会，其中不仅有中国共产党的青年组织的代表，而且还有国民党的青年组织的代表，参加者共314人。中共中央代表王明作了题为《在抗战建国的目标下来团结全国青年》的报告。朱德作了题为《青年把抗战建国事业担当起来》的讲话。[①]

10月19日

四川省动员委员会举行全体委员会，校友张澜、邵从恩等被推为常务委员。[②]

是月

▲川大代理校长张颐主张给战区学生转学借读提供方便。由北平、天津来川就学的学生日益增多，进步学生强烈要求校方给予沦陷区学生以关怀，允许他们转入学校就读。但川大秘书长孟寿椿却制定和实行了严格的转学转院系制度，以限制北平、天津学生转入川大，防止共产党和其他进步力量扩大在川大学生中的影响。张颐出于爱国之心，主张在实行有关制度的基础上给北平、天津失学学生提供就学方便，他和从上

① 《中国青年运动史》，第176页、第181页。

② 《抗日战争时期四川大事记》，第42—43页。

海转学到川大历史系的学生康乃尔以“川大抗敌后援会”的名义“函请本校予战区借读生便利”，他指出：“现在暴日侵凌我国，平、津、沪沦为战区，以致该地学校率被敌人让摧毁，青年学生势将迁地求学不可。”“顾各地来川借读学生，人地两生，诸感不便，拟请特予相当便利，俾诚就此子之困难。”张颐以校长名义代表学校在信函上批示“照办”，可见其对北平、天津失学学生是同情的。[①]

▲经过任鸿隽、张颐几年的悉心经营，加上处于大后方，未遭战乱破坏，川大在抗战前期各项指标均列全国高校前列。据《新四川月刊》第 1 卷第 2 期统计，川大 1938 年 10 月在校学生人数为 1200 人，教授 124 人，经费 72 万，图书仪器费 120 万，仅次于国立中央大学（1940 人，160 人，172 万，215 万），整体实力远高于其他国立、公立、私立大学。[②]

▲**“五大学学生战时服务团”成立**。武汉失守以后，抗战进入相持阶段。华西坝上“抗宣团”的活动由于国民党的迫害被迫停止。然而随着形势的变化，学生又成立了“五大学学生战时服务团”。该团以在战时服务于社会为宗旨，团长是齐大学生党员郭号，副团长是中大学生党员熊德邵[③]。[④]

11 月 8 日

日寇首次轰炸成都。上午 11 点 40 分，日本出动轰炸机 18 架侵入成都上空，在成都北郊凤凰山机场投弹 56 枚，在南郊红牌楼空军训练基地投弹 40 枚（一说 46 枚），炸毁民房和军用设施若干，炸死 3 人，炸伤 5 人。因驻防成都的中国空军早有准备，12 架中国战斗机进行空中拦截，致 2 架日机遭受重创。这是日军对成都实施的首次试探性轰炸。1938—1944 年，日寇先后轰炸成都 30 余次，投弹 2000 余枚，给成

① 《四川大学史稿，第一卷·四川大学（1896—1949）》，第 182 页。

② 《四川大学史稿·第一卷·四川大学（1896—1949）》，第 182 页。

③ 熊德邵（1912—?），江苏阜宁人，中大畜牧兽医系学生。

④ 《华西医科大学校史》，第 103 页。

都造成了难以泯灭的伤痛。①

11月21日—25日

中共四川省工委在成都召开扩大会议，决定撤销中共四川省工委，分别成立川东、川西两个特委，直属中共中央南方局领导。人事任命如下：川西特委书记、副书记分别为罗世文、邹风平，组织部部长兼工委书记为程子健，宣传部部长兼文委书记为郑伯克；川东特委书记为廖志高，组织部部长为宋林，宣传部部长为漆鲁鱼。同时决定撤销中共成都市委、中共重庆市委。②

11月25日

国民党中央党部为“彻底整理四川党务”，在成都举办“党务工作人员干部培训班”，任命程天放为四川省党务人员训练班主任。③

是月

国立四川大学博物馆筹委会成立，由邓胥功负责。抗战开始后，四川省内文物不断遭到损毁。针对四川文物资料破坏严重的现实，川大致函中央古物保管委员会，要求与该会联合调查四川文物。后川大接受委托，负责调查、搜集和保护文物的工作，于1938年11月成立国立四川大学博物馆筹委会，由邓胥功负责筹备。筹委会积极进行工作，陆续收存了一些文物藏品。后因川大迁校峨眉，1941年四川省博物馆成立时，即将川大博物馆收集的文物全部移交省博。④

12月9日

▲12月9日，“学抗”为纪念“一二·九”运动3周年发表宣言，指出“坚持抗战，反对一切妥协是新的任务”。⑤

---

① 成都市人民防空办公室、成都市国防教育学会：《成都大轰炸》，中国和平出版社，2009年，第2—3页、第45页。

② 《抗日战争时期四川大事记》，第46页。

③ 《抗日战争时期四川大事记》，第46—47页。

④ 四川省政协文史资料研究委员会、四川省文史馆：《四川近现代文化人物续编》，四川人民出版社，1989年12月，第356—357页。

⑤ 《中国共产党四川历史大事件（民主革命时期）》，第235页。

▲成渝两地学生集会纪念“一二·九”，要求国民党政府定是日为“学生节”。国民党四川省党部、省政府宣称该集会非法，严令警察局派人制止。[①]

▲成都学生“一二·九”3周年纪念大会在川大举行。成都学生“一二·九”3周年纪念大会在川大皇城校区保育院礼堂举行，参加者有大、中学生600多人。这次活动由“抗宣团”发起，川大学生中的共产党员在其中发挥了骨干作用。大会进行中，成都警备司令部和警察局派出大批军警和武装便衣冲进会场，严令禁止集会，引起了广大学生极大的愤慨，学生们坚决支持会议主席团喻厚高、胡朝芝、周曼如等按照原定计划宣布开会。群众的呼声十分强烈，军警迫于形势压力，允许一位教授上台讲话。叶麐教授冲破阻力发表了演讲，在学生的要求下，马哲民教授也作了长篇讲演，军警多次想打断他的讲演，都被学生驱逐。作家萧军在学生的热烈欢呼声中讲了话，他的讲演富有鼓动性，又十分俏皮、辛辣，弄得军警哭笑不得，狼狈不堪。事后，“抗宣团”第一团、第二团在春熙路发起义卖和募捐活动。为了扩大宣传，借中央银行地址招待新闻界人士，并将捐款汇国民党中央军事委员会，作为抗日将士医药费用。[②]

督察员侯德新报告制止成都市学生抗敌协会召开会经过情形呈[③]

（1938年12月9日）

窃员奉派制止成都市学生抗敌协会开会一案，遵即前往开会地点皇城保育院大礼堂，并会同南区分局张局员等，此外又有市府派来杜特夫，共同制止该会开会。首晤该会主持人喻厚高、周曼如、胡朝芝等数人，略述奉政府明令，前来制止开会等语，原该会未经核准，有违法令。当时由该会主持人，向到场男女学生等二百余人，宣示今日

① 《四川近现代文化人物续编》，第48页。

② 《四川大学史稿·第一卷·四川大学（1896—1949）》，第194页；《民主革命时期成都革命斗争史大事年表（讨论稿）》，第54页。此条所述的参加人数与参加人员与附文所述略有不符，待考。

③ 摘编自《抗战时期的四川——档案史料汇编（上）》，第348—351页。

之会不准举行理由，是本会未经核准，政府派来治安机关人员劝止，所以今天不必举行，以遵从政府功令，经过一段宣告，均无异言，结果甚为圆满，各自散去。当时并未发生事故，复将该会到场签名册、主持人名单、宣言各一份携来，仅将制止情形，理合报请督察长转呈局长鉴核。附签名册、名单、宣言各一份。

（附）件之一

划到簿

姬长城　齐鲁大学

朝阳大学　八十人

战时学生　二十余人

李尚白　齐大

李　矢　华大

星芒宣传团

……

主持人名列后

喻厚高　川大学生

周曼如　金陵女大学生

胡朝芝　川大学生

王天徽　川大学生

任振华　朝大学生

陈光腾　协进中学

叶霞翟　光华学生

屈　克　协进

其他有

朝大教授　邓初铭

金大教授　马振民

文艺界　肖　君[①]

（附）件之二

---

① 应为萧军。

成都学生抗敌协会为“一二·九”三周年纪念宣言

亲爱的同学们，亲爱的同胞们：

今天，一个光荣的伟大的划时代的日子来到了——“一二·九”中国学生节！

今天，祖国的原野上正燃烧着神圣的抗战烽火，中华民族的解放战争正达到极端困难的日子。但是我们坚信着独立自由幸福的新中国，一定要实现在重重困难的后面。今天每个中华儿女正为着神圣的民族解放而血战，但是，我们永远不能忘记，三年前的今天，整个中华民族正处在日寇汉奸横行、阴暗的铁牢中，当日在日寇汉奸的“中日亲善”“共同防共”“工业日本农业中国”……等口号掩护下，冀东傀儡组织出现在祖国的北方平原！白面汉奸，结队成群，强奸“民意”，要求“自治”，竟游行于北平市上！整个华北在动荡！整个中华民族在动荡！

同学们，同胞们：就是三年前的今天，北平学生站起来了，从大刀水龙、冰天雪地中，站起来了，提出“对内和平对外抗战”“反对华北共同防共”“武装保卫华北”“打倒日本帝国主义”的正义呼声；通过了“反对一切伪组织、伪自治”的全国通电。不顾一切压迫，挺身直起，表示不愿做亡国奴的真正民意，它——伟大的“一二·九”，是全国学生站起来的日子；是中华民族复生的日子；是全世界人道正义复活的日子。

我们回顾着昔日的光荣，面向着今天抗战的难关，我们应该承继“一二·九”的历史意义，发挥新“一二·九”的伟大精神，我们知道：

“一二·九”是反对“中日亲善”，反对“共同防共”，反对“华北自治”的反妥协示威；三年后的今日——新的“一二·九”，坚持抗战，反对一切妥协，是新的任务。蒋委员长说：“中途妥协，就是整个的投降。”

“一二·九”是主张“对内和平对外抗战”“各党各派合作抗日”的，“一二·九”在和平统一、坚持抗战的事业上起了先锋作用，那么为了要争取最后胜利，保证最后胜利，提早最后胜利，巩固抗日民族统一阵线，扩大抗日民族统一阵线，就是今天最迫切最紧急的任务。

"一二·九"是产生在日寇汉奸的双重压迫之下，在重重的困难中，为了民族解放而血战的日子。新"一二·九"的今天，也正是抗战万分困难的时候，忍痛吃苦，克服困难，渡过难关，争取最后胜利是新的任务。

"一二·九"产生在祖国四分五裂的时代，然而今天全国统一了。有了各党各派全国民众所共同求其实现的三民主义和抗战建国纲领，有了共同拥护的国民政府，有了共同拥护的领袖——蒋委员长，因此，新"一二·九"的任务，要彻底实现三民主义和抗战建国纲领，要诚心诚意地拥护政府拥护领袖，才算是中国的良好学生。

"一二·九"时代全国学生，许多还在醉生梦死，在今天全国学生，快要结成一道抗日巨流，因此，团结全国学生青年，参加神圣抗战，是我们的天职。

同学们，同胞们：我们处在地大物博、财富人多的四川，今日的成都已成为抗战后防的重心，亲爱的同学们，快高举起"一二·九"的抗日大旗，整齐步伐，英勇前进，并且高呼：

纪念"一二·九"要加强学生的团结。

纪念"一二·九"要努力抗战建国工作。

纪念"一二·九"要实现改良青年学生的学习。

纪念"一二·九"要师生合作到底。

纪念"一二·九"要接受教育当局及学校当局的指导。

纪念"一二·九"要拥护国民政府长期抗战国策。

纪念"一二·九"要坚决拥护蒋委员长抗战到底。

打倒日本帝国主义！

中华民国万岁！

中华民族解放万岁！

12月13日

教育部命程天放接替张颐为川大校长，引发历时3个多月的"拒程

运动”。教育部部长陈立夫[①]委派程天放接掌川大，受到师生的激烈反对。12月下旬，以文学院院长朱光潜为首的86位川大教授为反对程天放任校长联名罢教，并登报发表启事。

川大教授“拒程运动”坚持罢教一段时间后，中共川康特委和川大党总支分析了当时的斗争形势，估计拒绝程天放恐难成功，为了使斗争有理、有利、有节，决定改变策略，把矛头指向当时川大的实权人物——秘书长、CC分子孟寿椿，提出“欢迎程天放，驱逐孟寿椿”，并形成五项主张：第一，欢迎程天放，建设新川大；第二，欢迎86位教授全部返校（即要求程天放不得辞退一个教授）；第三，改组秘书组，驱逐孟寿椿；第四，实施抗战教育；第五，救济平、津大学失学学生。

1939年1月5日，进步学生在党组织领导下派代表前往沙利文饭店，要求正在准备到任的程天放将川大秘书长孟寿椿撤职，并在校内举行示威游行。因未得结果，又于7日电教育部要求将孟撤职。3月23日，孟寿椿去职，川大秘书长由法学院教授傅况麟兼任。川大“反程驱孟”斗争，利用国民党的内部矛盾，打击了敌对势力。[②]

康乃尔回忆程天放入掌川大[③]

“驱孟运动”胜利后，程天放入掌川大。初来乍到，为了巩固自己的地位，他表面上还是允许学生搞一些活动，和川大进步势力搞“统一战线”。他通过CC分子樊其帮与地下党川大总支书记王玉琳协商，搞了一个“半月座谈会”（又叫“双周座谈会”），国民党方面有CC派、复兴社参加，青年党方面和中共地下党以救亡面目出现。参加座谈会的人选大都是各党派的头头，川大参加的人有王玉琳、喻厚高、孙德辅、王大明、康乃尔、张嵎等。该会主要是协调双方矛盾，研讨有关川大内部的政治、生活事务。

---

① 陈立夫（1900—2001），浙江吴兴（今湖州市吴兴区）人。曾任蒋介石机要秘书，1938—1944年任国民政府教育部部长。

② 《四川大学史稿·第一卷·四川大学（1896—1949）》，第205页；《民主革命时期成都革命斗争史大事年表（讨论稿）》，第54—55页。

③ 摘编自《康乃尔同志回忆录（1936—1940）》。标题为编者所拟。

陶然回忆错综复杂的“拒程运动”[①]

为了控制四川，1938年下半年蒋介石派程天放到川大做校长。任鸿隽虽有才名，但自由主义的色彩浓重，不是蒋介石实行党化教育的理想人选。程天放是国民党政府的驻德大使，任国民党中央委员，曾任南京中央政治学校的教育长，而此校的校长就是蒋介石兼任的。中央政治学校是蒋介石培养文职人员的基地，该校学员毕业后颇受重用。程天放任该校教育长，可想见其身份和地位了。程天放欲掌川大，任鸿隽还蒙在鼓里，此时他正在为延请教师、策划川大新建设操劳奔波。任鸿隽在外面活动，校内要有人代理校务，他没有授权于孟寿椿，而请张真如做了代校长。张真如，人称“黑格尔”，曾留学德国修黑格尔唯心主义辩证法。张真如代表了一部分自由资产阶级的观点，因此与国民党党棍孟寿椿有矛盾。川大大多数教授罢课反对程天放入主川大，而这部分力量又和坚决抗程的地方势力，如刘湘、王瓒绪等结合甚紧。上级党组织研究了这个形势，认为要搞抗日民族统一战线，在一个学校里不把各种理论团结起来是不行的，而长期罢课也不是办法，因为饭碗问题终究会分化校内进步力量，其结果是程天放未被“反”走，校内的进步力量也会受到影响。当时多保存一些进步的、自由主义派的教授在川大对我们是有好处的，如自由主义派的叶麐、蒙文通、向仙乔等。他们与地方势力有联系，而与我们左派又有一点“朋友”关系。如果自由主义派教授分崩离析了，川大的党棍就会更加猖獗。当时韩天石（他是川康特委的青委书记）回到成都，带来了特委的指示：要求教授复课，但不能无条件地复课，一定要有所收获。当初是拒绝程天放，现在是欢迎程天放，驱逐孟寿椿。对于程天放，要拒绝也是白搭，而且当时国共团结抗日，如果硬要反对，这于蒋介石面子上过不去，势必影响国共合作关系。大家统一了认识之后，提出了“欢迎程天放，建设新川大；驱逐孟寿椿，欢迎教授返校”的口号。这样既拔掉了我们最凶恶的敌人，砍掉了程天放的一支

① 摘编自《陶然同志回忆录（1936—1939）》。标题为编者所拟。

臂膀，同时也把教授接下了台阶（因为这时教授已离校，学生会奇怪教授们怎么说话不算数又自己回来了，因此提出相应的口号也使教授有了台阶可下）。况且学生到校是为了读书，这也满足了学生的愿望。对于程天放来讲，我们为什么欢迎他？是为了建设新川大，其内容包括发扬学术民主，开展抗日救亡等。否则，我们是不欢迎他的。在当时的形势下，采取这样的措施是正确的，因为基本上做到了大家满意：CC派、复兴社满意，因为不打倒程天放，还支持、欢迎程天放；程天放满意，因为被人高高兴兴地接到了川大；我们也满意，因为统一战线建立起来了。之后，在操场上召开了驱孟、复课请愿大会。当时临时召集了一个党小组会议，推举我为请愿团团长，张澜的儿子张嵃（张晓岩）为副团长。因为我是党员，而张嵃是非党员，但他可以利用他自己的身份和他父亲的声望（张澜曾任成都大学校长，刘湘对他极尊重）做些工作。这时，程天放已进校，而教授还在反程罢教，于是省府主席王瓒绪出面调解，在沙利文饭店请客，参加者有程天放、孟寿椿和教授代表等。我们的请愿团决定把握这一机会，便前往沙利文饭店，提出了我们的要求。程天放当即满口答应。

王怀安回忆川大“半月座谈会”①

程天放做校长后，我们还与他保持一定的关系。他工作比较稳，又觉得我们对他还不错，所以还允许我们搞一些活动。在这种条件下，我们川大成立了一个“半月座谈会”，又叫“双周座谈会”。那时出面的是程天放推荐的一个CC分子，名叫樊其帮。他说：“既然我们都赞成程天放建设新川大，那我们川大的同学以后就少搞一点摩擦，有什么事情大家坐下来商量，只要彼此都同意了的，大家就执行。”所以那时属于川大的什么事情，都在“双周座谈会”上交换意见。这实际上成了一种各党各派的座谈会，但谁也没有承认谁是哪个党派。但不承认也有人知道你是代表共产党的，他也没承认他是CC，但人家都知道他是代表CC的。当时参加这个座谈会的，CC也有，复兴社

① 摘编自《王怀安同志回忆录（1936—1940）》。标题为编者所拟。

也有，国家主义（青年党）也有，共产党也有。我们这面的代表是我，他们那边的代表就是樊其帮。那个时候，程天放对我们是缓和期。我们便借此次机会开展了一些救亡活动，最突出的是1939年初期的“农村服务团”。

是月

▲川大应用化学研究处成立，为抗日军工生产、研究做出积极贡献。与军事工业、医药密切相关的川大应用化学研究处成立。该所研究的方向是化工及辅助工业的发展，由杨秀夫教授兼主任，当时仅有一名研究生。1941年夏，改属理科研究所，全称为“国立四川大学理科研究所应用化学研究处”。1943年学校从峨眉迁回成都后，研究所逐步扩大，1944年已有专任指导教授4人（杨秀夫、汤腾汉[①]、曹四勿、张贻侗），研究生17人。该所虽只设化学部，但分工细密，有无机组、有机组、理论组、药学组。研究方向是理论的发展和实际的需要，多数项目与军事工业、医药有关。研究处的业务主要是开展对外服务，发生业务联系的主要是工矿生产单位和有关政府管理机构，如航空委员会仪器修造厂、航空研究院动力组、军政部五十兵工厂成都分厂、川康铜业管理局、行政院液体燃料管理委员会等。这些单位主要委托研究处进行专题研究或器材化验。[②]

▲校友侯方岳、饶世俊等人在四川各地担任党组织负责人。中共乐山中心县委由中共嘉乐工委改建而成，侯方岳、廖寒非、罗明先后任书记，徐坚（徐恩贤）、张文澄曾任代理书记。中共乐山中心县委先后直属中共川康、川南特委领导，下辖乐山、峨眉、眉山、夹江、五通桥、彭山、井研、洪雅、犍为、青神等地以及国立四川大学、武汉大学[③]等校的党组织。中共自贡中心市委由中共自贡中心特支改建而成，饶世俊、胡景祥先后任书记，李晓铭曾任代理书记。中共阆中中心县委先后

---

① 汤腾汉（1900—1988），药学家，1939年任华大药学系主任。

② 《四川大学史稿·第一卷·四川大学（1896—1949）》，第237页。

③ 时在乐山办学。

由胡景祥、饶世俊任书记，杜桴生曾任负责人。中共阆中中心县委直属川康特委领导，下辖阆中、苍溪、广元、昭化、南部、剑阁、巴中等地的党组织。[①]

是年底

▲体育名师宋君复[②]到川大任教。[③]

▲华大组织军事训练，并对学生进行抗战爱国教育。学校在每周照例星期一举行的周会中增加了抗战形势、防护教育等内容，由有关人员作报告，如胡文澜的《为何抗日》、黎光明的《抗敌》、傅葆琛[④]的《沪战见闻》、林兆的《防毒面具与活性炭》等。张凌高校长也在德育会上讲演《复兴道路》。[⑤]

▲“川大抗敌后援会”拟就工作报告。

四川大学抗敌后援会工作报告[⑥]

（1938年）

本会在卢沟桥事变后，上海战争（指八一三事变——编者注）开始的第二天（八月十四）成立的。当时在假期，仅由留校的师生组成，成立后的工作如下：

（1）第一次乡村宣传是八月二十八日出发的。当时分两队分头出发宣传：第一队到温江、郫县；第二队到新都、新繁。出发后五天均为大雨，全体宣传人员在雨中工作了五天，返校情绪至为热烈。此次工作后的结论：①老百姓是会真正爱国的，而且爱国的情绪很热烈；②只要知识分子能以诚恳的态度、刻苦的精神去深入民间，老百姓是会被唤起的；③做爱国工作，不仅是尽了救国的责任，而且教育了自

---

① 《中国共产党四川历史大事件（民主革命时期）》，第242—243页。

② 宋君复（1897—1977），浙江绍兴人，体育教育家。1938年底任教于川大。曾作为教练带队参加第10届洛杉矶奥运会，这是中国第一次派遣运动员参加奥运会。

③ 《四川大学史稿·第一卷·四川大学（1896—1949）》，第240页。

④ 傅葆琛（1893—1984），字毅生，四川双流（今成都市双流区）人，教育家。1937年8月至华大任教，曾任华大乡村教育系（乡村建设系）系主任、文学院院长；同时任教于川大。

⑤ 《华西医科大学校史》，第105页。

⑥ 摘编自《抗战时期的四川——档案史料汇编（上）》，第352—353页。

己，教育了老百姓。

（2）参加九月五日“欢送出川将士大会”。本会认为此次川军出川杀敌为国效劳，本会至少应以精神的鼓励，故赠旗十六面并组织献旗团二十余人前往献旗，献旗团持旗沿街游行，影响市民很大。

（3）参加“九·一八纪念成都市民大会”。是日，到本校教职员约百人，同学四五百人，校工七八十人。总队长孟秘书长。游行时沿途高呼口号，齐唱救亡歌曲，是日，本会队伍广大强壮，而情绪也极为热烈。

（4）迎新会。虽未以本会名义出面号召，而本会以全力支持，借以谋新旧师生之融洽，集中川大之抗敌力量。

（5）捐制棉衣运动。①全体女同学参加集体缝制工作，一部分男同学协助，在六天之内完成一千零七十五件，当即送前方；②收集破旧棉衣数百件，赠送战区难民。此次工作结论：a. 安慰前方战士及难民，以尽后方民众的责任；b. 集体工作可以提高工作热情及工作效率；c. 前方工作，后方民众为战士缝棉衣，可以使前后方打成一片，增加民族之团结力及亲切力。

（6）第二次乡村宣传。赴德阳唤醒了德阳市民，感动了德阳官员。此次工作结论：小县份无知老百姓最易受汉奸言论影响，乡村宣传工作实为切迫需要。

（7）汉奸理论检讨工作：分院开会检讨，情形尚好。①检讨汉奸理论，是肃清汉奸的基本工作。②检讨汉奸理论，是使非汉奸而受汉奸言论影响者不致误入歪路。③检讨汉奸理论，是使抗敌意志坚强。

（8）掀起援战肃清汉奸运动。当时南北前方军事失利，而一般亲日汉奸乘机活动，意图鼓动停战，投降日本。本会认为至为重要，乃响应蒋委员长之坚强不妥协主张，发动援战肃清汉奸运动。并请要求省抗敌会，召开成都市民援战肃清汉奸大会。

（9）救济某工程工人。联合各学校举行并组“成都市各大、中学抗敌后援会救济某项工程工人委员会”，除宣传外，并已赠送稻草三万斤。

（10）游艺募捐大会。全为集乡村宣传经费而举办，现正积极进行。

（11）话剧团。演抗敌话剧，经常到各处表演。

（12）歌咏团。除随时宣传外，并于每星期六晚至广播电台播音宣传。

一九三九年

1月1日

“五大学学生战时服务团”组织义卖小组宣传抗日。“五大学学生战时服务团”组织了10个义卖小组，分赴城区活动，宣传抗日。“五大学”师生职工们捐出自己的衣物、书籍、钢笔等物，由义卖小组上街销售。他们提出的口号很响亮：“多买一角钱东西，等于多买一颗子弹，多杀一个敌人。”同学们冒着寒风，伫立街头，不断向过往行人宣传买物献金、支援前方的意义。①

1月4日

张澜、黄炎培、梁漱溟、冷遹、江恒源在重庆联名发表声讨汪精卫宣言。②

1月13日

冯玉祥到华西坝作抗战演说。“五大学学生战时服务团”邀请冯玉祥将军到华西坝③，冯玉祥发表了题为《坚持抗战到底》的演说，并挥笔题词——还我河山。该团借冯玉祥将军的演说，掀起了为前方将士募捐的热潮。④

熊德邵回忆冯玉祥先生演讲盛况空前⑤

当我们知道冯已到成都，就以“战时服务团”名义请他来华西坝演讲，但华西坝三青团听说我们要请冯先生，他们要以三青团名义请

---

① 《华西医科大学校史》，第103页。

② 《抗日战争时期四川大事记》，第52页。或说宣言发表于1月3日。

③ 冯玉祥曾数次到华大演讲，但有关其到访时间的说法不一，本条附录的吴廷椿回忆文章称冯玉祥于1939年秋到访华大，而《华西坝风云录》载伍义泽等人回忆文章称“冯玉祥1940年秋天再次来到华西坝演讲”，待考。

④ 《中国共产党四川历史大事件（民主革命时期）》，第247页。

⑤ 摘编自熊德邵：《回忆抗战初期华西坝五大学学生救亡运动》，载原成都外南区委抗日救亡战友：《夕阳丹心——参加抗日救亡60周年纪念》，内部编印，1998年，第19页、第27页。标题为编者所拟。

他。这里需要说明的就是，自从华西坝三青团成立后，就对所有进步活动进行阻挠破坏，又往往因不得人心而告失败。本来对冯先生一个进步将领，他们是不会请他讲话的，因为我们请了，他们就来抢夺。所幸我们的团员韩亮同志与冯先生有通家之好，韩亮向冯先生说了内情，冯先生答应了我们的邀请，拒绝了三青团的邀请。为证明冯先生是我们邀请的，团内派我以战时服务团研究部部长名义出面迎接冯先生到来。当冯先生到达华西大学西校门下汽车时，我首先走上前去和他握手，郭号在一旁备好相机，拍下了这有历史意义的镜头。华西大学校长张凌高因冯先生来演讲，出面主持会议，听众之多是空前的。我们在会场上扯起战时服务团的旗帜。冯先生的演讲感人至深，真是入木三分，其中说到传教士被日寇血淋淋拔须的迫害行为，在教会学校中引起强烈反响。

吴廷椿[①]回忆冯玉祥将军的妙喻[②]

1939 年秋，冯玉祥将军应邀在华西大学事务所向师生作抗战形势讲演。他先讲坚持全民抗战，就必然获得最后胜利的道理，大家深受鼓舞。最后讲到誓与日寇血战到底时，他问：“天上的乌鸦多，还是日寇的飞机多?”同学们答：“乌鸦多。”他紧接着问：“乌鸦拉屎，拉到谁的头上?”同学们彼此看了看，边笑边摇头答：“没有!”于是他坚定地说：“那么日本飞机扔炸弹就不用怕了!”接着他提高嗓门号召：“我们要与日寇拼个死活！枪弹炮弹打光了怎么办？用刺刀！刺刀断了怎么办？用枪托打！枪托断了怎么办？就拳打脚踢！拳脚都受伤了怎么办？就下口咬，咬他的哪儿？咬他的命根子。”此话一出，他本人与全场听众哄堂大笑。

1 月 14 日

“文协”成都分会成立，川大教授罗念生、李劼人等任理事。中华

---

① 吴廷椿（1913—2008），辽宁义县人，华大医学院牙科 1941 年第 27 届毕业生。

② 吴廷椿：《深情的回忆》，载吕重九、张肇达：《世纪华西：纪念华西医科大学建校 90 周年（1910—2000）》，四川人民出版社，2000 年。标题为编者所拟。

全国文艺界抗敌协会（简称“文协”）成都分会成立大会举行，计有60余人出席，冯玉祥到会指导，周文报告筹备经过，冯焕章代表“文协”总会致词，老舍报告“文协”总会情况。此次大会选举罗念生、萧军、周文为常务理事，李劼人、谢文炳、陈朔和、刘开渠[①]、刘盛亚为理事。该会编辑出版了《笔阵》，又和“文协”总会合编了《通俗文艺》。[②]

1月16日

“四川省抗敌后援会”“星芒抗敌宣传团”等15个救亡团体，联合向即将开幕的国民党五中全会提出加紧肃奸，巩固扩大抗日民族统一战线，容纳各党派建立共同工作委员会，完成抗战建国，切实给予人民言论、出版、集会、结社、信仰及居住自由，保障民权，帮助并扩大民众运动等29项建议。[③]

1月21日—30日

国民党举行五届五中全会，决定了“溶共、防共、限共、反共”政策，通过了蒋介石提出的《防制异党活动方法》。[④]

2月4日

教育部公布：全面抗战以来全国专科以上学校迁入四川者，计有国立中央大学、武汉大学、东北大学、药学专科学校、牙医专科学校，山东省立医学专科学校，私立复旦大学、金陵大学、齐鲁大学、朝阳大学、金陵女子文理学院、文华图书馆专科学校、武昌艺术专科学校等院校。[⑤]

---

① 刘开渠（1903—1993），江苏萧县（今属安徽省）人，雕塑家。1944年创作川军抗日英雄纪念碑。新中国成立后参与创作人民英雄纪念碑浮雕。

② 《抗日战争时期四川大事记》，第53页。一说该会成立于1月13日，见《民主革命时期成都革命斗争史大事年表（讨论稿）》，第55页；一说该会成立于1942年3月1日，选举李劼人、叶圣陶、陶雄、厉歌天、陈翔鹤、王余杞、王冰洋等7人为理事，见《中国共产党四川历史大事件（民主革命时期）》，第282页。

③ 《抗日战争时期四川大事记》，第53页。

④ 《中国近现代史大事记1840—1980》，第122页。

⑤ 《抗日战争时期四川大事记》，第55页。

2月16日

《笔阵》创刊，川大教授李劼人等参与编辑。“文协”成都分会会刊《笔阵》半月刊在成都创刊，由李劼人、毛一波、罗念生、萧军、邓均吾、任钧、周文、顾绶昌、陈翔鹤、曹葆华、叶菲洛等11人轮流编辑，共出版30期，于1944年5月5日停刊。[①]

2月26日

国民党中宣部秘密传达《禁止或减少共产党书籍邮运办法》及《查禁新知、互助及生活等书店所出书刊办法》。[②]

是月

▲华大校长张凌高为白崇禧介绍“五大学”办学情况。国民政府军事委员会副总参谋长白崇禧到蓉，华大校长张凌高为其设宴洗尘，四川省政府邓锡侯、王缵绪等作陪，张凌高介绍“五大学”合作办学情形。[③]

▲蒋介石为了加强个人独裁，设立党政军一统的“国防最高委员会”，由其任委员长。其后，国民党秘密颁布《异党问题处置办法》《沦陷区防范共党活动办法草案》。[④]

3月2日

校友吴玉章回到家乡荣县作抗日宣传。吴玉章回家乡荣县宣传抗日，他和进步青年谈心交朋友，鼓励他们到军队去，到抗日前线去经受锻炼。5日，吴玉章在双石桥故居邀集荣县、自贡革命志士、地方名流及亲朋好友100多人，报告全国抗日形势，宣传中共的抗日主张和统一战线政策，痛斥汪精卫等汉奸的叛国罪行。[⑤]

---

① 《成都文史资料选编·抗日战争卷·上·救亡图存》，第477页。

② 《抗日战争时期四川大事记》，第56页。

③ 《华西协合大学校刊》第28周年第3期。

④ 《中国近现代史大事记：1840—1980》，第122页。

⑤ 《中国共产党四川历史大事件（民主革命时期）》，第250页。

3月5日

国民参政会第三次大会决定成立川康建设期成会，川大校友邵从恩、张澜、吴玉章等人被指定为会员，川大教授魏时珍被指定为顾问委员。另成立了视察团赴川康各地视察，以根据视察情况拟定川康建设方案，建议政府采纳施行。[①]

3月28日

成都各大学教授联合组成“川康县政考察团”分赴各县实地考察，以作改进各地县政工作参考。[②]

是月

“五大学”学生举行义演为抗战募捐。“五大学学生战时服务团”经过充分排练，在智育电影院公演大型话剧《再会吧，东京!》。演出前举行了记者招待会，阐明公演目的在于为前方杀敌将士募捐。对颇有声望的各界人士还进行了劝募。三天的演出，效果很好，纯收入3100多元。[③]

伍义泽等回忆义演前后[④]

1939年1月，为筹集慰劳壮丁的经费在智育电影院举行了一次大型义演。（我们）在印发募捐的宣言中痛切地指出“壮丁营医药全无，死亡相继，寒夜觳觳，病者十之二三，不但于抗战不利，且于人道何堪”，阐明了义演的目的，赢得社会人士的普遍同情和支持。四川省立戏剧学校校长熊佛西先生借给我们演出用的500瓦大灯泡。中共川康特委书记罗世文以及外籍教授魏璐诗等亲临剧院看演出，给我们以鼓励。著名作家萧军参加我们演出前举行的招待会并讲话。

---

① 《抗日战争时期四川大事记》，第57页。

② 《抗日战争时期四川大事记》，第59页。

③ 《华西医科大学校史》，第103页。本条所述演出时间和募捐钱款与附文所述不一致，待考。

④ 摘编自伍义泽、艾尔达、郭号：《追忆峥嵘岁月 永葆革命青春》，载《华西坝风云录》，第26页。标题为编者所拟。

这次义演的节目是服务团团员李维时编的反映日本人民反对侵华战争的话剧《再会吧，东京!》。参加演出的有陈其镕[①]、张育仁、王佩瑚、秦治廉等。连续演了几晚上，收入 1500 多元，在当时是一笔相当大的数目。

国民党先是不准我们演出，后即提出募捐演出经费，未经他们同意不得动用，我们除慰劳壮丁，服务团开支了一部分外，大部分被他们吞没了，无异在光天化日下抢钱。

1939 年春节，我们用义演收入的钱买了猪肉等慰问品去北较场和老南门外壮丁驻地开展慰问。这些饱受饥寒、面容枯瘦的青年农民被当地保甲长抓来服兵役——“当壮丁”。“壮丁”不壮，这是带有讽刺的真实描绘。农民被强迫编入壮丁营，被服、粮饷经层层克扣，食不果腹，衣不蔽体，一个个面黄肌瘦，惨不忍睹，连行动都困难，哪里还谈得上操练、打仗。我们主要是宣传抗日救亡道理，为他们治病和代写家信，对他们待遇低下深表同情，以后华大的李昌林[②]、沈际高、何贵义，中大的罗建中、吴孝感等曾多次去为他们服务。后来国民党壮丁营怕壮丁觉悟了，于他们不利，拒我们于门外。

4 月 17 日

华大校长张凌高赴香港参加全国基督教教会大学会议。全国基督教教会大学会议在香港召开，张凌高等 12 所基督教教会大学校长参会。该会议强调：抗战时期，教会大学教育在政府指导之下一致行动，完成抗战教育使命。[③]

4 月 21 日

川大师生编辑出版《半月文艺》。川大教员谢文炳、罗念生、叶麐、

---

① 陈其镕（1918—?），黑龙江呼兰（今哈尔滨市呼兰区）人。1937 年 10 月入读华大文学院历史社会系。四川大学档案馆所藏“华西坝五大学抗日救亡运动历史影集”有其演出救亡剧照片一张，下书说明文字：“这张照片系慰劳壮丁时在演话剧《有钱出钱，有力出力》，华大同学陈其镕后来去解放区，（在）通过封锁线战斗中不幸牺牲。我们怀念这位好战友，特记。”该相册由华大抗日救亡校友于 1985 年 10 月母校建校 75 周年之际所赠。

② 李昌林（1916—1983），四川江津（今重庆市江津区）人，血液学家。华大医学院医科 1943 年第 29 届毕业生。

③ 《华西协合大学校刊》第 28 周年第 4 期。

周煦良及“文研会”联合编辑的《半月文艺》在成都创刊。①

4月25日

“川大抗敌后援会”报告工作概况。②

“国立四川大学抗敌后援会”第三届工作概况

（1）除在皇城继续开办抗战讲习班外，并在理农两院增开两班，以谋普及。

（2）本会发动全成都市各级学校欢迎世界学生代表大会。

（3）募毛巾慰劳前线将士。

（4）成立乡村宣传团，每周在附近乡村宣传抗战。

（5）组织远足宣传团，利用暑期曾往峨眉、嘉定、青神、彭山等处宣传抗敌。

（6）对远征日本的空军将士赠旗。

（7）购花慰劳空军受伤将士。

（8）制抗战地图多幅。

4月中下旬

校友韩天石参与组织“五月革命行动委员会”。中共川康特委组织了“五月革命行动委员会”，由程子健、韩天石、郑伯克、甘棠③等组成，程子健任书记，领导川康人民进一步开展坚持抗战、反对汪精卫投降、争取民主的斗争。④

5月1日

成都各界群众3000余人举行纪念“五一”国际劳动节大会。⑤

---

① 国立川大－1561－6，国立川大－1499－12。

② 国立川大－1570－4。

③ 甘棠（1910—1971），四川南溪（今宜宾市南溪区）人，1938年至1939年历任中共川康特委委员、秘书长、书记。

④ 《南方局党史资料大事记》，第55—56页；《抗日战争时期四川大事记》，第61页。或说“五月革命行动委员会”由程子健、韩天石、郑伯克、阚思常等组成，见《中国共产党四川历史大事件（民主革命时期）》，第251页。

⑤ 同上书，第55—56页。

5月4日

毛泽东在延安各界青年庆祝“五四运动”20周年大会上作了题为《青年运动的方向》的讲演。[①]

5月7日

“五月革命行动委员会”发起“反汪大会”，“抗宣团”参与组织“火炬大游行”。在“五月革命行动委员会”布置下，成都各界人士万余人在少城公园举行反汪大会，以成都“抗宣团”第一团、第二团为主力，在成都市内组织了声讨汪精卫叛国投敌的火炬大游行。这是抗战开始后市内举行的规模和影响最大的一次火炬游行，其矛头直接指向国民党投降派。[②]

5月12日

航空委员会主任钱大钧到川大演讲。川大文、理、法三学院联合在至公堂举行“总理纪念周”活动，航空委员会主任钱大钧受邀到会讲演，题目为《空军概况和我国空军抗战建军的过去与将来》。[③]

5月22日

▲华美女中为避日寇轰炸迁校成都崇义桥一张姓住宅办学。[④]

▲**教育部令川大等校筹建防空设备**。[⑤]

教育部训令[⑥]

令国立四川大学

查迩来敌机屡至内地滥施轰炸，各学校亟应从速筹建防空设备，

① 《中国青年运动史》，第188—189页。

② 《四川大学史稿·第一卷·四川大学（1896—1949）》，第194页。据郭治澄的回忆，在汪精卫、陈公博（原是国民党四川省党部主任委员）等叛变投降以后，国民党对此事一直没有明确表示声讨。这次游行实际上也是对隐蔽在国民党内部的“张精卫”“李精卫”之流的一次揭露和斗争。见郭治澄：《我所知道的成都学生抗敌救亡宣传团第一团（1937—1939）》。

③ 国立川大－117－14。

④ 华大C－ZH－12－57。

⑤ 国立川大－1185－18。

⑥ 摘编自国立川大－1185－18。标题为编者所拟。

以免无畏牺牲，合行令仰切实遵办。此令。

部长陈立夫

是月

▲华大教授陈志潜[①]组建四川省公立医疗系统，开展战时医疗救援。公共卫生学家、中国社区医学鼻祖陈志潜受聘为华大医学院公共卫生学教授，在成都开展战时医疗救援和基层卫生服务，按照之前他在河北开创的社区卫生“定县模式”组建四川省公立医疗系统。

▲“五大学学生战时服务团”发起成立空袭救护大队。5月初，日机轰炸重庆，市民死伤甚多。“五大学学生战时服务团”发起成立了空袭救护大队，师生参加者300多人。中大解剖学教授张查理[②]任大队长，由医学院教师为队员讲授消毒、包扎等急救知识并组织演习。[③]

陈志潜回忆成都医疗救援和卫生服务[④]

此时[⑤]由一位新秘书长重新组织四川省政府，我被邀回到我的出生地成都市去筹建医疗援救项目。直到那时，政府对战争受害者（仍然）没有制定措施，然而这种措施是非常需要的。家父那时仍健在，也极力主张我回去。尽管有几方面的原因使我不愿回去，但鉴于当地居民的迫切需要，我最终做出了回去的决定。我的犹豫一方面出自不愿离开刚刚接受的华北农村建设委员会的职务，另一方面也由于要从事一项实际上得不到任何支持的计划，即使有充足的资金，要筹建和进行这样的项目也相当困难。何况只给我3000元，相当于用800—1000磅大米的价钱去创办医疗援助项目。就这么点钱，其他什么也没

① 陈志潜（1903—2000），四川成都人，华大教授，中国初级卫生保健先驱，被誉为“中国公共卫生学之父”。

② 张查理（1896—1970），或作张查礼，山东蓬莱（今烟台市蓬莱区）人，解剖学家，中大医学院教授，倾向进步，1933年曾因参加抗日活动而被日军逮捕入狱。

③ 《华西医科大学校史》，第104页。

④ 摘编自陈志潜：《中国农村的医学：我的回忆》，四川人民出版社，1998年，第122页。标题为编者所拟。

⑤ 指1939年5月。

有，没有设备，没有房子和职员。以上两项使我迟疑的原因，比起涉及我留在北京（的）家庭困境的第三项原因来说，就显得无力了。假如我去成都，我与家庭的距离就会更远。然而毫无选择余地，我只有为受轰炸者尽我力之所能，因此我于1939年5月离开贵阳奔赴成都。

我发现在我逗留在外的18年中，成都的卫生状况无所改善，教会学校和医院对人民的健康情况有一定程度的影响，但主要是慈善性工作，而国人自己并未真正努力改善公共卫生。我到达后立即为数百名伤员组织医疗援救。当时成都仍没有政府主办的医院，因而我设法取得教会医院和华西协合大学医学院的协作，其时，该学院是一联合大学，包括因战争而关闭的几所其他大学的系。这所大学在20世纪早期由加拿大等国的基督教徒建立，因而最初外国教职工占多数。1939年时许多中国人也被接纳，包括一批来自山东省齐鲁大学的学生，另一批来自南京国立中央大学的人员和少数过去是上海圣约翰大学的学生，联合大学非常愿意在帮助伤员的项目中合作。

医疗援救工作几乎占据了我全部的时间，直到1941年初，我才有余力关心为医学和护士学生组织6个月的农村卫生教育现场培训的计划。在联大医学院同事的帮助下，我们在成都附近的一个城镇——温江，建立教学机构，开展卫生服务工作，以前北京协和医学院的学生李廷安负责此项计划。美国对日宣战后，在成都建立了美国空军基地，并带来高射炮。由于增强了抵御日本人的力量，很快轰炸袭击变得不经常，并最终停止，于是我们才能开始从根本上把精力从医疗援救转移到建立全省范围的卫生服务网。

当时我被委任为华西协合大学医学院公共卫生教授和四川省卫生专员。四川是一个面积大而人口众多的省份，从北向南延伸约700英里，从东向西约500英里。在我就任时，省内没有任何类型的公共卫生组织机构，即使在省会成都市也没有卫生部门。

与我们的医疗救援工作有关的公共卫生服务的框架已经形成。伤员的临时医院、隔离医院，各种妇幼保健诊所，一处护士、助产士和公共卫生人员培训中心，以及农村教学机构都已建立起来。此外，还有流动防疫医疗队。

接着我们重新在成都开展城市卫生服务，并在农村地区开展区级卫生服务。到抗日战争结束前我辞职时，四川省的多数地区已有80多个卫生中心。当然，为这些单位配备的受过良好培训的技术员和专业人员比较少，但基本能满足需要。经过培训的人员来自包括省立医学院和华西协合大学医学系近期毕业的学生，以及为躲避战争而入川，在战争结束后永久定居的一些年长医生。

在我身为卫生专员期间，我认为在四川省能有这么多农村卫生中心在地区政府的领导下工作，表明我们在一省范围内已为国家的医学创立了良好的开端。那时没有哪个省份哪个地方有近似四川这么多的农村卫生中心。

吴廷椿回忆“五大学学生战时服务团”空袭救护队[①]

“九一八事变”时，我正在沈阳。日军进攻北大营的枪炮声和欺凌我同胞的暴行，激起我对侵略者的强烈仇恨。为了不当亡国奴，事变后不久，我随父亲到了北平读完高中。1934年入川就读于华西（协合）大学医牙学院。家乡沦陷之痛楚和抗日报国之心愿，一直伴随着我的学习生活。1937年“七七事变”，日军向我国发动了全面进攻，1938年暑期，大学学生实施军训，同学们心情振奋，盼望有一天开赴前线杀敌报国。不期国民党军队节节败退，宜昌陷落后日军修筑前进机场轰炸重庆，成都人心惶惶。警报一响，市民扶老携幼，带上贵重衣物涌出城外躲避。有时一日数惊，搞得人们疲惫不堪，成都大有被炸可能。同学们又忧虑又着急，不知所措。

1939年5月下旬的一天，华大赫斐院[②]门前，“五大学学生战时服务团”贴出黄纸黑字醒目的海报，号召高年级医学生和同学们参加空袭救护队，我心情激奋，多年想为抗日出力的机会来到了，立即报名参加。空袭救护队成立那天，在赫斐院举行大会培训队员，一时会场

① 摘编自吴廷椿：《永生难忘的岁月》，载《夕阳丹心——参加抗日救亡60周年纪念》，第79页。标题为编者所拟。

② 又名合德堂，现为四川大学海外教育学院出国留学预科教育中心。

内外，气氛热烈，抗日救亡歌声，不绝于耳。中央大学医学院解剖学教授张查理被推选为大队长。大队下设中队，中队下设小队。我为一名小队长。会上金陵女子文理学院周曼如同学讲话，表示要做一名好队员，并希望大家共同努力，救护伤员。随后张教授讲救护常识。由中大解剖系教师陆振山①、刘鼎新等用自制的担架和骨折固定夹板以及用旧布剪成的绷带，进行止血、包扎伤口、运送伤员等演习。我把本小队十几名队员遇空袭时的集合地点、联络方法都作了安排，还主动承担了救护队后勤供应任务。为了确保夜间轰炸断电时不影响救护照明，我准备了火把、风蜡、灯笼和手电筒等，受到大队长的表扬。

1939年6月11日，成都遭受到最严重的一次空袭。当天上午，我右腿上的脓肿经宋儒耀②作了切开引流，发高烧，在宿舍休息。空袭是在傍晚开始的。随着警报声、落弹呼啸声，就传来了巨大爆炸声，又见城中起火。我不顾伤痛，扶杖与队员们及时赶到新南门灾区，这里已是一片废墟。但见黑烟滚滚，烈火冲天，耳中夹杂着房屋倒塌声、呼儿唤女声、痛苦呻吟声、呼救声。目睹如此惨状，队员们心中激起了对敌人的无比仇恨！大家把轻伤者就地包扎处理，重伤者除被送往四圣祠医院救治者外，均由队员用担架抬送到华大事务所③。深夜，金陵女子文理学院吴贻芳校长来到事务所探视伤员并慰问参加救护的同学们。她见有该校学生张素方、赵秀琴等在场护理伤员，十分高兴，勉励大家把伤员照顾好。

这次空袭，救护队员付出了血的代价。华大女同学黄孝逴在赶赴灾区途中遭敌机扫射壮烈牺牲，齐大女同学崔之华光荣负伤。她们的英勇事迹永远留在人们的记忆中。在总结这次空袭救护工作的大会上，队员们情绪高涨，为能为抗日出力而感到自豪。会上决定把从市政府领取的救护津贴全部捐献给受灾市民，还决定在老南门外一家商

① 陆振山（1910—1997），辽宁建平人，胚胎学家。抗战时曾任教于中大医学院，后长期执教于华大。

② 宋儒耀（1914—2003），辽宁海城人。中国创伤整形外科奠基人。华大医牙学院1939年第25届毕业生，毕业后曾执教于华大。

③ 又名怀德堂，即今四川大学华西校区行政办公楼。

店里设救护站，在那里为伤员换药。这些举措受到“五大学”师生和市民的称赞。这次大会上我受到表扬，并被推举为中队长。以后敌机对成都又进行了多次空袭，每次我们都出动救护。

当年冬季的一天，忽然听说周曼如是共产党员，空袭救护队也是共产党发起组织的，警察要抓共产党，他们都到陕北去了。听到这突然的消息，我第一个反应是为共产党鸣不平。我想：救护队干得那么好，共产党不是在真正抗日吗？他们是抗日有功的，为什么还要抓他们治罪？通过这件事我很快就认识到共产党是真正抗日的，敬佩之情油然而生。这对我一生的思想变化和事业前途的选择都起了重要作用。

是月底

川大准备迁往峨眉山，直到7月，“川大学生暑期农村服务团”沿着岷江开展宣传工作和农村服务工作。校长程天放决定迁校的原因有两个：(1) 避开日寇空袭，安心教学；(2) 使学生脱离大城市，难以搞社会活动。但这个煞费苦心的安排并没达到预期效果。其间，学校召开了由各团体代表参加的“半月座谈会”，作出了利用迁校机会成立“1939年川大学生暑期农村服务团”的决定。服务团正、副团长由各党派协商选举产生。地下党选出王大民、喻厚高和郭治澄3人组成党团。王大民担任党团书记，负责全团的思想政治工作和对国民党、青年党的统战工作。服务团下设总务、宣传、戏剧、教育、卫生、农事等6个股，共70余人，大多是地下党员和进步同学，因而领导权实际上由党组织掌握。5、6、7月间，服务团利用迁校停课的机会，乘木船沿岷江南下，经彭山、青神、乐山等地，历时两月余，抗日救亡宣传工作和服务工作开展得有声有色。服务团中的歌咏团是党领导的一个重要团体，参加者中有女同志沈霁云、胡淑英、张央、林莹如等；华侨学生有韩林、朱锡牧、翁绍旺等。郭先泽任歌咏指挥。服务团在青神工作期间，适逢“七七”抗战两周年纪念日，服务团举行了坚持抗战、反对投降的盛大火炬游行。服务团成员、夜校学生、少年夏令营、女青年营组成的数百人的队伍，高举火炬，沿途高唱《义勇军进行曲》，喊着“打倒日本帝国主义”等口号，穿街越巷，小小的青神县城人山人海，盛况空前。[①]

郭治澄回忆川大暑期学生农村服务团[②]

1939年5月，四川大学学校当局向国民党政府请示后，决定为了避免轰炸，将文、法、理3个学院迁往峨眉山，农学院因在东郊，仍留成都。为此决定提前放了暑假。这时，学校当局通过学校里学生中各党派人士（都未公开身份，大家是心照不宣）组成的具有咨询性质的“半月座谈会”的协商，决定在学校搬迁过程中，成立1939年川大学生暑期农村服务团，于5月28日从成都出发，沿着岷江开展宣传工作和农村服务工作。本来以学校名义组织暑期农村服务团，过去已办过多次，基本是官办的，我们只有个别党员或少数进步群众参加，没有起到较多的政治宣传作用。这次有个很大不同，就是我党通过抗宣团第一、二团这两个公开群众组织，使得一些主要骨干、进步群众和部分中间群众都参加了。其中抗宣团第二团人员有理学院的几个人，党员有夏淑惠（女）、张万禄、陆文烈三人。剩下的主要是抗宣团第一团的成员，所以，这个团体的活动，实际是抗宣团第一团和第二团活动的继续。按照协议，农村服务团团长和副团长由国民党CC派、复兴社、三青团各出一个学生头头担任，他们是古基祥、何守仁、鲍家聪，上面由学校派叶叔良为总指导，樊其帮和另一农学院讲师为指导。团内设立总务、宣传、戏剧、教育、卫生、农事6个股。股长由抗宣团第一团的王大民（陶然）、喻厚高、郭治澄、刘淑平（女）4个党员同志和另一非党群众担任。党内指定王大民（陶然）、喻厚高（于北辰）、郭治澄3个人组成党团。王大民同志任党团书记，由我们负责整个团体的思想政治工作和对国民党、青年党的统战工作。在整个团中，主力是我们的人，青年党只去了一个头头邱升伯，国民党各派也只是去了几个头头和几个骨干。这对于我们掌握团

① 《四川大学史稿·第一卷·四川大学（1896—1949）》，第195页。

② 摘编自郭治澄：《我所知道的成都学生抗敌救亡宣传团第一团（1937—1939）》。标题为编者所拟。

体，领导和开展救亡宣传工作倒颇为方便，但也有不好的一面，就是国民党反动当局可以由此了解了我们一部分的情况，也使一些同志进一步有所暴露，这是不够策略的。因为时间较长，经费有保障，在对群众进行宣传教育的广度和深度上，都超过了过去的一些活动，我们党员群众和进步群众受到的教育和锻炼也比过去更多。但是这和党对于知识分子深入实际和工农相结合的要求比较起来，仍然有相当距离。

这次农村服务团和以往学校举办的农村服务团相比，很大的不同之处，就是在我们过去采用的某些形式，如一般宣传、演剧、办业余学校和识字班、为民众解答问题和代笔等形式中，加入了抗日宣传和反映人民群众疾苦等新内容，比如我分管的教育股，就有夜校、教育辅导、流动图书室和民众问事代笔处这四项业务。其中夜校、识字班花的力气最大，但是就如民众问事代笔处，光是群众前来申诉"抽壮丁的不公""把贫苦农民的独子也抽走和拉去"这样的事就很多。我们为他们写了材料，盖了章子，成为他们和国民党当局进行合法斗争的代据。因此我们和地方保甲及兵役单位的关系弄得很紧张。在青神县，曾经发生被关的几十多名壮丁逃跑的事，也被说成与我们的宣传工作有关。但是国民党的地方当局也无可奈何，因为他们干的是见不得人的事，我们又是用的堂堂正正的大学的名义，他们也不好随便对付我们。

在开展这些工作中，我们也初步受到了群众观点、群众路线的教育。在彭山县办夜校时，开始是由3年级的教育系3个同学去办，其中两个是中间群众，一个是国民党员，他们关起门来拟表格，定制度，只在外边出几张招生广告，结果一个学生也没有招来。于是我这个教育股长不能不亲自出马，便邀了几个同志和进步群众挨门挨户进行家访，经过反复的宣传解释，才招了100来人，开了3个班。后来总结经验教训，在青神县就发动了240多人入学，分成成人班、高小班、初小班，还分男女生班，形成了一个颇具规模的夜校。当时还由宣传股的两个女同学胡述英和张颐年，专门联系青神县简易师范的女学生，组成女青年夏令营；另一个男同学张启钰[1]联系在校高小学生组成少年夏令营。这样，组织在我们团周围的青少年就有300人左右。至于平时按农村赶集时间到各乡镇去宣传，影响的群众就更多。我们在卫生、农事这些方面也做了一些宣传工作，还举办了一个小型的农产品展览会，进行普及农业科学知识的活动。

如果说在彭山县的一月，算是初显身手的话，那么在青神县的一月做出的成绩，就比我们预计的还要大，这也使国民党当局大感恐慌。在团内，学校派来的2个“指导”和3个正副团长，千方百计地限制我们的活动，还在中间群众中散布消息暗示我们有些人是“赤色分子”等，企图使中间群众疏远我们。同时地方上的国民党党政机关团体也大肆造谣攻击，并且威胁地方上的群众，使一些群众不敢接近我们。尽管这样，我们的工作还是得到了比较顺利的开展。这当中，王玉琳曾从成都赶到青神来，召集我们党团3个人开了一天会，分析了形势，要我们注意策略，不要把关系搞得太紧张，同时也对国民党方面做了些工作，团内的紧张情绪一度有所缓和。

为了扩大影响，我们在8月下旬快要离开青神前的一个晚上，举行了一次坚持抗战、反对投降的火炬大游行。我们团的成员，我们的夜校学生，少年营、妇女营的成员，好几百人的队伍，化了妆，打着火把，呼着口号，还有街头表演，把一座小小的青神县闹得人山人海，盛况空前，这也是对国民党投降派又一次的群众性的抗议和示威。

在我们离开青神那天，当地国民党党政机关没有一个来送行的。但是我们的基本群众，那些夜校的学生，少年营、妇女营的男女青年们对我们依依不舍，珍重道别。有些孩子们一直沿着河岸奔跑，把我们的船只送到五六里外，经我们一再劝说才和我们挥泪告别。

我们的队伍按照原定计划在嘉定和峨眉两地，分别做了一周的宣传活动，然后在峨眉山下的一个小庙——圣积寺内住了下来，休整了

---

① 成都“民先”队员、共产党员张启钰（川大学生）在川大迁校峨眉山时期曾任中共峨眉中心县委书记，后在失掉组织关系的情况下，参与发动震惊中外的“重庆号”起义。参见《八年抗战在蓉城》，第20页。

10 多天。这时又发现国民党分子在我们的群众中进行个别拉拢和分化活动。经过党团慎重研究，决定发起一场峨眉之游的登山活动。在 7 天的游玩中，加强了交朋友和个别串联的工作，击破了国民党分子的阴谋和计划。

等到文、法、理三个学院搬迁完毕在峨眉宣布开学的时候，时间已是 1939 年 9 月 11 日了。蒋介石的投降危险因为九月间的法西斯德国向英法发动战争达到了顶点，不久就发动了第一次反共高潮。针对这一情况，我们党中央召开了紧急会议，中央的指示精神传达下来，我们认识到形势已经发生了很大变化。而且，学校离开了大城市，过去那种大张旗鼓地拖起队伍出去做抗日宣传的活动方式再也不适应，不能继续采用了。这时，抗宣团第二团的主力留在成都（农学院），实际已停止了活动。而在峨眉山，文、法两院和理学院新生住得又很分散。文法两院住在山上的伏虎寺，理学院住山上的万行庄，新生院（1939 年进校的文、法、理、农四院的学生）则住在峨眉山下西南方向的鞠槽。就是校内活动也必须适应形势变化改变方式。在这种情况下，我们文、法两院党的负责人，以及原抗宣团第一团的主要负责人进行碰头研究，在 12 月下旬通知了所有一直坚持参加抗宣团第一团的同学，在校本部伏虎寺北面 5 里的一个大庙里，举行了一次集会（会后吃了一顿豆花饭）。在会上由团长喻厚高同志宣布抗宣团第一团已经完成了它的光荣任务，今后不再进行集体活动，希望团员们发扬过去的光荣传统，坚持抗战，反对投降；坚持团结，反对分裂；坚持进步，反对倒退；为抗日救亡和国家民族的复兴工作做出新的贡献。

6 月 1 日

“川大抗敌后援会”宣布停止活动。1939 年初，国民党四川省党部下令解散了“省抗”，另成立“四川省动员委员会”，“川大抗敌后援会”因此宣布停止活动。[①]

① 《四川大学史稿·第一卷·四川大学（1896—1949）》，第 192 页。

6月11日

▲日寇第4次轰炸成都，华大校园中弹4枚。日本海军航空队27架轰炸机在成都市区中心投弹百余枚，并在飞过居民聚居区时进行低空扫射，致使盐市口、东大街、春熙路、东御街、西御街、提督街、顺城街等49条街道被毁，大火燃烧了一天一夜，市民死亡226人、负伤423人，炸毁、烧毁房屋4709间。此次轰炸中，华大校园中弹4枚。一枚落在校长寓所一侧，李哲士医生夫人手臂受伤；另有两哑弹，一落于图书馆旁，一落于华英宿舍与图书馆之间；还有一枚落于明德中学，借住于此的中大教职员数人受伤。①

▲华大学生黄孝逴牺牲于防空救护中。“五大学学生战时服务团”组织救护队奔赴现场救护伤员。华大学生、救护队队员黄孝逴在执行救护任务中牺牲。

▲校友徐载熙当日在成都复兴门被炸身亡。②

▲蒋介石、宋美龄与陈立夫致电慰问华西坝“五大学”。③

黄孝逴烈士小传④

黄孝逴出生在一个进步的知识分子家庭。其父黄墨涵（1883—1955）是著名社会活动家，四川永川（今属重庆市）人，曾赴日留学，追随章太炎参加反对袁世凯称帝的活动，后返川任四川财政厅厅长。成都解放时，黄墨涵热忱欢迎解放军入城，踊跃参加新中国建设，担任过中国民主建国会中央常委等多种职务。

在父亲为理想奔走的1916年，黄孝逴在上海出生了。她随父母在辗转中读完了小学和初中，1934年考入上海建国中学高中部。翌

---

① 《成都大轰炸》，第6—7页；《华西医科大学校史》，第104页；《华西协合大学校刊》复刊第2卷第4、5期合刊。

② 《华西协合大学校刊》复刊第2卷第4、5期合刊。

③ 《金陵大学史料集》，53页。

④ 本文由张楠、贺莉参考相关资料撰写而成，主要参考的资料有《查理夫子医学救国半生记》（伏桂明、王远著）、《侵华日军对成都的无差别轰炸研究》（李佳著）、《我家住在华西坝》（杨光曦著）、《永远的华西坝》（岱峻）等。

年，黄孝逴举家迁成都，转入成都建国中学。1937 年秋，黄孝逴考入私立华西协合大学制药系。当时，全国掀起了轰轰烈烈的抗日救亡运动，华西坝几所大学的数千名师教职工、学生积极投身全民族抗日救亡活动。

1937 年 10 月，华大校内成立抗敌后援会，下设宣传队、歌咏队、演剧队。平时要上课的日子，他们便在空闲时间走上街头或其他公共场所，向人民群众宣传抗战，以唤起民众共同抗日。到了节假日，他们常成群结队地去到周边乡场做宣传、搞演出，成都附近的县区、乡镇，如温江县、新繁县，石羊场、中和场等地都遍布了他们的足迹。这其中也有黄孝逴青春的身影。

1937 年冬，黄孝逴和同学们一起，响应李公朴等人士的倡议，买来棉布、棉花，一针一线地为前方将士缝制冬装，他们和着高亢的从军歌，充满激情地唱着“放下书本背上枪炮”“消灭敌人再回学校”“一寸山河一寸血，十万青年十万军”，把倾注了满腔爱国激情的手工棉服送到抗日将士的身边。

1938 年 4 月，黄孝逴随“华西学生救亡剧团”利用春假徒步去新繁县做宣传。几天的活动内容丰富，三四十个青年学子把小小的县城闹得热火朝天，把支援抗战的道理和爱国热情传遍了家家户户。

1939 年元旦，全市开展的义卖献金活动在城内如火如荼地进行着。“五大学学生战时服务团”组织了 10 个义卖小组，分赴城区活动，黄孝逴也参加了此项活动。华西坝“五大学”教职工、学生踊跃捐献出自己的衣物、书籍等物品，由义卖小组上街销售。从春熙路到祠堂街，都留下了他们的足迹。“多卖一角钱东西，等于多买一颗子弹，多杀一个敌人”，黄孝逴和同学们不断向过往市民宣传买物献金、支援前方的意义。

华西坝不仅是抗战救亡的宣传阵地，还是战时中国的医学教育和实践中心。医生的天职是救死扶伤。自 1938 年 11 月 8 日，18 架日机首次空袭成都后，成都全市开始制定应对日军轰炸的方案。1939 年春，“五大学学生战时服务团”倡导成立了“五大学国际救护队”，师生参加者共 300 余人，其中还有一些是外籍教授。大家公推中央大学医学院解剖学教授张查理为大队长，张肇基同学为副大队长。张查理组织各大学医学教师讲授消毒、包扎等急救专业知识，进行模拟演习。他还亲自担任教练，训练队员如何实施急救。黄孝逴被编入第二中队，在杨振华教员的带领下参加了各种训练，做好救护的准备。

抗战时期，成都集中了四川省大部分财富，成为抗战大后方重要的经济和战备资源基地。因此，日本侵略者将成都列为实施“无差别轰炸”的重点城市。

日军针对成都的轰炸以1938年11月至1939年11月为第一阶段，日军通过空中侦察对成都进行了试探性轰炸。第二阶段是1940年5月至12月的“101号作战”轰炸阶段。第三阶段集中在1941年3月至8月，此阶段的轰炸最为猛烈，造成的伤害最为严重。“跑警报”成为成都市民习以为常的事件。在这样的背景下，“五大学国际救护队”成为空袭废墟上最为忙碌的一支队伍。

1939年6月11日，救护队经历了最悲伤的一幕。为了扩大轰炸效果，日军特意把轰炸时间选在黄昏时分，这正是平民百姓忙碌一天后和家人共进晚餐的时段，日本海军第一联队、空军第十三航空队派出轰炸机、战斗机共27架从湖北出发，经奉节、达州、新都，于19时50分入侵成都市上空。在春熙路、盐市口、东御街、顺城街、提督街等闹市中心投下炸弹86枚，燃烧弹25枚，火势猛烈，殃及相邻街道。49条街道被焚毁，16条街巷被烧成一片焦土，大量民宅店铺被毁。被炸的还有华西协合大学、省立成都师范等7所学校。

轰炸发生时，黄孝逴正与齐鲁大学同学崔之华在一家餐馆用餐。当百姓惊慌失措、逃向城外时，救护队的成员们却从四面八方奔赴轰炸地区，黄孝逴和周芷芳、崔之华立即奔向早已约定好的集合地点，投入救护。在赶到距校门不远处时，一枚炸弹呼啸袭来，四散的弹片击中黄孝逴的后脑，猛烈的气浪又将她甩到一幢小楼院前的铁篱笆丛中，黄孝逴当场牺牲。崔之华比较幸运，只有左腿受了伤。

黄孝逴牺牲处的那幢小楼是当时华大校长张凌高的住所。那幢锦江河边的小楼，在那场惨无人道的大轰炸中也未能幸免，被彻底炸毁，成为一片废墟。如今，只留下一张张凌高全家在小楼前的留影成为这座小楼唯一的纪念。

楼前两株高大的银杏树却幸存下来了，在原地茂盛地生长着，至今矗立在锦江河边临江中路12号大门对面的绿化带上，那是一雄一雌两株大银杏树。借着这两株银杏树，还可以隐约猜测到房屋原来所在的位置。当年轰炸机呼啸而过的天空下如今已高楼林立，四处可闻的欢声笑语早已替代了当年成都市民跑警报时惊恐的哭喊。

黄孝逴牺牲后，国民政府教育部和蒋介石发出通令嘉奖："该生奋勇捐躯，殊堪嘉许，自应特予褒扬。除由部通令各校广为表彰，以昭激励外，兹特发国币五百元，即由该校立碑纪念。"在现存的历史档案中，我们仍能看到当年通告此事的往来文件和慰问金收据，以及将慰问金转给其父黄云鹏（黄墨涵）的公函。

此次轰炸结束后，"五大学"师生在华大事务所礼堂为黄孝逴举行了隆重的追悼会。她的遗体被安放在校长室里，"五大学学生战时服务团"的团员们为她点燃了蜡烛，烛光如泪，寄托着哀思。

1940年，华大女生院的中央修建起一座形似花台的纪念碑，呈地平式日晷式样，碑约半人高，六边形，有三层台阶，六面刻有碑文，基座上刻着英烈芳名。纪念碑落成时，四川大学文学院院长兼省教育厅厅长向楚题《己卯六月寇机袭炸成都黄孝逴女士参加国际救护队殉难周年纪念碑成征题》诗：

一往当仁与难逢，
明褒烈烈见碑丰。
自从血染黄泥地，
十字花行草亦红。

杨振华回忆日寇空袭华西坝[①]

1939年6月11日傍晚7点20分，27架日本飞机突然飞临成都上空，对成都进行空袭。

① 摘编自杨振华、孟继兴：《华西协合大学被炸纪实》，载《世纪华西》，第83页。标题为编者所拟。

华西协合大学地处市南，是日机此次轰炸的最后目标。伴着尖厉的呼啸声，落向华大的第一枚炸弹在距教师寓所（现光明路宿舍区）很近的锦江边上爆炸，美籍教师李哲士的夫人正在屋边树荫下乘凉，被一块弹片打伤右肩，其住宅也被毁坏。爆炸掀起的气浪还扑向金陵大学校长陈裕光的住所，全家人均被纷纷落下的碎石瓦砾击中。华大制药系二年级学生、救护队员黄孝逵等人正途经此地，黄被弹片击中头部，当即倒在学校的铁篱笆（一种多刺的植物）围墙下。就在几分钟前，黄还与华大学生周芷芬、齐鲁大学学生崔之华同在附近一家小餐馆吃晚饭，见街上行人乱跑，问后才知道城东城西已发出紧急警报。三人立即奔赴救护队指定集合地点，不料黄却中弹牺牲，崔之华足部也受了重伤。

第二、三枚炸弹落在华大图书馆[①]门前。一弹距馆仅 3 米，整个炸弹竟钻进了泥地里，留在表面的是一个锅底形的坑；另一弹距馆约 20 米，半截尾巴还翘在地面上。好在两弹均未爆炸。然而弹体在撞击地面时产生的巨大震动也将图书馆玻璃震得粉碎，连着窗格子塌下一大片来。

第四弹落到原明德中学学舍旁。这枚炸弹重量似乎特别大，击在了距学舍六七米开外的一棵大树顶上，未触及地面便发出惊雷般的爆裂声，将寓所后部分墙体爆开几个大洞，一些因躲避不及留在房内的中央大学医学院教师及家属受伤。

日寇的这次空袭，给华大造成了大灾难。华大学生和金陵大学教师各死亡 1 人，齐鲁大学女生受重伤 2 人，中、外籍教师受伤 5 人，教师家属受伤多人，被炸毁房屋 6 处，损失不轻。

市区内所受的灾难更远远超过华大，日机投在市内的炸弹不少于七八十枚，其中除爆破弹外还有许多是燃烧弹，引发了火海。按当时的警察局统计，全市在轰炸中，死亡 240 余人，受伤 360 余人，被毁房屋 2700 所，造成 6000 多人无家可归。

日本侵略者肆虐残杀我无辜同胞，炸死炸伤我师生的法西斯暴

---

① 今为四川大学华西医学展览馆。

行，激起了广大同学和中、外教师们的强烈愤怒。空袭未结束，华西坝“五大学”的救护队已紧急开赴市区开始了救治工作，救护队的师生们不惜用自己的生命去与日寇的屠杀进行抗争。派遣到轰炸区的各小队全力以赴地抢救受灾同胞，他们一次次地冲进燃着大火、冒着浓烟的残壁断墙内，救出被砸伤昏迷过去的伤员。在奋不顾身的抢救中，一批救护队员累倒了，又挣扎着站起来，继续着自己神圣的使命。齐大学生甘永祥由于过度疲劳，吐血不止，仍坚持在岗位上，最后被送医院经抢救方脱离危险。许多灾胞因此得到及时治疗，伤势较轻的经救护队员作包扎后即送回家中，受伤重的则由救护队担架员送到华大校医处临时开设的急救站。至午夜时，已收治了 85 人。救护队员彻夜守护着伤员，竭尽全力地挽救每个同胞。但其中的 7 人终因伤势过重于当夜死亡，另有 15 人伤及头部或腹部，被及时地转送到四圣祠三大学联合医院（华大、中大、齐大联合医院），其余伤员的大部分也在第二天上午分别送往四圣祠惜字宫医院和陕西街耳鼻喉专科医院。

6 月 15 日

国民政府教育部发出密令称“中华民族解放先锋队”“实为异党之外围组织”，各学校按照《对民先队根本救济办法》“严密办理”。由于国民党的压制，全国各地的“民先”组织先后被迫停止活动。①

是月

邓颖超在成都召开中共川康特委妇委扩大会，会见川大学生胡朝芝和华大学生周曼如。邓颖超到成都，在西御街赵世兰家召开妇委扩大会，中共川康特委妇委甘棠、赵世波、陶帆浦和“四川妇女抗敌后援会”党支部王石梅、黄梦谷、甘佩文、袁广仲、陈云贤、陈福荫，“四川妇女救国会”党支部余英，川大女生党支部胡朝芝，华大学生党员周

---

① 《中国共产党四川历史大事件（民主革命时期）》，第 254 页。《抗日先锋》第 46 页载：“成都民先队这种秘密的组织形式，已不能适应变化了的新形势。因此，民先队在 5 月后就逐渐停止了组织活动。”“自 1936 年 10 月创建到 1938 年 8 月前全国民先队被国民党反动派解散而结束了组织活动，大致经历了一年零十个月的战斗历程。”

曼如等人参加了会议。邓颖超传达了中共六届六中全会精神，批判了王明的“一切服从统一战线，一切服从国民党”的右倾投降主义，讲解了党在统一战线中的独立自主问题；对妇女工作也作了许多重要的指示。她说现在形势不算好了，要注意出现逆流，教导大家要讲斗争策略，争取社会职业作掩护，注意衣着打扮，学会隐蔽斗争，要密切联系群众，努力学习工作等。邓颖超的讲话使到会同志深受教育和鼓舞。她还单独接见了贺敬辉，又接见了胡朝芝[①]和周曼如，向她们询问了大学生工作，指示她们要善于团结各方面同学为抗战出力，在学校要学好功课，外表也要讲究，要像个大学生。[②]

暑假

“五大学”学生组成乡村服务团为农民治病。日机轰炸成都后，各大学随即提前放暑假。“五大学”的部分学生以医科学生为主体，组成乡村服务团沿成渝公路去自贡，沿途为农民治病。当时霍乱大流行，医科学生发挥所长，治愈了不少危重病人。服务团还进行了宣传、文艺演出、慰问壮丁等活动。医科留校的一些高年级学生组成医药服务组，赶赴乡镇、县城为贫民治病，同时作抗战宣传，也收到良好效果。[③]

伍义泽、艾尔达、郭号等回忆“五大学”乡村服务团[④]

1939年暑假，同学们想把假期利用起来组织到外地开展抗日宣传。但这时国民党已下令禁止抗日团体活动了，学校不批准。后由金女大的张莹华向吴贻芳校长恳切要求获得突破。吴校长说：“宣传抗战，我同意。但我只能同意金女大的学生。”由此，我们各校同学分别向学校提出要求，都得到同意。组织名称叫“华西坝华大、金大、

① 邓颖超指示胡朝芝通过与韩光华（邓锡侯儿媳、川大英语系学生）的关系从事上层统战工作，后因种种原因未能如愿。

② 《成都文史资料选编·抗日战争卷·上·救亡图存》，第184页。同时参见中共成都市委党史研究室：《邓颖超同志1939年在成都》，载《成都党史通讯》，1990年第1期。

③ 《华西医科大学校史》，第104页。

④ 摘编自伍义泽、艾尔达、郭号：《追忆峥嵘岁月 永葆革命青春》，载《华西坝风云录》，第26页。

金女大、齐大、中大暑假乡村服务团”，团长张肇基，副团长文宝瑛、张莹华，参加的50多人，三分之一是医科学生，按学校分5个小队。7月16日从成都到简阳县，然后沿沱江下行经资阳、资中、内江转到自流井、嘉定回成都。参加这次活动的共产党员李世坚、郦清、谢务平、胡德姜、张履鉴等在团结同学开展宣传服务中起积极带头作用。每到一个乡镇，立即开展慰问演出、教唱歌曲和为群众治病。当时四川各地霍乱病流行，死亡较多，我们沿途治愈不少人。但我们在自贡剧院演出自编的节目《新打神王》时，因刘春林同学饰演学生，把“跟着到农村去打游击”说成“跟着毛泽东去打游击”，在场看演出的一些国民党、三青团分子聚集在一起立即向副团长张莹华提出质问。经张莹华耐心解释以后，他们口头上表示“没关系”，但在继续演出时，就放空袭警报，场内观众纷纷散去。我们回到住地，立即召开紧急会议，大家认为必须迅速离开以保安全。果然，自贡国民党动员委员会不仅把我们公演的门票收入全部拿去，竟把“异党分子”的帽子也强加在服务团头上，副团长文宝瑛还被关押5天。

颜瑞生回忆在陕南农村的医疗救护①

1939年夏天，成都市华西坝学生暑期服务大队集中了华大、金大、金女大、齐鲁、中大医学院及华西协中等校的100多个在校学生，分7个分队，分别去到广元、宁羌、褒城、留坝、安康、宝鸡等地，为当时霍乱流行的陕南农村进行防治工作；为抗日前线撤到后方的伤病员进行紧急治疗，同时也向陕南人民群众进行了抗日救亡宣传。

当时，我是由地下党华西协中支部派去参加工作的，分配在第五分队，住在陕南褒城。地下党南区书记沈荫家同志为我转去关系。在同队的齐大邢珊瑚同志领导下工作，到了褒城，我们住在旧城的一个学校内，而工作地点则在褒城河对面的新汽车站。每天早出晚归，过

① 摘编自颜瑞生：《忆成都华西坝学生的一次抗日救亡活动》，载《夕阳丹心——参加抗日救亡60周年纪念》，第58页。

河涉水，汗流浃背，十分辛劳。但同志们总是高唱救亡歌曲，轻装前进，充满了年轻人的蓬勃朝气。

当时的陕南农村，一片荒凉，民生凋敝，加上苛捐杂税，盗匪横行，拉夫抓丁的事随处可见，人民处于水深火热之中。那年，霍乱流行，疫情严重，有的村庄全部濒于死亡绝境，男女老少，无不带病呻吟，四处逃难，颠沛流离，十分悲惨。

记得是8月的一个夜晚，我们得到一个紧急通知，在留坝方向，有一个村子，发现霍乱蔓延，死亡严重，命令我们连夜兼程赶赴灾区，进行抢救。我们带着医疗药物特别是预防霍乱的针药和医疗器具，在蒙蒙月色中的深山峡谷里行进，不时能听到乡人为驱赶玉米林中的野猪而发出的吼叫声和敲打竹筒吓唬野兽的响声。静夜幽谷，筒声回荡，那清脆而有节奏的乐感，引起了我们阵阵思乡之情，但我们不敢静下来遐想，而是故意大声讲话，笑语高歌，用以吓跑野兽的侵袭。

8月秋夜的深山有些寒意，仰望闪烁的群星，跨过峡谷中的小溪，爬上丛林中的小路，虽然有些疲劳，但为了抢救垂危中的同胞，我们的劲头很足，情绪很高。这真有点像陆定一同志在《老山界》一文中所描写的长征途中夜行军的情景了。我们一连到过几个村子，一面帮助群众进行室内消毒，一面注射霍乱预防针，还临时设点隔离病人，以防传染。大家一直工作到第二天中午，才吃饭休息。

又是一个月光明亮的银夜，褒城县政府忽然发出通知，说今夜“土匪”（其实是武装农民的游击队）将要攻城，命令全体工作人员连夜赶路过河，在卡车上休息，万一“土匪”逼近城郊，我们就立即开车向南郑转移，以避免伤亡。我们上车后十分疲劳，但却欲睡不能，睁眼向远山望去，只见点点火星遍布山头，蜿蜒移动，长达里许，少说也有千余人。据说他们要攻打县城，打倒官僚、土豪、劣绅，这怎能是“土匪”的活动呢？一夜过去，平安无事，传说这支队伍仅仅是绕道陕南、途经褒城界境，北上与红军联合抗日的。

1939年的抗日前线，正是与日本侵略者殊死搏斗的酣战岁月。夏日酷暑炎热，使人没有清爽之感。服务队成天繁忙地奔走于川陕线上，对于我们这些当时还是“养尊处优”的青年学生来说，的确是一次很好的锻炼和考验。

记得有一天骄阳似火，褒河对岸新汽车站满是车马行人，挤挤攘攘，热闹非凡，送来了一车车从襄樊前线撤下来的伤病员。我们赶赴伤病员集中点，走进大院一看，原来是一处农民居住的茅草土墙大院，临时搬走居民，让给伤病员住宿。一进大门，便看到屋里屋外大都由稻草覆盖地面，在那些既无阳光、又不通气的小小土屋里，依次卧在谷草堆里的伤病员竟达 30 多人。屋檐下、走廊边，一个个瘦骨嶙峋、苍白虚弱的病员不断发出呻吟，痛苦凄惨，使人目不忍睹。

我们分队有中大医学院的刘载生、傅娴寿，有华大医科的陈仲瞿、齐大的邢珊瑚等 10 多人，协同动作，一齐上阵，用了整整一个下午，做完了护理、洗涤、上药、包扎等工作，然后送他们上了汽车，转到后方医院。

在人群集散的新汽车站，我们办了壁报，每周一期，主要宣传抗日救亡、团结一致、共同对敌的革命思想，有时也配合些预防传染病的卫生常识。由于文字通俗易懂，又能结合当地群众迫切需要了解的问题，所以颇受大家的欢迎。

7 月 1 日

▲据统计，迁至峨眉山前，川大图书馆共有中日文书籍 124662 册，西文书籍 26659 册，合计 151321 册。迁至峨眉山后，图书馆藏书仍有增加，至 1940 年，增至 160970 余册。期刊方面则因交通不便而大为减少，仅能收到中文期刊 224 种，西文期刊 45 种，中文报纸 20 种，西文报纸 5 种。学校藏书在当时各著名高校中并不为富，但因为避居山中，许多珍贵书刊文献得以完整保存。[①]

▲迁至峨眉山后，据统计，理学院实验仪器损失不少，加之峨眉山供电限制，大部分电气设备无法使用，理化实验往往难以进行。生物系

① 《四川大学史稿·第一卷·四川大学（1896—1949）》，第 216 页。

的仪器设备尚能勉强使用。[①]

7 月 7 日

中共中央发表《为抗战两周年纪念对时局宣言》，反对妥协和分裂，坚持团结抗战。[②]

8 月 18 日

中共中央南方局在工作报告中称“四川大学学生部在我党影响之下”。中共中央南方局常委、组织部部长博古在中共中央政治局会议上报告南方党的工作。报告说，中共川康特委等同于省委，领导党员 4000 人，中心县委 5 个，县委 10 个，特区委 2 个，特支 13 个；在青年工作方面，没有大的青年组织，但各大学都有组织，四川大学学生部在我党影响之下。[③]

8 月 20 日

“文协”成都分会与总会合办《通俗文艺》三日刊，校友苏子涵[④]、胡子芳[⑤]为该刊编辑。该刊共发行 45 期，至 1940 年 4 月被迫停刊。[⑥]

是月

中共中央青委在重庆召开大后方青年工作会议。会议主要传达了中央关于“隐蔽、精干”的方针，研究了在国民党加紧反共的形势下如何开展青年工作的问题。[⑦]

9 月 8 日

罗世文向中共中央南方局报告川康政情变化和党的组织及工作情况，其中提到川大党支部在开展下层统战工作中巩固起来了，取得了很

① 《四川大学史稿·第一卷·四川大学（1896—1949）》，第 216 页。

② 《中国近现代史大事记：1840—1980》，第 122 页。

③ 《中国共产党四川历史大事件（民主革命时期）》，第 257 页。

④ 苏子涵，毕业于四川公立外国语专门学校。

⑤ 胡子芳，毕业于华大。

⑥ 《中国共产党四川历史大事件（民主革命时期）》，第 257 页；《抗战时期的四川——档案史料汇编（上）》，第 394 页。

⑦ 《抗日战争时期四川大事记》，第 71 页。

好的成绩。[①]

9月16日

国民党空军轰炸总队参观川大，称川大“规模宏大，设备完善，素负盛誉”。[②]

9月20日

教育部颁布《文化团体组织大纲》，社会部颁布《抗战时期文化团体工作指导纲要》，规定凡有违反三民主义言论或行动者，不得为会员；文化团体不得于三民主义及法律规定之外进行政治活动。[③]

9月21日

川大文、理、法三学院于峨眉山正式复课。[④] 学校原定8月中旬在峨眉山临时校舍复课，后来因临时校舍建筑不及、交通不便、图书仪器搬迁延期等，直到9月21日才正式复课。文、法两学院设于伏虎寺，理学院设于保宁寺和万行庄，新生院设于鞠槽的将军府，校本部及教职员宿舍设于报国寺、红珠山等处庙宇。[⑤]

是月

▲“四川大学音乐研究会”在“天明歌咏团”的基础上成立，形成新的抗日宣传阵地。1940年12月，该会停止活动。[⑥]

▲教育部为济抗战之急需，令川大“增设经济系一班”。

---

① 《抗战时期的四川——档案史料汇编（上）》，第258—259页。

② 国立川大－1925－48

③ 《抗日战争时期四川大事记》，第73—74页。

④ 1939年9月至1943年4月，川大在峨眉山办学。农学院当时在成都东郊办学，较安全，故未迁来。

⑤ 《四川大学史稿·第一卷·四川大学（1896—1949）》，第209页。

⑥ 《中国共产党四川历史大事件（民主革命时期）》，第213页。

1939年9月教育部训令[①]

令国立四川大学：

本部鉴于抗战以来农、工、商、医等科专门人才须要甚切，前经增设各种专修科在案。兹查本年度国立各院校统一招生结果，报考工科及经济学系学生人数甚多，为应社会须要预储人才起见，除已指定各校充分利用原有设备，分别增设土木、机械、电机、化工、矿冶、纺织等系班级十五班，并分发录取新生外，兹再指定该校增设经济学系一年级一班，所需奉给、购置、添建一部分校舍及学术研究等项经费准予由部每年增拨一万三千元。除另分发学生外，合行令仰遵照办理具报。

此令

部长陈立夫

10月1日

国民参政员褚辅成、张澜、沈钧儒等12人在重庆举行宪法座谈会。中共参政员董必武、吴玉章及《新华日报》社长潘梓年等应邀参加。座谈会决定组织宪政促进团体。[②]

12月16日

午后三时，经济学会开学术座谈会，特敦请川大教授赵人隽讲演“战时经济平汇问题”。[③]

是月

▲中共川康特委召开全体会议，罗世文传达中央对目前抗战形势及党的任务、中共中央南方局对川康工作的指示、第四次国民参政会总结

---

① 摘编自国立川大－8，卷内8。标题为编者所拟。

② 《抗日战争时期四川大事记》，第74—75页。

③ 王东杰、徐悦超：《四川大学经济学、商学教育与研究（1902—1949）：档案与期刊选编》，四川大学出版社，2018年，第201页。

等；韩天石报告青年运动、妇女运动情况。[①]

▲川大的党员因时局变化陆续撤离成都。川大的党员大都是1936年后发展的，经过1937—1939年的各项抗日救亡运动，有些党员暴露了，因怕国民党突然袭击，这些党员陆续撤出成都。当时利用川陕运输线开通的便利和八路军驻重庆办事处的合法地位，实现了有组织地、成批地向延安输送知识青年。步行者，每批多则100余人，少则二三十人；乘车者，每次至少两部卡车，多时有五六辆卡车同行。经八路军驻重庆办事处输送到延安去的进步青年总共达2000余人，其中绝大多数是在抗日救亡运动中受到锻炼的四川知识青年。1939年12月，山西民族革命大学[②]在成都招生，党组织借机将一部分党员以去山西读书为名撤出成都，其中川大有一批党员先后奔赴延安。当时招收的学员共152人，于12月8日启程前往山西。途中得知阎锡山已策动“晋西事变”，学员大队即在指导员王怀安的率领下，依靠中共中央驻西安办事处的协助，经过曲折的斗争，于1940年2月2日胜利抵达延安。韩天石也于同期坐军车前往延安。[③]

▲川大党总支改组。川大党总支书记王怀安等人去延安后，在中共川康特委领导下，由邓照明（书记）和赖卫民、尹智祺组成新的川大党总支。[④]

▲川大校内的壁报《文艺》[⑤] 刊载张宣文章《张宣伏虎寺的一日》，引起校内反动势力注意。“伏虎寺的一日”是《文艺》壁报设置的一个栏目，旨在从各个角度反映川大伏虎寺某一日的生活，不少教师、学生都会把在峨眉山上的校园生活写成短稿在上面发表。12月，文学院学

---

① 《中国共产党四川历史大事件（民主革命时期）》，第260页。

② 该校由阎锡山创办，由于阎锡山曾持反蒋立场，到该校任职的进步教授众多，一时名流云集，投靠者众。

③ 《民主革命时期成都革命斗争史大事年表（讨论稿）》，第57页；《中国共产党四川历史大事件（民主革命时期）》，第262页。

④ 《四川大学史稿·第一卷·四川大学（1896—1949）》，第213页。

⑤ 据邵松乔回忆，该壁报由袁丙生负责主编，在校内影响力颇大，此刊至迟在1941年暑假他离开川大时仍在正常出版，当时写稿的教授有卞之琳、刘盛亚、罗念生、谢文炳等（见邵松乔、郭治澄：《我所知道的四川大学1937—1941年的党组织及其活动概况》）。

生张宣写了一篇文章，针对学校当局对进步学生的迫害进行了讽刺和无情的抨击，稿子登出后，在学生中反响颇为强烈。教务长叶叔良撕下了此稿，众人哗然。张宣向校方提出了抗议，最后取得胜利。[①]

▲年底，时局更加紧张，以教师身份为掩护的党员洪沛然、黄半坡、康乃尔先后撤离协进中学，学生支部书记赵光鲁也撤离了协进中学。[②]

1939 年底前后川大奔赴延安的学生名单[③]

国立四川大学学生通过各种渠道，先后奔赴延安的有熊复、彭文龙、余涧南、缪海稜、周海文、张越武、张希钦、岳尧阶、张宣、胡绩伟、蔡天心、韩天石、王潞宾（广义）、邓照明、陈英、陶然、王怀安（王玉琳）、于北辰（喻厚高）、刘志皋、刘披、丁洪（汤幼言）、郑云凤、徐坚（徐恩贤）、卢济英、胡朝芝、康乃尔、李冰洁（陈毅乔）、郭琦（郭先泽）、王友愚、夏淑惠、郭永江等人，为解放区输送了一大批革命干部。

陶然回忆 1939 年疏散党员去延安[④]

1939 年底，上级党组织为了保存力量，长期埋伏，决定取消党总支，并有计划地疏散党员。当时王怀安、邓照明、喻厚高就离开峨眉到了延安。王怀安和喻厚高是利用阎锡山在成都公开招收民族大学（山西民族革命大学）学生的机会离川赴延安的，那时国民党把到延安的路封锁了，一个普通的青年是不可能去到那里的，只要国民党发现你稍微有点革命味，便把你抓起来关进集中营。那次随队去了 200 余人，都是利用的这次机会，吴雪带领的一批人也是这次走掉的。这是 1939 年下半年的第一批撤离川大的学生。我离开时任法学院的支

① 《四川大学史稿·第一卷·四川大学（1896—1949）》，第 212 页。

② 《四川大学史稿·第一卷·四川大学（1896—1949）》，第 212 页。

③ 摘编自《四川大学史稿·第一卷·四川大学（1896—1949）》，第 204 页。标题为编者所拟。

④ 摘编自《陶然同志回忆录（1936—1939）》。标题为编者所拟。

部书记，其后由郭治澄接替我的党内职务。

韩天石回忆上百进步青年疏散去延安[1]

1939年下半年，情况发生变化，国民党消极抗战，对日投降的趋势日益明显。由于日、汪的诱降，国民党在政策上对共产党采取限制。国民党在后方采取反共的方针，形势险恶。群众活动受到压制、迫害。胡绩伟被我们派往西安参加西北青年救国代表大会，却被国民党梓潼地方势力逮捕；在去往陕北的途中被扣留的青年有几千。当时我党采取了支援前方、保存力量、隐蔽精干、长期埋伏的方针，开始疏散革命者，愿去延安的尽量给予方便。我记得很清楚，经我手送去延安的就有上百人，有的是持着国民党要员的介绍信乘飞机去的，有的扮成小商小贩前往，还有一些人与组织没有关系，自己奔赴延安。

1939年，阎锡山在成都招收民大（山西民族革命大学）学生，我向上级党组织汇报了这件事，组织认为这正是疏散的好机会。我们帮助登启事、报名，以便将我们的同志送去。其时王怀安正需撤退，组织决定怀安、大民、厚高等同志随队撤离。他们随大队步行到西安，然后脱离阎部，转道奔赴延安。我是1939年底随到成都视察工作的冯文彬同志一起乘军车到延安的。我比王怀安等同志早到，还亲自去途中迎接他们。

王怀安回忆撤退到延安情形[2]

我是1939年底离开川大的，从1938年9月川大党组织成立到我离开，川大党支部的成员都从未变过。我走以后，党组织交给了邓照明。邓照明接手不久，张宣又回到了川大。当时均是单线联系，党的支部内的党员都不发生横的关系，很注意保密。我走不久，邓照明、陶然也待不下去了，他们也于“抢米事件”后离开了川大。与他们一

① 摘编自《韩天石同志回忆录（1936—1939）》。标题为编者所拟。

② 摘编自《王怀安同志回忆录（1936—1940）》。标题为编者所拟。

起离开的还有郭琦（郭先泽）、于季英、夏淑惠、王有余等人，这是1940年上半年。康乃尔在这前后亦离开川大，他的关系在我做总支书记的时候就转出去了，但他也是很暴露的。韩天石是我们那一批撤离的，他坐军车到延安，我是步行。当时我们的撤离是没有危险的。我们利用统战关系投考了阎锡山在山西办的“民族革命大学”（简称“民大”），这是仿照我们的抗大办的一个军事学校，里面地下党员很多，我们即借“民大”在成都招生的机会，组织了几十个党员和进步同学撤离了川大。那次一共带了400余人，有其他大学的学生，还有一个剧团，吴雪、陈戈、于红、雷平都是其中的成员。电影《抓壮丁》就是这个剧团在延安演出的剧，内容是讽刺国民党抓壮丁。途中，国民党的反共高潮即到来，“皖南事变”发生，新四军和国民党打起来了。这说明我们当时的撤退是完全正确的。那次我们川大去了3个党员，但带走了成都200多人，而我一个人带走的党员就有70多个，还有一些进步同学。我们计算了一下，在我之前，即在我做总支书记时，我就介绍了一些人到延安去，到1940年初，正式到延安的，川大前后约共有30多人（川大党员先后进出川大的共是70多人，正式去延安的只有30多人）。我带去的是70多个党员，但那不是川大的，而是其他学校或社会上的。我们那次去延安，途中用的是阎锡山的旅费，穿的是阎锡山发的衣服。因为我们打的是阎锡山司令长官的招牌，所以得到沿途地方上的特别关照。最后我们却带着200多人的队伍，浩浩荡荡地到了延安，这弄得他们莫名其妙，待他们清醒过来，发觉上了当，发出通缉令时，我们已抵达延安。我们这次去延安，干得很成功，3个人带了好几十个党员，这可是一个不小的成绩。

王潞宾回忆去延安之前遭遇①

1937年由江牧岳主编、在成都办的《星芒周刊》，积极宣传抗日救亡。年底的一天，我带着《星芒》的稿子从星芒社出来，准备回川大理学院。可是我的稿子被学校当局拦去了，我不服气，与他们进行

① 摘编自《王潞宾同志回忆录（1936—1939）》。标题为编者所拟。

了一场斗争，结果我被校方开除了。这时是1938年初，我只差一学期就毕业了。离开川大以后，党派我到名山（靠近雅安的一个县）去开辟工作。从这以后，我和韩天石就不在一起工作了，后一段川大的情况我也就不太熟悉。有时我也从名山到成都，但成都的活动情况我并不清楚。

党给我介绍的工作是到名山中学任教导主任，兼做英语教员。为了推广进步歌曲，我还兼做音乐教员。那时受王明统一战线中“左”倾路线的影响比较大，所以当时地下党的活动警惕性不够，迎接困难的准备不够，工作的方法太暴露，太左了，加上当时国民党的嫡系力量，特别是特务组织逐渐打进了四川，所以形势迅速变坏。以前是利用刘湘和蒋介石之间的矛盾来开展工作，现在蒋介石的嫡系打进四川，加上当时国家主义派等反动派的活动，因而我们的工作开展起来就很困难了。

以后，我在名山吃够了青年党的亏，青年党和国民党结合起来整我。当时国共关系紧张，为什么我还做了中学的教导主任呢？是因为那个县的县长是我们的一个统战关系，他愿意与党保持一定的联系，他还经常叫我给他出出主意。以后县长换了，是国民党、青年党结合起来干的。当时我在名山发展了一些党员，但时间不长，一个多学期就被他们挤了出来。虽然我只去了半年，但开展的工作还算不错：虽然党员没有发展多少，可在上层人物中，在学生中做了许多宣传工作，也有了一些影响。所以我虽离开了中学，但我还是继续留在名山。为了开展工作方便，我在那里开了一个书店，叫“新民书店”，书籍来源于成都。当时成都有几个进步书店，如果有人来，他们就给我把书带来。不久，当局逮捕了我，在名山关了半年。其间，程子健路过名山时来看过我。这已是1938年下半年了，我记得是中秋节被逮捕的。入狱后我跟他们作了一些斗争，他们当时也没抓到什么证据，无法证明我是共产党员。半年以后，经过周总理在重庆国民党内的统战关系，组织把我营救了出来，这时是1939年春天。出狱后我回到成都，先去省工委报告，省工委对我的坚持斗争的精神给予了一些鼓励，说我只是在某些方面过左了一点。以后在成都市的一个工人区担任了几个月区委书记。秋天，我已经红得不行了，不能再做地下工作，工委于是决定让我去延安。当时适逢董必武、吴玉章、王明路过成都，于是我乘了他们的车去了延安。这以后全市的情况我就不大了解了。我和韩天石1938年初在川大分手后，他留在那里继续开展工作，到暑假毕业，多待了半年。毕业后党派他到川南去开辟工作，与陈一平、郑伯克一起，以后的情况由他来讲。

张宣回忆国民党对进步学生的管控[①]

我于1934年进入川大中文系。1936年以前，川大的学生运动不是很活跃，政治性比较弱，主要是李伏伽、何白李等主持创办的一个《文艺月刊》有些活动。

1937年秋，我请了两年休学假[②]，当时规定可以休学两年，假满可继续学习。当初进校之时，川大校长是王宏实（王兆荣）。此人我没有多接触，但表面看来并非国民党人物，而是一个比较中立的学者。

国民党为了严格地控制四川，改派程天放掌川大。程天放随身带来了一批打手，其中最得程天放赏识的是叶叔良，余者我不甚了了，因这都是我离开川大以后的事了。

我1937年休学，1938年冬赴延安，1939年秋复学川大。但是我在成都是很红的，身份亦非常暴露，有一件事情可以说明。当时成都许多中学都有这样的规定：但凡川大的康乃尔、张宣两人来会本校学生，一律拒之门外。1939年我回到成都后，组织上告诉我：像你这样暴露的人，将来要在成都立脚，必须要有文凭，如果没有一个合法的职业掩护，你不能工作。因此我又复学川大，这时川大已迁校峨眉。

我是理直气壮，凭着两年休学后可以复学的这条理由回到学校的。……几天后，突然来了一个通知，说是程校长要见我。当时程天放住报国寺，我们住伏虎寺，相距一两里地。程天放见我便问："听

① 摘编自《张宣同志回忆录》。标题为编者所拟。

② 张宣申请休学时已届大四。见国立川大2914－19。

说你才从延安回来?”我说:“有这件事。”“你到延安去干什么?”“想多学一点抗日的道理。”“你学到了什么呢?”“此行收获甚微，所以我很快就回来了。”“你为什么没有学到什么呢?”“我一去就不习惯那里的生活，常拉肚子，根本没办法学下去，所以只好回来了。”“那么你是到那里游山玩水去了?”“不错，正是游山玩水，此行只有这个收获。”“延安有什么好山好水供你游呢?”“哟，延安山清水秀，范仲淹的许多词不就写的是延安风光吗?”“你看到共产党写的是什么标语呢?”“可多啦，‘拥护蒋委员长抗日’啦，‘打倒日本帝国主义’啦，等等。”他还问了许多问题，我都从这个基点上回答。最后他说:“你今天说话很不老实，这里借纸给你，你回去好好写一个延安来去的经过，直接交给我。”当时因我太暴露，我只跟中文系的支部书记郭琦个别联系，我们商量能不能给他写，应该写什么，我提出了自己的想法:仍依当面回答程天放那一套来写，郭琦同意了我的意见。过了几天，我交给程天放一篇游记，他看了眉头一皱，说:“张宣你年龄不大，却很狡猾。”我说:“程先生，你怎么事情均未弄清楚就生气起来了?我哪一点狡猾?”他问:“你写的是什么东西?我叫你写政治性的内容，你却写成游记来欺骗我们。”我回答:“程先生，上次我给你说的就是这个，如果你认为我说得不对，何必叫我写呢?既然你叫我写，就证明我说得还对嘛。事情本来就是如此，我能够给你说的是一套，又写的是另一套吗?如果那样才是真正的狡猾哩!”他说:“好，你回去!”程稍后又说:“嗯，你不忙走，我给你出个题目，你回去写一篇论文，题目是《民生主义和共产主义的比较》，你看需要多少时间?”我说:“啊哟，这可是个大题目!(写)‘民生主义’，要把孙中山先生的著作吃透，而‘共产主义’的书就更多了，至少要把《资本论》读熟了才懂得‘共产主义’，连读加写，非两个月时间不行。”我那时怕耽误学习，所以时间还说少了。他满口答应:“好，你两个月内写好交来，我认为满意就可以接收。”

刚回住地，叶叔良就来找我了。他是秉承上方的旨意而来的，见面就问:“你需要些什么参考书，可以开个单子。”我当即开了书单，上有两本:《中山全集》和《资本论》。两天后我又去找叶叔良:“参考书找好了吗？要知道我只有短短的两个月时间。”他说：“我们是因为躲避轰炸而匆忙地搬到峨眉来的，所以《中山全集》没有带来。”我说：“图书馆没有，私人有也行啊！程校长和你都是中山先生的忠实信徒，那你们一定是什么都可以不带，但这本书是非带不可的，把你们私人的借给我也好嘛。”他说：“我没有带来，我去帮你问一下程先生带来没有。”过后他告诉我：“可惜，程先生有两包东西至今还没有寄到，《中山全集》可能就在那两个包里。”我当即笑着说：“可惜中山先生有这么一些信徒，他们的命比孙文学说重要得多哇，甚至于他们的狗、痰盂、尿罐都比孙文学说更要紧，这些东西你们没有忘记，都带来了，偏偏把《中山全集》拿掉了，你们这说得过去吗?”他当时很窘，脸红脖子粗地站起来说：“张宣，你这样侮辱人不行!”我回答道：“我说的是老实话，假如你们把先生的书带来，我就不这么说你们的；如果你们不是国民党员，我也是不能这么说的，因为我也没有带来；可是你们是国民党员，口口声声称自己是孙先生的信徒，你们没有带来，我这样说是符合实际的，怎么能算是诬蔑呢?”待了一会我又说：“我刚才说的话可能有点过火，只要你找到了《中山全集》，我的话还可以重新说过。”

几天以后问他有无着落。他说：“这里没有人带《中山全集》，但我可以另外给你介绍一本书。”说着，便从书橱里拿了一本书出来，我一看，是周佛海写的《孙文学术之体会》，便给他甩了，气愤地说：“这是汉奸书，我们不能学汉奸写的东西；我抗议你们拿汉奸的书给我看，你们这样做的动机是什么?”这一下叶叔良更下不了台，脸红筋胀，想发作又没有什么理由。两人相对坐了一会儿，彼此无言。于是我便转换了一个话题：“为了争取时间，我现在是否可以先读《资本论》呢？此书我没有，图书馆也没有，你们可以给我借一下吗?”他说：“有也不能借给你，我们不能替共产党做宣传。”我说：“你不愿替共产党做宣传，倒愿意替汉奸做宣传，你不借给我不要紧，我先到图书馆借一本来看。”当然，图书馆是没有《资本论》的，后来我在法学院一个同学那里借了一本《资本论》的译刊。我原本想抽出一定的学习时间来读《资本论》，现在有这样的机会当然更好，如果别人发现了，他也拿我无可奈何，因为我是名正言顺的。

那时候文学院出了一个文艺刊物，以壁报形式出现，由一个党员同志主编。元旦前有一天我看见了壁报上有一个征稿启事。征集从各个角度写的在“伏虎寺”生活一天所得收获的文章，题目是《某某某伏虎寺的一日》，要求反映出“伏虎寺”12月23日那天川大的学生生活。见此启事，我计上心头。当时，因为特务监视我收效甚微，学校就让叶叔良通知我，叫我不要住在原来那个人多的学生宿舍里，不要我在那里宣传“赤色”。我当即问他：“我宣传什么啦？要说宣传嘛，我宣传过抗日，抗日也是‘赤色’的？”他说：“不管怎么说，你反正得搬。”我问搬到哪里去。他回答说：“你不是跟邓先生[①]很好吗？你就搬到他那里去吧。”后来我问邓先生有无此事，邓说有这回事，学校给他说了好几回。邓先生也同意我搬到他那里去，认为我住到他那里就可以少一些谣言了。后我又找到叶叔良：“邓先生只有一个房间，我未必能与老人的习惯相合，你们能否另外想想办法？”他说：“不行，另外没有地方可去。”“搬去也好，但我总不能霸占邓先生工作的桌、椅、床吧？我还应该有一套呀！”他答应解决这些问题。也就是在这个时候，我看到了征稿启事。叶叔良天天催我搬家，我偏要等到23日搬。23日，我去找叶叔良：“叶先生，我原定今天搬家，桌、椅、床准备好了吗？”他说：“还得去问一下事务处。”事务处的回答也是“无”。我又去找叶叔良：“你啥都没有给我准备好，事务处什么也没有了，你叫我搬去邓先生那里睡地板？”叶叔良说：“你去问问校长吧！”程天放那天正在开会，我一头闯进会议室：“没有床，没有桌子，没有椅子，邓先生的床是单人的，桌子是小的，只够他自己用。我不能搬。”程天放大为恼火，叫我那天不要搬了，以后再说。于是我把这一天的事情经过记了下来，投给了那个刊物。本来此刊登的稿子都是要经过叶叔良审查的，但他对这篇稿子连内容都未看清楚就盖了章，因此元旦这天稿子登出来了。这天，理学院从另一个地方来到

---

① 指川大教育系主任邓胥功教授，当时一些进步学生处境十分困难，他极力加以保护，他甚至秘密陪伴张宣去接上党组织关系。见《四川近现代文化人物续编》，第356—357页。

这里和法学院联欢，人特别多，壁报下被围得水泄不通。有的同学看完我这篇日记后吼了起来："学校真不像话，张宣来复学，却搞了这么多鬼名堂。"外面的学生一听，都挤过去看，便衣特务马上将此事报告了叶叔良。叶叔良袖子一抄，穿了双大皮鞋，"笃、笃、笃"地跑来了，一看这情势，当即叫撕下来，这一撕，倒表现了他们的欲盖弥彰，因而同学们更视之为稀奇，纷纷转告，消息不胫而走，一会全校都知道了。我一听此事，马上去找文学院向楚院长："叶老师是老师，我们是他的学生，学生写的文章不对，老师事前事后都可以改，怎么撕学生的稿子呢？学校有这种规矩吗？不行，我要提出最严重的抗议，请你转达！"向院长劝我："算了吧，你不要跟他们再结冤家对头了！"我说："我话说在明处，将来一切后果由他们负责。"至此之后，他们再不敢催我写《民生主义和共产主义的比较》了。

是年

▲沦陷区学生纷纷转入川大就读，学校人数有较大增长。1939 年川大共有学生 1376 名，其中文学院 343 名、理学院 219 名、法学院 456 名、农学院 358 名。学生来自全国各省，除黑龙江、热河、新疆、宁夏外，其他各省均有，他们与川省学生互相交流，进一步打破了川大原来比较闭塞的状况，使战前学校浓厚的地方色彩得到相当程度的克服。自迁校峨眉以后，因校舍有限，川大不再收借读生和转学生。[①]

▲迁往峨眉山后，川大的党组织实行隐蔽方针。川大迁校峨眉后，时局发生了变化，日本停止向蒋介石军队进攻，从政治上鼓励蒋介石进行反共活动，校内的党组织因此采取了隐避方针，学生团体中只有文研会、同乡会、同学会和同级会的活动较多。[②]

▲川大迁入峨眉后，伏虎寺校本部有几个学生自办的伙食团，团内的地下党员和进步同学把办好伙食当作重要的政治任务来抓，做好采购、烹调方面的工作，定期公布账目，努力做到价廉物美、可口宜人，

① 《四川大学史稿·第一卷·四川大学（1896—1949）》，第 215 页。
② 《四川大学史稿·第一卷·四川大学（1896—1949）》，第 212 页。

深受同学欢迎，赢得同学的信任和赞赏。[①]

▲迁往峨眉山后，川大党总支即动员党员出资，在县城办了一个书店，出售进步书刊。该书店还提供代订《新华日报》服务，满足进步人士阅读进步报刊的要求。[②]

▲**"五大学"基督教学生唱诗班为前方将士募捐**。"五大学"基督教学生组织的唱诗班到重庆演唱《弥赛亚》清唱剧，为前方将士募捐。[③] 指挥为牙科教授、加拿大人刘延龄。[④]

华大与金陵女大合办音乐教育[⑤]

1939年，金女大的音乐系主任苏特莱德与华大负责人就两校共同为"五大学"开设音乐课进行了协商，决定由格雷夫斯教和声课，汪德光教音乐史（含音乐欣赏），鲁斯叶教声乐，刘延龄教声乐、合唱。

此时钢琴、风琴已增至十几台，琴房设在办公楼与图书馆之间，面对钟楼。在华大教音乐课的教师先后有钢琴教师戴维斯夫人、卓伟夫人、孟克福夫人、汪德光女士、德乐尔女士和刘才斌[⑥]女士等，声乐教师刘延龄先生、鲁斯叶女士、叶冷竹琴夫人，以及被誉为中国四大名旦中的三位——黄友葵、喻宜萱和郎毓秀（周小燕当时在国外留学）。抗战时期人们公认后方有两大音乐之都：一为重庆青木关国立音乐学院，二为成都华西大学。

---

① 《四川大学史稿·第一卷·四川大学（1896—1949）》，第212页。

② 《四川大学史稿·第一卷·四川大学（1896—1949）》，第212页。

③ 《华西医科大学校史》，第102页。

④ 四川大学华西校友合唱团：《华西坝歌声》，内部编印，2010年，第279页。

⑤ 摘编自张锡康、李秀君：《华西协合大学的音乐教育与活动》，载《华西坝歌声》，第247页。标题为编者所拟。据孙建秋著《金陵女大（1915—1951）：金陵女儿图片故事》（广西师范大学出版社2010年版）第94页："苏爱兰主任（即苏特莱德）为华西协合大学扩大了音乐课程，别的教师也分别为他们上课，帮助这所地处边陲的学校建立自己的音乐系科。例如，葛星丽（Stella Graves）给华西协合大学上和声课，叶冷竹琴老师上声乐课，而华大的汪德光老师（Dr. Ward）也给五大学开音乐史课，华大教指挥的刘延龄（Dr. Robert Cordon Agnew）老师组织五大学去重庆演出《弥赛亚》，金女大音乐系定期的音乐会更是一席席丰富的音乐盛宴。"

⑥ 刘才斌（1903—?），1929年夏毕业于华大后留校任教，长期担任钢琴组教师，1953年调西南音乐专科学校。谱写有华西协合大学1941级级歌。

兼通声乐的口腔医学专家刘延龄博士[①]

刘延龄博士，1898 年生，加拿大人，毕业于多伦多大学维多利亚学院及皇家牙医学院，医学博士，国际知名口腔组织病理学家，曾担任国际牙医学会副主席。1923 年来华，在华西协合大学医牙学院工作。

刘延龄教授不仅是杰出的口腔医学专家，同时也是造诣颇深的音乐家。1935 年起兼任华西协合大学的音乐教师，1939 年他收集了《花苗的歌曲》，出版过《青年中国歌曲》等音乐丛书。他会弹琴，善歌咏，精通指挥，曾担任华西坝师生合唱团的指挥。学校师生先后组织各种抗日救亡活动，如为前方将士募集寒衣、音乐义演等，师生们自费乘车去重庆义演，刘延龄亲自执棒指挥演唱亨德尔的清唱剧《弥赛亚》，义演取得了成功，演出录音曾在成都广播电台多次播放，极大地鼓舞了抗战士气。

① 摘编自《华西坝歌声》，第 279 页。标题为编者所拟。

一九四〇年

1月19日

四川省教育厅规定，省督学驻行政督查区，每区1人。[1]

1月31日

川大校友廖学章[2]等联合省内绅耆名流周奉池、唐宗尧、徐申甫等50余人联名电告蒋介石，痛斥汪精卫卖国行为，对“日汪密约”表示彻底否定。[3]

3月14日

▲国民党在成都制造“抢米事件”并嫁祸给共产党，成都地区党组织的工作遭遇挫折。国民党在成都制造嫁祸共产党人的“抢米事件”，后又查封《时事新刊》并杀害《时事新刊》编辑朱亚凡（共产党员），逮捕中共川康特委的罗世文、车耀先以及《新华日报》成都分馆负责人洪希宗等10余人，成都的形势变得极为险恶。“抢米事件”是国民党一手策划的反共阴谋事件，标志着白色恐怖在四川卷土重来，成都许多救亡团体被迫解散或停止活动。

“抢米事件”后，中共川康特委召开了紧急会议，及时采取了紧缩机关、隐蔽人员、报告情况等有效措施。17日，中共中央南方局常委叶剑英、董必武向中共中央报告成都发生“抢米事件”、罗世文等被捕及已采取的应急措施。3月31日、4月1日，中共中央书记处就成都“抢米事件”接连发出指示，指出：“3月14日成都事件，明显地系反共分子准备投降分裂、有计划的阴谋之一部分，应该引起整个南方党组

---

① 《抗日战争时期四川大事记》，第84页。

② 廖学章（1880—1953），字天祥，四川华阳（今属成都市）人。早年留学日本，主攻英国文学。归国后参与创办四川公立外国语专门学校，曾任成大教授。抗战时期，曾以社会贤达身份任国民参政会参政员。

③ 《抗日战争时期四川大事记》，第85页。

织的严重警惕”，“必须动员广大社会舆论及四川地方有关方面，广泛揭露反共投降分子之阴谋”，“立即将成都、重庆及其他地方已暴露或可能已被反共分子注意之党的干部和党员调动和隐蔽，以避免破获”，“尤须立即根据保存干部、蓄积力量的原则，采取必要的办法，缩小机关”，“尤其要有决心，将已暴露之党员和非党干部调往安全地区工作，或暂时隐蔽，以避免损失”。中共中央南方局还就此事件代中共川康特委起草宣言，以中共成都市委名义在成都、重庆、西安等地散发，揭露国民党特务蓄意制造的反共阴谋。

根据指示，中共川康特委干部张文澄、林加、张宣、郭治澄等先后从成都疏散到宜宾，邹风平、程子健、张曙时等辗转疏散到延安，以程子健代理中共川康特委书记，于江震为组织部部长，郑伯克为宣传部部长。

“抢米事件”后，中共川康特委重建了中共成都市委，以侯方岳为书记，但成都各大、中学党组织仍由中共川康特委直接领导。华西坝地区的党员和积极群众遵照上级党组织的指示陆续撤离成都，有的去外县，有的回老家，有的去延安。“五大学”总支书记艾尔达调离后，由伍义泽任刚刚重建的中共成都外南区委书记，领导“五大学”、朝阳学院等院校和外南区党的组织和工作。随后，伍义泽、孙孝实传达了中共中央南方局有关“抢米事件”的澄清与宣言。①

▲“抢米事件”后，川大党总支书记邓照明同郭先泽撤离川大，奔赴延安，尹智祺继任川大党总支书记。②

伍义泽回忆“抢米事件”前后③

1940年初，国民党反动派掀起了国共第二次合作以后的第一次反

① 《八年抗战在蓉城》，第38—39页；《中国共产党四川历史大事记》，第263—265页；《民主革命时期成都革命斗争史大事年表》，第58页；《华西坝风云录》，第37页；《抗日战争时期四川大事记》，第90页。或说“抢米事件”发生于3月13日，见《抗日战争时期四川大事记》，第89页。

② 王怀安：《王怀安同志回忆录（1936—1940）》。

③ 摘编自《夕阳丹心——参加抗日救亡60周年纪念》，第29页。标题为编者所拟。

共高潮。先是蒋介石派了特务头子康泽到成都主持北较场国民党陆军军官学校工作，3月14日即发动了轰动全国的“抢米事件”，现将我当时和以后的经历简述如下。

那天傍晚之后，我和瞿定亚①、李文纪②两同志在华美宿舍（今光明路八角楼）的寝室中自习，隐约听见从老南门方向传来喧闹声，以后听人说发生了群众开仓抢米了，我们不知其详，心中纳闷。次日上午是上组胚课、看片。3月时分，天气微寒，下着微雨，教室昏暗。有人窃窃私语，“共产党因米荒、粮价飞涨，发动穷人，开仓抢米了”。我身为共产党员颇为怀疑，焉有我党要抢米暴动而不通知共产党员的？不是我党，又系何人所为？他们又想干什么？我们随声应对，参加私语，泰然自若。下午陈朝栋同志来对我说，昨晚他去了抢米现场，见慷慨激昂登台演说的人很多，群众打烂屯仓抢米，场面很热闹，却未见军警干涉。陈朝栋认为是我党组织的，问我为什么没有通知他，还说他当时还准备登台讲演。当时我对他说，事前党对我们根本就没有提及过这件事，我以为不是我们党所组织的，至于是何人搞的，要静待组织上的传达，要沉着冷静，不可贸然从事。继后几天陆续听到人说，这次抢米事件并不始于老南门，而是始于北较场，有一些人出动，沿途裹胁，到老南门而聚众成阵，傍晚即捏造共产党组织穷人，捣毁四川军阀的粮仓，把米抢走。从下午直到晚上9时始散。大体情况听说了，底细仍然不知。一天艾尔达告诉我，这是国民党特务炮制的，并要我于3月下旬某日到沈荫家同志家中去。

到时我去北暑袜街沈公馆，见张文澄同志在那里。由艾尔达同志向我交代组织关系，今后由我来联系五大学和川大农学院、朝阳大学与成都农校的党组织和党员，领导关系改为单线联系，由我任书记，邢珊瑚任宣传委员，陈文泽任组织委员。约一周后，郑伯克向我详细传达了抢米事件的来龙去脉。他说，这件事完全是由国民党蒋介石派康泽来成都一手炮制的，基地是北较场，目的是离间我党和地方势力

① 瞿定亚，华大医学院医科1944年第30届毕业生。

② 李文纪，1936年入华大医科就读，见华大C—JX—XSMC—XS—34。

的关系，一箭双雕，既打击地方势力，又打击和捕杀共产党员。对这个突然事件，我党和地方势力在事前都没有得任何信息，都没有精神准备，而且在事件发生后，地方势力对我党的态度一度逆转。康泽的这一伎俩颇为得逞。比如歹徒们从军校出来，沿途裹胁，直至毁仓抢米，国民党的宪兵当然不会阻止，而地方势力的警察和部队也未出动阻止，听其胡作非为。3月18日，国民党反动派栽赃枪杀了朱亚凡同志。16日又逮捕了罗世文和车耀先，且毫无阻碍地押解重庆。还先后逮捕了一些共产党员和进步人士，使我党受到了比较大的损失。郑伯克说，国民党反动派的这个阴谋我们必须揭露，除有上层统一战线做地方势力的工作外，我们要通过派人投递、邮局投递和张贴方式来开展普遍性的揭露，并向我布置了张贴的任务。要我次日到新南门内一个住所，以约定的方式去取油印资料。我取回来后，立即分发到金大、川大、华大支部和朝阳大学的个别党员。大体是每个党员张贴一张，规定在一天统一贴出去。华西大学贴的在育德宿舍、校医室、医学院大楼门口等显著地方。我负责贴出的是医学院大楼大门处。那时正在修建新的附属医院，即现在的附属二院①。工地上有人夜间巡逻。这件从来没干过的事情，干起来的确有点紧张。我观察巡逻人员从一端走到另一端往返所需的时间和规律，在空荡荡的校园内，我走上医学院大门阶梯，到大门柱上涂上浆糊（糨糊），贴上油印材料，又从容缓步下梯，我成功了，从容地回到宿舍。次日全校许多人都传说共产党揭露抢米事件，贴出传单。但学校没有清查，全市也没有清查。

我取回油印资料后曾细心地读过，标题是《为成都抢米事件真相告成都同胞和四川同胞书》。但落款却是“中国共产党成都行动委员会”。关于此点，郑伯克专门谈到过：因为国民党特务不清楚我党的情况，炮制“抢米事件”时用的仍是我党执行“左”倾路线、常用“某某行动委员会”大搞暴动时用的名称。为了不让敌人了解当时组织的变化，故而特意使用了国民党特务已经知道的名称落款“中国共

① 此处误，应为抗战期间兴建的新医院，即现在的四川大学华西医院办公楼一带的老建筑群。

产党成都行动委员会”，而没有使用“中共成都市委”的名义。以后公布才用的这个落款。

一周后的星期六接头的时候，郑伯克问我那篇文章写得怎么样，我说写得很好，他说是他写的。以后公布说，这个文件是“中共中央南方局起草的，是由杨天华带回成都的”。我认为这两者并不矛盾，因为“抢米事件真相”川康特委了解得比较直接、清楚，当然应向南方局汇报情况和起草有关文件，得南方局修改批准后，立即由杨天华带回，用各种方式发送，并向地方势力做工作。

通过做四川地方势力上层的工作和各种渠道散发《为成都抢米事件真相告成都同胞和四川同胞书》，效果很好。四川地方势力认识到上了国民党特务的当，对我党的态度有所转变。成都市广大人民群众、包括华西大学的学生大都了解“抢米事件”不是共产党干的，而是国民党特务嫁祸于人搞的阴谋诡计。

但是形势仍然是严峻的。一是地方势力与国民党中央的矛盾尖锐化，城郊一二十里就挖有战壕，城内国民党一班宪兵在皇城附近被收拾得干干净净，不留痕迹，双方对垒，不小心会被误伤。因此，党内通知，无事不要到郊外去，行动中要提高警惕。二是国民党特务时常制造纵火案，企图嫁祸共产党、乘机捕人。因此党内进行气节教育，准备一旦被捕时的应付办法。参观刘国志烈士牺牲地春熙路孙中山铜像处，那时烈士的鲜血犹留有痕迹，讲述烈士与敌人斗争和就义的事迹，必要时为党的事业牺牲自己的生命。

终于，在1940年6月24日，国民党特务又在成都大逮捕，在外南区内就捕了6人。由于其中有两位同志知道我的共产党员身份，我征得郑伯克同志的同意，立即离开学校，旋由他决定派我去延安。

川大进步力量有计划、有组织地转移①

1940年初，全国形势发生变化，国民党顽固派“消极抗日、积极反共”，在前方制造反共摩擦、流血惨案，在后方迫害限制抗日救亡的群众运动，屠杀共产党人和其他进步人士。为了防止顽固派的突然袭击，中共采取了隐蔽精干的策略，有计划、有组织地转移大后方的地下党员和革命人士。

1940年3月，成都发生“抢米事件”。国民党为了镇压大后方人民轰轰烈烈的抗日救亡运动，成立了四川省特种委员会，利用“抢米事件”栽赃陷害，逮捕了八路军驻成都办事处负责人罗世文、中共四川地区党组织负责人车耀先等，这是蒋介石在全国掀起的第一次反共高潮的重要组成部分。

“抢米事件”发生后，成都形势急剧恶化。中共川康特委又指示川大党总支，根据形势变化，要准备进一步撤退，除向解放区继续输送青年外，要力争回本乡扎根，掌握地方政权，掌握教育界。川大党的工作要进一步隐蔽，不要采取公开的、大规模的活动方式；要准备应付突然事变，一旦发生突然事变，要争取中共乐山中心县委和峨眉县委的掩护。根据川康特委指示，川大党总支对在校同志逐个进行了分析研究，根据暴露程度，分批撤离。不少党员转移到了省内各县，发展组织，开展斗争，传播革命种子。此外，由延安党组织派回四川、进入川大法学院政治系的黎强（李碧光）② 按党的指示，打入国民党中统局内部，长期从事保卫党组织和掩护党员的工作。有些同志在失去了组织联系的情况下，仍然“各自为战”，忠心耿耿地为党工作。物理系学生张启钰离开学校后，进入了国民党海军部队，在解放

① 摘编自《四川大学史稿·第一卷·四川大学（1896—1949）》，第213—214页。标题为编者所拟。据1984年11月22日郭治澄回忆：1940年暑假前，程天放放话要开除一批人的学籍，校内形势更趋恶化。鉴于此，赖志昌在成都组织撤退，理学院撤退的有张万葆、郭卓甫、蔡松朴等，文、法学院撤退的有刘仲甫、胡淑英、张文谦等。郭琦撤到延安。

② 黎强（1915—1994），原名李碧光，湖北武昌（今武汉市武昌区）人，原为私立沪江大学文学院学生，抗战时期转入国立四川大学法学院，1943年被勒令退学。见国立川大267−8、国立川大2068−16、国立川大2923−14、国立川大2950−36。

战争的关键时刻，与其他共产党员和革命同志一起，发动了震惊中外的“重庆号”军舰起义，为人民解放事业作出了贡献。

尚未暴露的共产党员仍然留校开展工作，坚持斗争。1939年秋季进校的新生党员，党组织则把他们与二年级以上的党员隔离开来，也不参加一般的公开活动。除了将其中在入校前即已暴露的个别党员撤走外，其余大都留校坚持工作，长期埋伏。

1939年下半年以后，中共国立四川大学总支负责人先后撤离。总支负责人王玉琳（王怀安）撤走，后由邓照明负责；邓照明撤走后，由尹智祺、赖自昌负责；继尹、赖之后，由蒲继霄负责；蒲撤离后，由邵松乔负责。1941年7月，邵松乔毕业离校，将中共国立四川大学党组织关系交乐山中心县委。至此，学校中共党组织暂时中断，但校内仍有隐蔽党员在继续活动。

中共国立四川大学党组织在撤退中，有的人去了延安，有的人转移到了内地各县。不论是到延安的，还是到省内的，还是坚持留下的，都经受了革命的考验，为抗日民族解放战争和中国革命的胜利做出了应有的贡献。学校党组织的撤退是一次有组织、有计划、有步骤的成功的行动。它保存了一大批革命力量，避免了无谓的牺牲，并为在反共高潮到来时，党的工作迅速转变，保存实力，以待时机，积累了有益的经验。

郭治澄回忆1938—1940年川大党员名单[①]

川大地下党是在“民先”的基础上建立起来的。最早的情况，韩天石、王潞宾、王彦立、蒋汇泽、邓照明等同志很清楚，我曾经根据我的记忆，把这3年左右所有党员的名单列了一下，总数约123人，女同志24人。这些同志包括以下几方面：①早已离开川大在校外入党的，其中包括到延安去了的；②1938—1939年在川大入党的，大批是在1938年，少数在1939年；③1939年及1940年新入学在中学入党的；④在川大以外的大学转学或借读来的；⑤川大毕业以后入党

① 摘编自郭治澄：《郭治澄同志回忆录（1938—1940）》。标题为编者所拟。

的，这些党员分布的情况是：

文学院：熊复、缪光钦、卢良弼、赵德勋、车萌宗、吴德让、王世焕、喻厚高、赖自昌、王樵、王岫、倪受禧、蒲寄霄、翁绍旺、韩朴、刘利模、孙明、康乃尔、郭先泽、张宣、何德甫、何攀龙、裴景颜、禚仲明、蔡天心、方敬、屈容、彭文龙、刘国瑞、胡德润、李树芳。

法学院：王彦立、蒋汇泽、徐恩贤、陈天碧、任崇实、徐天语、杨天华、王玉琳、王大民、林文聪、万骥、杨和鼎、陈英、张越武、梁广生、张兴德、邵松樵（乔）、刘仲甫、孙德辅、张文谦、王友愈、尹志祺、刘志皋、张希软、罗达尊、吴宾海、彭兆娗、杜高怀、钟崇桂、黄子君、李良政、张启钰、郑涛、许金城、朱锡枚、周海文、胡绩伟、涂万鹏、郭治澄。

女生院：陈毅乔、胡朝芝、杨镜如、李佚平、杨曙曦、卢济英、沈纪云、胡述英、胡舜华、刘淑平、邱永淑、杨昭伦、李玉钿、徐昌志、于涧南、柴让、陈天赋、赵竞群。

理学院：韩天石、王广义、汤幼言、邓照明、陈显志、夏淑惠（女）、蔡松（女）、张万禄、王维章、李声、陆文烈、郑云凤（女）、杨禄增。

农学院：罗贤举、王秋成、向敦仁、陈历昭（女）、尹志高、吕声振、陈耀纬、蔡定炽、林霁霞（女）、王尧、鲍贯洛，还有一位修建望江楼校舍的建筑公司的工程人员。

新生院：彭为商、郭永江、陈明华、王铁臣、胡京华（女）、刘定、高仕荣、温克勤。

据张万禄回忆，还有蒲筱孚、郭单甫、黄昌龄等。

当时入党的和少数以后入党的同志，大都经过相当的斗争锻炼，具有基本共产党员觉悟，真正思想觉悟较差、斗争锻炼较差的只是少数几个，不存在“拉夫”的现象。

是月

程天放扩大校内国民党、三青团组织，推行党化教育。经报请国民党中央批准，程天放于1940年4月成立了国民党川大直属区党部和三青团川大直属区队。[①] 为推行所谓“一个主义”“一个政党”“一个领袖”，实行国民党一党专政，程天放在校内施行专制统治，积极进行反共宣传，压制进步势力，剥夺师生的思想自由和学术自由，大力推行党化教育。其时，一年级新生一律增加“党义”课，由程天放亲自主讲，列为必修科目，计算学分。他又指使学生中的国民党员成立党义研究会，程天放本人自任主任指导员，出版《党义研究》月刊，该会骨干分子，不问学业如何，毕业后均可留校任职或优先介绍工作。[②]

6月3日

中共中央书记处《关于目前国民党区学生工作的几个决定》指出：“今后在国民党区学生运动的根本方针，应是长期的潜伏发展，积蓄力量，争取人心，故工作中心应由校外救亡工作立即转为校内学生工作。”根据党中央的这些指示，国民党统治区的昆明、成都、重庆等许多城市的党组织在青年工作方面有了很大的转变。[③]

6月12日

国民党特务以校长约见为名诱捕华大学生曾俊修。[④]

6月24日

国民党特务逮捕川大、华大学生10余人。川大农学院学生罗贤举、蔡定炽[⑤]、喻季姜、方伯非[⑥]等以及华大学生10余人被国民党特务逮捕。赖志昌决定将王秋成、向继光、吕声振撤离农学院[⑦]。华大外籍教授魏璐诗等9人向当局提出抗议，并在魏璐诗所办的英文刊物《成都新

① 1939年上半年，学校教职员和学生被拉入国民党者达400余人，其中教职员108人；被拉入三青团者200余人。迁往峨眉山后，山上的47名青年和尚甚至也被拉入三青团。这都为程天放在学校实行专制统治作了组织上的准备。

② 《四川大学史稿·第一卷·四川大学（1896—1949）》，第210页。

③ 《中国青年运动史》，第184—185页。

④ 《华西医科大学校史》，第107页。

⑤ 一说为蔡丁炽。

⑥ 一说为方白飞，又名方极庵。

⑦ 有的是因毕业离开的。

闻》上联名发表抗议文章。[①] 12 月后，喻季姜被保释出狱，蔡定炽叛变。[②]

林霁霞回忆川大农学院党组织遭受破坏的情况[③]

记得 1939 年暑假前，上级党组织已经指出国民党方面采取“反共、限共、溶共”方针，我们要注意隐蔽，没有直接联系的人，不要去发生横的关系，还要好生读书，学好本领等。活动由公开、半公开方式转入秘密方式，我们是注意和执行了这些指示的，并积极转变作风转入地下活动。但毕竟一些同志早已相当暴露，上级党组织早已考虑到这种情况，考虑过一些同志的转移、撤退问题。在 1940 年春，成都发生所谓的“抢米事件”以后，三四月份罗贤举通知我说他要去延安了，今后我们女同志这个组会有人按约定接头办法和我联系，陈历昭的关系由我负责等事项。同时我也发现王秋成、蔡定炽也离开了学校，以后知道王秋成转移到重庆载英中学去教书了。

罗贤举离成都到绵阳就折回学校了，并当即向我反映，要求为他接组织关系，但联系我的人一直未来，我也无法反映罗返回成都的情况。大约是 6 月（端午节前后）孙明（文学院的同学）和农学院女同学余绍林结婚，我们很多进步学生都去参加了婚礼，就在当晚深夜，国民党反动当局派特务抓走了罗贤举、喻季姜、王尧三人。陈历昭和喻季姜同寝室，次日早晨陈历昭通知我喻当夜被捕事，我当即要陈去男生宿舍了解罗贤举的情况，他俩是爱人，平时陈不暴露，他们的恋爱关系是公开的。所以我一得知罗已出事，即作了两件处理，一是要陈约喻季姜的弟弟（初中学生在农院寄住）找生活指导委员柯育甫质问他们到哪里去了，以此把事件公开；再是要喻季姜的女友以“姜姐病重住院”暗语函在重庆的王维章（是喻的爱人）注意。

---

① 《民主革命时期成都革命斗争史大事年表（讨论稿）》，第 59 页；《华西坝风云录》，第 38 页；《抗日战争时期四川大事记》，第 96 页。

② 《四川大学史稿》，第 276 页。

③ 摘编自林霁霞：《关于 1937—1941 年川大农学院党组织活动和群众运动的情况》。该文件为手写稿件，现存于四川大学。标题为编者所拟。

在罗被捕后，和罗同班的党员吕声振和我同年级的其他党员都还在学校。吕声振平时和我有些联系，所以我和他还商定，当务之急是设法找到组织，汇报并请示办法，未得组织指示前，彼此都要提高警惕，沉着应变。其实就在出事的次日早上，联系人已和我接上头了。她是齐鲁大学的，听我报告了出事状况，只说向上反映就再也没有来过，后来才知道她是吓着了，未经组织指示就转移了。后来我设法找到文学院同学赖自昌（赖卫民）同志，他当时已由峨眉山撤到成都搞工作了，他要我们暂留学校参加期终考试，暑假先回家避一下以后再作研究。所以我是在学校放假后才离开学校的。吕声振是毕业班的，他离开学校后就不回来了，严志高是陕西籍同学，暑假回陕西也未回来。我暑假回到成都后，组织上一度调我到新都县城内教小学近半个月，组织上又觉离成都太近不妥当。经组织决定认为我还是可以回校继续读书。大约在10月初我才回到学校。回校后由陈耀伟和我联系，同时中止了和陈历昭的联系，直到1941年暑假我们都毕业离校为止。

这里还要谈一下叛徒蔡定炽的情况。蔡是1940年春和几个支委分别撤走的。但到1941年春开学后又突然回到学校学习，还专门来找我要关系，声称他是因病休学回老家资中的。我当时听了，认为疑点很大。因为一般复学应在秋季学期开始办，而且应读下个年级，而蔡当时来是随原班学习。所以我当即一口否认，说我没有组织关系，并谎说现在要毕业了，找一碗饭吃都困难，还管那些事干什么。当时我已在肃澄中学教书，并住在那里，只在农学院有课时才回校听课，看来他也摸不够我的底细了。此事我当即向陈耀伟汇报过，（四川）解放后才听说此人确是叛徒，已被我人民政府镇压。

郭号回忆神秘的国际友人 Weiss 博士[①]

较大或较重要的党所领导的学生运动问题或临时需要党内商讨的紧急事件，我们往往借助魏璐诗（Ruth F. Weiss）博士家。魏璐诗，我们通常喊她 Weiss。她是华西坝洋人圈子外的一个不明国籍的外国

① 摘编自《华西坝风云录》，第232页。标题为编者所拟。

女人，是一位年轻的语言学博士，她在华大教授德文，英语也常说，懂得很少一点中文。

Weiss的家是在国学巷与黉门街交叉口的一个小杂院里的一座专为她修的西式小洋房。房子十分简陋，不知是Weiss的主动要求，还是坝子里宗教势力排除异己的一种特殊安排，大杂院中的其他住房都是寻常百姓。当时坝子里“五大学”的中共党员们看中了这个特殊而偏僻孤立的所在，把它当成了解难博士家之外的一个我们经常活动的秘密的“世外桃源”。

Weiss年轻漂亮，思想进步，和我们活动分子们完全有着共同的语言。她自称是捷克人，有人说她是苏联人，我们常把她认作是德国人，她是我们心目中谜一样的人物。我们不止一次地向组织询问她的国籍和政治背景，文澄说：“总之，政治上是无问题的，可以接近。”即使如此，我们也从来没向她暴露过我们的党籍。只是说我们都是学运的积极分子。我们在她家碰头或开会时，她多避开而不参加。为了保护这个点的某种情况下的需要，我们从未向“五大学”一般学生群众宣扬这个地方或与Weiss家有关的事，因而我们也保护了她的人身和居住的安全。

她和解难不同的是除让我们在她家谈论政治或开会之外，她还直接参加我们抗日救亡的正义行动。我们和她的关系像朋友，像战友。她主动参加“五大学学生战时服务团”在智育电影院公演的河内一郎的《再会吧！东京!》。在欢迎世界学联的队伍里，她是唯一的一个外国人。她参加我们的小队募捐，和我们一道在宣传工作中共喊口号。甘大姐（佩萱）关于魏璐诗的一段回忆中说：“她有一部好收音机，能听到世界各国电台广播，她听后常用英文打字机把重要的时事消息打下来，由同学们定期到她处取回这些消息及时翻译成中文发给同学们看。川大康乃尔办了一个抗日小刊物，康常到女大院取看魏的英文消息编入他的刊物里。欢迎世界学联的英语标语牌，即是由魏拟好交给我们抄好贴在标语牌上的。”党的学运内部或半公开的工作得到过Weiss的极大支持。

我认识Weiss是1938年春夏之交，是曼如带我去她家的，义泽是她德文班的学生，有时我也和义泽去。因为我的名字当时叫“郭号”，这发音和英文“Slogan”的音极为相似[①]，她就给我起了一个外号叫“Slogan”。1980年代她曾到华西坝老图书馆参观“校史展览”，见到她时已是白发苍苍的老人了。我告诉她1938年她给我起绰号的故事，我们都笑了。解放后，她受到党和国家的尊重，曾任《中国人民画报》（德文版）主编，也被邀请参加欢迎外国专家的年节盛会。现在知道，她的准确国籍是奥地利，也有人说是犹太后裔。（据说）抗日战争时期她单枪匹马闯华西是经宋庆龄推荐的，我想极有可能，否则华西坝的洋人宗教势力是不会轻易放过她的。

6月25日

四川省政府规定：学校设军训团，军事教官之任免，由省军管区政治部办理。[②]

是月

中共川康特委重建成都市委，校友侯方岳任书记。[③]

是年夏

教育部于1939年举办的全国专科以上学生论文比赛结果揭晓，国立四川大学参加比赛的学生合格者达21名，占全国合格者总数176名的12%，仅次于国立中央大学和国立中山大学，名列全国第三。1940年教育部举行第9届各大学毕业生论文竞赛，国立四川大学获奖者达31名，居全国第二。[④]

暑假前

川大法学院党支部书记孙孝实（孙德辅）奔赴延安，其职位由邵松乔继任。[⑤]

---

① “郭号”和Slogan发音差异大，反倒与中文“口号”发音更接近些。

② 《抗日战争时期四川大事记》，第96页。

③ 《抗日战争时期四川大事记》，第96页。

④ 《四川大学史稿·第一卷·四川大学（1896—1949）》，第217页。

⑤ 邵松乔、郭治澄：《我所知道的四川大学1937—1941年的党组织及其活动概况》。

暑假

▲蒲继霄接替尹智祺任川大党总支书记。川大党总支书记尹智祺离开峨眉山前往成都，其职位由蒲继霄继任。此时川大党总支由蒲继霄、邵松乔、赖自昌构成。蒲继霄兼管组织工作，并负责联系文学院、理学院、新生院。邵松乔分管宣传工作，并负责联系法学院、女生院。赖自昌在这时离开了川大。当时川大党总支受中共川康特委和中共乐山中心县委双重领导。[①]

▲川大法学院党支部委员张洪德离开峨眉山，转学成都。[②]

8月19日

中国化学学会第8届年会在峨眉山川大法学院举行，到会200余人。会期5天，收到论文100余篇。[③]

是月

地下党员李相符[④]受聘为川大森林系教授，以此身份作掩护进行革命工作。[⑤]

9月9日

教育部嘱令各校：防空设备如不完善，可将秋季开学时间酌情改迟。川大当时已迁校峨眉山，故回复："本校因在郊野，仍照预订计划九月九日开学，十七日上课。"[⑥]

9月25日

《宇宙风》刊载《熙明：青山绿水中长成的青年们动态》一文，记叙川大迁校峨眉之生活，称国难中峨眉山的流亡生活磨炼着川大学子，他们养精蓄锐为抗战、建设国家蓄积着知识和能量。

---

① 邵松乔、郭治澄：《我所知道的四川大学1937—1941年的党组织及其活动概况》。

② 邵松乔、郭治澄：《我所知道的四川大学1937—1941年的党组织及其活动概况》。

③ 《抗日战争时期四川大事记》，第100页。

④ 李相符（1905—1963），安徽桐城人。1928年入党，为跨党的民盟中央委员，川大民盟的工作也是由他直接领导的。

⑤ 《四川大学史稿·第一卷·四川大学（1896—1949）》，第240页。

⑥ 摘编自国立川大－112－23。

熙明：青山绿水中长成的青年们动态[①]

（1940 年 9 月 25 日）

一、峨眉山麓的川大校舍

青山与深绿色的丛林里，排列着几幢整齐的草房，当你从峨眉县城走入伏虎寺的时候，川大临时校舍便会清晰地映入你的眼帘。

去年的六月间，在疯狂的敌机轰炸下，川大奉命疏散到这边远的峨眉，过着流亡生活的我，也只好收拾起行囊，离别了古老的皇城（川大文法学院在成都皇城）和雄伟耸立在成都东门外的川大新校舍，随着学校，坐上了阔别已久的白木船，沿着岷江到了嘉定，然后再徒步来到峨眉，在厌倦了都市生活以后，来到清静的乡村，倒也别有风趣。

从城里起身，经过一条十五里路悠长的马路，两边密排着轻垂的杨柳，绿色的稻田，微风把道旁的花香送入心胸，然后你会感觉到一阵轻松和舒适。

报国寺耸立在马路的右侧，它是一所规模宏大、气宇雄伟的古刹。前面一个广场，四周绕着密叶老树。浓荫下，留着游息的旅人，僧人卖茶于此，吃过午饭之后，这里总是挤满了不少的茗茶客人。报国寺是川大教职员的宿舍，法律系所主办的民众法律顾问处也设在这里，里面房舍宽大，设备也不错，校长程天放先生也住在报国寺。

从报国寺到伏虎寺，要经过一段大约五里路的曲折山径，在竹林丛中，你便会看见“国立四川大学”几个斗大的字，再拾阶而上，便到了川大的校本部，同学的宿舍和办公的房子，全部都利用和尚的寮房，这些房舍是用了每年 1400 元的代价向和尚租来用的。

伏虎寺建筑在山腰的密林里，四周绕着青松翠柏，脚旁爬过虎溪流水，清幽的风景，一尘不染。住在庙里，好像是来到了一个超脱喧嚣的世外桃源。

---

① 原载于《宇宙风》第 115 期，转引自 http://cc.scu.edu.cn/G2S/Template/View.aspx?courseId=1879&topMenuId=227306&action=view&type=1&menuType=1&curfolid=164931&from=singlemessage。

二、刻苦中锻炼着的青年

学校中生活是非常清苦的，在初来的时候，同学们吃着每月 7 块钱的伙食，每天几碗青菜，把两碗干饭送下肚去便算了事，养料自然也谈不上，这样清苦的生活同学倒也很安然，最近米价高涨，伙食已经吃到 20 块钱一个月了，但是菜却仍然和从前一样，一点也没有好起来。

生活程度这样高涨，对于战区同学是一个非常大的打击，14 块钱贷金拿来全部吃饭都不够，洗衣服、理发的钱，更不用说了。虽然如此，同学们并没有丝毫怨言。他们离开了敌人残踏下的家乡，含着无限的愤恨，于是他们便更专心苦读，把所有的时间埋首图书馆里，发掘他们的光明前途，他们是在等待着有一天报国机会的来临。

一般说来，川大同学的生活都是简单朴素，一件青布衫或者一套麻布制服，这是典型的男生服装；女同学也是穿着竹布旗袍；西装革履和穿高跟鞋的同学并不多见。

大学里，男女同学间多少总不免有些界线，但并不像内地里的我们所猜想着的男女间关系那样神秘，大家同在一桌吃饭，一起上课，一起看书，相处日久，这种男女同学间的鸿沟也渐渐地淡薄了，在导师的组合里或是座谈会里，彼此间时常都有接触的机会，这样正常关系的发展，倒是非常好的现象。

闲来无事，你可以携着平日爱读的书，走到溪流的室边，坐在绿茵的草地上，仰望着远处起伏的山峦、耸入云霄的青峰，耳边掠过鸟鸣，微风徐动，心身激起一种异样的愉快。晚餐后，红日西沉，找几个平日熟稔的朋友，迈下石阶，渐渐地踱到报国寺，饮着香茗，把日间的疲劳吐入大自然的环境里去。

这时，暮色渐深，马路边闲散着三五成群的同学们，有时男女并肩在马路里悠然地闲步，情话喁喁，如沙漠中一点绿色的水草。

在峨眉除了绿水青山之外，放假的日子，便到山水间去讨生活，我记起诗人王之涣，他曾经这样咏过：

白日依山尽，
黄河入海流。
欲穷千里目，
更上一层楼。

王之涣那时所登的是鹳雀楼，我们住在这里，就感觉到：欲穷千里目，则必登峨眉山的金顶。峨眉山海拔三千三百多公尺，登峨眉山的金顶，真是可以一览无遗了，古人“登泰山而小天下”，我们可以与之前后比美了。

暮春和夏初，天气渐渐炎热起来，游人也随着天气的温度比例增加。

以往，在这些时候（六七月间），峨山道上，早已拥满了游人，仕女如云，往来不绝，使这边隅的城市突然繁荣起来。现在已经大不如昔了，寺僧因此大为焦虑，这样对于他们的收入是非常不利的。

这或许因为严重的国难中，人们再没有那样安闲的心情来领略山中清趣，而我们拿爬山当作一种运动，那就无所谓了。

三、战争气味的峨眉城

峨眉县不过是一个极小的城市，要是在江南的话，她不过只能算是一个乡镇。这里自然都市物质的生活是一点说不上，就是普通常用的东西也买不到。虽然这样，我们也习惯了。

随着战争的狂流，峨眉这个小小的城市也笼罩下一层深厚的战争意味，到处贴满了的抗战标语。川大同学在这里曾埋种了悠深的救亡种子，一群活泼的三民主义的旗帜下的青年们，他们在这里演过话剧，由于川大青年剧社的活跃，曾经赚过不少同胞们感动的热泪。慰劳路工，慰问出征军人家属，这些工作如今还在继续着，没有间断。这沉寂的峨眉，已经插上了战神的双翼，跃跃欲飞了。

四、抗战中跃进的川大

川大从成都搬到峨眉以后，一切物质的设备，自然是大不如从前了。从前的高楼大厦，立体的建筑，如今都换成了茅草的平房；照耀如昼的电炬，如今变成了菜油灯；十几个人挤着一间寝室；这种种生活上突然的变异，起先深深地觉得太不方便，但经过了一年的训练，现在已经成了习惯。

平日里，同学们就没有一个不是提着精神，站在各人的岗位上努力的。师生情感非常融合，学校变成了第二个家庭。

抗战中的川大，虽然在搬迁的途中，但她没有忘记了她的责任，她在困苦坚（艰）窘的环境里，开掘着光明的前途。

川大，她是抗战建国中的生力军。

二九（年），九（月），二五（日），于峨眉伏虎寺

是年秋

程天放推行训导制度，严密监视师生。程天放忠实执行蒋介石在庐山军官训练团“训话”中提出的“管、养、卫、教”的方针，对教师和学生实行严格控制和管束，并先后议定了学生惩戒规则、学生团体组织规则、指导学生修养纲要、学生小组会议规则、宿舍规则、学生管理通则、学生请假规则、指导学生学术研究纲要等。抗战期间川大为管束学生制订的规章，其严密程度居全国高校之冠。

程天放对学生实行所谓“严密训导”，“训导”组织叠床架屋，极为复杂，学校有学生生活指导委员会，又设训导处，分生活指导、军事管理、体育及医药卫生四组。各学院设训导主任、训导员，训导员的地位高于教员。在实行训导中，程天放要求训导员时时注意学生言行，并按照学校所发表格严格记载，要求学生随时向训导员汇报思想。这些专职训导员在工作中，对学生采取威胁与利诱的手段，一方面用记过、默退、开除等相威胁；另一方面以公费待遇、私人恩赐来收买拉拢。顺我者昌，逆我者亡。在学生中搞得人心惶惶。川大实行训育制，就是从程天放开始的。

对于反抗专制主义的进步教师，程天放采取排挤、打击和迫害的手段。从“拒程运动”开始到迁校峨眉后，计有 40 多位受学生欢迎的教

授被迫离校，师资力量受到进一步削弱。[1]

川大进步师生在峨眉山时期的艰苦斗争[2]

程天放在国立四川大学的专制统治，激起了广大进步师生的反抗。尽管革命形势转入了低潮，斗争更为艰苦，但是在中共国立四川大学党组织领导下，群众的反抗斗争和抗日救亡活动并没有停止，而是适应形势的变化而采取了新的斗争策略和形式，从而使国立四川大学的革命力量得以保存。党组织分析了学校迁峨眉后的形势，认为当时党组织在学生群众中还有相当力量。在教师队伍中，中间群众和进步教师还占多数，死硬的顽固分子并不多，他们在师生中没有威信。在峨眉山这个特殊环境里，国民党方面暂时也还没有多大力量，特别是国民党顽固派直接掌握的武装力量还不大。当时驻扎在岷江中下游的部队，是川军刘湘的嫡系，他们和国民党中央军的矛盾仍很大，刘湘之死更加深了他们对蒋介石的戒备，所以他们反共并不积极。在峨眉山的地方武装里面也还有共产党的同志，因此，顽固派要立即抓捕共产党员和进步师生也还有一定困难。这些是保存进步力量，开展适当斗争的有利条件。但另一方面，全国反共高潮到来，程天放在国立四川大学立足已稳，大大加强了对学校的控制。因此，根据中共川康特委的指示，要求党员和进步分子的活动必须适应形势的变化，把在社会上大张旗鼓进行抗日救亡宣传活动迅速转变到以校内学生工作为主的轨道上来。共产党员要注意学好功课、交好朋友；对学生的工作，应以思想启发为主，通过学术研究等方式，进行启蒙教育；多采取个别联系方式或无定型的组织方式，利用一些合法组织形式如同学会、级会、同乡会等，在其中开展一些活动；同时要认真办好学生自己的伙食团，关心学生生活，也要注意开展教授、讲师中的工作等等。

在成都时，中共党员和“抗宣”一团、二团的骨干分子，先后参

① 《四川大学史稿·第一卷·四川大学（1896—1949）》，第210—211页。

② 《四川大学史稿·第一卷·四川大学（1896—1949）》，第211—213页。标题为编者所拟。

加和掌握了一些公开的群众团体。在“抗宣团”停止活动后，党组织分析和估量了这些团体可能起到的作用以及可能发生的新情况。有的团体，国民党方面会竭尽全力争夺，进步力量争不过他们，且即使争到了手，因他们采取种种限制办法，这些组织也起不了多大作用，不如放弃。但是有些团体政治色彩并不太浓，进步力量有把握掌握住，而这些团体的群众基础甚好，因此绝不能放弃，可以采取较为灵活的方式开展活动，使之能长期坚持下去。

首先是文艺研究会的改选。由于进步力量事先作了充分的准备工作，改选进行得比较顺利。文艺研究会由禚仲明、刘利模、倪受禧三人组成的共产党小组领导。这时，参加文艺研究会的共产党员和进步学生有张晓岩、李侠平、蒋学模、郭治澄等。参加的教授有熊佛西、卞之琳、饶余威、谢文炳、叶麐、刘盛亚、罗念生等。在成都的萧军、何其芳、曹葆华、任均等亦常来参加“文研”组织的讨论会。“文研”会由袁丙生（袁珂）主编《半月文艺》，又主办壁报。在1940年元旦开辟了一个专栏《伏虎寺的一日》，不少进步学生及时把峨眉山上学校生活的片断写成短稿在上面发表。

接着是法学院政治经济学会的改选。中共川大总支决定放弃，只让原来的理事和负有其他职务的几个进步学生去参加，而不竞选。

音乐问题研究会方面，进步力量占绝对优势，先后有久搞歌咏的能手刘志皋、郭先泽（郭琦）、沈纪云（女）、朱锡枚主持过工作。还有大批长期参加“抗宣”一团、二团的歌咏活动的同学。改选时，经过协商，照顾了两方面的关系，因而没有发生大的冲突。进步学生利用音乐研究会这个合法形式，大唱抗日救亡歌曲。在大雄宝殿前，他们纵声高唱《在太行山上》《游击队之歌》等抗日歌曲，歌声震盈古庙，响彻屋宇。

妇女问题研究会的改选，争夺颇为激烈。在文、法两院女同学中，进步力量相当强大，共产党在女生院建立了一个支部，女学生中的中间群众大多团结在进步力量周围。按照正常情况，进步力量是能够掌握改选的主动权的。可是开会选举时，国民党员和三青团员蛮横不讲理，控制会场，使这个较大的群众性组织被国民党抢了去。

开展同学会、同乡会和同级会工作。共产党员在群众中仍然享有很高的威信，一批中间学生继续团结在他们的周围。校本部伏虎寺有几个学生自办的伙食团，共产党员和进步同学把办好伙食当作重要的政治任务而在其中努力工作，他们派好采购，做好烹调、定期公布账目。伙食团价廉物美，可口宜人，因而深受同学欢迎。迁峨眉后，中共四川大学总支即动员党员出资，在峨眉县城办了一个书店，出售进步书刊。为大家代订《新华日报》，满足同学们阅读进步报刊的要求。程天放在开始时还不敢禁止，随着政治形势的恶化，这件事也就停办了。

峨眉山上的教授们对于程天放的专制统治也表示了反抗。他们有的不愿与程天放为伍，拂袖而去，有的公开抗议。邓胥功教授不惧迫害，严正指出："纯洁的教育事业，自从学校实行党治以来，就变样了，学生也被人教坏了！"罗容梓教授对在教师学生中安插特务、严密监视师生的行为尤为愤怒："我们教书的，就没有自由，我们说的话，就有人向党官报告。真是污糟至极！"程天放要教师加入国民党遭到坚决抵制。教授们站在民主自由的立场上，对进步学生的行动深表同情和赞许。

10 月 12 日

日寇第 14 次轰炸成都，川大皇城校区中弹 2 枚。日军联合航空部队重型轰炸机 29 架侵入成都，向西城和皇城坝一带居民区投掷炸弹、燃烧弹 96 枚，其时川大皇城校区被 2 枚炸弹击中，教学楼、图书馆和校舍被炸毁，留守成都的师生伤亡数十名。这次轰炸共造成 124 人死亡，227 人受伤，588 间房屋被毁。①

10 月 27 日

日寇第 17 次轰炸成都，川大南较场校区原理学院大楼被炸。日寇派出 36 架飞机分两批空袭成都，第一批飞机 21 架，在北门投掷炸弹、燃烧弹，炸毁街道 20 多条，第二批 15 架飞机在成都上空由东向西投掷

---

① 《成都大轰炸》，第 22—23 页。

炸弹、燃烧弹40枚。据不完全统计，此次轰炸造成32人死亡，39人重伤，炸毁、烧毁房屋440间（一说炸死32人，炸伤26人，损毁房屋897间）。[①]

呈报教育部国立四川大学遭敌机轰炸财产损失公文[②]

（民国三十年，峨临字第138号）

敬呈者：二十九年十月十二日及二十七日，敌机轰炸成都，本校皇城原文法院及大学本部被炸；又同月二十七日，本校南较场原理学院被炸，据留蓉职员刘雨三呈报损失房屋器具数目前来，兹经职组按照财产目录查明原购价值，遵照

校长察核转呈

教育部备案谨呈

总务长刘转呈

校长　程

庶务组主任黄庆之 三月五日

是月

▲日寇轰炸成都，华西坝的中大医学院的两名学生被炸死，一名受重伤。[③]

▲国民党在华大设区党部，华大训导长唐波澄[④]任书记，下设3个区分部。[⑤]

11月1日

川康经济建设委员会在成都正式成立，校友张澜、邵从恩、谢霖[⑥]，华大校长张凌高等为该会委员。川康经济建设委员会召开第一次

① 《成都大轰炸》，第25页。

② 摘编自国立川大—144—24。

③ 《南京大学史》，第189页。

④ 唐波澄，四川乐至人，华大文科1924年第10届毕业生。

⑤ 《华西协合大学校刊》第30周年第6期。

⑥ 谢霖（1885—1969），字霖甫，江苏常州人，中国会计学先驱。曾在川大、华大任教。日寇入侵上海后，受光华大学委托，在成都建立了光华大学成都分校（即后来的成华大学）。

全体委员会，张群代表蒋介石主持会议。该委员会的设立，名义上是为川康经济建设制定计划，实则是蒋介石为笼络川康名流，给张群入主四川铺平道路。①

11 月 13 日

四川省教育厅创设川籍学生清寒奖学金。清寒大学生每人每年发500 元，中学生 300 元。②

11 月 28 日

教育部令华大密查校内共产党之行动。教育部密电华大校长张凌高，令其密查华大共产党活动。电文附《蓉市共党组织概况及活动情形》，有关华大的内容称“华大主要共党分子为李文煊、艾尔达等，现有共党 20 余人，分布华美大院、女大院及明德、育德学院”，并称“西籍教授解难、罗天乐，韩籍教职员权一重等亦为共党分子，均住校内教职员宿舍内”。③ 华大回函称：“查李文煊、艾尔达已自动离校，罗天乐为齐鲁大学教授。本校教授解难思想趋向社会主义，但非共产党分子，韩籍权一重教授已离校。”④

12 月 2 日

成都市各界联合会在纯化街国民党四川省党部举行“总理纪念周”活动，邀请张群做讲演，并请川大指派代表 20 人出席。⑤

12 月 19 日

教育部部长陈立夫到峨眉山视察川大，在文、法学院作讲演。⑥

---

① 《抗日战争时期四川大事记》，第 104 页。

② 《抗日战争时期四川大事记》，第 105 页。

③ 华大 C—ZH—10—57。

④ 华大 C—ZH—10—56。查华大 1940—1941 年实验记分表（华大 C—JX—CJD—222）和民国二十八年科目一览（华大 C—ZH—190—17），李文煊在实验记分表中只有第一学期成绩，罗天乐在华大授“英文略读”和“世界现代史”两门课程。

⑤ 国立川大—122—31。

⑥ 国立川大—39—3。

是年

国际知名的制革专家张铨[①]教授由美回国，任教于华大。华大制革组在他的领导下，建树尤多，如成功研制制造皮革所需的油脂三种以代替舶来品，成功试制水牛皮制鞋底用革。在抗战期间制革用品奇缺的情况下，这些成果推广运用后得到社会广泛的赞扬，也给前方抗日军队提供了宝贵的皮革资源。[②]

---

① 张铨（1899—1977），浙江仙居人，中国制革专业创始人。曾任燕京大学皮革系主任、美国皮革学研究所研究员。在华大任教时兼任川大教授。

② 《华西医科大学校史》，第82页。

一九四一年

1月6日—8日

国民党制造了震惊中外的“皖南事变”，掀起新的反共高潮。新四军军部及所属皖南部队9000余官兵，被国民党军队7个师8万余人包围袭击，仅2000余人突围。[①]

2月2日

四川通过渝鄂交通线向中原解放区输送党员和知识青年。中共中央致电周恩来，指示中共中央南方局将八路军驻重庆办事处、《新华日报》馆及重庆、桂林、贵阳各地疏散的党与非党干部尽可能地送到李先念部队所在的鄂豫皖地区。为达此目的，中共中央南方局决定开辟渝鄂交通线。四川党组织根据中共中央南方局的指示，配合鄂西和湘鄂边党组织，开辟了以重庆为起点，以鄂豫皖为目的地，分水路、南线、北线的渝鄂交通线。水路自重庆沿长江东下，在川江轮船上安置秘密党员，在涪陵、万县、巫山、巴东、屈原庙、香溪、三斗坪、宜昌等地，或在岸上，或在码头，或在趸船上设有秘密联络点。走水路，需先乘船到三斗坪，上岸后再步行三四百里，方可进入解放区。南线从巫山黛溪上岸，翻过江南的鄂西大山，由中共湘鄂边特委的交通员带路，到达湖南的津市交通站，经藕池渡江，转往解放区。北线由重庆经白河过襄樊至安陆进入解放区。渝鄂交通线一直沿用到解放战争时期，四川有500多名党员、知识青年都是经过这条线输送到中原解放区。[②]

2月3日

川大教授蒙文通就任四川省立图书馆馆长。[③]

---

① 《抗日战争时期四川大事记》第109页。同时参见中共中央党史研究室：《中国共产党90年·新民主主义革命时期》，中共党史出版社，2016年。第219页，

② 《中国共产党四川历史大事件（民主革命时期）》，第273—274页。

③ 王承军：《蒙文通先生年谱长编》，中华书局，2012年，第162页。

2月4日

校友顾民元在一次军事行动中牺牲。

顾民元烈士小传[①]

一、求学

顾民元，字弥愚，笔名明圜、向涛、戈里甫、颜非昨等，1912年11月5日出生于江苏南通县（今南通市）的一个教育世家。这一年中华民国刚成立，家中便为其取名“民元”。其父顾公毅是南通有名的教育家和学者，被誉为“南通四大才子之一”。父亲是顾民元思想和艺术的启迪者。1919年，顾民元进入江苏省第一师范学校附属小学读书。他是班上出类拔萃的学生，在高小时就与同学办起文艺刊物《月潮》。他还开始思考社会变革，曾一度醉心于无政府主义，但最终接受了马克思主义。

1927年，顾民元结识了时任中共南通师范学校支部书记的表兄刘瑞龙，有机会阅读恽代英、萧楚女寄来的《共产党宣言》《马克思资本论入门》等革命书刊。在恽代英之弟恽子强的帮助下，他和刘瑞龙等组织了“革命青年社”，积极开展革命活动。顾民元曾自述道：“大革命的巨浪，使我失去了对安那其主义[②]的兴趣，对于新的世界的信念确立了，参加实际工作的时间虽然很短，那篇光芒万丈的宣言永远是我生命力的泉源。”那篇光芒万丈的宣言即指《共产党宣言》。

1927年9月，顾民元考入南通中学高中部，不久便经刘瑞龙介绍加入了中国共产党，并担任南通团支部负责人。这一年他年仅15岁，却已经有了“以革命为本色，以党的事业为旨归”的信念。他团结小学同学史白等一批同学参与文学创作、话剧表演，发展了南通中学同学江上青、南通师范学校学生李建楼等加入共青团。他还在白色恐怖

---

① 本文由张楠、赵文静参考相关资料撰写而成，主要参考的资料有《顾民元烈士诞辰一百周年纪念文集》（《顾民元烈士诞辰一百周年纪念文集》编写组编著，上海人民出版社2012年版）、《江海英烈》（中共南通市委党委工作委员会、南通市民政局编，上海社会科学出版社1989年版）等。

② 即无政府主义。

的笼罩下参与惩处叛徒和营救战友等紧急行动。

1928年夏天，中共南通县委遭到国民党的破坏，脱离虎口的顾民元来到上海，进了上海艺术大学学习。他在学校里与党组织接上联系，重整旗鼓开始了新的战斗，投身组织安排的“红色宣传”工作。他在课余时间组织红色学生会，筹划了一系列示威游行、张贴标语、散发传单的活动。在这里，顾民元又介绍江上青加入了中国共产党。可惜时局变化很快，1929年3月，法国巡捕与上海当局查封了上海艺术大学，学校的党组织遭到破坏，顾民元与党组织再次失联。但他没有因此消沉颓废，依旧保持着对社会的关注，开始了近10年的没有组织关系的独自斗争历程。

1929年春天，顾民元随姐姐顾民豫来到成都，转入姐夫景幼南任教的国立成都大学读外国文学专业。在成都上学期间，他虽身患肺病，却没有放弃对知识的渴望，加强了对英文、法文和德文的学习。他痴迷恩格尔、鲁迅的作品，并几乎读完了当时能找到的莎士比亚、屠格涅夫的作品。他笔耕不辍，翻译了果戈理的小说集《泰赖·波尔巴》、罗斯丹德的《雄鸡》等。他还为《诗经·魏风》写过鉴赏文章，将古诗名篇《日出东南隅》译为白话文。其实在文学创作方面，顾民元早有行动，他在16岁进入上海艺术大学前，即与张一林等人组织创办了“励前社”，并与张一林合著短篇小说集《同轨》。他不拘一格，同时创作新诗与旧诗：他在国立成都大学就读时期创作的新体诗，在形式上清通自然、激情奔放；旧体诗则精炼合律、富有意境，内容上无不满溢着期望重回“铁血战场”的战斗热情。

顾民元的文学创作贯穿着他的革命生涯：抗日战争时期，他以喉舌和笔做刀枪，斗志昂扬地发出呼吁抗战的时代强音；离家之际，他在诗作中将自己比作黎明前报晓的雄鸡；上任启东县（今江苏省启东市）县长后，他将对启东与启东人民的热爱与守护倾注于铿锵音韵之上。正如学者吴天石对他的称赞：“我的朋友顾民元，如果人间有天才的话，那么他便是天才。”

二、从教

1931 年，顾民元从国立成都大学毕业，于翌年秋天开始了教师生涯。他先后任教于淮阴师范学校、济南第一师范学校、镇江中学、南通中学，提出了“韧性的战斗”，反对当局提出的“读书便是救国”的口号。1935 年 12 月，在“一二·九”运动中，顾民元和进步学生同声同气，支持济南学生声援天津、北平的学生运动。课堂内，顾民元从不拘泥于形式，常用自己编写的讲义代替既定的教材，他的讲义都是经过精心构思的，涵盖了古今中外的名篇佳作。他还注重因材施教，针对学生的特质和兴趣偏好选用教材。后来成为全国知名漫画家的陈惠龄，就是在顾民元的“有心栽花”下成长起来的人才。

1935 年，顾民元到山东济南第一师范学校任教，受到反动势力的迫害，之后辗转到江苏镇江等地任教。1936 年，他和友人于在春、江上青、江树峰兄弟等合编月刊《写作与阅读》，顾民元在其《自传》中说道：“我们的企图，是利用这个刊物来团结全国语文教师。”《写作与阅读》不是一本囿于文学范畴的刊物，顾民元等人在语文教学阵地传播进步思潮，宣传抗日救亡和爱国主义思想。《写作与阅读》由上海新知书店（三联书店前身，是当时我党在国民党统治区开办的进步书店）出版发行，在全国的中学、师范学校中产生广泛的影响。

1937 年“七七事变”爆发后，已从济南回到南通的顾民元力图在家乡为抗日作贡献，常与革命伙伴商量筹备抗日行动。这时，南通中学校长冯月君见局势动荡，卷款潜逃，学校因此停课。顾民元和吴天石等人商量后，决定趁此机会集结进步教师和学生恢复南通中学，打造一个培养抗日青年的基地，为抗日队伍输送人才。其后，他利用父亲在教育界的威望终日奔走于南通与南京之间。在他的不懈努力下，南通中学终于在 1938 年 2 月复校开学，由顾民元担任校长。不料到了 1938 年 3 月 17 日，日寇突然袭击南通，南通县城沦陷。原计划办成抗日基地的南通中学开学不到两个月即告停课，身为校长的顾民元只好带领学校的同志转移至乡下，但他并没有放弃继续办学。他积极联系南通的一个抗日组织“特务总队”，在他们的翼护下办成了一个抗敌学校。这个学校不仅讲党的抗日民族统一战线的政策，也传播毛主席关于抗日战争的思想，培养了不少抗日骨干。在这一阶段，顾民元在实践中越来越迫切地认识到，想要科学有效地开展工作，解决问题的根本还是要找到党的领导。

而此时，南通虽然存在许多打着抗日旗号的队伍，但党组织还没有派员到此活动。面对群雄并起又群龙无首的混乱局面，顾民元和马一行等商量后，决定将找到党组织列为当务之急。1938 年，在马一行介绍下，他不顾危险主动前往上海寻找党组织。经过种种曲折，顾民元终于找到了设在上海的中共江苏省委地下机关，中共江苏省委恰好也正在筹划开辟江北工作，着手组建中共江北特委。同年 8 月，中共江北特委在上海成立，恢复了江北地区的党组织活动。中共江苏省委还派人到南通地区领导抗日运动，从此南通地区的抗日运动走上了一个新阶段。这一时期，顾民元充分发挥了他诗人的才能，以笔作武器，写出了《撕掉敌人的老虎皮》《我们的战马奔向前》等诗文，发表在《大众》等报刊上。

三、从政

1938 年下半年，国民党反动派越发活跃，中共江北特委的工作有失有得，但无论如何，大量抗日青年已经接受了党的影响，团结在以顾民元为代表的革命人士周围。同年底，“特务总队”被国民党反动派韩德勤缴了械，大批进步人士只好转入南通另外一支民众抗日武装队伍，顾民元则去国民党如皋县（今如皋市）动员委员会当了秘书。

1939 年 2 月，抗日进步人士、国民党启东县县长董国桢邀请顾民元到启东任县政府第一科科长。3 月，上海党组织派杨进赴启东开展南通地区的武装抗日工作，此时，顾民元的党组织关系终于得到恢复，顾民元和杨进、沈维岳组成了南通地区武装抗日工作的领导核心。这期间，顾民元为动员和团结启东各界人士开展抗日救亡活动做了大量工作。他动员县长董国桢出面，邀请中共江北特委委员洪泽领导的抗日政工队伍到启东活动。在顾民元的支持下，这个政工队伍在启东创办春假修学团，组织学生自治会，举办农民夜校，散布革命的种子，各界人士尤其是青年学生受到了良好的影响，为这一地区党组织的建立奠定了良好的基础。

1940 年初，国民党反动派发起反共高潮，启东地区党领导的政工队伍分批撤离，董国桢县长被迫辞职，顾民元也不得不离开启东到了海门。他在这里开辟了新的阵线，从发动教师入手，主办小学教师训练班。

1940 年 10 月，陈毅、粟裕奉命率领新四军江南指挥部的主力部队挺进江北，在黄桥地区建立根据地，与国民党军队展开对峙，最终切断了韩德勤与江南之敌的联系。顾民元时任苏四（即南通区）专署第二科科长，他以极大的热忱欢迎新四军的到来，他出席了在海安召开的苏北参政会，并被推选为驻会委员。不久，顾民元又任苏四专署秘书。11 月中旬，爱国人士季方以国民党中央军事委员会战地党政委员会指导员身份召集南通、如皋、海门和启东的各阶层代表在掘港开会，共商抗日大计。在会上，顾民元被委任为启东县抗日民主政府第一任县长。

顾民元的父亲对自己的儿子赴任启东县抗日民主政府县长充满担心，他深知此行任重道远，临别赠诗勉励儿子：

一车南去疾如飞，老泪无端忽溅衣。
转念还为天下哭，课耕未觉此心违。
纵观江海知容量，苦揽风云倘忘归？
行箧有书事勤读，愿儿充实敛光辉。

顾父于 1932 年曾为了营救一位地下党员被迫逃亡山东，流亡期间痛失爱女，于是将全部的希望寄于儿子身上，希望他能以教育为本，安稳度日。可时局维艰，世与愿违。这首临行前的赠诗令人不忍卒读，字里行间无不透着父亲对儿子的深切忧虑。据顾民元儿女回忆，父亲收到赠诗后曾思索良久。面对年迈父母，他的内心多有愧疚，但他有太多工作要开展，责任重大。他最终给父亲回诗一首，将自己比作一只报晓的公鸡，要为中国迎接黎明的到来：

年来漂泊等蓬飞，怜念双亲泪在衣。
强效鸡鸣旦有待，心仪龙德愿无违。

艰难播种三春到，沦落家园一梦归。
海角昨宵得欢侍，侨黉依旧足清辉。

父子二人酝酿于诗中的家国情怀与厚重亲情昭然可见。

1940年11月15日，考虑到黄桥大捷、国共联合抗日的现实和未公开的抗日身份，顾民元不带一兵一卒前往启东，通知国民党启东县县长董伯祥办理移交手续，董伯祥带四个全副武装的卫兵与会，顾民元从容不迫，谈笑风生。董伯祥虽不敢公然对抗，却以移交复杂为借口，企图拖延时间。他还唆使手下人故意刁难顾民元："董县长是省政府任命的，你来接收，合法吗?"顾民元义正词严地说："完全合法！合抗战的法！合人民群众的法!"接着顾民元纵谈时局，晓以抗日大义，最终迫使董伯祥同意于次日上午10时完成交接。第二天上午10时，顾民元正式宣布启东县抗日民主政府成立，并发布布告。他将新政府的十大任务，用六字一行的诗句形式层次分明地向公众宣布：坚持抗战国策/反对投降分裂/坚持抗战到底……

启东县抗日民主政权的诞生，使得顾民元诗兴勃发，他满怀激动地写下名篇《新土》：启东/你中国的新土/百十年前这里是东海一片汪洋/受那东方最先的红光爱抚/伟大的坚忍的是扬子江/江沙冲积/新土在这里成长/加上拓荒者的血汗/凝结了三百里肥沃/不用纪念碑/不用凭吊的嗟吁/新土的千万大禹英勇的魂魄/仍然是新土的主人来把新土守护。

他为苏北抗日出现崭新局面而欢欣鼓舞，希望在这片熟悉而充满理想的新土一展宏图。然而，令人吁叹的是，不幸却悄然来到了。

1941年1月29日，顾民元奉命去掘港开会，他乘坐摩托车途经南通的同乐镇时，引起俞福基匪部注意，被俞福基的手下拦截绑架，企图以此胁迫我军用巨额金钱取赎。他在被囚之中大声呵斥"宁作人质而死，也不作叛徒而生"，做好了牺牲的准备。他还写下三千余字的绝命书托人带出，他在文中回顾了自己的一生，留下关于个人与革命事业关系的感悟，并引用旧作中的两句诗安慰自己的同志和亲人："莫为江流悲永逝，天光常照浪之花""雾，是会被和风拂开，被朝阳驱散的"。

当时，我军新到这一地区，各方情况复杂，加之顾民元所在的党组织还处于地下，未能及时把顾民元的情况通报给新四军的组织系统，以致顾民元被怀疑为“托派”分子。在顾民元被扣留二十多天后，新四军某部追剿俞福基的队伍，并在南通的西亭镇以西将其击溃，顾民元亦在此次军事行动中被自己的同志误杀。

顾民元的牺牲引起了南通各界人士和群众的极大悲痛。同年4月2日，苏四分区的党组织为顾民元等革命烈士召开了隆重的追悼大会，宣布顾民元同志为烈士。但为了当时的社会影响，没有大范围地公开澄清真相。直到1985年6月，中共南通市委正式作出结论：顾民元是我党优秀党员，怀疑他为“托派”分子是没有根据的；顾民元系我方误杀，应予平反昭雪。

2月8日

四川省教育厅负责人称：由外地迁入四川的专科以上学校共31所。全川共有中等学校300余所，学生共10余万人。职业学校大量增加，其中以农业为最。①

3月1日

国民参政会第二届第一次大会在重庆召开，川大校友张澜、邵从恩、李璜、曾琦等人参会。本届参政员共240人，内中川籍15人，为陈豹隐、胡仲实、邵从恩、胡子昂、朱之洪、张澜、周道刚、李璜、潘昌猷、晏阳初、曾琦、曾省斋、尹昌衡、黄肃方、陈敬修。大会于10日闭幕。中共参政员为抗议国民党当局制造皖南事变，没有出席本次会议。②

3月7日

行政院拨款100万元，救济迁入四川的私立复旦大学、南开大学等51所私立大、中学校。③

---

① 《抗日战争时期四川大事记》，第113页。

② 《抗日战争时期四川大事记》，第115页。

③ 《抗日战争时期四川大事记》，第115页。

3月10日

▲冯玉祥在川大文、法学院讲演，鼓励师生“将日本鬼子赶出去，创造富强的新中国”[①]。

▲国民党中央执行委员贺衷寒出席“华西齐鲁联合总理纪念周”活动并训话，鼓吹“一党专制”在抗战紧急关头的好处，并污蔑中共“毫不履行其廿六年九月十二日之诺言，一意孤行，借抗战以图其滋长”。[②]其发言颠倒是非，受到师生唾弃。

3月11日

川大发生“二何事件”，造成校内党组织内部关系紧张，川大党总支书记蒲继霄撤离。1941年3月11日晨，地下党员何攀龙在宿舍里用小刀刺伤何德甫，使其流血不止。学校当局把何攀龙送峨眉县政府关押审讯，又送何德甫到峨眉县医院治疗。川大党总支负责人蒲继霄得知消息后立即与邵松乔讨论这个意外事故。由于情况不明，与二何有过组织联系的蒲继霄、彭塞（文学院支部书记）先后撤离峨眉山，川大党总支继由邵松乔负责。蒲继霄离开峨眉山时，按组织意见向中共乐山中心县委汇报了“二何事件”，并将文、理两学院和新生院的党员组织关系转交给中共乐山中心县委。其间，邵松乔曾想尽各种方法向学校内外和峨眉县政府探听二何消息，未果。后经查明，“二何事件”由何德甫、何攀龙因白色恐怖而相互猜疑所致，但两人并未暴露党组织关系。“二何事件”的发生，导致蒲继霄、彭塞相继撤离川大，削弱了川大党组织的力量。[③]

3月15日

川大校友邵从恩、张澜、李璜、曾琦、吴玉章等人当选为第二届国民参政会川康建设期成会会员。李璜任成都办事处主任，张澜任阆中办

---

① 国立川大—39—5；《国立四川大学校刊》第10卷第10期。

② 《华西协合大学校刊》第30周年第1期。

③ 邵松乔、郭治澄：《我所知道的四川大学1937—1941年的党组织及其活动概况》。

事处主任。[1]

3月19日

川大校友吴玉章、李璜等人与各民主党派负责人在重庆“特园”召开会议，决定将各党派都参加过的“统一建国同志会”改名为“中国民主政团同盟”，黄炎培当选为主席，是年冬改由张澜继任。[2]

是月

川大教授李相符参与组建“唯民社”。中共党员李相符、田一平、杨伯恺，民主人士邓初民、马哲民和刘文辉等13人在成都成立“唯民社”，由刘文辉任社长。该社宗旨是“全民团结，坚持抗战，反对独裁，实行民主”。该社先后在成渝两地出版了《唯民周刊》《大学月刊》《民众时报》《华西晚报》等报刊，并开办了文治出版社。[3]

是年春

▲由华大、金大、金女大、齐大四所教会大学合资修建的化学楼落成[4]。当时议定，新楼建成后由四校的化学系及金大的化工系合用，战后即归华大所有。化学楼投入使用后，华大原在生物楼办学的化学系迁往新楼。[5]

▲四川党组织团结一些进步教师、学生成立“成都科学技术青年协进会”，以开展科技活动来团结、联系群众，齐大教授薛愚[6]、川大教授李相符分别任正、副会长。[7]

4月

川大迁往峨眉山后，由于环境限制，学生体育活动不如从前活跃，

① 《抗日战争时期四川大事记》，第116页。

② 《南方局党史资料大事记》，第155—156页。“中国民主政团同盟”即今日民盟之前身。

③ 《抗日战争时期四川大事记》，第118页。

④ 该楼为纪念已故的华大副校长、化学系主任苏道璞而修建，受到当时的“中国基督教大学联合董事会”的资助，被命名为“苏道璞纪念楼”，今为四川大学华西校区第二教学楼。

⑤ 《华西医科大学校史》，第65页。

⑥ 薛愚（1894—1988），湖北襄阳人，药物化学家。时任齐大药学系主任及理学院院长。

⑦ 《华西医科大学校史》，第106页。《华西坝风云录》第39页记录会员有30余人，多为“五大学”师生，薛葆鼎为秘书长。

但学校因陋就简，因地制宜，鼓励学生参加体育锻炼。学校于 1941 年 4 月在伏虎寺举行第 4 届春季运动会，这在峨眉山是空前盛举。[①]

5 月 5 日

国民党中央委员张溥泉到川大文、法学院讲演，鼓励青年学子以先烈邹容为楷模，学习他的革命精神，在国家危亡的关头担起青年的责任，以国家民族至上，不做亡国奴。[②]

5 月 1 日—7 日

华大三青团中央直属分团部组织“青年运动周”活动，宣传股举办青年干部讲习会，周少吾作题为《青年运动周的前瞻》的讲演。[③]

6 月 5 日

四川省博物馆成立，川大校友冯汉骥任馆长。[④]

6 月 23 日

▲中共中央发表《关于反法西斯的国际统一战线的决定》。[⑤]

▲四川省主席张群在华西坝“四大学”联合毕业典礼上发表演讲。[⑥]

6 月 30 日

当局查禁进步书籍，川大和华大师生的阅读自由受到钳制。国民政府中央图书审查会查禁图书 10 余种，其中有《抗战的将领荣誉集》《二次世界大战场在中国》《中华民族解放运动史》《团结到底》《中国思想界的起伏转变》《论革命修养》等书刊。[⑦]

是月

华大接收麻风病医院。据统计，当时我国约有 100 万麻风病患者分

---

① 《四川大学史稿 · 第一卷 · 四川大学（1896—1949）》，第 218 页。

② 国立川大—39—7。

③ 《华西协合大学校刊》第 30 周年第 3 期。

④ 《抗日战争时期四川大事记》，第 121 页。

⑤ 《中国近现代史大事记：1840—1980》，第 125 页。

⑥ 华大 C—ZH—157。

⑦ 《抗日战争时期四川大事记》，第 123 页。

布于各省，以沿海一带为甚。全面抗战前麻风病专家马克维曾与华大公共卫生学的教师一同赴西康省的西昌、越西一带考查，发现西部地区也有麻风病流行。全面抗战爆发后，华大得到中国麻风病协会的捐助，又获伦敦麻风协会捐赠，得以修建麻风病医院一座，设病床 40 张。1941 年 6 月，张凌高代表学校正式接收此医院，免费收治麻风病人并供给考察研究麻风病及教学之用。院长为加籍专家高文明。[①]

7 月 10 日

川大党总支书记邵松乔毕业离校，将川大党组织关系交给中共乐山中心县委。[②] 川大党总支书记邵松乔毕业离校，中共乐山中心县委负责人张黎群来到峨眉县城与其会面，邵松乔将川大党组织关系交给张黎群。至此，校内的党组织已无专人领导，但校内仍有党员在继续活动。[③]

邵松乔、郭治澄回忆 1941 年川大在峨眉的党组织情况[④]

1938—1939 年是川大党组织的大发展时期，1940 年川大在峨眉时，基本上停止发展组织和吸收党员，并不断地把比较暴露的党员和进步的群众分期分批撤离川大，同时一部分党员因毕业了也要离开川大，因此在峨眉川大的党员是逐渐减少了。1940 年暑期在峨眉川大新生院入学的党员，也因转地不转党的关系，一般不与川大党组织发生联系。文学院蒲继霄、彭塞在 1941 年 3 月因二何事件撤离川大后，文学院还有党员温克勤。理学院支书陈显志在 1941 年 7 月因毕业离开川大后，理学院还有党员黄昌龄。文、理两学院和新生院离校或留校的党员的组织关系都由总支负责人蒲继霄向乐山中心县委办理交接

---

① 《华西医科大学校史》，第 81 页。

② 1939 年下半年始，川大党总支书记先后撤离。王怀安撤走后，由邓照明负责；邓照明撤走后，由尹智祺、赖自昌负责；尹智祺、赖自昌之后由蒲继霄负责；蒲继霄撤离后，由邵松乔负责。见《四川大学史稿·第一卷·四川大学（1896—1949）》，第 214 页。

③ 《四川大学史稿·第一卷·四川大学（1896—1949）》，第 214 页。

④ 摘编自邵松乔、郭治澄：《我所知道的四川大学 1937—1941 年的党组织及其活动概况》。标题为编者所拟。

手续。

1941 年 7 月法学院和女生院的党员也大都毕业了，邵松乔也在这时毕业，曾向乐山中心县委要求派人来峨眉办理接转党组织关系。记得是 1941 年 7 月 10 日乐山中心县委负责人张黎群来到峨眉县城，邵松乔会见了他，并同他吃了一顿豆花饭，然后到峨眉公园去。邵松乔把预先写好的党员名单和住址以及接头暗号交给了张黎群同志，并请他办理转移党组织关系。这个名单上女生院离校的党员有赵竞群、胡舜华；法学院离校的党员有彭兆娗、罗达尊、许金城、邵松乔。法学院留校的党员有郑涛、黄子君，都在这个名单上。留校的党员由郑涛联系黄子君。邵松乔的组织关系转成都。我们的党组织关系交接好了，衷心感到愉快。邵松乔当天由峨眉县城赶回伏虎寺，同志们就纷纷离开了峨眉川大。我也与峨眉川大告别，奔赴成都。

7 月 20 日

“川大旅延同学会”在延安成立。

川大旅延同学会（1941—1942）①

抗日战争时期，受到了党的教育和革命思想熏陶的祖国大后方人民，特别是 20 岁上下和 30 岁左右的年轻人，他们在党的领导下，宣传抗日，教育人民，组织抗日救亡，同国民党顽固派进行了不屈不挠的斗争，提高了党在群众中的威信，正像当时人们常常称道的那样，“全国人心归向延安”，“全国人才集中在共产党”。他们为了追求民主、自由和中华民族的解放，驱逐日本帝国主义出中国，其中有的受党组织和革命团体的委派，被介绍到解放区工作和学习；有的投军从戎走上了抗日斗争的最前线；有的组织起来或以旅行、考察、探访等名义，不怕迫害和牺牲，想方设法冲破国民党顽固派设置的重重障碍和封锁，长途跋涉，千辛万苦地到了延安、陕甘宁、晋察冀以及其他

① 此稿由川大校友陈继馨、张志强根据《解放日报》上有关“川大旅延同学会”的报道整理而成。

抗日根据地，经受革命的锻炼。原国立四川大学毕业或正在读书的旅行到了延安的同学，就是其中的一部分。全国各地旅延的同学，为适应抗日战争形势发展的需要，纷纷于1941年各自成立了同学会，团结会内外的同学，积极开展了抗日宣传活动。“川大旅延同学会”（原国立四川大学旅延同学会的简称）就是在这样的形势下成立的。

一、成立

“川大旅延同学会”是1941年7月间在延安成立的。原国立四川大学毕业或修业旅行在延安的同学，为了开展抗日斗争的需要和增强互相间的联系，于1941年上半年发起成立了川大旅延同学会筹备会。筹备会经过认真的工作和各方面的联系与支持，圆满地完成了工作任务。1941年7月20日在延安北门外中国青联办事处42号召开了正式成立大会。原成都高等师范学校、国立成都师范大学、国立成都大学、中国青联等单位的代表以及国立四川大学毕业或修业旅行在延安的同学共30余人，济济一堂，举行了成立大会。

新成立的“川大旅延同学会”向参加大会的同志表示，“该会将与母校取得联系”，互相交流情况，做好青年学生参加抗日斗争、宣传抗日救亡、开展反法西斯斗争的教育等工作。它并愿尽自己的一切努力，与会内外同学团结一致，争取民主、自由、解放的前途，战胜法西斯侵略者。大会还“函电慰问在后方艰苦生活的母校教职员和同学”。“川大旅延同学会”坚信，在党中央的领导下，前方后方一条心，“团结是消灭法西斯的中心一环”“法西斯不消灭，我们中国青年的战斗绝不会停止”“数千万的中国青年将在反法西斯的战争中逐渐团结起来，成为一支不可战胜的军队，去消灭法西斯主义”。“川大旅延同学会”在战胜敌人、自然界所制造的困难中，起到了团结同学、组织同学参加抗日斗争、开展大生产运动的作用。

二、活动

“川大旅延同学会”甫一成立，即开展了丰富多彩的活动，和全国各地旅延同学会一样，为抗日斗争的胜利和中华民族的解放作出了贡献。

热烈响应中国青年反法西斯大会的号召，“川大旅延同学会”和全国各地旅延同学会隆重集会，交流经验，推动抗日斗争向前发展。1941年12月14日，“中国青年反法西斯大会”开幕在即，延安各同学会，为响应大会之召开，在中国青联办事处举行联席会议。计到师大、清华、同济、中大、川大、北大、朝阳学院等校同学会和留日同学会、东北五校同学会等负责人开会决定：一、各同学会分别选派代表一人，出席中国青年反法西斯大会；二、确定北大、中大、师大等同学会（包含川大旅延同学会）及留日同学会准备讲演；三、每半年召开旅延同学会联席会议一次，以增强各同学会之间的联系。此外并交换各同学会之间的经验等。联席会议为进一步开展工作统一了认识，制定了新的工作方案。

“川大旅延同学会”出席中国青年反法西斯代表大会并发表讲演。1942年1月4日，中国青年反法西斯代表大会在延安中央大礼堂开幕，出席代表228人，其中有来自大后方的各省、华北各抗日根据地、华中各地区、上海、香港、台湾及沦陷已经10年的东北哈尔滨等不同地区的青年，有各兄弟民族的青年，有侨居海外的华侨青年，有日本、朝鲜等其他东方国家的青年，有学生、军人、艺术工作者、工人、农民等各种不同职业的青年。凯丰主持大会并致开幕词，接着朱德讲话指示青年：“一、要有有组织的力量才能消灭法西斯，因此希望全国青年积极参加抗日军队；二、青年应该努力参加生产，储蓄经济实力，支持长期抗战；三、加紧军事知识与技术的学习，提高青年的战斗力量”。他号召全国青年亲密团结，建立青年反法西斯民主战线。冯文彬代表筹委会向大会作了总报告，阐述了中国青年在革命斗争史上的地位及光荣传统，指出中国青年当时的总任务和奋斗总方针——坚持团结、抗战、进步，争取民主，积极准备力量，实行反攻，以求得抗战的最后胜利。大会还通过了致四川重庆中国反侵略运动周（1942年1月1日至7日）贺电：“本会在延开会期间，欣悉渝市同时举行反侵略运动周，敌忾同仇，感奋倍增，兹经大会一致决议，谨电致贺！”

大会的第二天，代表、来宾、旁听者共约300余人。按照议程进行分题报告。胡耀邦以“朱德青年纵队代表”的身份向大会报告八路军青年工作："八路军青年不仅有优良的军事技术、高度的政治觉悟、果敢的牺牲精神，而且有高尚的军人品格和良好的文化教养。"他代表35万八路军青年将士向大会宣誓："愿成为反法西斯斗争中的模范。"八路军青年将领杨勇也发表了讲话。大会一致通过致日本、日本殖民地、德、意、泰、英、美、苏、欧洲沦陷国、远东抗战各路青年及南洋华侨电。

大会的第三天，"川大旅延同学会"的代表发表讲演，痛斥了法西斯的野蛮罪行，拥护冯文彬的总报告，响应朱德发出的号召，向胡耀邦提到的八路军青年学习，愿为实现大会决议而斗争。"川大旅延同学会"和大后方各省区的青年代表共同表示，"要打倒法西斯，一定要给青年两支铁掌——这就是'团结'和'民主'"。中国青年反法西斯代表大会通过八大重要提案，选出了凯丰、冯文彬、胡耀邦、李昌等19人为"中国青年反法西斯临委会"委员。大会历时3日，于1月6日闭幕。

1月9日，毛泽东在延安接见了出席大会的绥德青年代表，对各地代表和旅延同学会以新的鼓舞。

"川大旅延同学会"以及全国各地旅延同学会，同延安各界热烈庆祝新年，以新的有意义的活动迎来了新的战斗岁月——1942年。这些有意义的活动是"滑冰大会""日本朋友棒球表演""兄弟民族舞""秦腔""平剧""苏联照片展览""时事报告""反侵略画展""秧歌会"等。旅延各同学会最喜欢看的，是内容新颖、寓意深刻的"反侵略画展"。这个画展是由边区美协在军人俱乐部举办的漫画展，参加展览的作者是华君武等十多位漫画家，作品百余幅，都以反侵略为主题，参观者川流不息，旅延同学会的同学有的指着画发出"仇恨的讥笑——请看漫画家笔下的法西斯野兽"。

"川大旅延同学会"在延安的活动是丰富多彩的，他们还随延安群众参加大生产运动、重要集会、植树造林等。延安人民和"川大旅延同学会"在斗争中结下了深厚的情谊。中共中央机关报——《解放日报》经常报导各地旅延同学会的活动，"川大旅延同学会"就是该报报导的对象之一。

7 月 27 日

日寇第 24 次轰炸成都，川大皇城校区与南较场校区中弹。日军出动中型轰炸机，分 4 批次（每批次 27 架）对成都进行连续轰炸，川大皇城校区和南校场校区的理学院、法学院大楼中弹着火，至公堂、明远楼一带的办公区、教学区，留青院、菊园一带的宿舍区，图书馆、博物馆等，共 127 间房屋变成废墟。据目击者回忆，从国立四川大学缀有“为国求贤”匾额的正方进去，但见一片残垣破瓦，竹林还在冒烟，血迹斑斑，腥味扑鼻，苦瓜架挂着逃难人们的片片血衣，迎风飘荡，触目惊心。[①]

8 月 10 日

教育部令川大增设师范学院一所，于暑假后开学。[②]

是年秋

▲根据中共中央《关于大后方党组织工作的指示》和《关于隐蔽和撤退国民党统治区党的力量的指示》，各级党组织从领导方式到工作方法，实行完全转变，真正走向地下，中共成都市委成员陆续撤离。成都市的党组织由尹任宗协助李德椿负责，受中共川康特委书记王致中[③]直接领导。[④]

▲中共中央南方局根据国民党自“皖南事变”以来掀起反共高潮的形势，先后对四川地方党组织进行调整，主要的措施有以下几项：（1）调动领导机关的主要干部。王致中由中共川东特委调成都（9 月到职），负责川康地区工作。（2）划小工作区，精简领导班子。将四川的党组织划为四个，除中共川东、川康特委外，新成立中共川北工委（李维任书

---

① 《四川大学史稿·第一卷·四川大学（1896—1949）》，第 205 页。该书误将此次轰炸事件记为 1939 年。

② 《抗日战争时期四川大事记》，第 126 页。

③ 王致中（1909—1993），浙江东阳人。1928 年入团，后被国民党逮捕，1930 年在狱中入党，入狱 8 年后被营救出狱，后加入中共川康特委。

④ 中共成都市委党史研究室：《成都抗日民主斗争大事记（1937 年 7 月—1945 年 8 月）》，http://www.thecover.cn/subject/4759204/。是年底，尹任宗被捕后叛变。

记，杜桴生为委员）、中共川南特委（于江震任书记，张文澄任委员）。（3）中共中央南方局直接掌握一些工作和党员，进行垂直领导，不与地方组织发生联系。（4）撤退已暴露的党员，不建支部，独立作战，单独联系，党员转地不转党，失掉关系不准乱找，党员要社会化、职业化。①

▲**按照上级党组织部署，“五大学”党总支撤离转移**。“五大学”党总支根据上级党组织指示，陆续安排人员进行撤离转移。中共川康特委书记程子健单独在华大检验专修科发展的党员也被转移到延安，协助八路军建立了现代医学检验专业。②

10月7日

重庆大学校长梁颖文辞职，四川省政府委派张洪沅③、何廉、冯简、段调元等组成整理委员会，并以张洪沅为主任委员，到该校进行整理。④

是月

教育部通令“整顿学风”，并强调“凡有越轨，执法以绳”。⑤

11月15日

▲《华西协合大学校刊》刊登郑德坤⑥博士的演讲文章《美国民意与中日战争》。该文章提出5个要点：“同情中共或日本？美国应否保护在华权利？美国应否抵制日货？美国应否禁止运日军火及原料？美国应否对日战争？”

▲华大校刊报道本校军训情况，以“本校军事管理情形”和“本校

---

① 《抗日战争时期四川大事记》，第135页；《中共成都历史》（第1卷），第221页。

② 《华西医科大学校史》，第175页。

③ 张洪沅（1902—1992），四川成都人，化学家，先后任教于成大、川大。

④ 《抗日战争时期四川大事记》，第131页。

⑤ 《中国学生运动简史：1919—1949》，第215页。

⑥ 郑德坤（1907—2001），福建思明（今厦门市思明区）人，历史学家。抗战期间两度任教于华大，曾担任华大博物馆馆长、“五大学”比较文化研究所所长。

军事的训练情形”做要点介绍。[①]

11 月 30 日

“文协”成都分会在春熙路青年会举行文艺晚会，敦请川大教授、史学名家蒙文通出席讲演。[②]

12 月

华大外籍教授徐维理（William G. Sewell）[③] **被日军逮捕关进集中营**。华大化学系主任、英国人徐维理一家 4 口在香港被日军关进集中营，直到抗战胜利后才获释放。有同样遭遇的还有华大牙科教授、加拿大人吉士道（Harrison J. Mullett）[④]。[⑤]

---

① 《华西协合大学校刊》第 30 周年第 6 期。

② 国立川大－3137－2

③ 徐维理（1898—1984），原名 William G. Sewell，英国人，1924 年来到中国任教于华大，他长期同情和庇护进步学生运动。

④ 吉士道（1892—?），原名 Harrison J. Mullett，加拿大人，1917 年来华，任华大牙科教授，曾为蒋介石诊治牙病。

⑤ 华大 C－ZH－127－249。

一九四二年

1月10日

教育部令华大注意外籍教师宣传“赤化”。教育部密电华大校长张凌高，要求华大密切注意外籍教师云从龙（加拿大）、解难（美国）、芮陶庵[①]（英国）等人宣传赤化及包庇学生的行为，称学生丁倜[②]、施畏三[③]、陈朝栋均为“奸伪分子”，丁倜为华大党支部负责人[④]，指出丁倜有诋毁三民主义的煽动言论，要求华大“严密注意，切实防止”。[⑤]

1月18日

程子健在延安向中共中央报告巩固川康党组织的情况：自“抢米事件”后，按中共中央南方局指示，坚决疏散干部150多人，有条件的地方已建立一批隐蔽的新支部，在反共力量薄弱之地，组织尚有发展，如蓬溪盐工、夹江学生、宜宾工农中均有相当发展。现存组织分布于47县，有5个中心县委、7个县委。截至1940年，四川地区有党员4000人，疏散1000多人，暂停联系和洗刷1000多人，新发展200多人，100余人被捕，现有党员2000余人。[⑥]

是月

川大教授李相符领导的“唯民社”出版发行《大学》月刊，宣传抗战和民主政治。为推动民主运动的开展，“唯民社”创办的《大学》月刊在成都出版发行，该刊以学术讨论的形式，宣传抗战，宣扬民主政治，阐述民主理论。在另一份地方实力派创办的《华西日报》社内，潜

---

① 芮陶庵（1903—2004），原名Andre Tod Roy，美国人，1938年到华西坝金大任教，1939年曾去延安参观。其子芮效俭（Janes Stapleton Roy）在华西坝生活过，1991—1995年任美国驻中国大使。

② 丁倜，华大医学院医科1945年第31届毕业生。

③ 施畏三，福建闽侯人，华大理学院化学系1944年第30届毕业生，原就读于成都光华大学经济系，第二学年转入华大。参见华大C. JX. XSMC. G. BY—45—9。

④ 查现有相关史料，未见丁倜为华大党支部负责人的记载。

⑤ 华大C—ZH—10。

⑥ 《抗日战争时期四川大事记》，第137页。

伏的共产党员团结爱国的新闻工作者，发表了许多宣传坚持抗战、反对分裂的文章。①

2 月 21 日

国民党“四大学”区党部筹备成立“四大学党务联席会议”。27 日召开第一次会议，推华大周允文为主席，金大高钟口为书记。②

3 月 24 日

教育部拨款 70 万元救济迁川的大、中学校教师。③

3 月 29 日

国民政府颁布国家总动员法，共 32 条，对全国人力物力实行战时统制，明文规定“政府得对人民之言论、出版、著作、通讯、集会、结社加以限制”，定于本年 5 月 5 日实施。④

是年春

华大生物系对生物楼的使用情况作了统计，当时的记载说：“抗战以来，各校生物系移此，则分配应用之。虽偏小，来客不以拥挤见责。本楼所有教室、办公室、实验室及储藏室计约 40 间，除 6 教室及实验室公用外，计金陵大学用 20%，金女大用 15%，齐鲁大学用 15%，本校及生物材料处用 30%左右。”⑤

5 月

▲李约瑟博士访问华西坝各大学，除讲学、参观、参加学术交流活动外，还拟就当时美国政府准备在重庆成立“科学合作馆”（Science Cooperation Office）的工作计划，征求成都科学界的意见。李约瑟博士还和中国学者讨论过出版科学文摘以沟通国际科学动态，有计划翻译刊

① 《中国共产党四川历史大事件（民主革命时期）》，第 276 页；《民主革命时期成都革命斗争史大事年表（讨论稿）》，第 59 页。

② 《华西协合大学校刊》第 31 周年第 2 期。

③ 《抗日战争时期四川大事记》，第 142 页。

④ 《抗日战争时期四川大事记》，第 142—143 页。

⑤ 《华西医科大学校史》，第 65 页。

印中国名著，正筹建成立的东西文化学社与世界各国的联系等问题。李约瑟告诉中国教授们，一批化学药品即将由印度空运来华，援助抗战中被封锁的中国科学家；还选出250种科学书籍，赠予中央研究院；并表示这些援助还将继续进行。[①]

▲**四川省政府密令各校严格管控进步学生**。四川省政府密令各校，对进步学生可按非常时期维持治安紧急办法，取消其学籍，由当地警察局押送至战时青年训练团（1941年10月1日在巴县兴隆场五云山成立，实为劳动营），对学生家属诡称奉令调训。[②]

▲中共中央在延安召开文艺工作座谈会。毛泽东在会上发表了重要讲话，深刻地阐明了文艺为工农兵服务的根本方向，系统地回答了现代文艺运动中许多有争论的问题。[③]

6月

▲中共中央南方局批准正式成立新的中共川康特委，王致中任书记，马子卿[④]、王栋为委员。[⑤]

是年夏

华大、金大、金女大、齐大四所教会大学商议确定定期举行协商会议的工作机制。全面抗战时期的华西坝汇集了华大、金大、金女大、齐大四所教会大学，汇集了一批专家教授，实有互相合作的必要。特别是在全面抗战时期，物价波动极大，办学经费不足，合作办校能节省耗费。然而这几所大学都有其悠久的历史、独特的作风，各校在组织、编制、教学、管理以及传统的习惯方面也都各有特点。如何根据这些特点和当时办学的需要进行合作呢？经过各校当局不断研讨协商，并确定举行各种定期的会议随时磋商，基本上做到了协调一致而又能各抒

① 《华西医科大学校史》，第96页。

② 《抗日战争时期四川大事记》，第147页。

③ 《抗日战争时期四川大事记》，第147页。

④ 马子卿（1917—1973），江苏邗江（今扬州市邗江区）人。

⑤ 《抗日战争时期四川大事记》，第149页。

所长。①

7 月 7 日

中共中央发表《为抗战五周年纪念宣言》。②

9 月 18 日

《新华日报》发表周恩来撰写的代论《第十一年的“九一八”》，其中指出胜利前途已经确定，号召全国团结努力，共赴时艰。③

10 月 2 日

燕大正式在成都华西坝复课，华西坝再现五大学联合办学的盛景。1941 年冬，太平洋战争爆发，在日本占领区北平的燕京大学被封闭。鉴于成都已有华大、金大、金女大、齐大等四所教会大学，便于合作，燕大于翌年 2 月决定迁到成都。但华大校园已经“饱和”，无法接纳燕大师生。适成都因日机轰炸，多数中小学已疏散乡下，燕大在陕西街觅得华美女中校址作校部及女生宿舍，另由省政府把文庙一所拨给男生住宿，所需实验室、仪器、图书等仍由华大支援，燕大于 1942 年 10 月正式在成都复校行课，时有注册学生 201 人。④ 这期间，北平协和医院的几位医生率领 10 多个学生也来到成都，那些医生参加华大的教学活动，学生则与华大学生合班上课，其护士专科学校则借用华大医学院场地复校开课。⑤

是月

威尔基在华大发表演讲。美国总统罗斯福的代表威尔基访蓉，接受

---

① 《华西医科大学校史》，第 66 页。

② 《中国近现代史大事记：1840—1980》，第 126 页。

③ 《抗日战争时期四川大事记》，第 153 页。

④ 至此，汇聚华西坝的高校有东道主华西协合大学（校长张凌高）、金陵大学（校长陈裕光）、金陵女子文理学院（院长吴贻芳）、齐鲁大学（校长汤吉禾）、燕京大学（校长梅贻宝）。这是华西坝新时期的“五大学”。

⑤ 《华西医科大学校史》，第 65 页。成恩元：《成都燕京大学复校初期大事记（1942—1943 年）》，载《燕京大学成都复校五十周年纪念刊》第 19 页。成恩元（1917—1989），山西文水人，考古学家。1937 年考入燕大，后随校赴成都。毕业后任职于华大考古博物馆，后任教于川大。

成都各大学联合邀请，在华大向5000多名师生发表演讲。他说，此次世界大战同盟国必然取得胜利，但必然要付出牺牲才能换得。他还谈及战后当防止新的世界战争的爆发问题。①

11月4日

燕大学生抗建工作服务委员会成立，成恩元任主席，张望山、汤庆芝、易明昭、宫淑扬、陈季光、孙廷云、孙兆录、吴宝珍、张如彦、张学孔、刘克林、万清海、王惠堂等为各部负责人。②

11月7日

燕大学生自治会正式成立，杨昭智为主席，张如彦、戴零雨、孙云、汪道暄、许景侧、孙亦让、钱宇年、杨富森、孙桂武、王德培、张学孔、栾汝间、张赐华、吴华英、刘益、康寿庄、符娟明③、钱淑诚、俞玉梅、沈宝媛④、韩诜厚等为各部负责人。⑤

11月10日

川大教授冯汉骥主持发掘永陵（五代时前蜀帝王建墓）。⑥

11月19日

▲国民党华大区党部召开委员改选会议，选举执委5人。⑦

▲华大文学院院长罗忠恕⑧发起成立国际文化交流协会“东西文化学社”。

---

① 《华西医科大学校史》，第98页。

② 《成都燕京大学复校初期大事记（1942—1943年）》，载《燕京大学成都复校五十周年纪念刊》第19页。

③ 符娟明（1924—1998），湖南衡山人。1941年考入燕大。

④ 沈宝媛，燕大社会系学生，读书时曾选修华大课程“中国社会史”，参见华大C.JX.KCB—4—5。

⑤ 《成都燕京大学复校初期大事记（1942—1943年）》，载《燕京大学成都复校五十周年纪念刊》第19页。

⑥ 《抗日战争时期四川大事记》，第155页。

⑦ 《燕京新闻》1942年11月28日刊。

⑧ 罗忠恕（1903—1985），四川武胜人，1928年华大社会学系第14届毕业生，先后任教于华大、川大。

“东西文化学社”概况[①]

罗忠恕于1940年回国，继任华大文学院院长。他在华大校方支持下，联络各大学专家、学者及社会名流，于1942年11月19日，正式成立“东西文化学社”，由历史学家钱穆[②]写成《东西文化学社缘起》（以下简称《缘起》）向社会公告学社成立的经过、目的。《缘起》说：“罗君忠恕，游学海外，有心此事，曾于民国28年之冬季，两次在英伦牛津、剑桥两大学发表其对东西两大民族应对双方文化合作更进一步之发挥与相互融贯之工作之演讲，颇蒙彼中有识者之同情，并在牛津剑桥两大学成立中英学术合作委员会，且发表宣言，赞同此事。此国际知名学者如爱因斯坦、杜黑舒、怀特黑、杜威、罗素诸氏，均通函问，愿赞斯举。罗君返国，因发表中国与国外大学学术合作之建议一小册，略道其梗概，同人等对罗君意见甚表赞同，因感其共组学会、共同努力之必要，遂发起东西文化学社，草拟简章。采此广征国内同志集力进行，一面拟约请国外学者密切联系，共同合作。”

…………

“东西文化学社”正式成立时，还草拟了简章。其中规定：“本社联络国内外学者，以客观的批判精神，检讨东西文化之价值，并直接交换思想，共同努力于文化之交融及新文化之建设为宗旨。”简章对于学社的工作计划是：用中英两种文字出版发行的定期刊物《东西文化》，登载国内外学者的论文，举办文化问题及与学术思想有关的公开演讲及讨论会；拟在经费充足时，成立“东西文化研究所”，罗致国内外学者，研究东西方文化；拟设立图书馆，搜集各国有关文化、学术与科技的图书杂志；拟设立编译所，互译东西名著并编辑文化丛书，与各国学术机关交换出版物等。

学社设名誉社长，为孔祥熙、张群、张嘉璈[③]等5人。社长是罗

---

① 摘编自《华西医科大学校史》，第91—92页。标题为编者所拟。

② 钱穆（1895—1990），江苏无锡人，历史学家。1940—1946年执教于齐大、华大和川大。1949年赴香港。

③ 张嘉璈（1889—1979），字公权，江苏宝山人，时任交通部部长。

忠恕，副社长是倪青原[①]，总干事是何文俊[②]。常务委员有钱穆、施友忠[③]、蒙文通、何鲁之等。名誉社员按简章规定应为在国际国内有地位、对国际学术合作深感兴趣、又能促进本社文化研究工作发展的学者，因此五大学校长张凌高、梅贻宝、陈裕光、汤吉禾、吴贻芳等及省建设厅厅长何北衡、教育厅厅长郭有守等为名誉社员。基本社员的条件是对东西方文化及学术有浓厚兴趣，又能为《东西文化》刊物撰写文章，经社员介绍者。基本社员大都是“五大学”文、理、医、农等各科专家、教授；也有部分社会人士如王云五、杭立武、张君劢、于斌等人，后来有外国学者如艾格斯顿、李约瑟、巴敦、达兹、齐尔门等。学社社址设华西后坝 101 号，由总干事何文俊管理社务。学社定期在那里召开学术座谈会、讨论会，并接待来讲学的外宾如艾格斯顿、李约瑟、印度的甘戈理，以及法国、波兰的来访学者。国内学者张东荪、梁漱溟来蓉讲学也住该处。

11 月 22 日

金女大在华大体育馆举行建校 27 周年校庆纪念大会。[④]

11 月 29 日

英国议会访华团在华大发表演讲。英国议会访华团一行 4 人来成都访问，12 月 2 日在华大向成都高校学生作题为《战后的问题》的演讲，听众逾三千。

英国议会访华团参观华西坝并做演讲[⑤]

1942 年 11 月 29 日，英国议会访华团一行 4 人，在团长艾尔文爵士率领下来成都访问。12 月 2 日，该团专门来华西坝参观五大学。代

① 倪青原，时任金大文学院院长兼哲学系主任。

② 何文俊（1909—1967），四川巴县（今重庆市巴南区）人，植物病理学家。1929 年毕业于华大，曾任华大理学院教授、院长。1948 年任川大农学院病虫害系副主任。

③ 施友忠（1903—?），哲学家，时任燕大教授。

④ 《燕京新闻》1942 年 11 月 28 日刊。

⑤ 摘编自《华西医科大学校史》，第 95—96 页。标题为编者所拟。

表团团员卫德波应邀在华大广场向成都各大学同学作题为《战后的问题》的演讲，听众逾三千。他说：英国人民对战后国内问题最为关切者为居住、失业、社会改革三项。英执权政府不解决人民生活的安适，实难得人民拥护。对国际问题，英国人民正考虑战后和平的维持和国际组织的建立。他认为，在经济上各国应于战后联络与合作，使世界物资得到合理分配，世界人民得以安居乐业。政治方面，于击败轴心国后，暂占其土地，限制军备，严惩肇事祸首，以为侵略者鉴。至于同盟国的主要国家应于世界国际机构成立和健全以前，维持世界和平。最后他盛赞我国人民 5 年来英勇抗战，实为全体英国人民钦佩。他力主中英应于战后长期合作，不仅政治上成立同盟，商业上尤须发展，中英永远为世界和平而努力。卫德波的演讲是同学们极为关心的问题，得到与会者的热烈欢迎。

当日，由“东西文化学社”出面，举行茶会招待英国议会访华团。出席茶会的还有议会访华团秘书、英曼彻斯特报及路透社记者、成都各大学校长及教授、社员 40 多人。会上，社长罗忠恕除讲述中英两国学者的交往和友谊、东西文化学社成立经过等问题外，还专门提出有关中英文化、学术交流的一些建议，提请大家讨论参考。这些建议包括：中英两国交换教授及学生；组织中英两国文化访问团，考察文化及学术工作，促进国际文化的联系；中英两国学者应于战后讨论战后和平及建设世界新秩序；改善并推广交换出版物；有计划组织力量翻译中英文化重要典籍等问题。大家对此极为关心，广泛交换了意见。会后，议会访华团团员泰弗亚爵士致函罗忠恕社长称：“余酷爱台端之讲词，所提供意见，将使中国与英国共同渡过战时之各种艰危，奠定未来之和平。余意中英须切实合作，不论国际间之关系及经济上之危难，中英均须携手应付。”

12 月 8 日

燕大举行复校典礼、校匾揭彩典礼，千余人参加典礼。《燕京新闻》

出版《燕京大学纪念特刊》。[①]

12 月 13 日

燕大学生抗建工作服务委员会与学生自治会合并。[②]

是年

▲从 1942 年起，连续 3 年，华大医、牙科及制药系有应届毕业生 100 多人，按规定先后应征去军队或军事机关服务。[③]

▲“五大学”共同编辑的两种全国性杂志在成都出版发行，对推动战时中国医学科学研究和学术交流起了重要作用。一是英文版的《中华医学杂志》（中文版在重庆出版），1942 年由陈耀真[④]、邱焕扬等创办，杜儒德[⑤]（齐大）任主编，邱焕扬（中大）任副主编，陈耀真（华大）为秘书，潘铭紫（中大）负责财务，编委有启真道[⑥]（华大）、侯宝璋（齐大），后增加了重庆的戴天佑[⑦]、贵阳的李宗恩[⑧]。该杂志每年出刊 4 期，到 1945 年 10 月共发行 13 期。另一全国性杂志是华大制药系主任汤腾汉教授主编的《中国药学会会志》，主要刊载药学界的论文。[⑨]

---

① 《成都燕京大学复校初期大事记（1942—1943 年）》，载《燕京大学成都复校五十周年纪念刊》，第 19 页。

② 《成都燕京大学复校初期大事记（1942—1943 年）》，载《燕京大学成都复校五十周年纪念刊》，第 19 页。

③ 《华西医科大学校史》，第 104 页。1942、1943、1944 届 3 个专业的毕业生共计 150 人。见华西医科大学档案馆：《华西医科大学历届毕业生名录》，内部编印，1995 年。

④ 陈耀真（1899—1986），广东台山人，中国眼科学先驱。曾任齐大医学院眼科主任，华大存仁医院教授。

⑤ 杜儒德，加拿大人，齐大医学院院长。

⑥ 启真道（1895—1967），原名 Lesile Gifford Kilborn，加拿大人，华大医学院院长，其父启尔德为华大主要创始人。一门三代都曾工作于华大。

⑦ 戴天佑（1904—2002），福建南靖人，中国妇幼保健先驱。

⑧ 李宗恩（1894—1962），江苏常州人，1948 年当选中央研究院院士，北京协和医学院院长。

⑨ 《华西医科大学校史》，第 75 页。

▲**华西医院**[①]**部分建成**。该院早在抗战前即已由教会募集一部分基金，在华大校内先建成了洗衣房、工作房等附属建筑。抗战爆发后，又得到洛克菲勒基金会、英国庚子赔款基金会、中国基金会、华西医科毕业同学会以及某些个人的捐款，乃施工修建医院的主体工程。这所医院占地80余亩，设病床500张。1942年，该工程部分完工后即开始接待病人。该院院长初为杨春普，后相继由李廷安、杨振华接任。[②]

▲地下党员程天斌、贾唯英[③]、胡文新（方铭）[④]、刘盛舆[⑤]、彭塞等先后考入或转入华西协合大学就学。[⑥]

▲**华大、金大、燕大等校学生组建“蓉社”**。华西坝的金大、燕大、华大等校的地下党员和进步学生成立校际秘密组织“蓉社”，主要成员有金大的赵一鹤、华大的刘盛舆、燕大的刘克林等暂时失去组织关系的共产党员和王晶尧（王学遂）、崔嵬（崔铁民）、钟宗等6人。赵一鹤为负责人。他们以学习马列主义理论和党的方针、政策，讨论时事政治，联系、团结群众为主要活动内容。[⑦]

白永达[⑧]回忆同学谢韬及华西坝的现实文学社[⑨]

老友谢韬，原名谢道炉，四川自流井人，是70年前我在成都华

① 又名“新医院”，兼作华大、中大、齐大三大学联合医院。1944年，华西医院全面建成。1946年，该医院接纳了华大实习医院仁济医院大部分医技人员，更名为“华西协合大学医院”。1953年，华西大学更名为四川医学院，该院随之更名为四川医学院附属医院。1955年，存仁眼耳鼻喉专科医院并入该院。1985年，四川医学院更名为华西医科大学，该院随之更名为华西医科大学附属第一医院。2000年，四川大学与华西医科大学合并为四川大学，该院更名为四川大学华西医院。

② 《华西医科大学校史》，第81页。

③ 贾唯英（1915—1994），四川合江人，华大文学院哲史学系1946年第32届毕业生。

④ 胡文新，江苏盐城人，胡乔木二妹。1943年由西南联大转入华大社会学系。在延安时因追慕方志敏烈士改名方铭。

⑤ 刘盛舆（1921—1982），重庆人，华大文学院哲史学系1945年第31届毕业生。

⑥ 《华西医科大学校史》，第175页。

⑦ 《民主革命时期成都革命斗争史大事年表（讨论稿）》，第60页。

⑧ 白永达（1920—?），河北白洋淀人，晚年撰回忆录《望九琐忆》叙及华西坝生活。

⑨ 摘编自谢韬：《1943：一盆红红的火——谢韬日记选编》，中国社会科学出版社，2011年。谢韬（1921—2010），四川自贡人，曾任中国人民大学副校长。标题为编者所拟。

西坝的金陵大学（原在南京，抗战中迁川）读书时的同学和伙伴。去年（2010年）8月25日他逝世了。他的子女在整理其遗物中，发现了在校时他的几本日记和当时为我们共同组织的“现实文学社”所编的手抄刊物《文学》。这个意外的发现太难得了，他们兴奋地于11月初即带到上海来给我看。披阅之下如同又回到了青年时代，浮想联翩，思绪万千。

时过多年，世事有异，人的心态不同了，但事物又是连续的，而日记又写得那么生动与丰满，当今的读者也可能觉得新鲜又有味的。现在出版，让我写序，作些注解与介绍以便读者阅读，这当然对老友与对读者都是义不容辞的事。事实上，读这本日记，不但能更深地了解他，也是对自己的一番对照和检视，是生活中的一件快事和幸事。

先从我们两人的相识说起。

1941年作为一个从平津流亡到大后方的北方学生，我从昆明的西南联大转考到成都的金陵大学。这和当时的日军进占越南，昆明震动，联大酝酿二次迁校入川有关。这两校性质有别，西南联大是由三所名校战时合成的国立大学；金陵大学和其他同在华西坝上的四所“姊妹学校”（华西大学、金陵女大、齐鲁大学、燕京大学）都是教会大学。但也有共同点，校风都比较自由开放，又都在抗战中坚持办学，学生们都关心国家存亡和未来的前途命运。

我读农业经济系，他读社会系，本不相识，可上一门共同的社会学课，而且座次相连。我发现这位邻座颇有意思，他热情活泼，兴趣广泛，爱接触人与关心人，性格像一盆火，外号“小炉子”（这与其名字有关），又爱读书，思想敏锐，言谈有趣，有很多我缺乏的优点。可能他对我也有好感，因此很快熟了，并渐渐成了我在校中最为接近、对我影响也最大的三个朋友之一。其余两个，一是刘琦行（鸿毅），我农经系的同班同学，他大我几岁，是一个失去组织联系的中共地下党员，经历丰富。另一个是朱声，国文系的“金钥匙”（Golden Key，是教会学校对优等生的褒称），笔名方然，是“七月派”诗人。他们三人是同样地吸引我。

第二年，即1942年春季，谢与朱以他们任骨干的“社会学会”

“文学会”（系学生会兼读书会）的名义与别的系联合召开一次“自由与民主讨论会”，邀刘与我参加讨论。在会上，刘引重庆进步教授费巩[①]（费孝通的兄弟）“神秘失踪”（实为特务所害）事件为例，抨击国民党的高压统治，同会上“三青团”方面的人激辩起来。因对方光说些骗人的陈词滥调又以势压人，引起我的反感，于是也发言助刘。不料会后竟听说我们与主持讨论的谢和朱，都被列入“异党活动”的黑名单。这太无理和可笑了。尤其是对我。我在北平师大附中读高中时，因不愿当亡国奴，反对日本人制造的“华北特殊化”（即脱离中国管辖成为“满洲国”第二），办了个叫“国家青年”的壁报，宣传“拥蒋抗日”，思想上是中间偏右一路的。现在只因说了几句公平话，赞成自由民主，就一下变成了“异党活动”？哈，也好。这倒使我对这个“异党”更好奇更发生兴趣，与刘、谢、朱更接近了。

他们三人，思想都比较进步。谢入金陵大学前，在高中与在朝阳法学院读书时，就是进步学生领袖。刘更是，并且经历颇有传奇性。几岁上家在徐州，就在街上被山东“抱犊”下来的“山大王”绑票，在山上当了几个月的小“肉票”，十几岁上又从无锡家中不告而走，到上海去做共青团地下工作，当过沪东区团委书记。后被捕，经保释出来才入金陵大学农业专修科。抗战时入川任四川简阳县中国银行农贷主任，并加入有名的抗日进步团体“大声社”和中共。在组织被破坏后，才回校读本科。朱则是胡风的熟人，到过延安。他们都对我发生了影响。

这年暑假，我参加华西坝学生“暑期边疆服务团”地质组（我读过地质学课程）到四川西北部岷江上游的汶川、理番二县羌族聚居的高山大川地带去作两个月的考察，步行约三千里。期末在杂谷脑镇，接到谢由成都校中来信，说他与“老夫子”（指朱）想到一个“好主意”，叫我回校时马上去找他们。不久回校见了面，他们说要以金陵大学、金陵女大国文系同学为主，也吸收其他系同学参加，组织一个

① 费巩（1905—1945），江苏吴江（今苏州市吴江区）人，浙江大学教授，1945年被国民党杀害。1978年被追认为烈士。

文艺学习团体“现实文学会”。目的是学习文学、沟通心灵、提高修养、活跃空气，打破校园中自一年前发生的“皖南事变”后在高压下万马齐喑的沉闷局面。这实际是“自由民主讨论会”的后续活动和受“延安文艺座谈会”的影响。我听了很赞成。因为虽然过去我“拥蒋”，但不赞成他在大敌当前之际打内战破坏国共合作、全民抗战的大好局面，也不赞成他搞专制独裁。于是不但自己参加，还介绍了与我谈得来的化学系的郭挺章[①]、章松涛和我的高中同学高长山（燕京大学国文系助教）、尹盛志（飞机修理厂技术员，喜欢译海涅的德文诗）一同参加。刘因病休学，所以没有他。

这个会，由于适应形势和人心的需要，很快地组成了。前后参加的约 30 人。不仅有学生韩启文、邱祖武、袁华章、张照隅、郭子良、唐剑、钱瑛、夏郑安、张咏云、许希麟、徐季华、叶至美[②]、张宝芬、贺祥霞、缪希琴、赵孟明、段俊泰、黄织等，还有助教诚庄容、职员刘振声（即七月派诗人卢甸），成都三联书店经理倪子明也是会友。大家多读多想，定期开会讨论。有一阵涅克拉索夫的长诗《严寒，通红的鼻子》和《在俄罗斯谁能快乐而自由》风靡一时，许多人背诵。

除了内部学习，还对外举行了几次“文学晚会”，表演节目，招待会外各校同学。受到广泛欢迎。晚会一次比一次扩大，影响日增。这个会，活动多样，内容丰富。大家共想、共作、共乐、共进、互尊、互重、互爱、互促，气氛和谐，又能互相批评和自我批评。这种年轻人的友爱，是我过去未享受过的，是很新鲜又有内容的。会中只设一个“总打杂”即总联络员与服务员。此职由大家公举，顺理成章地落在了谢的头上。而在他身后，又因朱读书多、思维深、中英文都好，根底充实，又是诗人，实际是会中台柱与灵魂。但在校内登记学生团体时，他们说我目标小，让我应名充当团体“负责人”。其实“总打杂”仍是谢，我只是帮手。可是好景不长，在“文学晚会”一次次扩大后，华西坝五大学“联合训导处”在外力的迫使下传讯我，

① 郭挺章（1917—1957），福建莆田人，理论化学家，1939 年考入金大化学系，1946 年由谢韬介绍入党。

② 叶至美（1922—2012），叶圣陶之女。

问为什么晚会演出“异党作品”与谁是共产党。经我辩驳，不欢而散。“现实文学会”被勒令解散，不准继续活动。并有人警告说，朱声有可能被捕。我们赶紧护送他离蓉，到重庆家中避难。

这个会从此夭折，前后存在与活动了近两年。

一九四三年

1月5日

黄季陆接替程天放担任川大校长。国民政府行政院第594次会议决定："国立四川大学校长程天放另有任用，应予免职。任命黄季陆为国立四川大学校长。"教育部以总245号训令下达了行政院的决定。1月23日，黄季陆到峨眉山川大校本部就职视事。[①]

1月28日

黄季陆决议将学校迁回成都。黄季陆就任后在校本部会议厅召集了第一次行政会议，确定了将学校从峨眉山迁到望江的原则[②]。黄季陆主持成立国立四川大学迁校委员会并任主任，下设总务、装备、运输、工务、布置五股，负责具体搬迁事宜。川大在峨眉山部分，有校本部各处、组、馆、室共17个单位，文、理、法、师范4个学院19个系，以及新生院、专修科、研究所、附中、附小等单位（农学院在成都）。参与迁校的教职员及家属1500余人，学生1800余人，加上校具、档案、图书、仪器，水陆并运。迁校委员会与蜀中股份公司签订了陆上交通承运合同，动用酒精、木炭两用汽车68辆，往返运输，途经夹江、眉山、彭山、新津、双流，水上运输则途经嘉定、青神、眉山、彭山、仁寿、华阳。为保证水陆运输安全，黄季陆分别致函川康绥靖公署、四川省水上警察局，请其饬令沿途各地军警"惠予妥为保护"。[③]

---

① 《四川大学史稿·第一卷·四川大学（1896—1949）》，第219页。或说黄于1月22日"到峨视事"，见《川大十四年大事纪（1931—1945年）》。黄季陆上任川大校长时，川大学生由新生院带头举行了一次"反黄运动"。这次由温克勤、刘必贤、杨淑平、谭新周、刘光春等人在群众中活动。黄季陆派韩伯勋当代表与学生谈判，学生要求将川大迁回成都，黄季陆为了缓和矛盾，转移斗争方向，承诺短期内迁回成都。其后，黄季陆通过他在国民党四川省党部的关系，动用了数十辆车，在短期内将学校迁往望江校区。

② 搬迁工作从2月1日开始，2月12日至3月12日运完急需物品，参见《四川大学史稿·第一卷·四川大学（1896—1949）》，第220页。

③ 《四川大学史稿·第一卷·四川大学（1896—1949）》，第220—221页。

3 月 18 日

川大从峨眉返迁成都，在望江校区开学行课。

川大返迁成都，声誉日隆[①]

是年初，川大由峨眉迁回成都时，设有文、理、法、农、师 5 个学院 23 个系，1 个专修科，3 个初级师范科，共有学生 1316 人。川大从峨眉返蓉之后，先后接收了已竣工的数理馆、化学馆、图书馆，作为教室、实验室，把农学院作为川大本部办公，师范学院借用军管区房屋，新生院安置在南较场原理学院旧址，利用农学院现有房屋，安排学生住宿。由于安排较为妥善，从 3 月 18 日起，学校即开始行课。

……

由于川大在西南地区享有盛誉，并在当时抗日战争时期比起沦陷地区迁来四川的学校办学条件优越，学校地址稳定，因而对广大中学毕业生很有吸引力。1943 年迁回成都后第一次招生，报考的人十分踊跃。在提高录取标准的前提下，招收了一年级新生 1031 人；招收的转学生有二年级 347 人，三年级 193 人，四年级 153 人；共招收新生、转学生 1724 人，比原有在校生还多 390 人。迁返成都后的川大，不仅招生人数大大增加，而且院系设置、办学规模不断扩大，教师阵容日益强大。

3 月 24 日

中国历史学会在重庆成立，顾颉刚[②]任理事长。[③]

3 月 31 日

燕大学生 21 人赴印远征，主要承担翻译工作。[④]

---

① 摘编自《四川大学史稿·第一卷·四川大学（1896—1949）》，第 220—221 页、第 224 页。标题为编者所拟。此书将新生、转学生招收人数记为 1706 人，实为 1724 人。

② 顾颉刚（1893—1980），江苏苏州人，历史学家，抗战期间主持齐鲁大学国学研究所。

③ 《抗日战争时期四川大事记》，第 164 页。

④ 成恩元：《成都燕京大学复校初期大事记（1942—1943 年）》，载《燕京大学成都复校五十周年纪念刊》，第 19 页。

是年春

“蓉社”更名为“马克思主义小组”。“蓉社”更名为“马克思主义小组”，由王晶垚①负责。小组先后吸收了一批失去组织关系的地下党员和进步学生，当时，王晶垚将组织和工作情况写信报告给中共中央南方局青运组负责人刘光，与之建立联系。②

4 月 4 日

学生自治会发起赈济豫灾运动，燕大学生在成都“五大学”中募捐数目最大。③

4 月 13 日

成都市各大学遵照国民政府规定，自本年上期起，学生一律受军事训练，实行军事管理。④

5 月 15 日

黄季陆接办四川通讯社，余成勋、周璧成分任正、副社长。⑤

6 月 28 日

华西坝举行“五大学”毕业典礼。⑥

暑假

华大师生 22 人志愿组成“豫灾医疗服务团”于暑假次日出发，之后共分两队分别在洛阳和郑州服务。⑦

7 月 2 日

中共中央发表《为抗战六周年纪念宣言》，呼吁“加强作战”“加强

---

① 王晶垚（1921—2021），江苏淮安人，历史学家。1945 年毕业于燕大历史系，后与夫人卞仲耘（燕大经济系毕业）一起奔赴晋冀鲁豫解放区工作。

② 《民主革命时期成都革命斗争史大事年表（讨论稿）》，第 61 页。1943 年冬，为了密切配合当时大后方的民主宪政运动，“马克思主义小组”又改名为“青年民主宪政促进会”。

③ 《华西协合大学校刊》第 32 周年第 5、6 期合刊。

④ 《抗日战争时期四川大事记》，第 165 页。

⑤ 《抗日战争时期四川大事记》，第 168 页。

⑥ 《华西协合大学校刊》第 32 周年第 5、6 期合刊。

⑦ 《华西协合大学校刊》第 32 周年第 5、6 期合刊。

团结”“发展生产”“改良政治”，希望政府对于敌后战场没有援助、正面战场作战积极性不够的现象，有所改进；对于在抗日阵线内部发生摩擦、冲突、妨碍、限制等现象，予以改革。①

7月6日

教育部举办成都区训导会议，会议内容为：加强各校训导员的设置，配合军事管制和党团（国民党、三青团）活动，严密控制学生的思想和行动。②

7月18日

中国科学社、中国植物学会、中国地理学会、中国动物学会、中国数学会、中国气象学会在北碚举行联合年会，到会者300余人，收到论文325篇。任鸿隽任大会主席，卢作孚任筹备主任。③

8月

光华大学学生陈和玉（共产党员）和其他一些进步学生，组织秘密读书会，学习马列主义和毛泽东同志的著作，同时与燕大、川大、华大、成大等校的进步学生取得联系，相互配合开展学运工作。④

9月18日

校友张澜发表《中国需要真正民主政治》一文，指出中国必须结束党治和一党专政。⑤

是月

国立四川大学经济系签发《战时经济教材纲要》。⑥

---

① 《抗日战争时期四川大事记》，第171页。

② 《抗日战争时期四川大事记》，第171页。

③ 《抗日战争时期四川大事记》，第172页。

④ 《民主革命时期成都革命斗争史大事年表（讨论稿）》，第61页。

⑤ 谢增寿、何尊沛、张广华：《张澜文集·上（1911—1946）》，群言出版社，2013年，第207页。

⑥ 《四川大学经济学、商学教育与研究（1902—1949）：档案与期刊选编》，第63页。

1943年国立四川大学经济系《战时经济教材纲要》（节选）[1]

甲　教学目标

本科目根据三民主义与经济学各科之基本原理，而欲教导学生明瞭战时经济之特质、战时政策之原则，俾便其研究抗战时期之经济问题与促其奉行抗战建国之国策为目标。

乙　教材纲要

一、战时经济学之产生与内容

二、战时经济之意义与特质

三、战时经济政策之演进与原则

四、战时体制编成论

五、经济总动员论

六、战时经济统制之必要与范围

七、战费论

八、经济作战论

九、战时经济之机关

十、我国战时经济问题

十一、倭寇战时经济之弱点与危机

是年秋

华大学生党员贾唯英竞选为华大三二级[2]级会主席和女生院自治会主席，为今后开展革命活动取得有利平台。[3]

10月18日

黄季陆在新生院的演讲中强调："四川为中华民族复兴根据地，要建设中国必须先建设四川。要建设四川，必须搞好川大，为四川培植人

---

① 摘编自《四川大学经济学、商学教育与研究（1902—1949）：档案与期刊选编》，第64—67页。该纲要还设有"丙 参考书目"一节，此处略。其作者为漆琪生（1904—1986），四川江津人，经济学家，民建中央委员。

② 即1943级，"三二"指民国三十二年。

③ 《华西坝风云录》，第49页。

才。培植人才，必须适合四川建设的需要。”[①]

是月

三民主义青年团中央团部为加强领导，在华大校园内修建青年馆，四川省主席张群等人为之捐款，全部工程于当月完成。学校当局拟于孙中山诞辰举行开幕典礼。[②]

11月1日

川大校友李璜、张澜受邀在《新新新闻》报社作学术讲演，题目为《研究实施党政问题》。

中统局关于青年党张澜等在蓉言论的情报[③]

（1943年11月5日）

成都十一月五日电

成都记者联谊会于十一月一日在《新新新闻》报社敦请李璜、张澜作学术讲演，题目为《研究实施党政问题》，当时曾公布不得在报端发表或作笔记，谨将李璜及张澜言论择录如下。

（一）李璜谓：此次出席国民参政会，曾提出四项意见如下。

（1）言论自由问题。认为目前言论不自由，较专制时代尤甚，实为新闻界之耻，亦当前政治之黑暗。（2）集会结社自由问题。目前除国民党活动外，其他各党派活动均遭禁止，应即开放。（3）党派问题。党派纠纷应即停止，并使各党派平等发展，否则只有动干戈。（4）宪法问题。认为“五五宪法草案”颇不合理，应由各党派共同拟定，并希蒋主席以元首地位不欺国人，以实现国民党与各党派一律平等之诺言。

（二）张澜言词颇为激昂，攻击本党最烈。谓：蒋主席现受党人包围，毫无主张，善良民意，均被抹杀，故此次不愿出席国民参政会。对“五五宪法草案”，以中国为三民主义共和国，认系标榜苏联

① 《四川大学史稿·第一卷·四川大学（1896—1949）》，第223页。

② 《华西协合大学校刊》复刊号（1943年11月15日刊）。

③ 摘编自《抗战时期的四川——档案史料汇编（上）》，第461页。

国体，对本党之主持政权拟定宪草之不民主作风表示愤激，并曾提议主张：(1) 停止学校党化教育；(2) 不强制公务员入党；(3) 禁止军队党化；(4) 取消特务机关。又称：国际人士如邱吉尔、威尔基、赛珍珠(美国名女作家)，洞察中国为非民主国家，故邱吉尔曾有战后拒绝中国参加议和权利之言论，实因国民党为法西斯化之作风。最后，主张以和平方式争取民主，需牺牲一部分人，张愿为最先牺牲之一人云。

11月3日

华西坝各级学校（华西协合大学、华西协合高中、高崎初中和弟维小学）在本年成都大、中学各级运动会上成绩骄人，仅华大即夺得15项冠军，11项亚军，校刊特辟专号详细报道。[①]

11月5日

四川省军管区接到蒋介石限四川在一个月之内征集知识青年4.5万人，飞赴印度补充远征军的命令。[②] 是月中旬，军管区参谋长徐思平到三台、罗江、德阳、广汉等地学校宣讲“学生对兵役之责任”，鼓动学生从军，掀起一股参军热潮，并迅速扩及全川。迄至12月8日，成都报名从军的知识青年即达5200余人，体检合格者2229人，编入设在成都的军政部教导团第二团受训。[③]

11月15日

华大校刊报道：美国援华会捐助华西坝“五大学”美金47000元，按专任教职员人数分配，成人800元、小孩300元。[④]

12月25日

校友张培爵烈士纪念碑在重庆沧白纪念堂外举行奠基典礼，于右任

---

① 《华西协合大学校刊》第32周年第5、6期合刊。

② 远征军只招收20—35岁男性。1944年11月，川大大二学生李安澜随着从成都出发的最后一批知识青年赴印，搭上了远征军的“末班车”。当时很多从军青年都是“先斩后奏”，瞒着父母家人参加远征军，从新津机场坐飞机到了印度才写信告知家人。

③ 《抗日战争时期四川大事记》，第179页。

④ 华大C.CB—019。

负责主持并报告烈士生平事迹。[①]

是年冬

▲华大地下党员贾唯英参加宗教界开明人士吴耀宗领导的“峨眉学会”，结识了一批有正义感的基督教徒，由此想到组织基督教组织“团契”进行秘密革命宣传的策略。[②]

▲陈寅恪[③]于是年12月底到达成都，任教于燕大，同时受聘为华大中国文化研究所特约研究员。[④]

是年

▲川大教授李相符组建“青年园地社”。川大教授李相符组织金大、中大医学院、铭贤学院、成城中学等校的进步学生和进步教师成立“青年园地社”，创办《青年园地》半月刊，以韩起义为主编。[⑤]

▲华大社会系为便于学生进行实地调查、实习，在成都城南10公里处的石羊场设立了社会研究实习站。该站设立书报杂志阅览处、医疗服务点和乡村托儿所等为市民及农民服务，还常从美国新闻处借来世界人民及中国人民抗击德、日法西斯的一些图片向人民进行抗击法西斯的宣传教育。社会系的师生常以石羊场为基地进行社会调查。华大社会系教师的论著，华大、齐大、燕大社会系学生的毕业论文，如艾西由的《石羊乡之人口分析》、玉文华[⑥]的《乡村固有组织》等即取材于该地的调查访问。[⑦]

▲川大呈准教育部设立夜校。[⑧]

---

① 《抗日战争时期四川大事记》，第181页。

② 《华西坝风云录》，第50页。

③ 陈寅恪（1890—1969），江西修水人，历史学家，1943—1945年流寓成都。

④ 参见《陈寅恪先生编年事辑》《华西医科大学校史》。

⑤ 《民主革命时期成都革命斗争史大事年表（讨论稿）》，第61页。

⑥ 玉文华，1943—1944年任华大边疆研究所助理研究员，参见华大C.2H-393-163。

⑦ 《华西医科大学校史》，第82页。

⑧ 《川大十四年大事纪（1931—1945年）》。

一九四四年

1月21日

军政部分别在重庆、成都成立教导团第一、第二团，集中训练四川各地参加远征军之知识青年。迄至本日，设于重庆的第一团已集中1489人，设于成都的第二团已集中797人。[①]

2月13日

校友邵从恩、张澜等50余人在成都慈惠堂成立“民主宪政促进会”。邵从恩为主席，张澜、李璜为副主席[②]。

2月16日

川大教授周晓和[③]等在江油考察发现大量石油。3月2日，资源委员会派四川油矿探勘处秘书兼天然气油厂厂长沈青往该县勘查。[④]

4月

华大学生组织时事研究会。华大学生党员胡文新、贾唯英、彭塞、刘盛舆等共同发起成立华大第一个政治性社团“时事研究会”，他们主要采用剪报、壁报的方式向群众报道时事，公开讨论国事，揭露国民党的黑暗统治。[⑤]

7月6日

李璜在燕大演说时提出：在目前就实现三大自由，取消一党专制，承认各党派的合法地位，使各政党能够自由充分地发展。[⑥]

---

① 《抗日战争时期四川大事记》，第184页。

② 《抗日战争时期四川大事记》，第185页。

③ 周晓和（1892—1969），原名周光煦，四川成都人，地质学家，曾任成大教务长、川大教授。

④ 《抗日战争时期四川大事记》，第185页。

⑤ 《民主革命时期成都革命斗争史大事年表（讨论稿）》，第61—62页。或说此事发生于3月。

⑥ 《抗日战争时期四川大事记》，第194页。

8月13日

四川省文献整理会今日在成都开第一次会议。张群任主任，李肇甫[①]、蒙文通、谢无量等任委员。[②]

9月19日

在中国共产党抗日民族统一战线政策的指引下，中国民主政团同盟在重庆上清寺特园召开全国代表会议。会议讨论拟定了新的《中国民主同盟纲领（草案）》，选举张澜、沈钧儒、章伯钧、罗隆基、黄炎培、牛蕴山、潘大逵等33人为中央委员，张澜为主席。[③]

是月

▲中共中央提出召开国事会议、废止一党专政、成立民主联合政府的主张，在重庆、成都青年学生中引起强烈的反响。[④]

▲华大、燕大等教会学校的地下党员用“团契”组织方式联络进步青年得到中共中央南方局肯定。为了贯彻中共中央南方局合法斗争与非法争斗相结合的方针，燕大地下党员刘克林和华大地下党员贾唯英利用教会大学中常见的群众性宗教组织“团契”的形式，成立了一个合法的校际组织“未名团契”，华大先后有10余名女同学参加。继“未名”成立之后，华大又成立了“星星”“协辉”等七八个进步“团契”。中共中央南方局充分肯定了在教会学校中用“团契”形式组织青年的方法。

▲江竹筠（江姐）化名江志炜考入川大。[⑤]

▲黄琪考入燕大外文系。黄琪于1945年秘密赴中原解放区参加革命，后牺牲于湖北房县。

---

① 李肇甫（1887—1951），四川巴县（今重庆市巴南区）人，川大法律系教授。

② 《抗日战争时期四川大事记》，第197页。

③ 《中国共产党四川历史大事件（民主革命时期）》，第290页。

④ 《中国学生运动简史：1919—1949》，第221页。

⑤ 据华大文学院外文系入学试验成绩单记录，江姐曾于1943年7月化名江志炜参加华大在重庆举行的招生考试，其成绩记录在案，见华大CJX. CJD—284—19。1944年夏，她以江志炜之名考入川大农学院植物病虫害系，1945年8月，转入农艺系学习，1946年暑假休学离开川大，1949年11月14日在重庆渣滓洞牺牲。川大于2020年在原国立四川大学女生院旧址建立了“江姐纪念馆”。

贾唯英回忆“未名团契”[1]

“团契”，本是教会大学中一种群众性的宗教组织，谁都没有想到在1940年代中期它竟和学生运动发生了联系。“团契”原名“club”或“fellowship”，意为“团契”内的契友互相亲爱团结之意。一般而言，“团契”的活动宗旨是宗教加社交，实际上以社交为主。组织手续也很简便，只要找到一个教师作顾问，邀约一批同学做契友，推举一个同学作负责人，就可以在学校进行登记，成为合法的社团进行公开活动。1944年，燕京大学的进步同学研究“团契”的特点，首先有意识地组织了第一个以进步分子为骨干的“启明团契”。

1944年9月，燕大刘克林约我一起共同组织一个包括燕京、华西两校同学的“团契”，我答应了。因为当时“时事研究会”政治性较强，参加的同学不广泛。要团结中间同学，又可迷惑反动派，不易暴露，采用“团契”这一组织形式正合适。我和刘克林商定之后，便分头邀约同学参加。我邀约了我在参加宗教活动中结识的新朋友，他们大多数是具有正义感的虔诚的基督徒。刘克林请了燕京进步教授沈体兰[2]做我们的顾问，沈还是燕京的教务长。这样，我们这个“团契”的号召力就更大了。很快，我们这个有20多人的“团契”就组织起来了。我们为新的“团契”取名为“未名”，一则是1920年代鲁迅先生曾经组织过“未名社”，寓有纪念和学习鲁迅先生之意，二是北平燕京校园有个未名湖，表明在大后方的同学，不忘沦入敌手的美丽校园。一时大家都喜欢这个蕴涵深意的名字。

至今我还清楚地记得当年在新都桂湖，“未名团契”召开成立大会的情景。那是9月中旬的一个星期天，当时桂湖公园的桂花盛开。第一个议程是刘克林宣读他起草的未名宣言。他用充满了激情的声调，朗诵那篇火热的散文诗样的宣言，其中有一段的大意是：“我们

---

① 摘编自贾唯英：《回忆我在成都的战斗经历》，载《华西坝风云录》，第55—59页。标题为编者所拟。

② 沈体兰（1897—1976），江苏吴县（今苏州市吴江区）人，教育家，曾任燕大教授、秘书长。

宣誓：我们要像兄弟姐妹般亲爱团结，互相帮助，互相关心，我们要为祖国的独立、民族的解放、抗战的胜利而献身，我们要为消除社会的不平、黑暗、专制，争取自由、民主、正义和光明的未来而奋斗不息……”大家热血沸腾，热烈鼓掌。第二个议程就是确定“团契”内兄弟姐妹的排行。从大哥到十三弟，从大姐到十三妹分写在26张纸条上，揉成一团，不管他是男是女，拈着大哥就是大哥，拈着大姐就是大姐。“你们该叫我二哥了，看我拈得多好!”精明能干的李肇基高兴地把纸条向大家摇晃。老学究的王守文拈着“大哥”，又是一遍欢呼。“呀！我成了三哥了!”我打开纸条一看，不禁高兴地大叫起来。大家都承认我有点男孩子的豪爽气，当三哥够格。《金陵春梦》一书的作者，当年在燕大念书的严庆澍[①]拈到的是三姐。他老成持重，又体贴人，大家也说他像个姐姐，他自己也似乎满意。接着，大家乱乱纷纷地宣布自己是老几。最初燕京和华西的两部分同学大都互不认识，现在是亲如兄弟姐妹，真成了一家人了。

在“未名”成员中，除有几个进步同学作为骨干，大部分是中间群众。根据这种情况，我们活动是通过具体事实进行教育，在阅读政治书籍上也采取循序渐进的办法，在方式上尽量做到生动活泼，寓教育于娱乐之中，务求每次集会使大家在政治思想上有所得而又感到有趣。比如针对同学对共产党、八路军、延安、抗日根据地情况所知不多，甚至对某些问题还有怀疑，我们便把《新民报》记者赵超构写的《延安一月》作为第一本启蒙读物，因为这本书写得简洁生动，真实客观地反映了延安的情况，使读者感到兴趣。阅读之后还结合各自存在的疑问进行讨论，果然收到了很好的效果。这本书把大家引到一个使他们向往的新天地，激起了新的希望。1944年11月“市中事件”发生之后，我们又发动全体“未名”成员前去医院慰问被反动警察殴打的受伤同学，使他们亲自看到了国民党对学生是如何凶残，以后还全体参加了游行请愿。1945年春，在成都美军新闻处工作的进步同学，举办国民党军队湘桂黔大败退和世界反法西斯战争大胜利的图片

① 严庆澍（1919—1981），笔名唐人，作家，江苏苏州人，时在燕大新闻学系半工半读。

展览，“未名”成员都前往参观。当大家看到湘桂黔战线上千千万万人民离乡背井，携儿带女，流离失所，贫病交迫的惨状时，不禁流下了悲愤的热泪。在展览室还有更触目惊心的图片，一边是世界反法西斯战争取得伟大胜利的图片，有铁托元帅亲自指挥作战打败了希特勒匪军，有苏军向德国本土的神速进军，有英法联军在法国的登陆，开辟第二战场。另一边呢？却是国民党军队在日军的进攻面前望风而逃、节节败退的可耻记录，对照是如此鲜明，“未名”成员不由得一个个怒火中烧，激起了对国民党的无比愤恨。

1945年旧金山会议时，我们把选举出席旧金山会议代表作为一次集会的主题，结果大家选举了宋庆龄、董必武为代表，1945年昆明“一二·一”事件发生后，“未名”签名发起组织、声援昆明同学的后援会。在“一二·九”追悼昆明烈士死难的大会上，“未名”成员陶慧华朗读了祭文，情真意切，声泪俱下，使会场的悲痛情绪达到极点。“未名”就是这样通过具体事件和斗争，一步一步地把同学们引向革命的道路。1945年党的“七大”之后，我们组织阅读讨论毛泽东同志的《论联合政府》。从读《延安一月》到读《论联合政府》，仅仅过了一年不到的时间，这该是多么大的跃进！“未名”跟着党前进、成长起来了。

“未名”的活动不仅有严肃的政治学习和讨论，参加火热的学生运动，还有多种多样有趣的健康的文娱体育活动。我们读进步文艺作品，朗诵中外优秀诗歌，教唱当时流行的进步歌曲，我们赛跑、拔河、打球、跳土风舞、猜谜语、打桥牌、下棋、郊游、野餐。许多成员感到参加“未名”有趣和有益，都纷纷把自己的朋友、同学甚至兄弟姐妹介绍来参加“未名”，因而新会员不断涌进来。在“未名”成员之间，有困难互相帮助，有痛苦大家分担，有快乐大家分享，确实结成了一个革命的大家庭。

从此，华西的进步团契如雨后春笋纷纷破土而出，记得（有）“星星”“协辉”七八个，他们同“未名”一样，都是以“民协”会员或其他进步分子为核心组织起来的，团结一批中间群众，开展活动，参加历次运动和斗争。“团契”，这一古老的宗教组织，注入新鲜血液和革命内容，焕发了革命青春，在当时的成都学生运动中发挥了作用。1945 年我到南方局汇报工作，谈到在教会学校中用“团契”形式组织群众的经验，得到了当时南方局组织部长于江震同志的赞扬，他说“这是一个从教会学校实际出发、根据青年特点进行工作的好经验”。国民党、三青团、青年党他们看见进步分子组织的“团契”吸引了青年，眼红了，心急了，于是也拼凑了一个“野玫瑰团契”，由青年党头目姜蕴刚[①]做顾问，可是参加者寥寥无几，因为他们永远也学不到共产党人崇高的理想和高尚的风格。

黄琪烈士小传[②]

黄琪（黄辉容），女，四川省新繁县（今属成都市）人，1925 年 5 月 11 日生。北平沦陷时期，就读于北平女子师范学校附属中学。1943 年 3 月随姐黄辉家（燕大学生）离开北平，到四川重庆，借读于东北大学。1944 年 9 月考入成都燕大外文系。在燕大学习期间，学习刻苦，政治上积极追求进步，投身于进步的社团活动和学生运动中。

黄琪曾参加“燕京生活社”“文学研究社”，经常在墙报上发表激励学生运动的诗歌，还参加了“海燕剧团”，经常演出革命话剧。在“市中事件”的学生运动中，积极进行宣传和组织工作，不久，被吸收为党的外围组织“民协”的成员。在“民协”的领导下，更加积极地投入革命斗争中，主动参加“启明团契”，努力做团结群众的工作。在地下党领导的纪念“五四”运动 26 周年的大规模纪念活动和抵制国民党欺骗知识青年参加青年军的斗争中，自觉团结群众，扩大进步同学的队伍。

1945 年 7 月积极响应党的号召，秘密到中原解放区鄂北四盘山浆溪店参加革命，1945 年 9—10 月在中原解放区青年干部训练班学习，

---

① 姜蕴刚（1900—1982），四川彭山（今眉山市彭山区）人，青年党骨干，曾任华大哲史学系主任。

② 摘编自《战斗的历程：1925—1949.2 燕京大学地下党概况》，第 233 页。标题为编者所拟。

毕业后留校任文化教员，随军转战。1946年2—5月调湖北省礼山县（现大悟县）宣化店中原民主建国大学学习，1946年6月转一纵队文工团，6月26日—7月1日随军突围，通过平汉铁路敌人封锁线后调三旅九团任秘书。1947年1月19日，随第三军分区突围，黄琪身体虚弱，本应转后方，但黄琪坚决要求随军，于途中积极从事宣传鼓动工作。1947年1月22日上午11时，在湖北省房县分水岭二道河战斗中，因极度疲劳被敌人炮弹伤及腿部，后空手与敌搏斗，壮烈牺牲。时年22岁。万恶的敌人竟割下烈士头颅领赏。

是年秋

▲川大第一届学生自治会成立。川大成立学生自治会，李在发[1]任理事长，余克明任副理事长，理事会成员有达凤德、何富华、李景春、赵锡骅等。

▲川大开办航空工程系、土木水利工程系并招生。[2]

▲川大学生吴祖型、赵锡骅创办时论剪贴社。

时论剪贴社发展为时事研导社[3]

时事研导社前身是时论剪贴社，于1944年秋季由吴祖型、赵锡骅创办时论剪贴社。开初剪贴《大公报》《英美之声》中揭露时弊的评论，不久又通过诗人邹荻帆、孙跃冬弄来一些盟军反攻日本的图片，丰富了剪贴的内容。后来又开展了时事演讲会、讨论会，不限于剪贴，故更名为时事研导社。曾邀知名教授文幼章、杨伯恺、黄药眠、陶大镛、彭迪先作讲演，学习和讨论过毛泽东的《新民主主义论》《论联合政府》、朱德的《论解放区战场》等。赵锡骅、鲁在璇、陈振环、刘光书先后担任过该社负责人。其成员一般有三四十人。

---

① 李在发，四川邛崃人，1942年入川大读书，时年20岁。参见国立川大－3010－12。

② 黄季陆接掌川大之初就明确指出："要增设实科学习，培植西南建设人才"。见《四川大学史稿·第一卷·四川大学（1896—1949）》，第230页。

③ 摘编自《四川大学史稿·第一卷·四川大学（1896—1949）》，第248页。标题为编者所拟。

10 月 7 日

华西坝“五大学”联合举行“国事座谈会”。林伯渠代表中共中央在第三届国民参政会上提出废除国民党一党专政，成立联合政府后，各界人士热烈响应。10 月 7 日，由“青年民主宪政促进会”发起，华西坝“五大学”的 12 个社团在华大体育馆举行“国事座谈会”，成都各大学学生、教师和各界人士约 2000 人参加了大会。留蓉参政员张澜、李璜、吴贻芳、周奉池、常燕生①、黄建中②、邵从恩等受邀出席。中国民主同盟主席张澜在会上发表演说，高呼“结束一党专政，成立联合政府”。这次座谈会是成都市自 1940 年国民党制造“抢米事件”以后召开的第一次大型群众集会，打破了国统区的沉寂空气，对推动爱国民主运动起了重要作用。③

华西坝的“国事座谈会”④

1944 年 11 月 11 日，成都大、中学生为抗议国民党地方当局武装镇压市立中学学生的暴行，举行了声势浩大的万人游行大示威，这就是有名的“双十一运动”。如果说“双十一运动”是打破成都地区学生爱国救亡运动沉寂多年的一曲凯歌，那么五大学“国事座谈会”，便是“双十一运动”的前奏。它是蒋介石实行法西斯特务统治以来，成都学生民主救亡运动的第一声炮响，它为“双十一运动”奠定了群众基础，积累了斗争经验；同时为以后一幕接一幕的学生爱国民主运动作了思想准备。

---

① 常燕生（1898—1947），山西榆次（今晋中市榆次区）人，中国青年党首领之一。抗战期间曾任教于川大，“九一八事变”后创作抗日名诗《翁将军歌》。

② 黄建中（1889—1959），湖北随县（今随州市）人，哲学家。1938 年任川大师范学院院长，后赴台湾。

③ 《川大盟讯》第 6 期；《中国近现代史大事记：1840—1980》，第 128 页；《抗日战争时期四川大事记》，第 202 页。

④ 摘编自《成都文史资料选编·抗日战争卷·上·救亡图存》，第 606—614 页。标题为编者所拟。此文系汪克永写于 1986 年 12 月。汪克永（1920—2002），四川金堂人，华大文学院哲史学系 1945 年第 31 届毕业生，《华西医科大学历届学生名录》将其误录为汪克水。

一、面临最艰难的时局

在抗日战争胜利前一年，盟国反法西斯的太平洋战线反攻前夕，是抗战最艰难的阶段，日本侵略者倾其全部兵力，对我国作一场孤注一掷的疯狂进犯。正面作战的河南战区军事长官汤恩伯一退千里，溃不成军，影响湘桂沦陷，随着军事上的节节败退，政治、经济、财政无不出现重大困难。毫无疑问，全国上下对国民党政府的责难也随之加码。这首先反映在当时唯一的“民意机关”——国民参政会上，参政员们以前所未有的愤慨，对有关部门进行了严厉的质询和公开的批评。同时报章与舆论界著文追查中原会战大溃败的责任，喊出“杀汤恩伯以谢国人”。国民党当局在这万分危殆的时局面前，表示引咎自责。这都是以往没有见过的。

二、民主宪政运动的兴起

民主宪政运动无疑是抗日救亡运动的重要的有机组成部分。中共参政员林祖涵（即林伯渠）代表中共中央提出召开各民主党派、各人民团体、各地方政府、各抗日部队代表参加的国是会议；组成各抗日党派团体的“联合政府”，要求国民党结束党治，实行宪政。蒋介石迫于舆论压力，在国防最高会议下，正式设立了“宪政实施协进会”。《民宪》《国讯》《新华日报》《解放》《新中国日报》等报章杂志，不断披露关于宪政的讨论、研究、宣传的各种文章，要国民党早日实行宪政，还政于民。成都地区的民主人士成立了“民主宪政促进会”，经常集会宣讲宪法、民主；金陵女大、燕京大学、华西大学、光华大学先后成立了宪政研究会；国民党人也相继成立“国民宪政研究会”，虽然唱的是另一个调子，却也给滚滚的民主洪流推波助澜。因而造成了人民敢于说话的有利时机。在这样一个形势下，谁敢再阻止学生不谈国事呢！

三、身居幕后的中共地下党

还须说明，在三次反共高潮以来，国民党顽固派一直实行残酷的法西斯特务统治，除了已关押着大批共产党员、民主进步人士外，还不断地在大后方搜捕党的地下工作者，各大、中学还没有由几所学校联合起来过问国家大事的先例。为此在成都的中共地下党要掀起学生的爱国民主运动，还得注意策略，谨慎从事，因而选定以“民主运动同盟”为掩护来开展各种活动，自己则身居幕后。而这时，“民盟”尚未在大学发展组织，但“民主政团同盟”成员之一的青年党，在大中学里却有一定的力量。因此，地下党便设法利用青年党来为学生运动开路。早在“国事座谈会”的前半年，地下党便通过各种渠道开始活动了。地下党员、燕京大学学生王文新、崔嵬多次秘密地去到青年党领袖之一的李璜家里（李因避日本飞机空袭疏散在西郊光华村附近的四家村），要求指导开展成都的学生运动。李要王文新、崔嵬同当时为华西大学哲学历史学系学生的我（青年党党员）联系，共同研究商量。因此王文新、崔嵬、王晶垚等便与我挂上了钩。

四、选定“国事座谈会”会场的一幕斗争

1944年9月，参政会在重庆刚一闭幕，王晶垚、崔嵬便来找我商量，准备请参政员来华西坝谈谈时事。通过多次接触研究，确定举行在华西坝的“五大学”学生“国事座谈会”，由“五大学”的12个学术团体联合邀请来蓉、留蓉参政员出席报告时事。因为“座谈会”这样的名称显得轻松缓和，既然是座谈，不仅参政员讲，同学们也可以问，不受拘束。我们认为要使这次座谈会开得活跃，开得热烈，场面大，声势壮，产生较大的影响，最好是有一个大的场所，最理想的会场便只有华西大学体育馆，这里可容纳1500人以上，若加上过道，可以达2000人。当时“五大学”有一个规定：必须是以一个大学为单位，至少是以一个学院为单位，有重要集会才能取得借用体育馆的资格，并事先向华西大学总务处交验借用证明。我们估计：参政员必定肯来，听众也一定踊跃，借得体育馆是开好这次座谈会的关键。我和王晶垚商量出结果：决定去找金陵女大校长吴贻芳。到了吴的家里，我们要求她以参政员校长兼坝上主东的身份参加这个会，进而请她大力支持这个会，帮助借用体育馆。原以为她平时表现处事公正，显得中立，不带党派色彩，请她出面承借体育馆是最恰当不过的。没料到这位校长比较胆小怕事，她认为开座谈会用不着这么大的会场，会场太大，怎么座谈法！我们一往一来，各说各的道理，持续一个小时，她仍自始至终拒绝出面借用体育馆。但要开国事座谈会的消息已传开了，又一直没有透露座谈会的地点。

临到开会的当天（10月7日午后2时开会）午前11时，我只好使用“瞒天过海”一计了，直接去到华大文学院院长办公室秘书陈国桦[①]（英语讲师）那里，向他说：“我们要开个大型座谈会，体育馆地方大，可容较多的人座谈，请留蓉的参政员来报告时事，国家大事嘛，谅必陈先生是乐于支持的啰！我已向院长报告了，他也非常赞成，现在请你以院长的口气向总务处写个借用体育馆的函件。”陈又问：“院长答应了吗？”我说：“已经答应了。”陈就毫不犹豫地写了借用信。我转身到总务处找到管理人肖晴帆，肖即说：“午后两点我派人来开门就是了。”我心里明白，怎么能等到午后2时他派人来开门呢？一旦事情泄露，来个停借，岂不坏了大事，必须先把钥匙弄到手方为万全。我便说：“今天的事情多，到时恐怕分不了身来找你，迟误了开门的时间不好，你不如先把钥匙给我，开了门我还你，大家都少些牵挂。”肖没有二话，便把钥匙给了我。我又怕万一陈国桦与华大文学院罗忠恕院长碰了面、露了馅，来个追回钥匙就糟了，不如一躲为妙。我立即告诉华大学生彭高万[②]（青年党党员），请他通知王晶垚，体育馆借成了，钥匙已到手。然后我便溜进城去了。

借体育馆一事，颇带几分戏剧性，似乎是意外成功，其实也是有原因的。因为我是华大哲史系学生，罗忠恕是系主任，又是文学院院长。罗有许多要办的事是通过我给他出力，因此陈国桦和肖晴帆对我信而不疑。同时也是由于陈、肖二人并不懂得这个座谈会的实际意义。果然，事后“五大学”的国民党党部受到了国民党省党部的批评，并要华大训导长唐波澂追查借用体育馆的责任，一直追到陈国桦的头上。罗忠恕院长则默然置之，可见他对此次座谈会也是暗表支

① 陈国桦（1910—1970），广东梅州人，曾任华大和川大教授。

② 彭高万，1942年考入华大历史系。

持的。

五、盛况空前的大型座谈会

这个座谈会，实际上是一次扩大的时事报告会，是一次对国民党政府的批评会。事先不能不考虑到场地太大，书面提问时传递不方便，口头提问则秩序较难控制，并且要防止特务在会场借提问捣乱。因此我们分头收集若干重要问题汇总起来，例如民主宪政问题、抗战前途问题、教育问题、中原会战的责任、国共谈判的症结、联合政府的前途、物价的飞涨、官吏们贪污、士兵的待遇、特务统治等等，共写成100多条零散的纸条。又恐不便于参政员们翻阅，便采纳有人提出的主张，干脆贴在主席台的墙上，一目了然。同时，我们还安排了得力的群众，分散在会场适当位置，准备应付特务的捣乱。

到了10月7日午后1点钟，体育馆的大门一开，如潮的人群便蜂拥而入，不到开会时间，场内场外和过道、楼梯、窗台等，无不塞得满满实实，不仅是“五大学”学生，关心时事的社会人士知道消息后也都赶来旁听，在2000人以上，真是从来未有的盛况。

参政员张澜、李璜、周道刚、刘王立明、吴贻芳、常燕生等差不多同时来到会场，主席台上只有燕大王晶垚、崔嵬、刘克林，华大汪克永、彭高万、吕如端[①]等少数几个学生负责接待参政员。参政员们登上主席台还未坐定，便逐一看了墙上张贴的密密麻麻的各种提问。张澜先生捋着胡须看得特别仔细。时间一到，即由燕大学生刘克林宣布座谈会开始，首先请参政员李璜讲话。

李氏综述了参政会开会的情况，他说，此次参政会对检讨军事、澄清政治、实行民主三大问题讨论最为热烈。中原会战失败，原因之一是士兵吃不饱，部队待遇太低，“一个陆军中将不如一个板车中杠”，部队公开走私，军官克扣军饷，军队扰民之事层出不穷，造成军民不合作。政府决定对他们照原薪增加40倍，年需600亿元，国库无法支付，发动大户献粮。参政会动议：动用政府军政官员们存储

① 吕如端，四川荣昌（今重庆市荣昌区）人，华大哲史学系1948年第34届毕业生。

的3亿美元作为军费，以渡危局。澄清吏治：首先是严惩贪污、渎职，邮政储金汇业局局长徐继庄舞弊3亿元，中茶公司误将运美红茶运苏，运苏茶砖运美，两国均拒绝不收，造成重大损失。小官被惩办，大官逍遥法外。关于实施民主宪政：重要的是国共合作，国共谈判四五个月来迄无进展，国民党坚持军政统一，要共产党交出军权，共产党则要国民党首先开放政权，实行民主，否则到时军权交出，政权不开放，何以自保，这是十分清楚的道理，所以共产党提出组织联合政府，实行民主宪政。

接着是张澜先生讲话，他第一句就明确指出："大家提出这么多问题（指墙上张贴），实际只是一个问题，即是不民主。如果实行民主，便不至于有这些问题了。有了这许多问题，即反证了今天不民主。国民党有权而无能，国事弄到今天这样危险的境地，都是由于国民党腐败无能，一党包办的结果。财政部用人10万以上，比行政院还大。贪污违法，财政部数第一。今天我国只有党权而无民权，只有党意而无民意，参政会似乎是民意机关，然而参政员都不是民选。我当了7年参政员，都是由政府圈定的。目前上自中央，下至乡镇保长非国民党员不能充当，此所以民意不能表现，舆论不能伸张，人民不能监督政府官吏。军队吃空额，军官吃饱了，士兵多饿死。冯玉祥在重庆宪政座谈会上说，现在的兵，由壮丁变成瘦丁，由瘦丁变成病丁，由病丁变成死丁，幸而不死放下枪杆，脱下军装，形同乞丐一般。所有这一切都是由于不民主造成。"他进而强调说，各党各派应公开合法存在，国共合作尤为重要。此次国共谈判对实行民主的先后有争执，国民党认为要统一才能实行民主，共产党则主张先实行民主。中央既赞成民主，中共也赞成统一。国家固然必须统一，但统一必先团结，团结必先民主。张澜先生总地提出革新政治，挽救危局，协调国共，使国家达到真正统一，唯一的一条路只有实行民主，集中全国人才，一致努力，才能把国事办好。他还在解答联合政府的内容和性质时说，民主政治就是要当权者放弃党治，民主政治第一步就是组织联合政府，现在正是说话的时候，希望大家多说多吼。蒋介石的耳目是被蒙蔽着的，下情不能上达，这中间有着复杂的原因，就等于说，你的东西可以送给别人，但是太太不愿意，怎么办？所以大家要多说多吼，多吼才能打破包围。张先生最后还指出，政治建设、经济建设，都需要民主。政治民主，即政治自由；经济民主，即经济平等；政治要学英美的民主，经济要学苏联的民主，希望大家共同努力。张澜先生的话，有如重型炮弹，句句打中要害，赢得全场掌声不绝。

继而由参政员吴贻芳、刘王立明、周道刚依次讲话，他们不外重复民主宪政的重要以及澄清政治、挽救危局、争取盟国的援助，以取得抗战建国的胜利等等。

大会进行中，国民党籍的参政员黄建中，姗姗来迟，夹着皮包埋头走进会场。没想到迎来的却是一阵嘘声。这位不识相的参政员，别人要他讲话时，也居然并不推让，站起来大放厥词，说走了火，他说什么“政府官吏中，自然不能说绝对没有贪污，但那是个人问题，而不是全体的问题”时，场内又发出一阵“嘘”声。接着他自吹一番：“10 年前我曾专门干过党务工作，说是三民主义的实行，实在还觉不够彻底，如果彻底实行民权主义，则我国不难成为世界上最民主的国家”云云。关于党派问题，黄氏则油腔滑调地回避说，他是一个国民党员，只有让无党派的人士来说。在不断的“嘘”声中，黄自知无法再讲下去了，只好十分尴尬地结束了讲话。

黄建中在座谈会上起着鲜明的陪衬作用，格外增添了会场的活跃气氛，会场里的特务学生、三青团分子、国民党员，只能眼睁睁地看着，而无法施其伎俩，这不能不叫做大势所趋，人心所向。

常燕生参政员是最后一个讲话者。他高兴地说，他是坝上人（常是华西大学教授，住在华西坝），但从未见过这样盛大的大会，有人说大学生不关心国事，今天这个会便是很好的反证。常又说，“这次参政会上好坏都公开出来，以往不允许说的，也能侃侃而谈了。只有公开才能唤起国人的关心。”他还强调说，“要真正实行民主，首先就是实行三大自由。”“在实行民主宪政之前，首先就要给人民三大自由，让人民一步一步走，民主是一个连续走的过程。”这次座谈会持续了 3 个小时，秩序井然，圆满结束。

六、尾声

华西坝五大学“国事座谈会”后的第5天，在西郊光华村的光华大学的8个学术团体——甲申级会、宪政座谈会、经济学会、诚正学会、银行学会、会计学会、边疆学会、草堂小品等，也在该校图书馆举行国事座谈会，仍然邀请在蓉参政员出席报告时事，同时约请新闻记者，并欢迎其他大中学校同学参加。座谈国事的风声所播，使国民党各级负责人为之毛骨悚然。五大学的国民党党部急忙联合召开训导长会议，商量对付办法，据说要加以“合理”指导。齐鲁大学训导长表示“聪明”、先人一着亲自导演，要在齐鲁大学定期举行官办的国事座谈会，可是以后阒然无闻，跟着而来的却是闪电雷鸣般的“双十一学生运动”。

10月8日

“民主宪政促进会”在成都召开座谈会，由邵从恩、张澜主持，会员有张志和、王白舆、常燕生、陈筑山等100余人参加，还有各界人士旁听。会议就宪法草案中的国名、国民大会的职权、边区制度等问题进行了热烈讨论。在此前后，成都《华西日报》接连发表社论、短评，宣传“国家政权交给人民”的主张。①

10月10日

“中国民主政团同盟”更名为“中国民主同盟”，发表《对抗战最后阶段的政治主张》，要求“立即结束一党专政，建立各党派联合政权，实行民主政治”。②

10月19日—20日

国民党华大区党部在体育馆举办“苏联照片展览”，并请文幼章演讲民生问题。③

---

① 《民主革命时期成都革命斗争史大事年表（讨论稿）》，第62页；《中国共产党四川历史大事件（民主革命时期）》，第290—291页。

② 《中国近现代史大事记：1840—1980》，第129页。

③ 《华西协合大学校刊》复刊第2卷2期。

10 月 30 日

华大历史学系教授钱穆在《华西协合大学校刊》复刊第 2 卷第 2 期“知识青年从军专号”发表《智识青年从军的历史先例》，号召青年从军。成都市青年学生爱国热忱高涨，踊跃报名参军。同期刊载《本校所属华西协合高级中学学生从军办法》。[①]

是月

▲“成都民主青年协会”成立。“青年民主宪政促进会”在成都城北文殊院正式成立校际青年革命组织——成都民主青年协会（简称“民协”）。《青年园地》半月刊为“民协”的机关刊物。会议推举燕大王文星、川大黄寿金为“民协”总负责人[②]。王文星任“民协”执委会主席，黄寿金负责组织工作，谢道炉负责宣传工作，彭塞负责教育工作，张国钧负责调研工作。各校建立“民协”小组或支部，发展会员开展活动。

“民协”是党的秘密外围组织，是党在成都学生工作中的得力助手，是抗战后期成都学运的核心，一经成立，就在党的直接领导下团结、组织和领导成都市大、中学校的青年学生开展反独裁、争民主、争取抗日战争最后胜利的各种斗争。[③]

▲四川省会警察局武装镇压学生，酿成“市中事件”。成都市立中学校长康定夏贪污学生伙食费，引起学生强烈不满，于 10 月 28 日举行全校罢课。31 日，四川省会警察局局长方超带领数百名警察包围学校，学生数十人被警察打伤，42 人被捕走，激起了全市大、中学生，学生家长和社会人士的公愤。中共川康特委通过新成立的“民协”及时领导了这场斗争。“成都大中学生联合会”成立了“声援市中血案后援会”，组织了对市中受伤同学的慰问，印发了《告全市同胞书》，说明了事件

① 《华西协合大学校刊》复刊第 2 卷第 2 期。

② 1945 年初，川康特委正式派金大同学王宇光（王煜）负责川大党的工作和“民协”工作。

③ 《中国共产党四川历史大事件（民主革命时期）》，第 291—292 页；《抗日战争时期四川大事记》，第 204 页；《四川大学史稿・第一卷・四川大学（1896—1949）》，第 244 页。

真相，并提出惩办凶手，释放被捕人员等正义要求。[①]

▲中国共产党抵制国民党发动的“十万知识青年从军运动”。针对国民党利用广大青年的爱国热情，发动“十万知识青年从军运动”，诱骗青年学生为其将来打内战卖命，中共中央南方局指示四川各地党组织，利用各种办法揭露青年从军运动的实质，四川党组织在成都通过“民协”发动了“反从军运动”加以抵制。同时，中共中央南方局青年组发动青年到农村去，到敌后去，输送了上千的四川青年学生到中原解放区和抗日前线，对国民党发起的青年从军运动进行了有力的抵制。[②]

11 月 4 日

中国科学社 30 周年纪念大会暨 24 届年会在成都举行。本届年会收到科学论文百余篇，科学界名流周太玄、陈志潜、汤腾汉、彭家元[③]等出席并发言。同日，中国数学会暨中国物理、生理、动物、植物、遗传、营养、药物、牙医、地理及教育研究会等 12 个科学团体年会，也在华大举行。[④]

11 月 5 日

中国民主同盟四川支部在成都成立，川大教授李相符、杨伯恺等被选为委员。[⑤]

11 月 8 日

川大师生声援市中学生。

---

① 《抗日战争时期四川大事记》，第 203 页。

② 《民主革命时期成都革命斗争史大事年表（讨论稿）》，第 63 页；《抗日战争时期四川大事记》，第 203 页。

③ 彭家元（1897—1966），四川金堂人，农学家，川大农学院教授、院长。

④ 《抗日战争时期四川大事记》，第 204 页。

⑤ 《抗日战争时期四川大事记》，第 204 页；《民主革命时期成都革命斗争史大事年表（讨论稿）》，第 63 页。

声援市中学生[①]

川大“民协”负责人黄寿金、吴祖型，共产党员李相符教授和达凤德参加了“成都市各大中学学生声援市中同学后援委员会”的秘密会议。会议决定：十一月十一日下午召开声援市中血案的群众大会，会后示威游行到省府请愿，由黄寿金负责游行指挥。在川大“民协”的统一布置下，众人采取出墙报、发传单、演讲等多种形式，揭露事件真相，动员广大同学参加斗争。

11月9日

川大、华大等校学生因“市中事件”上书蒋介石。川大和华大等32所学校的学生联名上书蒋介石，称“市中事件”“不但是市立中学同学的不幸，而且是整个国家的不幸”。与此同时，成都文化界人士，包括川大和华大的教授在内的52人也联名慰问受到迫害的市中同学，称这一事件“不仅是教育界的奇耻大辱，而且将在抗战史上留下一个不可磨灭的污点”。[②]

成都市各大中学为市中惨案向蒋介石请愿书[③]

（1944年11月9日）

四川省政府主席张转呈

国民政府主席蒋钧鉴

当我国抗战正届最艰苦阶段，政府正号召全国智识青年踊跃从军的时候，在后方第一大城市的成都竟发生了警察局长率领千余武装警士毒打并非法逮捕成都市立中学男女学生的事件，这不但是市立中学同学的不幸，而且是整个国家的不幸。

事实的经过是这样的：成都市立中学的同学们与学校当局之间发

① 摘编自《四川大学史稿·第一卷·四川大学（1896—1949）》，第251页。标题为编者所拟。

② 中共成都市委党史研究室：《市中事件》，成都出版社，1991年，第59—61页。

③ 摘编自《市中事件》，第59—61页。

生了争执，这原是小事，只要学校方面处理得宜，本来极易解决。但是，成都市余中英竟于10月31日下午约同四川省会警察局长方超率领警士千余人，全副武装，另带牵藤，包围该校。该校学生忽见千余警士破空而来，惊慌之余尤为愤慨，言语之间自难免有所冲突，于是方超乃下令警士动手，刺刀与牵藤并举，竟向我赤手空拳的市中男女同学刺打，一时惊叫乱窜，哭喊震天，男女同学重伤轻伤者数十人，其中女同学因用身体掩护男同学，受伤尤重，其后，方超局长更令警士于深夜非法逮捕市中学生四十余人，加以手铐，禁于囚牢。呜呼！市中同学何辜，竟受如此残害？国法何在？人情何在？天理何在？

惨案既然不幸发生，主使元凶如受应得处罚，国法犹未必不能重伸，人权亦可更加保障。然而，在严格的新闻检查制度之下，事实真相久而不得公布，但一手掩尽天下耳目，岂属可能？于是消息传来，各受伤学生家长首先群起呼吁，而我们各大中学的学生尤认为这不仅是市中同学数十人的受害，更显示国家法纪的荡然无存和人民基本权利的横遭蹂躏，其影响所及，对于当前的智识青年从军运动尤有莫大的损害。余市长中英和方局长超都是地方负责的官吏，知法犯法，竟一手造成如此残（惨）祸，岂仅可以聊记一次大过了事？果如此，何以对数十尚未成年稚弱无辜的男女中学生？何以对此数十学生的家长？更何以能伸张国法，保障人权？我们各大中学的学生，心谓为危不敢不言，谨掬血诚，恳求钧座：

一、下令彻查事实真相，辨明责任，将此次惨案之主凶方超、余中英立即撤职，严予究办。

二、下令各级政府机关切实实行保障人权、严格遵行保护人身自由法令。

成都各大中学学生以万分的热忱，无限的信心，等待钧座睿智的判断，贤明的措置。

成都

华西协合大学　　省立成都中学

金陵大学　　济川中学

四川大学　　南薰中学

金陵女子文理学院	石室中学
燕京大学	蜀华中学
齐鲁大学	敬业中学
光华大学	树德中学
川康农工学院	省立制革专科学校
华西协合高级中学	民新中学
志成商业高级学校	清华中学
省立会计专科学校	光华中学
成都市立中学	浙蓉中学
培英中学	西北中学
南虹艺术专科学校	省立艺术专科学校
大同中学	立达中学
中央大学	甫澄中学
全体同学	

成都文化界慰问市中同学书[①]

（1944年11月）

对你们所遭受的迫害与侮辱，我们表示无比的愤怒！你们这年青（轻）的一代，未来国家的主人翁，中国文化的继承者，你们今日所遭受的，不仅是教育界的奇耻大辱，而且将在抗战史上留下一个不可磨灭的污点！

我们文化工作者，除对这一次蹂躏人权的丑恶暴行向全社会人士提出控诉外，更向你们谨致最高友情的慰问！

叶圣陶　马哲民　李相符　沈志远　李劼人　陈翔鹤
杨伯恺　陈中凡[②]　黄宪章　田一平　谢文炳　刘艽如
罗念生　李束丝　叶泥塞　陈白尘　李次平　贺孟斧
丁　易　丁　聪　秦　威　邝　湄　黎　澍　周　彦

① 摘编自《市中事件》，第58—59页。

② 陈中凡（1888—1982），古典文学家，金女大理学院教授。

黄药眠　郁　风　木　将　唐　致　水草平　罗启维
黄是云　巴　波　王肇禋　邹　明　徐　疾　张　放
黄晚节　陈伯雯　丁宗岱　唐　海　艾　丁　洪　钟
吴祖光　杨　逵　赵慧深　方　滨　车　辐　王冰洋
刘以燊　尹叔聪　劳　洪　苏振东

11 月 11 日

成都数千学生举行游行声援市中学生。成都各大、中学的学生共7000多人举行示威大游行，强烈要求民主，并向国民党当局提出了惩凶、恤伤、保障人身自由等要求。国民党迫于压力，由张群出面“允诺”了四项要求。该次游行迫使成都市市长余中英、四川省会警察局局长方超于14日辞职，斗争取得了胜利。“市中事件”标志着国民党统治区人民民主运动开始高涨的新起点。[①]

11 月 12 日

成都《华西日报》就10月31日发生的“市中事件”发表题为《市中事件的重大教训》的社论，提出：“切实尊重民权自由，彻底改善党化教育政策。”[②]

11 月 13 日

方叔轩[③]、梅贻宝、陈寅恪、向楚、钱穆、魏时珍、张铨等川大与华西坝“五大学”的知名教授112人联名在《新新新闻》上发表告学生书。

“市中事件”真象（相）业已明白　正义既经发抒允宜适可而止[④]

（1944 年 11 月 13 日）

（中央社讯）本市各大学教授，方叔轩、梅贻宝、章之汶[⑤]、汤吉

---

① 《抗日战争时期四川大事记》，第205页；《南方局党史资料大事记》，第254—255页；《民主革命时期成都革命斗争史大事年表（讨论稿）》，第63页。

② 《抗日战争时期四川大事记》，第205页。

③ 方叔轩（1894—1982），四川成都人，时任华大教务长，1947年任华大校长。

④ 摘编自《市中事件》，第166—167页。标题为编者所拟。

⑤ 章之汶（1900—1982），安徽来安人，金大农学院教授。

禾、张芗兰、向楚、钱穆、黄建中、刘觉民、柴斯可、薛鸿志、张登寿[①]、彭家元、杨允奎、魏时珍、吴国章、罗忠恕、何彭荣华、杨介眉、杨施惠兰、王继泽、胡福林、杜奉符[②]、陈寅恪、胡昌炽[③]、陈纳逊[④]、倪青原、刘硕甫[⑤]、何文俊、戴安邦、焦启源[⑥]、蔡乐生、李方训、李晓舫、范谦衷[⑦]、黄觉民、张奎、刘恩兰、吴襄[⑧]、柯象峰[⑨]、张孝礼[⑩]、张毓放、孙明经、戴运轨[⑪]、李有行[⑫]、曾省[⑬]、沈福文[⑭]、庞薰琹[⑮]、雷圭元[⑯]、潘迁沅、李方桂[⑰]、陈尚义、朱琴珊、徐绍式[⑱]、胡得兰、吴蒋次岷、陈国桦、蒙文道（通）、张铨、杨佑之、潘源来[⑲]、王荫初、刘昌合等一百十二人，为成都"市中事件"发表告学

---

① 张登寿，时为川大新生院院长。

② 杜奉符（1893—1951），四川合川（今重庆市合川区）人，古典文学家，华大教授，1946年任华大中文系主任。

③ 胡昌炽（1899—1972），江苏苏州人，园艺学家，金大教授。

④ 陈纳逊（1894—1997），广东香山人，动物学家，金大教授。

⑤ 刘硕甫，物理学家，金大教授。

⑥ 焦启源（1901—1968），江苏镇江人，植物学家，曾任华大、川大教授，金大植物系主任。

⑦ 范谦衷（1901—1993），浙江杭州人，动物学家，曾任金大教授、动物系主任。

⑧ 吴襄（1910—1995），浙江苍南人，医学家，曾任中大医学院教授。

⑨ 柯象峰（1900—1983），安徽贵池（今池州市贵池区）人，社会学家，1937—1945年任金大社会学系主任。

⑩ 张孝礼（1903—1980），四川邻水人，数学家，1927年毕业于华大数学系，1940—1946年任华大理学院院长。

⑪ 戴运轨（1897—1982），浙江奉化（今宁波市奉化区）人，物理学家，曾任金大物理学教授。

⑫ 李有行（1905—1982），四川梓潼人，美术家，抗战时期创办四川省立高级工艺职业学校（即后来的四川省立艺术专科学校）。

⑬ 曾省（1899—1968），别名曾省之，浙江瑞安人，农业昆虫学家，1935年秋任川大农学院院长。

⑭ 沈福文（1906—2000），福建诏安人，美术家，1939年和李有行创办四川省立高级工艺职业学校。

⑮ 庞薰琹（1906—1985），江苏常熟人，美术家，抗战时间执教于四川省立艺术专科学校、私立华西协合大学。

⑯ 雷圭元（1906—1989），江苏松江（今上海市松江区）人，美术家，曾任四川省立艺术专科学校教授。

⑰ 李方桂（1902—1987），山西昔阳人，语言学家，曾任燕大教授。

⑱ 徐绍式（1902—1995），江苏南京人，体育教育家，曾任燕大教授、"华西坝五大学"体育委员会主席。

⑲ 潘源来（1903—1986），湖南浏阳人，经济学家，曾任华大经济系教授。

生书，原文如次：此次成都市立中学，发生不幸事件，以市府警局措置不免失宜，致使学警冲突，少数学生受伤，引起其余各大中学同学之同情与义愤，青年本其敏锐之正义感，对此自应有不可遏抑之热烈表示，此种纯良动机，正当行动，深足珍视。所幸省府处置迅速，立派大员，多方调查，真象（相）业已明白公布，应负责任人员，均经依法惩处，学生请愿各节，并经政府表示接受，分别办理，而同学亦咸表满意，此事当可告一段落，同仁等本无庸再行置词。惟昨阅《成都晚报》载，敌人广播，竟谓“市中事件”为成都学生反战之表现，殊感痛惜。当此强敌压境，国族存亡，吾人正发动大量智识青年从军之际，敌奸伺隙破坏，无所不用其极，偶一不慎，必致堕其术中，而不自觉，况吾国此时正争取国际同情，本市为抗战后防重镇，盟友云集，观瞻可系，青年言行，尤为国际人士所注意，昨日学生请愿，即有盟友沿途摄影，究对吾人作何理解，殊难想像（象）。微闻学生尚有继续罢课之传说，深恐不肖分子，乘虚破坏后方治安，动摇国本，更贻敌人以造谣之机会，此同仁等所不能已于言者。深望各大、中学同学，体念时艰，抑制热情，运用理智尊重事实，恪守法纪，正义既经发抒，允宜适可而止，以宝贵之光阴与精力，致力于学术之研攻与品德之陶冶，为他年服务国家、切实改革社会之准备，或则奋志从军，效命疆场，挽救危亡，同塞敌人诬蔑反战之口实，此尤吾人所期望者也。

11月17日

教育部电令川大、华西坝“五大学”校（院）长，试图阻挠成都学生运动。

成都市立中学学生因班级间纠纷遭受警察暴行发生冲突教育部电令阻挠①

（1944年11月17日）

饬各校院防范不法分子乘机煽动妨碍抗战由

电国立四川大学校长黄季陆、私立华西协会大学校长张凌高、私

① 摘编自《市中事件》，第91—92页。

立金陵大学代校长章之汶、私立燕京大学代理校长梅贻宝、私立齐鲁大学校长汤吉禾、私立金陵女子文理学院院长吴贻芳、私立川康农工学院院长魏嗣銮：

急。国立四川大学黄校长季陆　密据报，成都市立中学以班级间纠纷引起风潮与警察发生冲突，已经省政府妥为处置。惟（唯）闻有不法分子乘机煽动蓉市各院校学生罢课游行，不惜扰乱地方秩序，以遂其政治企图等语。当此，抗战已属紧要关头，后方士民务须一德一心拥护抗战国策，以求胜利后得自苑步骤，以致妨碍抗战阻挠胜利[①]，务希诰戒该校学生恪遵校规，严守秩序，不得有任何越轨行动，并协同全体教职员妥为防范。具报教育部渝　印

电。国立西南联大常委蒋梦麟、梅贻琦，国立云南大学校长熊庆来，国立东方语文专校校长汪懋祖，国立浙江大学校长竺可桢，国立贵州大学校长张廷休，私立大夏大学校长王伯群：

急。国立西南联大蒋常委梦麟、梅委贻琦　密成都市立中学因班级间纠纷与警察发生冲突，已经省府妥为处置解决。惟据报，有不法分子乘机煽动，思扩大纠纷，掀动学潮，以遂私图。当此，抗战已属紧要关头，后方士民务须整齐步骤，一致拥护抗战国策，以求胜利，不得有丝毫越轨行为。致妨碍抗战阻挠胜利，希妥为防范具报教育部渝。

11月18日

国民党重庆宪兵司令部密报成都学潮情况。

共产党等鼓动成都学潮经过情形[②]

（1944年11月18日）

渝市宪兵司令部情报十一月十八日据蓉市十一月十一日消息：成都此次发生学潮，由于青年党、共产党、中国民主同盟分子鼓动企图乘机争取群众打击政府，并藉（借）此一以对付张主席制止组织“国

① 原文如此，可能有误，待考。

② 摘编自《市中事件》，第95—96页。

事座谈会”“民主政治研究会”之表示不满，以破坏青年从军运动（青年党之主旨）及奠定今后活动基础（共党之目的），同时亦欲藉（借）此推倒方超、余中英，以竞取警局及市政府之权位。十一日晚，四川、金陵、华西、燕京、光华诸大学及敬业、济川省立成都各中学等，结集三千余人游行示威，张贴标语散发传单并群呼“枪毙方超、余中英”。

十二日晨亦有部分省立成中游行示威张贴标语，并闻曾经分别派遣代表往乐山武大、昆明联大及重庆等校活动，查此项学潮曾达至沸点，嗣即渐次低降，因青年党与共产党互争领导权，率为共党（以少胜众）所夺取，故青年党表示放弃参加此一运动。同时政府方面亦经相当圆满之答复予各代表，兼以党团中坚分子遵照上级指示，组织团体阐发正义利害是非国家危机等，正言针对若干盲动分子，作正面打击，并散发传单张贴标语，使其力量分散，宣传效力减低，预料今后此一事态不致有扩大之趋势。兹将此次学潮，幕后之党派首领及各大学代表姓名列举于左：

1. 青年党张表芳（方）、李璜、杨叔明，该党特工头目，即为此次鼓动学潮扩大之主使人。

2. 共产党黄宪章（康省训团特约讲师）、杨伯阶（恺）（华西日报总编辑）、袁铭（金大学生等）。

3. 中国民主同盟：四川支部经于本月五日（在）蓉成立，张澜以重庆总部理事主席，选出李璜、杨叔明、杨伯阶（恺）、黄宪章等九人为理事，现正商议推进工作中。

4. 各大学代表：袁铭（金大）、贾唯英（华大）、吴咸臣（华大）、李中①（燕大）、郭文年（川大）、达讯清（川大）、郭如强（光大）等，中学部以敬业中学（青年党办）居多数。（袁铭、贾唯英系共产党分子。）

12 月 1 日

延安《解放日报》登载了对“市中事件”的报道和评论。

---

① 李中（1923—2003），又名李慎之，江苏无锡人，哲学家。时为进步学生团体骨干。

抗议国民党特务暴行　成都万余学生游行[1]

（1944年12月1日）

【本报讯】据《华西日报》载称，成都于十一月十一日爆发万余学生[2]抗议游行。据称大游行的发生，其远因在于国民党对“学生一切爱国活动，横加干涉，绝对压制”。一方面，自十月底，学生一切言论集会结社自由，业被重新赤裸裸地剥夺殆尽；另一方面则“学校上下层中充满奇异人物”，派遣了专门捣乱、不带书本而带手枪的“学生”混入学校。此事件之近因则是因为成都市立中学风潮。该校曾因故开除高一班“学生”三人，但市府仍令其复学，引起全校学生大哗。要求重新开除他们，十月三十一日遂爆发了该校八百余学生的大罢课，午后警局派遣了武装警察施行弹压，一部分学生被击受伤，其中有些已变成终身残废，另有学生四十四人被逮捕，此事激起了全成都学生的极大义愤，各大中学同学纷往慰问，旋组织请愿团，于十一月九日下午三时向四川省政府提出六项要求：（一）要求政府立即公布事实真相；（二）要求撤职查办凶手及帮凶；（三）要求政府重申保护人身自由法令，切实执行；（四）要求警政机关今后不得无理干涉学校行政；（五）要求政府赔偿受难同学的损失及负担残废同学的终身生活费；（六）要求法院提起公诉。当局对此项要求，置之不理。十一月十一日下午三时，川大、华大、金大、燕大、华西联中等校学生共万余人，结队示威游行。由华西坝出发，取道南门入城，经文庙街、东御街、总府街、春熙路、走马街以至省府，沿途张贴标语，高呼口号，情况紧张，市民观者如堵，深受学生们之感动。到达省府门前，全体席地而坐，由每校各派代表二人，要求面见省主席张群，提出四项要求，其中有一条要求转请省府重申保障人身自由，惩办凶手等。由省府李秘书长接见，及反复“蹉商”三小时后，宣称允诺后，方才散去。翌日，此种抗议运动仍在继续进行，各学生家长提出刑事控诉，及省立成都中学学生继续游行，沿途他们“张贴标语，坚决反

---

① 摘编自《市中事件》，第125—126页。

② 此处记载与上文重庆宪兵司令部密报有出入，待考。

对暴力侵害人身自由及干扰教育神圣事业”。

12 月 4 日

华大远征军同学会在印度汀江军营成立，丁崇甫[①]任主席，会员 29 名。[②]

12 月 9 日

周恩来在延安各界青年纪念“一二·九”9 周年大会上报告《大后方青年政治运动的情况》，指出“今天在大后方青年方面，正是新的‘一二·九’运动的爆发”。今天的情况，比之“一二·九”时代更加严重，“到处布满特务和军警，使青年们心中充满了愤怒的火花”，促成民主运动高涨。他说，国民党搞“青年从军运动”（蒋介石在豫湘桂战斗中，看到他的军队已不堪一击，而群众又对他的独裁统治极为不满，为加强其法西斯独裁统治，他利用知识青年的爱国热情，于 10 月号召动员 10 万知识青年从军），是要欺骗青年参加他组织的党卫军，但已被青年学生识破，使之遭到很大的失败。最后，周恩来号召大后方 30 万大、中学生到敌后去参加抗日战争，到各地乡村去，为人民服务。根据周恩来的报告精神，重庆南方局工作委员会立即发动蒋管区广大知识青年抵制蒋介石的知识青年从军运动，并通过各种渠道动员组织知识青年到敌后解放区、到农村去。[③]

12 月 27 日

“五大学战时学生讲演会”举行第一次讲演，顾颉刚教授主讲“青年应有的自觉”。[④]

是月

▲华西坝“五大学”联合举行座谈会，揭露国民党假抗日、真反共

---

① 丁崇甫，四川巴县（今重庆市巴南区）人，1944 年 9 月从重庆大学商学院转入华大经济系就读，见华大 C. JX. CJD—306—21。

② 《华西协合大学校刊》复刊第 2 卷第 4、5 期合刊。

③ 《南方局党史资料大事记》，第 257—258 页。

④ 《华西协合大学校刊》复刊第 2 卷第 4、5 期合刊，参见华大—C. CB—27。

的阴谋，说服受影响的青年不去参加青年军。[①]

▲中共川康特委正式指派王宇光负责领导“民协”。翌年春，王宇光根据党的指示，提出起草“民协”的正式章程，明确规定“民协”的性质、宗旨和任务。[②]

是年

▲川大举办夜大部和先修班，接纳沦陷区失业、失学青年。

黄季陆在川大创设夜大部和先修班[③]

1944年起，在黄季陆力主下，为满足公教人员渴求知识的需要，经教育部批准，川大利用在南较场的校舍，办起了夜大部和先修班，规模曾一度达到2000余人，主要接纳沦陷区流离到大后方来的失业、失学青年，同时为国民党中央机关、四川省、成都市的公务人员进修提供方便。学制、课程、时间安排与全日制在校生有所区别，一切从实际需要和条件出发。

▲川大学生创立文学笔会。川大学生杜谷、孙跃冬在校内发起成立文学笔会（简称“文笔会”）。“文笔会”编印了《旗》（诗歌）、《山水·阳光》（小说散文）、《野花与剑》（杂文）等壁报，还经常举行文艺座谈会、报告会、纪念会和演出活动。[④] “文笔会”在历次革命斗争中都积极带头参加，是学生运动的骨干力量之一。其负责人先后有杜谷、孙跃冬、赵锡骅、邓文质[⑤]、李安澜、陈万堂等。会员经常维持在40人左右。[⑥]

---

① 《华西协合大学校刊》复刊第2卷第4、5期合刊，参见华大－C.CB－27。

② 《华西协合大学校刊》复刊第2卷第4、5期合刊，参见华大－C.CB－27。

③ 摘编自《四川大学史稿·第一卷·四川大学（1896—1949）》，第224页。标题为编者所拟。

④ 成都市第一台秧歌舞《兄妹开荒》就是该会于1947年排演的。

⑤ 邓文质，四川中江人，1943年考入川大文学院史地学系，学号32134。参见国立川大－1943－4。

⑥ 《四川大学史稿·第一卷·四川大学（1896—1949）》，第248页。同时参见国立川大－1481－10。

一九四五年

1月3日

校友张澜在川北旅蓉同乡会上发表谈话，强调团结互助，保川卫国，实行民主。[①]

1月9日

齐大在已报名参军的同学中用抽签办法来完成当局征集青年军的任务，齐大学生张汝黻拒绝抽签却被校方令人代抽而被抽中。张汝黻不服，被校方开除。“民协”当即发动学生揭发校长汤吉禾压制学生以及贪污的丑行，并于23日举行示威游行，后又罢课达两三月之久，最后以汤吉禾被罢免告终。[②]

是月

周恩来在曾家岩50号会见加拿大友好人士、华大外籍教师文幼章。[③]

2月8日

“四川大学慰劳征属募捐团”在郫县公演募捐。“四川大学慰劳征属募捐团”到郫县公演《野玫瑰》和《重庆二十四小时》。[④]

是年春

▲川大学生创立“自然科学研究社”。1945年春，为了团结理、工、农各系同学，使学生运动更加广阔，化学系和物理系进步学生发起成立自然科学研究社，负责人是刘承俊[⑤]、蒋国基，成员40多人。该社参加了川大历次学生运动；出版《情报导刊》，举办哥白尼纪念晚会、

① 《抗日战争时期四川大事记》，第212页。

② 《民主青年协会革命斗争史稿》，第25—26页。

③ 《南方局党史资料大事记》，第269页。

④ 刘安诚：《郫县抗日活动大事记》，参见国立川大－3107－30。

⑤ 刘承俊为川大理学院化学系学生，川大第一届学联主席，后被保送到国防部应用化学研究室。

居里夫人纪念晚会，邀请袁翰青、杨秀夫等教授作学术报告等。参加该社的同学，学业成绩一般较好，后来许多人都成为学者、专家，还培育了革命烈士郝跃青、张大成。[①]

▲为了抑制青年党在民盟争夺领导权的活动，李相符、杨伯恺介绍了一些“民协”成员和进步学生入盟，其中有达凤德（达昭）、何富华（何静修）、李江景（林宗华）[②] 等。一大批共产党员和“民协”骨干加入民盟，以掩护他们的秘密身份，有利于参加现实斗争。川大民盟因而成为与共产党、“民协”关系密切的一支民主力量。[③]

▲川大学生成立“女声社”和“自由读书会”。黄立群在川大女生院创立女声社，成员中有李惠明、江竹筠等。该社出版有壁报《女声》，提倡妇女解放。为了扩大女生联系面，1945 年春，川大学生发起组织了自由读书会，成为女声社的姊妹团体。自由读书会的活动主要是筹集资金，购买图书刊物供女生阅读。负责人有陈璧云、冉正芬、范连芬、马秀英等。女声社、自由读书会各有成员 20 多人。[④]

▲校际进步组织“朝明学术研究社”成立。1945 年初，朝明学术研究社筹备会议在华大社会系办公室召开。该社成员包括华西坝“五大学”、川大和光华大学等校的青年学生、教师及其他社会人士。第一届社长为陈永淦，副社长为韩启文。下设文学组（由孙跃冬负责）、历史研究组（由袁华章负责）、经济研究组（由白永达负责）。该社人员众多，烈士汪声和、李惠明、张国维、徐达人、杨伯恺皆是该社成员。[⑤]

朝明学术研究社成员回忆成立缘起[⑥]

1944 年春，金陵大学学生、共产党员韩启文由西安到成都，他的

---

① 《四川大学史稿・第一卷・四川大学（1896—1949）》，第 249 页。

② 李江景，又名林宗华，川大经济系学生。

③ 《四川大学史稿・第一卷・四川大学（1896—1949）》，第 242 页。

④ 《四川大学史稿・第一卷・四川大学（1896—1949）》，第 248 页。

⑤ 朝明学术研究社革命斗争史稿编委会：《朝明学术研究社革命斗争史稿》，内部编印，1987 年，第 21 页。

⑥ 摘编自《朝明学术研究社革命斗争史稿》，第 17—22 页。标题为编者所拟。

组织关系没有及时转来，适逢杜斌丞同志由西安到成都，见了韩，韩叙述了这个情况，由杜斌丞同志写了一封介绍信给王炳南同志，韩启文到重庆，见了王炳南同志，王炳南同志又将韩介绍给董必武同志，董老和韩谈到深夜。董老根据南方局指示精神，指出当前不必找组织关系，而着重在开展民主运动，搞统一战线工作。董老讲了很多道理，很恳切，韩启文回到成都后，即根据董老指示，筹备青年民主组织。

当时在成都的进步教授、老共产党员李相符、杨伯恺及其他进步教授如沈志远、马哲民、黄宪章、彭迪先，陶大镛等，联合出版了进步刊物《大学月刊》，在这个基础上还组织了一个“成都第一信用合作社”，这是一个经济上的互助组织（当时国民统治区内通货膨胀，物价高涨，教授待遇很低，生活有困难），地址在南门丝绵街，金陵大学研究生陈永淦、齐鲁大学学生谢白榆在该社业余工作，以每月微薄收入补助学习费用。陈嘉勋后来接替过谢白榆工作。韩启文是《大学月刊》社成员，经常到信用合作社去。于是韩启文、陈永淦、谢白榆三人，筹备成立一个进步团体，就是后来的朝明学术研究社，简称“朝明社”。

1944 年成都“市立中学事件”后，金陵大学学生张天义（张乐山）找到曾在金陵大学农科毕业、又到华西大学经济系学习的刘琦行（刘鸿毅）。刘于 1933 年在江苏参加共产主义青年团，1938 年在四川参加中国共产党，是在成都“抢米事件”后暂时失去联系的党员。张天义和刘琦行取得联系后，分析当时的形势，认为“市中事件”是国统区民主运动高潮的讯号，它打破了“皖南事变”以来国民党统治区沉寂的空气，惊醒了国统区千百万群众，为打开新的局面创造了条件。为了更加广泛地发动和组织群众，需要成立包括成都各大学在内的校际学生组织，来迎接民主运动的新高潮。刘琦行和张天义商量去找四川大学教授李相符商量。李那时对外身份是四川大学教授，民主同盟中央组织委员，实际是 1928 年入党的老党员，由中共中央南方局董必武同志直接领导，负责成都统战工作。1945 年 3 月左右，张天义到四川大学教授宿舍（铮园四号）找到了李相符同志，讲了想成立一个校际性的学生组织，并打算请他担任指导。李表示同意，但说要多请几位指导，以免引起别人注意，太显眼了，并说最好多找一些进步教授、社会名流和民主党派的领导同志，这样可以扩大政治影响，工作更方便些……根据李的指示，遂又找了杨伯恺、文幼章、吴耀宗、彭迪先、陶大镛、马哲民、沈志远、黄宪章、沈体兰、张松涛等人。这时华西大学的岑本钧（苏平）找刘琦行，说要成立一个进步的学生团体。这样刘琦行就通过岑本钧的关系，结识了陈永淦、韩启文、谢白榆、汪声和、陈嘉勋（陈旗海）等，和他们一起开展了“朝明社”的筹备工作。

四川大学学生黄立群（徐舟）从延安来，来成都前已是共产党员，她是徐特立同志的外孙女，其父是四川大学进步教授黄宪章（《大学月刊》社成员），陈永淦、韩启文、谢白榆本来和黄宪章熟悉，因此，黄立群与陈、韩也相识了，黄立群又联系了她伯母的外侄女张尚琼（金陵女大），又联系了川大的李惠明、张胤聪、孙跃冬、杨云霞等。于是形成三股力量，并使朝明学术研究社的组织初具雏形了。

朝明社成员回忆汪声和烈士①

汪声和同志，1920 年生于北平，1939 年毕业于北平第五中学，随即从敌占区来到抗战的大后方昆明，考入当时的欧亚航空公司（即中央航空公司），先后被派到兰州站及成都站工作。在此期间，他开始接触马列主义，在地下党的影响和帮助下，思想进步很快，在青年同事中起了很好的作用，得到了他们的信赖。1943 年他考入齐鲁大学经济系，一面工作，一面上学，同时从事学生运动，进行革命活动。1943 年经董必武同志直接领导的地下老党员陈甫子（陈宝珊、陈富梓）的介绍，加入了共产党，以后他一直帮助陈甫子同志从事党的地下工作。

汪声和同志是朝明学术研究社最早的成员和筹备人之一，他为人

---

① 摘编自马伯璜、汪声鸣、陈嘉勋等：《悼念我们亲密的战友汪声和烈士》，载《朝明学术研究社革命斗争史稿》。标题为编者所拟。

忠诚朴实，胸怀磊落，对同志的困难处处热情帮助，他性格刚毅，处事果敢敏快，从不畏缩拖拉。因此同志们都很喜欢与他相处共事。在朝明社从事的学生运动、领导同学对国民党反动派的斗争中，他起了很好的影响和骨干作用。

他对敌斗争坚决，对党无限忠贞，不惜牺牲个人一切，随时准备听从党的召唤。他学习孜孜不倦，在齐鲁大学学习期间，积极选修朝明社指导彭迪先、黄宪章等进步教授的课程，对经典著作爱不释手。经常和同志一块研琢。他和当时在金陵大学读书的弟弟汪声鸣都有电器方面的技术知识。由于家乡沦陷，生活穷困，二人靠勤工俭学读书，利用节假日、星期日为学校及同学修理电器，以微薄收入补助学习费用。

在齐鲁大学发生的几次革命斗争中，如反对国民党反动派发动学生参加青年军、反对国民党校长汤吉禾、争取学生自治会领导权和《齐鲁文摘》事件等，在党的领导下，汪声和同志都站在斗争的前列。由于斗争的胜利，他在学生中也享有较高的威信，1945 年被选为学生自治会主席。在一个有 81 年历史的著名的教会大学第一次为进步势力夺取了学生自治会的领导权。党通过学生自治会领导的校内各类进步活动十分活跃，进步社团相继成立。学生群众积极参加各次革命活动，因此引起了反动势力的恐慌，他们组织反动势力，进行了对汪声和和陈嘉勋（陈旗海）同志的激烈围攻，说他们“为共产党宣传”，是“赤色帝国主义分子”，要汪下台。但汪、陈等在党的领导下，在全校进步同学和华西坝各大学进步力量的声援下，进行坚决斗争，反动势力的阴谋终未得逞。

1945 年夏，齐鲁大学复员回济南，汪声和转华西大学借读。由于他热爱戏剧，作为特约演员参加成都太平街中国艺术剧团的开台戏《清宫外史》的演出，后又参加了华西各大学组织的《雷雨》《日出》及郭沫若早期作品《湘累》的演出。他参加演出从不挑选角色，态度严肃认真，深得导演肖锡荃的赞许。在此期间，他结识了成都艺术剧团的基本演员裴俊（裴哲俊），后来他们结了婚。

汪声和大学毕业后，偕夫人到了武汉，1947 年 8 月到上海。为了党的工作需要，他进入国民党民航局任电台台长，上海解放前夕，党派他到台湾去工作。虽然任务艰巨，环境险恶，但他毫不动摇，毅然偕同夫人裴哲俊同志一起去了台湾。在国民党仓皇逃到台湾之初，对进步势力进行了严密的监控和血腥的镇压，汪声和和夫人不久一起被捕。在临难时，他视死如归，从容自若，频频向其夫人点头致意，一同英勇就义。后经陈甫子同志向党汇报，组织上追认他为烈士。

4月1日

燕大30个社团就时局问题联合举行时事座谈会。翌日，召开学生自治会全体大会，通过对时局的宣言。该宣言由学生自治会负责人李中起草，提出结束一党专政、召集国事会议、组织联合政府、重选国民大会、保障人民自由等7项主张。[①]

5月1日—5日

成都警察从5月1日至5月5日监视川大和华大进步学生活动。[②]

警察局调查股曾有忠监视川大学生纪念“五四”运动情形呈文[③]

（1945年5月1日）

川大奸伪学生决议于明（二）日起主办五个联谊，其主办团体包括“文笔”（负责人李文述，史地系二年级）、“文研”（负责人李远山，教育系，女）、“自然科学社”（负责人高禀坤，物理系三年级）、“黎明歌唱团”（负责人胡文熹，经济系二年级）、“国乐团”（负责人刘光书，经济系三年级）、“自由新闻社”（负责人向定和，经济系二年级）、“离离草社”等，其主要目的为藉（借）此在校内作言论集会之公开活动而抨击政府。兹以晚会性质内容次第列写于后：

一、文学晚会五月二日晚由“文笔”主办，讲述文学名著，并请

① 《民主革命时期成都革命斗争史大事年表（讨论稿）》，第64—65页。

② 成都市第一档案馆：《成都青年反独裁、争民主档案史料选编（1944—1949）》，内部编印，1983年。

③ 摘编自《成都青年反独裁、争民主档案史料选编 1944—1949》。

有前“文笔”会员杜谷先生讲演俄国小说《约翰·克利斯朵夫》[①]。

二、科学晚会五月三日晚由“自然科学研究社”主办，请有校内外名人及理、工、农各院教授讲演，并有余兴节目多种。

三、纪念晚会五月四日晚由“文笔”“文研”“自然科学研究社”主办，请有校内外名人参加，讲演五四轶事并表演“秧歌舞”。

四、文艺晚会五月五日晚由“文笔”“文研”主办，据云将请孙伏园先生参加讲演，并由“文笔”表演新中国舞曲，“文研”表演农民舞曲。

五、音乐晚会五月六日由“黎明歌唱团”“离离草社”主办，表演黎明舞曲，并请有校外“海声歌唱团”及“华大音乐团”参加。

意见：已报组。谨呈督察长许转呈

局长刘

5月4日

华西坝举行纪念“五四”营火晚会。在中共川康特委的领导下，“民协”发动全市各大学105个进步团体在华西坝联合召开纪念“五四”营火晚会，政治内容鲜明，形式活泼生动。叶圣陶、范朴斋、吴耀宗、文幼章、陈中凡等知名人士受邀参加并发表演讲，他们一致谴责国民党对学校的特务统治，倡导实施民主。会后，在“发扬五四精神、反对一党专政、成立联合政府、特务滚出学校去”的口号声中，举行了数千人的火炬游行。[②]

曾有忠密报华西坝一〇五学生团体举行纪念“五四”青年节大会情形呈[③]

（1945年5月5日）

昨日（五月四日）午后二时许，华西坝附近发现颜色标语（条文附呈）及壁报十余大张。四时许则由各大、中学文艺团体一〇五单

① 该书实为法国作家罗曼·罗兰所著。

② 《民主革命时期成都革命斗争史大事年表（讨论稿）》，第65页；《抗日战争时期四川大事记》，第221—222页。

③ 摘编自成都市第一档案馆：《成都青年反独裁、争民主档案史料选编1944—1949》。

位，约数百人在华大教育学院前广场中举行演讲会，由华大哲学系学生汪克永任主席。计来宾郭有守、常燕生、余思纯、范朴斋、罗忠恕、周太玄、龙显铭，相继演讲民主与科学及新“五四”运动之发扬。然以范朴斋演讲最含有刺激及煽惑性。嗣由学生吴用之演讲，内容：中国不够民主，我们青年仍在压迫下过着悲惨的生活。现在的中国无处不在黑暗中，我们的教育亦是在一党专政的统治下，使我们言论行动一切失了自由。我们纪念“五四”就应立即要求改选一个真正代表民意的国民大会，以实现我们新“五四”运动的精神。继由学生李沛良演讲，内容：责政府官员贪污，如黄金泄价案。并责郭有守身为中央大员，谈话不民主。最后，由主席汪克永宣读大会致旧金山会议电文，内容略称：“贵会为保障全世界人类之安全与民主之自由，期祝会议成功。”继又宣读致全国青年书，除诋毁政府外，并以国家主义之立场争取民主自由，以致引起在会一部分学生愤慨，群起责难。一时秩序大乱，会场横布额亦被撕毁，旋即宣布退席。大会主席复控制学生一部分数百人，在操场坝继续举行营火会。又由华大教授陈某及燕大教授沈某、叶圣陶演讲。嗣又要华大英籍教授文幼章演讲：“你们纪念‘五四’运动的精神很好，我很佩服，很同情。但是，会场外面很多拿武器的把你们包围着，我不知道是什么意思。我希望你们继续奋斗，不顾一切完成这新‘五四’运动的目的。”继演街头剧《放下你的鞭子》。十一时左右举行火炬游行，临时复有附和者共计一千人左右，沿途唱歌，并高呼口号（口号附呈）进南门经南门大街、红照壁、东御街、荔子〔枝〕巷、春熙路、走马街、督院街，出新南门至致民路散会，并宣讲：“各位同学，我们在廿余年来不敢说的话我们说了，廿余年来被特工处处监视下失掉我们的自由，我们今天也反抗了。总之，今后要不惜任何牺牲达到组织联合政府，完成我们新的‘五四’运动。”谨呈督察长许转呈

局长徐

5月7日

德国宣布无条件投降，蒋介石分电英、美、苏、法四国领袖致贺。[①]

5月22日

延安《解放日报》发表《燕京大学全体同学为主张民主团结宣言》。[②]

6月3日

《解放日报》长篇报道成都学生纪念“五四”大游行。

庄严热烈纪念“五四”　成都三千学生大游行[③]

（1945年6月3日）

【本报讯】五月四日，下午四时，成都各大、中学一百零五个学生团体联合主持在华西坝举行“五四”纪念大会，三千多学生冲破了各学校的“封锁”前来参加（国民党当局是日曾命令各校禁止学生外出）。会后并举行了火炬游行和为争取民主自由而奋斗到底的壮（庄）严盟誓。

学生们的纪念节目之一，就是展览壁报，为各校所出版，达数千种，张贴在华西大学门外，“从整个表现的说来，这些壁报力量都集中在根绝法西斯的毒素和促进民主政治的实现这一点”，在这些壁报中，华大明德读书会的“画刊”，特别惹人注意。那上面全是“五四”时代的知名人物，其中有被排斥异己者所杀戮的恽代英、李大钊诸人。读者经过那一张壁报时，无不感慨万端（五月五日《新中国日报》）。

纪念会上，常燕生、周谦冲、李思纯、范朴斋、罗忠恕诸氏和两位学生代表先后演说。学生代表痛斥国民党政府不准各校学生参加纪念“五四”的无理压迫。他们对以“五四”运动“先进”资格来参会

① 《抗日战争时期四川大事记》，第222页。

② 《中国共产党四川历史大事件（民主革命时期）》，第296页。参见本年4月1日条。

③ 摘编自《市中事件》，第226—227页。

的省教育厅长郭有守所说底“教育民主”说“教育厅长郭有守先生可以来参加今天的五四纪念大会，各中学的学生却都没出来！”大会最后通过告全国青年书。

纪念会完毕后，于晚六时起在华大广场举行营火大会，全场火光熊熊，三千多学生环坐火堆周围，景象空前庄严热烈，首由陈中凡教授报告“五四”运动经过，继由名作家叶圣陶演讲，他引用他自己写的《言论自由》一诗说：一切“要争取”，不是空手等来的，他说现在人民对于政府“只有信任不信任，只有委托不委托，无所谓造反不造反”。他的话引起了激动的掌声。第三个演说的是燕大秘书长沈体兰，他说：“过去谈救国，只是反抗帝国主义，现在的救国是反抗一切法西斯。”加拿大友人文幼章博士临时赶来参加，他说，在成都从来未见如此盛大的青年自动集会，他盛赞这是“中华民国新生之曙光”。讲演毕，学生们大演《放下你的鞭子》等街头剧，全体学生并合唱《义勇军进行曲》等名歌，最后有两位男女学生起立激昂讲话，提议举行火炬大游行，全体一致赞同。《华西晚报》描写火炬游行的情形说：“在情绪高涨下三千多人撑起了红灯，燃起了火把，排成了一条火的长城。震撼着全市的铁的行列，由小天竺绕道西御街到春熙路，再由老南门回到坝上，行列所经过的地方两旁站满了黑压压的观众，口号声象（像）春雷一样。很早关门的马路两旁商店，使街上变成黑暗沉沉（据同日新中国日报载商店系被迫提早关门，编者），但是，关上店门的人全出来了，那样响的口号声，那样耀眼的火的长城，使他们不能不打开已关上的大门。”“回到新南门的复兴桥边，望江楼的和华西坝的同学要分手了，有人提议要盟誓，誓词说明决心为争取民主自由而奋斗到底。几千只有火把和没有火把的手，一齐举了起来，火燃亮了黑夜的天空，火更燃亮了年青（轻）人纯洁的忠诚的心。散去的时候，已是午夜十二点，到处都是热烈的歌声，歌声带到不同的角落、不同的学校去。”

6月14日

川大文艺团体举办诗人节，邀请叶丁易①、陈白尘参加活动。②

6月30日

金大、金女大、齐大、燕大四校为感谢东道主华大、纪念“五大学”联合办学而撰写纪念碑文。③

“五大学”联合办学纪念碑文

（1945年6月30日）

成都自古为西南名郡，文物之盛，资源之富，风土之美，冠于全国。故中原有警，而西南转为人文荟萃之区，此征之既往而已然者也。民国肇兴，华西协合大学于焉成立，规模宏伟，设备完善，而校园清旷，草色如茵，花光似锦，不仅为成都名胜，亦西南学府，四方人士心向往之。而蜀道艰险，未遑身临其境也。

抗战军兴，全国移动，华西协合大学张校长凌高博士，虑敌摧残我教育，奴化我青年，因驰书基督教各友校迁蓉，毋使弦歌中缀。其卓识宏谋固以超出寻常，使人感激而景仰之矣。既而金陵女子文理学院，金陵、齐鲁两大学均先后莅止，而燕京大学亦于太平洋战起被迫解散，旋即复校成都，于是有华西坝五大学之称。而华西协合大学之校舍、图书馆及一切科学设备亦无不与四大学共之，甚至事无大小，均由“五大学”会议公决，而不以主客悬殊，强人就我。即学术研究，亦公诸同人，而不以自秘，此尤人所难能。若持之以恒，八年如一日，则难之又难者也。

试以所得之效果言之，远方之人得身临天府之国，一览其名胜，又不废其学业，斯亦足以心满而意足矣。然此犹其小焉者也。夫全国基督教大学十有三而各处一隅，无由合作，今则五大学齐集于坝上，

---

① 叶丁易（1913—1954），又名丁易，安徽桐城人，作家。

② 车辐：《成都文艺界的抗日救亡活动》，载《成都文史资料选编·抗日战争卷·上·救亡图存》，第455—463页。

③ 当时纪念碑未树立，今川大华西校区荷花池旁边立有的“五大学”纪念碑为2000年华大校庆时所立。新碑文系华大校友刘国武撰。

其名称虽有不同，而精神实已一致。教会大学之合作即以“五大学”发其端，此则前此未有之创举，而今乃见之于颠沛流离之际，岂不盛哉。行见“五大学”维此，而盖谋密切之合作，即其他各校亦闻风而兴起，则其成就之大，又不可以道里计矣。

兹值胜利复员，四大学东归在即，咸谋所以寄其感激欣慰之意者，爰作斯文，铸之吉金，以垂不朽。

金陵大学　金陵女子文理学院　齐鲁大学　燕京大学

中华民国三十四年六月三十日

是年夏

川大地下党员黄寿金、吴祖型代表学校参加成都市“民协”执委会。“民协”成立之初，由共产党员黄寿金、吴祖型任川大代表，参加成都市“民协”执委会。1945 年春，达凤德、何富华为校代表。稍后一些时间，川大成立“民协”干事会，主要负责人先后为达凤德、何富华、李江景等。①

7 月 7 日

国民政府军事委员会公布：八年抗战迄今，毙伤及俘虏日军共 250 余万人。我方阵亡官兵 130 余万人，负伤 170 余万人。②

7 月 15 日

四川省图书杂志审查处在蓉召开成立四周年大会。文化界呼吁放宽检查尺度。潘公展宣称：“检查是为维护国权，制衡人权，不容宽假。”③

是月

▲“民协”组织学生成立“暑期农村宣传队”。在“民协”的组织和领导下，华大、燕大、金大、川大、光华等校的进步学生 10 余人，

---

① 《四川大学史稿·第一卷·四川大学（1896—1949）》，第 242 页。

② 《抗日战争时期四川大事记》，第 226 页。

③ 《抗日战争时期四川大事记》，第 226 页。

组成“暑期农村宣传队”，分赴金堂县姚家渡、简阳县龙泉驿、双流县石羊场、华阳县永安乡等地农村，工作任务是：送医下乡，为农民治疗小伤小病；举办农民夜校，教农民识字和学文化；举办时事展览，演出救亡剧，对农民进行抗日宣传；进行农村调查，了解农村的租佃关系和农民的疾苦。有的队还组织学习中共“七大”文件。①

▲“五大学”举行联合毕业典礼。

难忘的五大学毕业典礼②

1945年7月初的一个星期日早晨，华西坝上钟声刚刚敲响八下，华西大学校园里各条小径上熙熙攘攘的行人一下子便汇而成流了。头戴方冠、身着博士黑氅的院长、系主任、教授率领着身后一群群青年学子，纷纷向“赫斐院”走去。晨曦之下，人人脸上都挂着愉快的笑容。自来，华西坝的五所大学都是各自举行毕业典礼的，而这一年则是扩大规模联合举办，当时在高教界确是一次空前盛会。会场设在赫斐院礼堂。鲜花彩带装点之下，古老的赫斐院今天特别显得生气勃勃。人们在高悬着“五大学毕业典礼”巨大横幅的门下，络绎不绝地步入会场。顷焉，礼堂内便已座无虚席。9时正，五所大学的校长——燕大梅贻宝的代表马鉴、华大张凌高、齐大刘世传、金大陈裕光、金女大吴贻芳都在主席台上陪同特邀来宾们就座。五个大学的1945年应届毕业生集中坐在台下前面几排，男生们一律着白色西装，女生们都穿白色旗袍，皓白一片，十分整齐庄重。凭券观礼的来宾（包括毕业生家长）则在毕业生后面坐满一堂。

典礼进行中，特邀来宾之一、当时的教育厅厅长郭有守的讲话很

---

① 《民主革命时期成都革命斗争史大事年表（讨论稿）》，第65页。《民主青年协会革命斗争史稿》记载：到1946年4月，在成都各内迁大学复员前，中国共产党领导的、主要由在校大学生为主体组成的“民协”组织，总计约有会员三百人。由“民协”组织直接领导的社团四十多个，受“民协”影响可以同路走的社团约有二三十个，而这些社团中的基本群众有六百至八百人。当时成都几所大学有八千多大学生，在历次大规模的群众斗争中，能接受“民协”号召，积极参加斗争的群众有二三千人。

② 杨瑞生、舒继若：《难忘的五大学毕业典礼》，载《燕京大学成都复校五十周年纪念特刊》，第5页。

有意思。我记得在他长段的祝贺词里，把华西坝上的五大学称作“Big Five”。1945年7月正是二次大战接近结束时期，中、美、英、苏、法五大国对轴心国的战事已是全胜在望了。他把“五大学”比作五大国，借以赞颂五所知名学府艰苦办学、培育莘莘学子的成就。比譬精辟，喻意（义）良深，因而博得了全场长时间的掌声。

接下来，各大学校长主持唱名发证书。毕业生鱼贯上台，领受红带束扎的毕业文凭。燕大的应届毕业生包括42学号以前和部分42学号的转学生。我（杨瑞生）是1942年转学到燕大的sophomore（大学二年级学生），是毕业生之一，得以躬与盛典。这次五大学联合行毕业礼，也应是燕大在成都复校期中一件值得纪念的活动吧。至于毕业证，因当时赶印不及，是以纸卷成筒代替的。事后，仍发给的是临时毕业证书（正式文凭俟迁回北平后补发）。令人遗憾的是，这珍贵的临时毕业证书却也难逃十年浩劫，付诸一焚。

散会之后，人们走向校园四处，“小桥流水”的钟楼前，“对牛弹琴”的草坪上……师生们、同学们纷纷相集留影，纪念这难忘的时刻。

8月5日

“文协”成都分会主办的“暑期文艺讲座会”举行结束典礼。叶圣陶、叶丁易、姚雪垠、黄药眠等10余位作家和150多名青年学员对民主政治与文艺前途等问题展开了讨论。①

8月6日

美国在日本广岛投下了第一枚原子弹，三日后于长崎投下第二枚原子弹。②

① 《民主革命时期成都革命斗争史大事年表（讨论稿）》，第65页。

② 《中国近现代史大事记：1840—1980》，第130页。该书称美国于8月8日投下第二枚原子弹，有误，应为8月9日。

8月8日

苏联政府宣布从9日起与日本进入战争状态。①

8月9日

▲毛泽东发表《对日寇的最后一战》的声明。②

▲100万苏联红军进入中国东北，向日本关东军大举进攻。③

8月10日

▲日本发出请降照会。日本政府向中、苏、美、英四国发出请降照会，表示接受《波茨坦公告》。朱德总司令发布命令，令各解放区人民抗日武装部队依据《波茨坦公告》，收缴其附近各城镇及交通要道之敌伪武装，接受日军投降。④

▲成都市民获悉日本投降消息后，纷纷涌向街头，彻夜腾欢。⑤

8月12日

麦克阿瑟以远东盟军总司令的名义，命令日本政府和中国战区的日军只能向蒋介石政府及其军队投降，不得向中国人民军队缴械。⑥

8月13日

毛泽东在延安干部会议上作了题为《抗日战争胜利后的时局和我们的方针》的报告。⑦

8月14日

日本天皇裕仁正式宣告无条件投降。⑧

---

① 《抗日战争时期四川大事记》，第229页；《中国近现代史大事记：1840—1980》，第130页。

② 《中国近现代史大事记：1840—1980》，第130页。

③ 《抗日战争时期四川大事记》，第229页。

④ 《抗日战争时期四川大事记》，第229页；《中国近现代史大事记1840—1980》，第130页。

⑤ 《抗日战争时期四川大事记》，第229页。

⑥ 《中国近现代史大事记：1840—1980》，第130页。

⑦ 《中国近现代史大事记：1840—1980》，第130页；《抗日战争时期四川大事记》，第229页。

⑧ 《中国近现代史大事记：1840—1980》，第130页。

8月15日

日本天皇裕仁广播《停战诏书》，中、苏、美、英接受日本投降，成都人民闻讯后举行胜利游行。日本天皇裕仁广播《停战诏书》，中、苏、美、英四国正式宣布接受日本投降。① 当这一喜讯传到华西坝后，各校师生欣喜若狂，欢呼雀跃，相互祝贺。当晚，华西坝彻夜狂欢庆祝。“五大学”的师生参加了全市庆祝胜利的大游行。②

9月2日

日本签字投降，中国人民抗日战争暨世界反法西斯战争胜利结束。日本于停泊在东京湾内的美国军舰密苏里号上签署投降书。9日，国民政府在南京举行受降仪式，冈村宁次代表日本签署降书。中国人民抗日战争暨世界反法西斯战争胜利结束，成都学生4000余人举行了庆祝抗战胜利火炬大游行。③ 川大、“五大学”乃至全国各地吃尽战争之苦的师生们期待着和平、安定的学习和工作环境的到来，内迁各大学期待着返迁故土。④

---

① 《抗日战争时期四川大事记》，第230页。

② 《华西医科大学校史》，第109页；《八年抗战在蓉城》，第47页。

③ 《中国近现代史大事记：1840—1980》，第130页。

④ 从1946年4月起，在全面抗战时期迁入华西坝的高校开始迁返原籍。金大的大部分教职员和学生从4月开始先后乘坐卡车到宝鸡，然后改乘火车，经陕、豫、苏三省回到南京；其余由水路自重庆乘江轮先后抵南京。金女大返迁师生于4月16日、4月22日、5月15日分三批出发，他们先乘汽车至重庆，再乘火车回到南京。燕大师生400多人，先后分5批出发，于当年夏陆续回到北京。齐大是最后离开华西坝的，学校在1947年夏才终止了在成都的工作。

参考资料[①]

（以出版时间为序）

1. 四川现代革命史资料组：《四川现代革命史研究资料》（月刊），内部编印，1981 年合订本（第 1—12 期）。

2. 马洪林、郭绪印：《中国近现代史大事记：1840—1980》，知识出版社，1982 年。

3. 中共成都市委党史资料征集组、中共成都市委现代革命史编审组：《成都现代革命史资料》（月刊），内部编印，1982 年第 1—12 期。

4. 文忠志：《出自中国的叛逆者：文幼章传》，李国林等译，四川人民出版社，1983 年。

5. 成都市第一档案馆：《成都青年反独裁、争民主档案史料选编（1944—1949）》，内部编印，1983 年。

6. 吴贻芳：《金女大四十年》，金女大校友联谊会编印，1983 年。

7. 中共成都市委党史工作委员会办公室：《民主革命时期成都革命斗争史大事年表（讨论稿）》，内部编印，1983 年。

8. 中共成都市委党史资料征集组、中共成都市委现代革命史编审组：《成都现代革命史资料》（月刊），内部编印，1983 年第 1—12 期。

9. 中共四川省委党史工作委员会：《四川党史研究资料》（月刊），内部编印，1983 年合订本（第 1—12 期）。

10. 共青团中央青运史研究室：《中国青年运动史》，中国青年出版社，1984 年。

① 本书还参考了诸多四川大学档案馆馆藏档案（包括诸多校友撰写、提供的各种回忆文章与文件），已随文标注于引用处，此处不赘。

11. 四川大学校史办公室：《七七事变前后四川大学抗日救亡运动大事记（1935—1949年)》，内部编印，1984年。

12. 中共成都市委党史工作委员会：《民主青年协会革命斗争史稿》，内部编印，1984年。

13. 中共四川医学院委员会：《华西大学学生运动史资料》，内部编印，1984年。

14. 中共成都市委党史资料征集组、中共成都市委现代革命史编审组：《成都现代革命史资料》，内部编印，1984年第1—12期。

15. 中共四川省委党史工作委员会：《四川党史研究资料》（月刊），内部编印，1984年合订本（第1—12期）。

16. 四川大学校史编写组：《四川大学史稿》，四川大学出版社，1985年。

17. 邵鹏文、郝英达：《中国学生运动简史：1919—1949》，河北人民出版社，1985年。

18. 中国人民政治协商会议四川省成都市委员会文史资料研究委员会：《成都文史资料选辑：纪念抗战胜利四十年专辑之一》（总第9辑），内部编印，1985年。

19. 中共四川省委党史工作委员会：《四川党史研究资料》（月刊），内部编印，1985年合订本（第1—12期）。

20. 南方局党史资料征集小组：《南方局党史资料大事记》，重庆出版社，1986年。

21. 中共四川省委党史工作委员会：《四川党史研究资料》（月刊），内部编印，1986年合订本（第1—12期）。

22. 四川省人民政府参事室、四川省文史研究馆：《抗日战争时期四川大事记》，华夏出版社，1987年。

23. 朝明学术研究社革命斗争史稿编委会：《朝明学术研究社革命斗争史稿》，内部编印，1987年。

24. 成都市总工会工人运动史研究组：《成都工人运动史资料（第5辑)：民主革命时期成都工人运动简史》，内部编印，1987年，

25. 中共四川省委党史工作委员会：《四川党史研究资料》（月刊），内部编印，1987 年合订本（第 1—12 期）。

26. 施幼贻：《吴芳吉评传》，重庆出版社，1988 年。

27. 徐为民：《中国共产党人名词典》，辽宁教育出版社，1988 年。

28. 肖一平：《中国共产党抗日战争时期大事记》，人民出版社，1988 年。

29. 中共成都市委党史工作委员会：《救亡先锋》，成都科技大学出版社，1988 年。

30. 中国人民政治协商会议四川省委员会文史资料研究委员会：《四川文史资料选辑（第 38 辑）》，四川人民出版社，1988 年。

31. 中国人民政治协商会议西南地区文史资料协作会议：《抗战时期内迁西南的高等院校》，贵州民族出版社，1988 年。

32. 中共成都市委党史工作委员会：《成都党史资料通讯》（双月刊），内部编印，1988 年第 1—6 期。

33. 李盛平：《中国近现代人名大辞典》，中国国际广播出版社，1989 年。

34. 南京大学高教研究所校史编写组：《金陵大学史料集》，南京大学出版社，1989 年。

35. 四川省政协文史资料研究委员会、四川省文史馆：《四川近现代文化人物续编》，四川人民出版社，1989 年。

36. 中共成都市委党史研究室：《成都党史通讯》（季刊），内部编印，1989 年第 1—4 期。

37. 中共四川省委党史研究室：《四川党史》（月刊），内部编印，1989 年合订本（第 1—12 期）。

38. 华西校史编委会：《华西医科大学校史》，四川教育出版社，1990 年。

39. 中共成都市委党史研究室：《成都党史通讯》（季刊），内部编印，1990 年第 1—4 期。

40. 中共四川省委党史研究室：《四川党史》（月刊），内部编印，

1990 年合订本（第 1—12 期）。

41. 中共成都市委党史研究室：《市中事件》，成都出版社，1991 年。

42. 四川农大校史编写组：《四川农业大学史稿（1906—1990）》，内部编印，1991 年。

43. 中共成都市委党史工作委员会：《成都党史资料通讯》（双月刊），内部编印，1991 年第 1—6 期。

44. 南京大学校史编写组：《南京大学史》，南京大学出版社，1992 年。

45. 彭迪先：《我的回忆与思考》，四川人民出版社，1992 年。

46. 张秀熟：《二声集》，巴蜀书社，1992 年。

47. 《中国人名大辞典·当代人物卷》，上海辞书出版社，1992 年。

48. 燕京大学校友会：《燕京大学成都复校五十周年纪念刊》，内部编印，1992 年。

49. 北京大学党史校史研究室：《战斗的历程：1925—1949.2 燕京大学地下党概况》，北京大学出版社，1993 年。

50. 贾大泉：《四川历史辞典》，四川教育出版社，1993 年。

51. 四川省文史研究馆、四川省人民政府参事室：《第二次国内革命战争时期四川大事记》，四川人民出版社，1993 年。

52. 朱光潜：《朱光潜全集》（第 8 卷），安徽教育出版社，1993 年。

53. 中共成都市委党史研究室：《八年抗战在蓉城》，成都出版社，1994 年。

54. 华西医科大学档案馆：《华西医科大学历届毕业生名录》，内部编印，1995 年。

55. 蒋天枢：《陈寅恪先生编年事辑》，上海古籍出版社，1997 年。

56. 中共四川省委党史研究室：《中国共产党四川历史大事件（民主革命时期）》，四川大学出版社，1997 年。

57. 陈志潜：《中国农村的医学：我的回忆》，四川人民出版社，1998 年。

58. 原成都外南区抗日救亡战友：《夕阳丹心——参加抗日救亡运

动 60 周年纪念》，内部编印，1998 年。

59. 德本康夫人、蔡路得：《金陵女子大学》，杨天宏译，珠海出版社，1999 年。

60. 郭查理：《齐鲁大学》，陶飞亚、鲁娜译，珠海出版社，1999 年。

61. 张杰、杨燕丽：《追忆陈寅恪》，社会科学文献出版社，1999 年。

62. 吕重九、张肇达：《世纪华西：纪念华西医科大学建校 90 周年（1910—2000）》，四川人民出版社，2000 年。

63. 《山东大学百年史》编委会：《山东大学百年史》，山东大学出版社，2001 年。

64. 四川省委党史研究室：《时代·岁月·人生——深切怀念彭塞》，内部编印，2002 年。

65. 王国平：《博习天赐庄：东吴大学》，河北教育出版社，2003 年。

66. 孙海英：《金陵百屋房：金陵女子大学》，河北教育出版社，2004 年。

67. 王东杰：《国家与学术的地方互动：四川大学国立化进程（1925—1939）》，生活·读书·新知三联书店，2005 年。

68. 中共成都市委党史研究室：《抗战风云录：成都八年抗战史料简编》，成都时代出版社，2005 年。

69. 中共川大宣传部、《华西坝风云录》编辑组：《华西坝风云录》，内部编印，2005 年。

70. 《锦江怒涛》编委会：《锦江怒涛》，四川大学出版社，2006 年。

71. 《四川大学史稿》编审委员会：《四川大学史稿·第一卷·四川大学（1896—1949）》，四川大学出版社，2006 年。

72. 《四川大学史稿》编审委员会：《四川大学史稿·第二卷·四川大学（1950—1993）》，四川大学出版社，2006 年。

73. 《四川大学史稿》编审委员会：《四川大学史稿·第四卷·华西协合大学（1910—1949）》，四川大学出版社，2006 年。

74. 中共成都市委党史研究室：《中国共产党成都历史（第 1 卷）：1923—1949》，中共党史出版社，2006 年。

75. 成都市政协文史学习委员会：《成都文史资料选编·防区时期卷》，四川人民出版社，2007 年。

76. 成都市政协文史学习委员会：《成都文史资料选编·抗日战争卷·上·救亡图存》，四川人民出版社，2007 年。

77. 成都市政协文史学习委员会：《成都文史资料选编·抗日战争卷·中·血肉长城》，四川人民出版社，2007 年。

78. 成都市政协文史学习委员会：《成都文史资料选编·抗日战争卷·下·天府抗战》，四川人民出版社，2007 年。

79. 成都市人民防空办公室、成都市国防教育学会：《成都大轰炸》，中国和平出版社，2009 年。

80. 罗中枢：《四川大学：历史·精神·使命》，四川大学出版社，2009 年。

81. 周斌：《中国近现代书法家辞典》，浙江人民出版社，2009 年。

82. 党跃武、陈光复：《川大记忆：校史文献选辑（第四辑）——川大英烈》，四川大学出版社，2010 年。

83. 雷文景：《华西坝——当年风物当年人》，四川大学出版社，2010 年。

84. 齐鲁大学校友会：《齐鲁大学八十八年（1864—1952）：齐鲁大学校友回忆录》，现代教育出版社，2010 年。

85. 孙建秋：《金陵女大（1915—1951）：金陵女儿图片故事》，广西师范大学出版社，2010 年。

86. 党跃武、陈光复：《川大记忆：校史文献选辑（第三辑）——叠溪地震与四川大学》，四川大学出版社，2011 年。

87. 何一民：《成都通史（卷七）：民国时期》，四川人民出版社，2011 年。

88. 王攸欣：《朱光潜传》，人民文学出版社，2011 年。

89. 谢韬：《1943：一盆红红的火——谢韬日记选编》，中国社会科学出版社，2011 年。

90. 王德滋：《南京大学百年史》，南京大学出版社，2012 年。

91. 岱峻：《风过华西坝：战时教会五大学纪》，江苏文艺出版社，2013 年。

92. 温浚源：《刘鉴泉先生学行年表》，巴蜀书社，2013 年。

93. 张丽萍：《中西合冶：华西协合大学》，巴蜀书社，2013 年，

94. 四川省档案局（馆）：《抗战时期的四川——档案史料汇编（上）》，重庆出版社，2014 年。

95. 四川省档案局（馆）：《抗战时期的四川——档案史料汇编（中）》，重庆出版社，2014 年。

96. 四川省档案局（馆）：《抗战时期的四川——档案史料汇编（下）》，重庆出版社，2014 年。

97. 四川省档案馆：《抗日战争时期四川省各类情况统计》，西南交通大学出版社，2015 年。

98. 中共四川省委党史研究室：《四川党史人物传》（第 2 卷），四川人民出版社，2016 年。

99. 中共中央党史研究室：《中国共产党的 90 年》，中共党史出版社、党建读物出版社，2016 年。

100. 王东杰、徐悦超：《四川大学经济学、商学教育与研究（1902—1949）：档案与期刊选编》，四川大学出版社，2018 年。

101. 周川：《中国近现代高等教育人物辞典》，福建教育出版社，2018 年。

102. 宛小平：《朱光潜年谱长编》，安徽大学出版社，2019 年。

103. 金开泰：《灵秀华西坝：抗战时期华西坝人物荟萃》，内部编印，2020 年。

人物索引[①]

（以姓氏首字母为序）

① 本索引主要收录书中给出注释的人物，同时标示了注释所在的页码，以便查阅。

后　记

本书缘于“四川大学革命英烈研究专项项目”中一个子课题，课题名称为“同仇敌忾：抗日战争中的川大人”，课题完成时形成了逾30万字的文稿，定名为《救亡之道：抗日战争时期四川大学大事辑编(1931—1945)》。

此课题是2020年居家抗疫期间申报的，研究周期仅一年，我作为课题负责人，深感时间紧、任务重，遂诚邀同事雷文景老师参与课题研究工作，他分担了课题的“半壁江山”。他主要负责课题中关于“老华西”（指并入四川大学前的华西医科大学及其前身）的内容，我则主要负责关于“老川大”（指合并前的四川大学及其前身）的内容，我们合理分工，通力合作，共同完成了课题的研究及文稿的编纂。此外，课题组成员刘黎黎、姜小雨、贺莉、毛清玉、赵文静、张楠、张曌自始至终参与了课题助研工作，先后完成了资料收集、整理、录入、校对及文稿编纂等工作，为课题的完成做出了不可替代的贡献。正是在大家共同努力下，课题得以如期完成，感谢他们贡献的所有汗水与智慧。四川大学档案馆馆长毕玉和校史办副主任王金玉对本课题也多有关注，是他们的支持和敦促使该课题最终得以画上一个圆满的句号。

本书采用的基础史实资料主要来源于《四川大学史稿·第一卷·四川大学（1896—1949）》《四川大学史稿·第四卷·华西协合大学(1910—1949)》《抗日战争时期四川大事记》《民主革命时期成都革命斗争史大事年表（讨论稿）》《七七事变前后四川大学抗日救亡运动大事记(1935—1949年)》《八年抗战在蓉城》《中国共产党四川历史大事件

(民主革命时期)》等书籍，以及四川大学档案馆馆藏历史档案和诸多校友（包含老川大和老华西的校友）留下的各种回忆文章，所有参考利用过的文献百余种，详列于书中的页下注和“参考资料”备查，并借此对前辈学者付出的劳动致以敬意和谢忱。

以抗战之大主题和历史大背景而言，浩繁的史料收集和整理工作几乎无法告竣，巨量的历史档案像金矿一样沉睡在我们身边，难以尽掘，况且完成此课题的时间又是如此紧迫，我们只得蜻蜓点水式地进行了一些必要的检阅和利用，颇有望洋兴叹的无奈。是以，当完成课题呈交书稿之时，作为课题负责人的我心中仍十分忐忑，幸有中国近现代史专家陈廷湘教授拨冗为本书撰写了序文，肯定了本书作为“一部新的史料汇编”的价值。因此，我想说，如果这本书稿能为研究四川抗战时期的历史提供一些可供检索和参考的资料，达到抛砖引玉之功效，那这四百多个日日夜夜的辛苦就不算白费。

谭　红

2021 年 9 月 29 日于川大校史馆